東日本の部落史

Ⅰ 関東編

東日本部落解放研究所 編

現代書館

『東日本の部落史』全三巻の刊行にあたって

『東日本の部落史』全三巻を編纂する企画は二〇一二年の春から始まった。東日本部落解放研究所のこれまでの活動をベースにしつつ、会員以外の人々にも参加・協力をいただいて、東日本におけるこれまでの研究活動の成果を集約して出版したい、部落史はもとより、部落問題に関心をもつ多くの人々に報告し、批判を受け、また活用・学習を求め、今後の研究活動などに生かしたいと考えたのである。以来約五年半の間に、五十数回の研究会、編集会議、草稿検討会などをもってきた。

戦後の部落史研究は、一九五〇年代半ばから新たな展開を見せるが、東日本においては少数の先学の蓄積はあったものの、全体として研究の遅れが指摘されていた。六〇年代になると部落解放運動、同和教育運動、同和行政などが活発化し、部落問題が広く社会に提起されるに及び、七〇年代にはその動きはいっそう強まった。そうした社会的動向にも促されて、研究活動も盛んになり、各地で部落解放（部落問題）研究会・研究所等が設立され、大学などでの研究も進められてきた。なかでも歴史の解明は中心的な課題とされ、地域史料の収集、解読・出版、聞き取りや調査、研究会の開催、研究誌の刊行などがなされてきた。その途上の九〇年代には、〝部落史の見直し〟が提唱され、従来の見方が相当に変更を迫られもした。東日本部落解放研究所は一九八六年に設立され、やや遅れてこうした動きに参入したといえるが、研究活動の担い手は、それぞれ各地で、部落史の掘り起こしや研究の営みを積み重ねてきた人々であり、こうした人々の結集と相互の交流などにより、研究活動は活発化し、その内容も深まってきたといえるだろう。

関東の部落史研究の特徴として、いくつものまとまった部落内文書が明らかにされてきたことがある。大磯・助左衛門家の文書はかねてからよく知られているが、一九七〇年代後半以降に、「鈴木家文書」（吉見）、「太郎兵衛文書」（佐野）、「半右衛門文書」（足利）などが解読・刊行され、地域社会における「部落」や差別関係の具体的あり方の究明に供されてきた（ちなみに後述する峯岸賢太郎「関東」は、鈴木家文書をベースにしたものといえる）。

これらのほかにも現前橋市（旧総社町の北）の小頭・三郎右衛門家文書や、大宮や岩槻の周辺地域（旧岩槻領）にかかわる中丸村の長吏家文書などもある。

また、進展する地方史研究のなかで見いだされた村方文書などからも、多くの史・資料と歴史的事象が収集され、従来の見方の再検討を含めて検討されてきた。

一つ付け加えるなら、各地でそれぞれの地区の歴史を追究するグループによる、継続的な歴史の掘り起こし、聞き取り、学習会なども進められてきた。被差別の当事者自身の参画も大きな力であった。

さて、地域的な研究の成果を集約しようとした企画・論集などは、いくつかある。本研究所も一九九〇年代前半に、それまでの研究論文を集めて『東日本の近世部落の具体像』と『東日本の近世部落の生業と役割』を編集し、明石書店から刊行した。全国的な企画としては、一九八〇年前後に新たな県別・地域別の研究論文を網羅した、部落問題研究所の『部落の歴史』（東日本篇、近畿篇、西日本篇の三巻）が挙げられよう。今日も価値あるものであるが、東日本では、「関東」が峯岸賢太郎により、「東北」が成沢栄寿により、それぞれ一論文で叙述されている（信濃と越後は県別）。これは当時の研究状況を反映しているといえるだろう。

この『東日本の部落史』では、第一巻を関東編とし、第二巻を東北・甲信越編として、各県別の叙述とした。第三巻は身分・生業・文化編とし、テーマ別に編集した。

第一巻では、弾左衛門支配に包摂されなかった水戸領、日光領について特論を収めている。また、伊豆は関東外だが、弾左衛門配下であったのでこの巻に収めた。

第二巻では、特論を含めてではあるが、（秋田以外の）東北各県で県別の叙述を得ることができた。これまでの研究状況から見れば、これは特筆すべきことといえるだろう。

読者の検討・活用と研究のさらなる進展を切望したい。

二〇一七年一〇月二日

編者を代表して　藤沢靖介

「I 関東編」序文

藤沢靖介

本巻は、関東の各都県と、北条氏・徳川氏支配の経過から弾左衛門支配下であった「伊豆」を特論として加える形で、構成されている。

関東地方は、利根川や鬼怒川などの大河川や、東山道・東海道や中山道、鎌倉道などで古くから結ばれてきた。中世、鎌倉に幕府が置かれ、のちにその分裂で古河公方が出現し、戦国期には小田原を拠点に北条氏の勢力が北方に拡大した。その後に関東に転封された徳川氏によって江戸の開府・拡張がなされ、近代にも江戸が首都とされたことで、江戸・東京が政治・経済の中心地とされるに至った。

関東でも弾左衛門支配外であった「水戸」「日光」は、(「弾左衛門体制」論とともに)特論として執筆いただいた。

ここではいくつかの論点に触れ、読者の参考に供したい。

被差別民集団の形成と展開

近代の被差別部落につながる被差別民は、関東では十四世紀に初めて文書史料に現れる。その一つは、鎌倉の『鶴岡事書日記』にみられる「犬神人」(応永二年(一三九五))で、これはのちの極楽寺村の長吏につながるものと考えられている。本巻では、「神奈川」(鳥山洋)において先学の研究にも触れつつ叙述されている。もう一つは、これより五〇年前の貞和元年(一三四五)、水戸近郊における「かはた入道」「かはた三郎」の土地所有に関する文書で、(史料自体は以前から知られていたが)近年議論の俎上に上がってきたもので、水戸藩に関する高橋裕文の特論の中で検討されている。「かわた」称は、従来は大永六年(一五二六)今川氏発給の「かハた彦八」宛文書が初出とされていたが、水戸の文書はこれより大幅に早いものである。近年、同じく一四世紀の熊本の「詫麻文書」、高知の「安芸文書」(永享二年(一四三〇))などにも「かはた」称が見いだされて、「かわた」と呼ばれる集団の展開がより早くから見られるかと、検討されている。

戦国期になると、長吏・かわた集団は関東各地にその姿を現す。多くの戦国大名の文書がそれを示している。東海の今川氏の文書に始まり、小田原に拠点を置いた北条氏の発給する伊豆のかわた集団宛て、あるいは相模三郡の「かわた・皮作り」宛て文書などがある。北条氏の勢力が関東北部に伸びるなかで、武州北部には、抗争しつつある上杉氏に就く長吏集団の存在や、砥石の販売権をもつ長吏集団などが文書から読み取れる。文書の発給は、次第に鉢形を拠点とした北条氏邦《うじくに》によるものに移り、さらに天正年間になると、上州東部の各地にも北条氏文書が残されている。これらの動向は、南部では「神奈川」（鳥山洋）、北部では「埼玉」（吉田勉）や「群馬」（大熊哲雄）において叙述されている。また坂井康人は、貴重な里見氏の文書を紹介して、これまで見逃されていた房総の歴史動向を推定している。文書史料は見られないが、東京の練馬や八王子においても、戦国期からの展開が推定されているところである。

各地域において、長吏・かわたは、それぞれに一定の集団的結合をもって展開していたと判断しうる。では、この時期に長吏・かわたはどのような社会的性格を帯び、どのような社会的位置に置かれたのか、それはどう変化していったのだろうか。残念ながら、史料がほぼ戦国大名文書に限られるため、在方におけるあり方などを具体的に見通すことは、なお今後の課題といわざるをえない。

弾左衛門体制と各地の「賤民」集団

近世になると、関東の長吏・かわたは、一部を除いて弾左衛門支配のもとにほぼ統合された。その支配は個別藩領域をはるかに越えて広域に及び、かつ強力なものとなったことは、広く知られてきた。しかしその内実は多様な様相を示した。たとえば、宇都宮の小頭・弥五兵衛は、およそ三六〇ヵ村と関係した（旦那場とした）最大級の小頭だったが、その一方で、数ヵ村～二十数ヵ村を旦那場とする小規模の長吏集団も相当に多かった。また、弾左衛門支配下では佐野、館林、足利、新田の小頭らが「大組小頭」として上座に座ったが、宇都宮の小頭は「平小頭」であった。多様な状況は、おおむね先行して存在していた長吏集団のあり方に規定されたものと考えられる。

弾左衛門体制とその特徴については、大熊哲雄が特論で論じているが、弾左衛門は当初、幕府の皮革収集に際し、相模方面などの長吏・かわた集団やその頭たちと交わり、次第に関東全域の頭になっていった。各地の長吏集団は、対立・抗争、利用・連合などを経ながら、次第にこの体制に組み込まれることになったと見られる。

この展開は、徳川幕府の支配を背景にしたものであるが、弾左衛門支配を幕府の強権によって上から創出されたものと捉える旧来の見方は、相当に事実と違っている。また、長吏・かわた集団の独自なあり方（たとえば旦那場など）を幕府支配やその政策に帰するような捉え方は当を得たものとはいえない。

なお、関東以外では、江戸中期以降に甲斐の都留郡や福島の棚倉、白河の長吏・かわたが弾左衛門支配への編入を希望し、実現する。この動きも、非人や村方との対立・矛盾への対応として捉えられるだろう。

ここで呼称について触れておきたい。関東では、戦国期の鎌倉や北関東に、「穢多」集団の頭などを長吏と呼ぶ例が確認できる。畿内では「長吏」は坂ノ者集団の年寄層の呼称だが、関東では「穢多」身分を指す呼称として広がっていった。その一方で、関東南部や東海では早くからかわたや皮作りの呼称があり、関東東北部の茨城や栃木でもかわた呼称があった。北西部でも、個別の長吏集団の中で「かわた〇〇」と記された存在も見られる。相当に多様な実態が見られたのである。

弾左衛門体制下における地域的差異については、関東の南北の違いだけではなく、非人が多数の相模型と少数の武蔵型という対比の提起がかつてあった。その当否については「神奈川」（鳥山洋）で論じられている。かねてやや特徴的と見られてきた千葉などで、あらためてその歴史的背景（鬼怒川とその支流の東に広がる地域）に関して坂井康人の問題提起があることも付言しておきたい。

長吏・かわた集団の生業と役割

長吏・かわたの生業と役割の解明と見直しは、東日本部落解放研究所において重視されてきた課題であった。皮作りなどの仕事を、〝人の嫌がる仕事を強制されたもの〟とする見方は妥当なものか？　また、被差別民は

〝社会的総生産の外部〟にある「身分外身分」、その「職掌」とするところは二次的に獲得したものに過ぎないのか？　そこを批判的に問いながら、これまで、相当に多様な生業と役割を担う姿が明らかにされてきた。

本巻では、上州や野州、武州などを中心に竹筬《たけおさ》作りが広範に展開された事実や、医薬業（神奈川・埼玉）、砥石販売（埼玉・東京など）などとの関わりが具体的に叙述されている。皮作りへの関与はどこでも見られるところだが、戦国期の文書を見ると、相模・東海ではテーマが皮革に集中していることが注目される。それに対し、北関東では「砥役」や「陣番役」が出てくるところに地域的違いも見られる。その一方で、幕末・近代初頭になると、結城や栃木など北関東の有力皮作りの存在も注目され、近代の浅草や東京東部の皮革産業につながってくる。

関東において、地域の警備に長吏・かわたが従事していく姿が目立ってくるのも、近世中期であろう。そのあり方は坂井康人による「栃木」や「千葉」の稿などに詳しい。そこには近世中後期から増加する勧進者や外部からの流入者に対し、村々の意思を請けてこれを規制しようとする長吏・非人のあり方がある。また、浪人や虚無僧の跳梁と一八世紀後半、明和・安永期の幕府法令における その規制から安永七年（一七七八）のいわゆる「穢多非人等風俗取締令」に至る過程も検証されている。「群馬」などで言及されている。長吏・かわた自身も正月・節句などになにがしか勧進活動を行い、村々との関係を形成していた事実も、「千葉」「茨城」「栃木」などを中心に具体的に叙述されている。こうして増加する勧進活動全般に、「ねだりがましき」ものとする否定的な対処が強まるのが、近世中後期の動向と指摘されている。

竹皮草履・裏付草履などの販売権、あるいは竹製品（一部）や砥石の販売権、市への出入りなどをめぐって、百姓・町人と、時には長吏集団相互で争う姿も各地で見られる。長吏・かわたの竹筬製造への広範な関与もそこから見え、解明されてきたものである。

農業従事の深まりが具体的に明らかにされたのも、近来の成果といえよう。武州では文政期の和田村の例に加えて、天保期の荒木村や幕末の和名村の事例が明らかにされた。また、農地紛争などにおいて仲介人として活動するかわた（和田村の長蔵）の存在も注目される。それらは、長吏・かわたの農業進出とともに、そこをめぐって本村百姓と争論が発生するという、時代状況を示すものでもあろう。

近世後期には長吏・かわたはさまざまな分野に生業・活動の場を広げた。当然ながら百姓・町人との〝交流〟もまた広がっていったのだが、そこでは新たな争論も発生していたのである。そうした動向は、幕末・維新期から明治前期の急激な変動を経て、近代日本にさまざまな問題をもたらしているものであろう。

凡例

一、身分にかかわる呼称と表記は、従来の研究では、たとえば穢多身分は「穢多」「エタ」「えた」、「長吏」などさまざまあり、身分と身分制についても「被差別民」「賤民」、「被差別身分制」「賤民制」などさまざまである。本書では、それぞれの呼称と表記には執筆者の問題意識等が反映されていることをふまえ、表記は統一せず、各執筆者の判断に委ねることとした。

二、年号表記について、原則として西暦（和暦）としたが、文脈によって例外がある。

三、本文中で引用・言及した文献について、主な史料は「参考史料」として、先行研究や執筆に際して参照した主な文献は「参考文献」として、各稿末に掲げた。

「東日本の部落史」編集委員会

東日本の部落史 Ⅰ 関東編 目次

千葉　坂井康人　79

栃木　坂井康人　171

近現代　336

特論4　近世の部落史における弾左衛門体制　大熊哲雄　350

神奈川

鳥山　洋

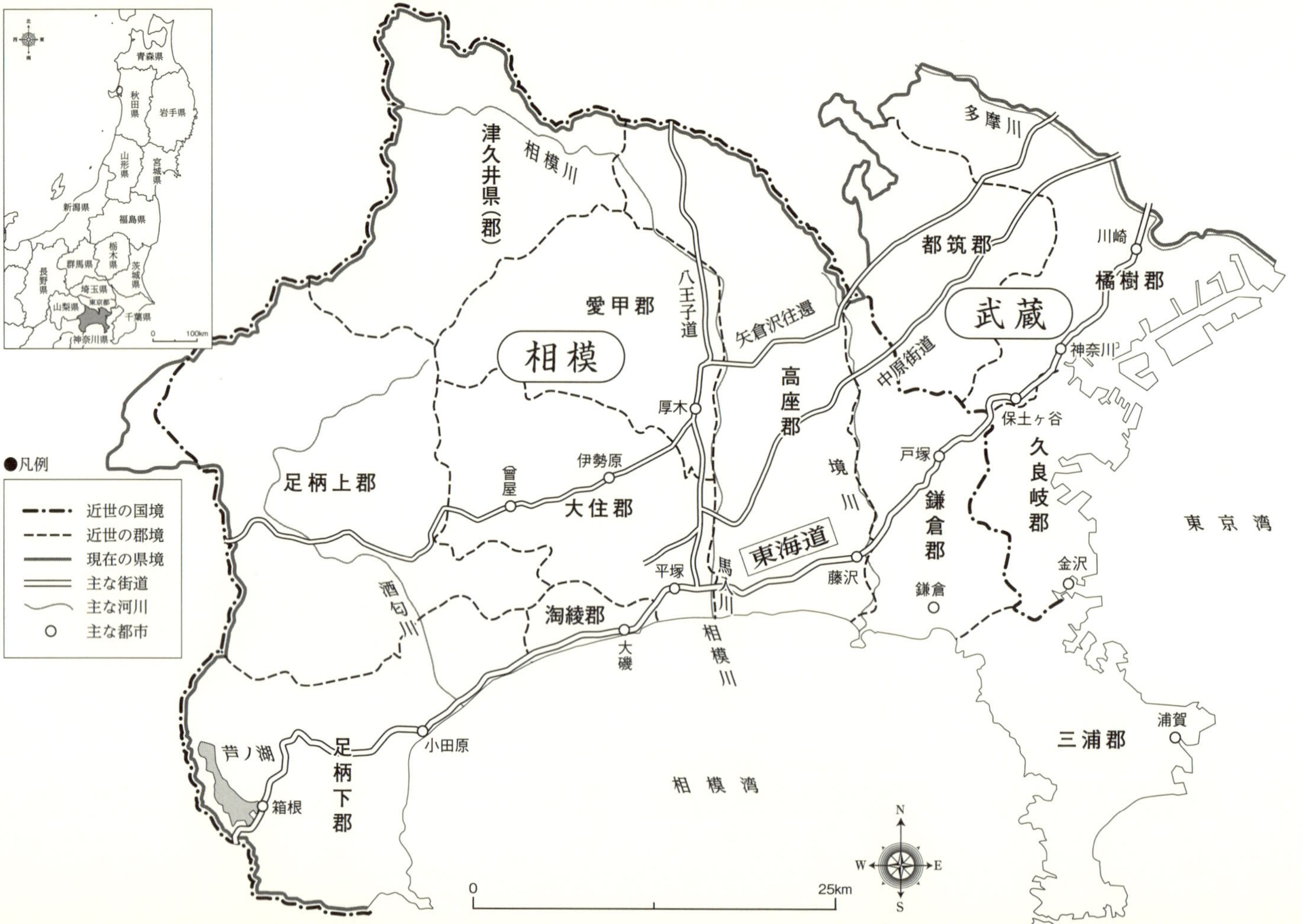
●凡例
近世の国境
近世の郡境
現在の県境
主な街道
主な河川
主な都市
相模
武蔵
津久井県(郡)
愛甲郡
足柄上郡
足柄下郡
大住郡
淘綾郡
高座郡
鎌倉郡
久良岐郡
都筑郡
橘樹郡
三浦郡
東海道
八王子道
矢倉沢往還
中原街道
相模川
多摩川
酒匂川
境川
馬入川
芦ノ湖
箱根
小田原
大磯
平塚
曾屋
伊勢原
厚木
藤沢
戸塚
鎌倉
保土ヶ谷
神奈川
川崎
金沢
浦賀
相模湾
東京湾
0
25km
N
S
E
W
青森県
秋田県
岩手県
山形県
宮城県
新潟県
福島県
群馬県
栃木県
茨城県
長野県
埼玉県
山梨県
東京都
千葉県
神奈川県
0
100km

はじめに

現在の神奈川県は、前近代の行政区画では武蔵国の一部と相模国に相当する。旧武蔵国に属するのは現在の川崎市全域と横浜市の大部分である。近世の神奈川県域では、小田原藩（当初稲葉氏、のち大久保氏、一一万三千石）と荻野山中藩（大久保氏、一万三千石）、六浦藩（米倉氏、一万二千石）が置かれたほかは、ほとんどが旗本領で相給支配とされた村々も多かった。

前近代の神奈川の部落史についての主要な先行研究は、相模国淘綾《ゆるぎ》郡大磯宿の小頭助左衛門家の文書を用いた研究［小丸 一九六八・一九六九・一九七八、塚田 一九八七、鳥山 二〇一二］と鎌倉に関する研究［石井 一九八一・一九九六、中尾 二〇〇二、鳥山 二〇〇三・二〇〇八］である。小頭助左衛門の支配領域とのかかわりが薄い地域、特に旧武蔵国に属する神奈川県域については、ほとんど研究がなされていない状況である。

近代の神奈川の被差別部落のあり方については、大高俊一郎が一九二一年（大正一〇）の統計資料をもとに、被差別部落の数、戸数ともに関東他県や全国の平均を大きく下回り、地域社会のなかで、絶対的にも相対的にも少数者であることを指摘している［大高 二〇〇七］。そのほかに、近世の相模の被差別部落の特色としては、非人身分の者の数が多いこと、旦那場を基礎とする被差別身分集団が二重構造をなしていること、すなわち、複数の被差別身分集団をとりまとめる有力な長吏小頭が存在すること、といったことを挙げることができる。このような有力な長吏小頭は、弾左衛門支配体制のなかで「大組小頭」と呼ばれる場合もあった。具体的には、厚木・下古沢の太郎右衛門と、小田原・山王原の太郎左衛門であり、のちに、太郎右衛門のもとからは何人かの長吏小頭が独立していく。そのなかの一人、大磯宿の小頭・助左衛門は複数の被差別身分集団を支配下に置く有力小頭になっていった。一方、山王原の太郎左衛門のもとからは、このように独立していく長吏集団は出ていないようである。これはおそらく、太郎左衛門が小田原藩領の長吏頭として藩主に対する役を負担し、このことが配下の被差別身分集団をまとめる求心力として働いたためではないかと考えられる。また、鎌倉の長吏集団は、おそらく古くからの由緒をもとに、下古沢の太郎右衛門の支配下には入らず、独自の地位を保った。鎌倉については、一節をあて詳述したい。

このほかに、相模のなかでも津久井郡(3)には、長吏が存在せず、非人が斃《へい》牛馬の捨場を見回るが皮の剝ぎ取りには携わらなかったとみられるなど、被差別身分集団のあり方としてやや特殊であった。津久井郡のうち、相模川右岸は、下古沢の太郎右衛門が直接支配する職場のうちであったとみられるが(4)、この地域で、近世後期に太郎右衛門から、津久井郡内の非人が存在する村々の村役人に宛てて、非人に斃牛馬の皮剝ぎをさせないことを誓約した史料（鈴木家文書）が残っている。非人の斃牛馬の捨て場見回りと皮の剝ぎ取りは、「非人の第一の表役」とされ重視されたもののはずだが、その一部をさせない（免除する）ことは、その分、非人に対する村方の影響力が強まることとなろう。実際、この地域では非人について「村抱非人」と記載した村明細帳（中野村明細書上帳）も存在する。

このように、神奈川県は、決して広い地域ではないが、そのなかでも地域的な特色があり、必ずしも「神奈川の部落史」として一くくりにできない面がある。また、研究があまり進められていない地域のうち、特に太郎左衛門の支配領域である小田原藩領についての研究は今後の課題といえよう。『小田原市史』などにも関係史料が散見されるが、関係史料が十分に探求し尽くされたとはいえず、刊行された市史や町史のなかでも見落とされている史料があるのではないかと考えられる。現・南足柄市の関本地区に関係史料が存在することが知られているが、研究に利用できていない状況である。また、小田原藩領の部落史を考えたとき、駿河国に含まれる地域も視野に入れる必要があり、現在の県境にとらわれない視点も必要であろう。

一　鎌倉にみられる被差別民の歴史

神奈川の部落史、あるいは東日本の部落史を考えるなかで、鎌倉は注目を集めてきた地域である。その理由の一つは、近世鎌倉の長吏小頭は、弾左衛門支配のもとで有力な小頭の一人であっただけでなく、「頼朝以来」という由緒を主張し、弾左衛門も一目置かざるを得ない存在であったことである。また、いま一つの理由は、決して量として多くはないが、鎌倉市内での発掘の成果も含め、中世前期以来の関係資史料があり、中世から近世、近代にかけ社会のなかで被差別民とみなされた人々の社会的性格や役割について考える手掛かりとすることができるからである。

鎌倉・極楽寺村の長吏は、近世初頭から幕末にかけ一貫して鶴岡八幡宮の例大祭（放生会）において神幸の行列の先導役を務め、また、境内不浄物の取り片づけを担ってきた。こうした役目は、『新編相模国風土記稿』が引用する、一五九九年（慶長四）の鶴岡丹裘役に関する史料によれば「前々の如く」とされており、中世以来のものであることが明らかである。鎌倉幕府の公式記録といえる『吾妻鏡』からは、残念ながら、長吏たちがいつから放生会の行列の先導役を務めたのかを明らかにすることができない。しかし、鶴岡八幡宮での放生会は、源頼朝が平氏追討の戦いで源氏が多くの兵を殺したことの滅罪を祈願して始められたと考えられ［松尾 一九九八］、『吾妻鏡』には、放生会の間、東国での殺生を禁断したり、戦乱や八幡宮境内での不慮の死人の出来などを穢れとして放生会が延期されたり、延期が検討されるなどの記事もみられる。放生会の執行にあたっては「ケガレ」の排除に細心の注意が払われていることがわかる。

また、八幡宮と「ケガレ」にかかわっては、一三九五年（応永二）の『鶴岡事書日記』（『群書類従』『史籍集覧』収録）の「犬神人」についての記事が想起される。この記事は、鶴岡八幡宮の境内で血を流すことが最大の禁忌であり、馬の血が流された場合（馬に対する瀉血治療の施術と考えられる）、その馬を犬神人に没収させる、という内容のものである。石井進は、この八幡宮の犬神人を極楽寺村の長吏につながる存在と考えた［石井 一九八一］が、妥当な考察であろう。

極楽寺は北条重時を開基として開かれ、当初は浄土宗系の寺院であったようだが、遅くとも一二五五年（建長七）には律宗寺院となった［松尾 一九九八］。一二六七年（文永四）には大和から招かれた忍性[5]が入り、鎌倉幕府の都市政策とも深くかかわり、鎌倉幕府による「境界領域」の管理のための役所的な存在であったと考えられている［石井 一九八一］。「境界領域」とは、普通の人々の日常生活が営まれている領域と、普通の人々の力が及ばないと考えられた領域との境界である。中世にあっては、職人は通常の人間とは何がしか異なる力をもつと考えられる面があった。この世とあの世の間、つまり、宗教的な行為や葬送にかかわることや、貨幣を媒介とした遠隔地との交易、といったことも「境界領域」にかかわる。極楽寺は、非人集団や職人集団の統括、鎌倉の由比ヶ浜の東側に設けられた築港・和賀江島の管理と、そこに入港する船からの関銭の徴収、といったことを行っており、癩宿や施薬悲田院などが付属施設として設けられていた。

このような性格をもつ極楽寺に近いところに近世被差別身分の者が居住していたことは偶然ではなく、彼らの由緒を極楽寺の創建の頃までさかのぼらせることは十分に可能なことといえよう。彼らの先祖にあたる者たちは、中世にあっては都市鎌倉のキヨメ全般にかかわっていたことを想定できる。当然、鎌倉の中心である鶴岡八幡宮のキヨメ役も行ったであろう。そのような姿を、八幡宮を中心にみたとき、「鶴岡八幡宮の犬神人」とも呼ばれたのではなかったか。

一九九五年から数年にわたり、地下駐車場建設に伴って大規模な発掘調査が行われた由比ヶ浜南遺跡では、極楽寺や被差別身分とされた人々の活動とつながる要素が見いだされている［由比ケ浜南遺跡発掘調査団 二〇〇二］。三方を山に囲まれた鎌倉の南側の海に面した浜地である由比ヶ浜（前浜とも呼ばれた）は、陸地と海の境界であるだけでなく、中世以前から葬地とされて、この世とあの世の境界ともみなされる場所であった。中世都市鎌倉の拡大・発展がみられた一三世紀後半から一四世紀初めにかけては住居も多くなるが、その後、ふたたび葬地としての性格を強めていった。周辺ではいくつかの集団墓地とされる遺構が見いだされて調査されており、鎌倉幕府滅亡の際、多くの戦死者を葬った遺跡と見なされているものもある。

由比ヶ浜南遺跡で見いだされた遺構のうち、極楽寺や被差別身分とされた人々との関係が深いと考えられるものは、

①一三世紀前半の地層から検出された馬などの頭蓋骨を海に向けて「コ」の字状に並べた何らかの祭祀の遺構と考えられるもの

②一三世紀後半の地層から検出された、強固な構造をもつ特異な礎石建物跡

③一四世紀半ば以降と考えられる地層にみられる多数の人骨と動物骨の埋納遺構

といったものが挙げられる。

①については、遺構の性格やどのような祭祀が行われたのか、といったことは不明である。しかし、並べられた頭蓋骨[6]のうち、馬の頭蓋骨の多くは後頭部を割られており、当時、脳漿を用いた皮なめしが行われていたものと考えられる。②の建物跡は、この時期に多くみられ、同じ地層上でも多数見いだされている一般の住居や倉庫と考えられる建物跡とは異質であり、海に向かっての防御を強く意識したような構造がみられる。礎石として用いられた石には貝殻が付着しているところから、中世の築港である和賀江島で用いられていた石を転用した可能性が高いとみなされている。既述のとおり、和賀江島の管理を行っていたのは律宗寺院極楽寺であり、極楽寺は由比ヶ浜一帯を殺生禁断の地として支配する権利ももっていたとされる。建物跡の礎石脇では一三〇五年（嘉元三）の銘をもつ板碑が出土し（板碑と建物の関係については議論がある）、この特異な建物は極楽寺との関係が深いのではないかと推定されている。③の埋納遺構は、総数で五九五基を数え、このうち、人の遺骸を単体で埋葬した遺構が三〇八基であるのに対し、複数の遺骸をまとめて埋葬した「集積埋葬遺構」は八三基を数える。[7]これらの遺構から検出された遺体は、少なくとも三八六〇人分以上であり、そのうちのおよそ三一〇〇人分が集積埋葬遺構で検出された。集積埋葬遺構は、多いものでは三〇〇体分以上の人骨が埋葬されて[8]おり、人骨だけでなく動物骨と一括して埋葬された遺構も複数検出されている。

これらの遺構から検出された人骨の分析・検討によれば、必ずしも戦乱に巻き込まれて戦死したものばかりではなく、一部は市中に放置されていたような遺体を集めて埋葬したものである可能性が指摘されている［由比ヶ浜南遺跡発掘調査団 二〇〇二］。また、動物の骨は牛馬の四肢骨が多くみられ、解体し刀装具の材料などとして利用した後の不要となった骨をまとめて埋納したものと考えられている。これらの埋納遺構は、相互に重なり合うものがほとんどなく、また、穴を掘ってから、比較的短

期間のうちに多くの遺体や動物の骨が埋納されたと見られている。市中に放置された遺体を集めたり、解体再利用後に不要となった動物の骨を処理したりという活動を、ある程度専門的に行っていた者の存在が想定されている。

以上のような由比ヶ浜南遺跡の諸相から、由比ヶ浜という場所が中世都市鎌倉の境界領域であり、鎌倉幕府の執権北条氏によって創建された律宗寺院極楽寺と深いかかわりをもっていた場所であることが確認できる。そのような極楽寺に近いところに居住していた近世の長吏集団は、極楽寺創建の頃からそこを居住地とし、極楽寺と由比ヶ浜に深いかかわりをもって活動をしていたことを想定してよいであろう。具体的には、市中に遺棄された遺体の埋葬、皮革や骨製品製造後の不要物の処理といったことであり、皮革の生産も行っていた。そして、近世極楽寺村の長吏たちは由比ヶ浜にちなむと考えられる名を名乗り、弾左衛門は自分たちから古文書などを奪い取っていったが、この名前を奪うことはできなかった、と語り伝えていた［菊池 一九四六］のである。

なお、鎌倉について付言しておくべきことは、鎌倉が東国政権の中心、「首都」ともいうべき場所であり、鶴岡八幡宮もそのような中世都市の中心として勧請されていることである。鶴岡八幡宮と中世被差別身分の関係についていえることを、東日本の寺社と被差別身分の関係として一般化することについては慎重でなくてはならないだろう。また、政治の中心地として、鎌倉には西日本・畿内の文化の影響が強い面があることにも留意すべきであろう。『鶴岡事書日記』に現れる鶴岡八幡宮の犬神人の記事が、東日本で「犬神人」という言葉が史料に現れる唯一の例であることが示唆的である。

また、近世前期、鎌倉の長吏たちのなかにキリスト教を信仰した者たちがあった。中尾健次によって発見され紹介された「鎌倉極楽寺村長吏類門帳」は、信仰についてだけでなく、一七世紀半ばの相模の長吏集団のあり方を知ることができる貴重な史料である。長吏とキリスト教の結びつきについては、峯岸賢太郎によって「神仏信仰では満たされぬ差別の苦悩からの解放を求め、積極的にデウスの信仰へ近づいていったのであろう」と述べられている［峯岸 一九八三］が、近世の極楽寺村の長吏たちと鶴岡八幡宮との結びつきも視野に入れたとき、こうした見解が妥当なものかどうか、再検討が必要ではないかと考える。

二　中世後期の被差別身分集団

中世後期になると、戦国大名たちは軍需物資として皮革を重視した。戦国大名から皮革を製造する職人たちに宛てて発給された史料が残されるようになる。相模の小田原を本拠地とした戦国大名の北条氏は、早くから民政を重視し、さまざまな職人たちに発給した文書を多数残している。こうした戦国期の史料については藤沢靖介によって整理され分析されている［藤沢 二〇〇七］。近世初頭までの文書も含め、別掲の表1にまとめた。これらのうち、神奈川県域に関する史料であることが確実であろうと考えられるものとして、最も早いものは、一五二八年（享禄元）に上使某によって「小八幡村の貫高のうち八百文を往古以来に皮免と定める」という内容で足柄下郡酒匂村の長吏友右衛門の先祖に与えられたものとされる文書（表1の3）である（ただし、この文書について『神奈川県史』は「検討の余地がある」としている）。このほか、一六世紀半ば頃の信頼できる史料としては、永禄年間（一五五八〜七〇年）に、西郡の皮作触頭彦右衛門に革類の上納を指示した数点の文書（表1の7・9〜13・15）があり、高座郡本郷村小頭に一五六二年（永禄五）と考えられる文書一点（表1の8）がある。また、鎌倉の極楽寺村長吏小頭家には、極楽寺村の内一貫五〇〇文を安堵するという一五六五年（永禄八）の北条氏の鎌倉代官大道寺資親からの証状（表1の14。これは、『新編相模国風土記稿』が弾左衛門家所有の文書として引用している）と、一五八四年（天正一二）に北条氏の支城の一つである玉縄城の城主・北条氏勝から発給された長吏職の安堵状（表1の16）が伝えられていた。

さらに、弾左衛門由緒書に添付された一五五六年（弘治二）年の北条氏直家老石巻下野守書状と、一五五九年（永禄二）年の狩野大膳亮書状（表1の5・6）が「長吏太郎左衛門」を宛名としており、この太郎左衛門を、近世に小田原の山王原村に居住した長吏小頭太郎左衛門の先祖であるとする説があった。書状の内容は、北関東での上杉と北条の戦いを背景とした長吏の勢力争いに関するもので、宛先の太郎左衛門が山王原の太郎左衛門の先祖とすれば、この段階で太郎左衛門が北関東の長吏集団

表1 相模における中世末から近世初頭の被差別身分関係文書

	年	西暦	干支	月・日	表題等	出典	所蔵	内容	出来事／備考
1	大永 三	一五二三	癸未	三・二三	官途状	相州文書一巻九四・二三五 ほか	関本・酒匂・川村岸・山之内・鎌倉	頼朝御判を鶴岡において申請の時の官途 偽文書	伊勢氏綱、北条に改姓
2					鶴岡少別当より	相模国風土記稿	極楽寺村長吏	鶴岡宝殿の文書を下すかわり八幡宮掃除以下の役を務めること 偽文書	
3	享禄	一五二八	戊子	一二・一九	上使某書状	相州文書一巻二三六	酒匂村 友右衛門		
									天文一～九 北条氏綱、鶴岡八幡宮修営
	天文 一〇	一五四一	辛丑						北条氏綱没。北条氏当主、氏康に
4	一八	一五四九	己酉		太鼓張替覚	金沢文庫古文書一四輯三三四・三三六・三三九		六浦の太鼓大工による称名寺の太鼓張替えの記録（史料は江戸期のもの）	
	二一	一五五二	壬子						関東管領上杉憲政、北条氏康に敗れる
5	弘治 二	一五五六	丙辰	一・一〇	北条氏直家老石巻下野守書状	御府内備考	弾左衛門由緒書が引用	平井長吏九郎左衛門の訴えに対し太郎左衛門（小田原？）勝利	
6	永禄 二	一五五九	己未	八・七	狩野大膳亮書状	御府内備考	弾左衛門由緒書が引用	長吏源左衛門と太郎左衛門（小田原？）の対立	この年までに「北条氏所領役帳」が成立
7	五	一五六二	壬戌	三・二三	北条氏康印判状	相州文書五巻 補五〇	浦賀 浦島彦右衛門	徳政により中郡皮作りに立ち戻りを命じる	
8			カ	六・一二	北条氏印判状	相州文書一巻二五	高座郡本郷村 政右衛門	五郎右衛門・三郎右衛門・彦右衛門へ板皮各三枚上納を命じる	
9	六	一五六三	癸亥 カ	三・二六	北条氏印判状	相州文書五巻 補五五	浦賀 浦島彦右衛門	板目皮一七枚上納申付け	
10	七	一五六四	甲子 カ	二・一九	北条氏印判状	相州文書五巻 補五二	浦賀 浦島彦右衛門	板目皮一九枚上納申付け	
11			カ	五・二三	北条氏印判状	相州文書五巻 補五三	浦賀 浦島彦右衛門	なめし皮八枚上納申付け	
12	八	一五六五	乙丑 カ	三・二六	北条氏康印判状	相州文書五巻 補五一	浦賀 浦島彦右衛門	西郡・中郡・東郡の皮作りへ、皮作り以外の皮剝ぎ禁止	
13			カ	三・二二	北条氏印判状	相州文書五巻 補五六	浦賀 浦島彦右衛門	板目皮・なめし皮・横縫い皮の上納申付け	
14			カ	八・二六	大道寺資親証状	相模国風土記稿	極楽寺村 長大夫	極楽寺分の内一貫五〇〇文を安堵	大道寺資親→北条氏の鎌倉代官
15	一〇	一五六七	丁卯 カ	二・二六	北条氏印判状	相州文書五巻 補五四	浦賀 浦島彦右衛門	板目皮・なめし皮の上納申付け	
	元亀 二	一五七一	辛未						北条氏康没、北条氏当主氏政に
16	天正 一二	一五八四	甲申	九・七	北条氏勝印判状	相州文書五巻一八三〇	極楽寺村 九郎左衛門（ママ）	極楽寺村長吏源左衛門へ、長吏職安堵	北条氏勝→玉縄城主（永禄一二～慶長一六）
	一八	一五九〇	庚寅						豊臣秀吉により北条氏滅亡。徳川家康関東入部

17	文禄 一	一五九二	壬辰	一・一二	竹内助兵衛手形	相州文書一巻九	古沢村 太郎右衛門	太郎左衛門と太郎右衛門へ皮調達の指令	文禄の役
18	慶長 一	一五九六	丙申 カ	三・二〇	忠行又兵衛・奈良八郎左衛門連署手形	相州文書一巻一八	古沢村 太郎右衛門	武者揃入用のさび皮納入申付け	
	二	一五九七	丁酉						慶長の役
19	四	一五九九	己亥	四・二七	鶴岡丹裘役	相模国風土記稿	極楽寺村長吏	鶴岡八幡宮境内のキヨメ等、前々の通りに申付け	
	五	一六〇〇	庚子						関ヶ原の戦い
20	六	一六〇一	辛丑 カ	七・二二	江戸幕府奉行連署手形	相州文書一巻一〇	古沢村 太郎右衛門	江戸より小田原まで伝馬の使用許可	年代は前後するか
	八	一六〇三	癸卯						徳川家康、征夷大将軍となる
21	九	一六〇四	甲辰	一・二九	木村高綱手形	相州文書一巻一一	古沢村 太郎右衛門	相模中郡の皮作りたちに、太郎右衛門へ絆綱納入のこと	
22			カ	二・六	矢部定清手形	相州文書一巻一四	古沢村 太郎右衛門	太郎右衛門と太郎左衛門へ鹿白皮上納申付け	
23			カ	八・二三	長谷川長綱書状写し	横須賀市文化財調査報告 第一集	浦賀 浦島彦右衛門	三浦郡への居住につき、鎌倉・六浦からの妨害を排除	長谷川長綱→三浦郡代官
24	一〇	一六〇五	乙巳	二・二一	高梨伊賀守手形	相州文書一巻一二	古沢村 太郎右衛門	太郎右衛門を前々の如く肝煎りに相定め	徳川秀忠、将軍となる
25	一五	一六一〇	庚戌 カ		江戸幕府代官連署手形	相州文書一巻一五	古沢村 太郎右衛門	中原へ、灯心・太緒・金剛の上納申付け	年代は前後するか
26	一九	一六一四	甲寅 カ	八・七	木村九郎左衛門書状	相州文書一巻一九	古沢村 太郎右衛門	藤沢代官所の皮作りに太郎右衛門へ絆綱を上納させるよう指示	藤沢代官 深津宛。年代は慶長九・一〇頃の可能性も
27			カ	一一・六	中川安孫書状	相州文書一巻一六	古沢村 太郎右衛門	太郎右衛門を「相模中」の親方に申付け（鎌倉の反発の存在か）	中川安孫→中原代官。藤沢代官 深津宛
28	元和 一	一六一五	乙卯 カ	九・一五	江戸幕府代官連署手形	相州文書一巻二〇	古沢村 太郎右衛門	飯山村・古沢村の名主へ、皮作りたちの中原へ出頭を指示	
	二	一六一六	丙辰						徳川家康没
	三	一六一七	丁巳						初代弾左衛門没
29	七	一六二一	辛酉	五・五	矢部定清請取状	相州文書一巻一三	古沢村 太郎右衛門	弾左衛門へ申付けた白皮の内四〇枚を相模の皮作りから受取り	
	寛永 一	一六二四	甲子						徳川家光、将軍となる
	二	一六二五	乙丑						
30		年不詳		二・八	矢野弾左衛門書状	相州文書一巻一七	古沢村 太郎右衛門	上様へ絆綱の上納を申付け	
	寛永 一七	一六四〇	庚辰						二代目弾左衛門没
	寛永 二〇	一六四三	癸未						極楽寺村の長吏七名、キリシタンとして召し取られる

注 相州文書一巻所収の古沢村太郎右衛門旧蔵史料のうち、年代が明記されていないものの年代推定は塚田孝『近世日本身分制の研究』による。

に対して発言力をもっていたことになる。つまり、山王原の太郎左衛門が北条氏の支配領域全体の革作りの頭であったという解釈が成り立つ。しかし、この書状には宛先の太郎左衛門の居住地は明記されておらず、この時期、このような広域にわたって支配権をもつ頭の存在は疑問である。また、先に触れた永禄年間の史料を伝える西郡皮作触頭彦右衛門の子孫は、近世には三浦郡浦賀に居住していた。つまり、西郡の皮作触頭は近世初頭には西郡から移動しており、北条氏滅亡に伴い、のちの長吏小頭につながる皮作触頭たちの間で、勢力争いや力関係の変動があった可能性が高い。太郎左衛門が戦国期から一貫して小田原におり、皮作りの頭であり続けたのではなかったと考えたい［鳥山 二〇〇七］。山王原の太郎左衛門と並んで近世相模の有力な長吏小頭であった厚木・下古沢の太郎右衛門（この両者は同じ姓を名乗っており、深いつながりがあるとみられる）に関する史料が現れ始めるのが、北条氏が滅亡し徳川家康が関東に入部して以後（表1の17以降の諸史料）のことになることも、この傍証となろう。

なお、県内数ヵ所で一五二三年（大永三）三月二三日の日付をもつ偽文書と考えられる史料が伝えられている（表1の1）。「頼朝御判を鶴岡において申請の時の官途なり」として宛所と日付を記載するという形式の文書である。このような文書を所持していたのは足柄上郡関本、同郡川村岸、足柄下郡酒匂、鎌倉郡山之内、鎌倉郡極楽寺であった[9]。また、同年同日付の偽文書と考えられる文書がもう一点（表1の2）あり、『新編相模国風土記稿』に引用されている。鎌倉極楽寺の長吏に対し、「長吏職之事」として山之内、藤沢の同類[10]とともに「八幡宮掃除以下之役」を相違なく勤めるよう、ということが主な内容である。この文書の差出人は鶴岡少別当法眼良能となっているが、石井進によると少別当良能は実在の人物で、大永三年当時、実際に八幡宮の「宮中社内掃除奉行」を担当する職である少別当の役職にあったという。これらの大永三年の日付をもつ偽文書類は、ある明確な意図をもって作成されたものと考えられる。その作成の意図としては、北条氏が滅亡し、徳川氏が関東に入部したのに伴い、職人集団の勢力関係の変動があった際、そのなかで自分たちの勢力の正当性を主張するためという可能性が考えられるのではなかろうか。一五二三年は、北条氏二代目氏綱が、伊勢に代えて北条の姓を名乗り始めた時期であるとされる。その年代を記した偽文書は、頼朝や北条氏の権威を借りて自分たちの由緒の古さを強調し、新興勢力に対抗するために作成された、という想定である。自分たちの由緒を強調するのは、自分たちの立場が動揺するような局面に立たされたからではないか。石井進も、これらの偽文書の作成時期が意外に早かったかもしれない、と述べている［石井 一九九六］。北条氏滅亡直後の時期を、その一つの可能性として考えてみたい。

また、戦国大名関連の史料ではないが、武州久良岐郡金沢の称名寺の太鼓の張替えに関する史料[11]（表1の4）があり、称名寺の太鼓の張替えを「六浦の太鼓大工」が行っていたことがわかる。史料そのものは近世のものである（おそらく近世の太鼓の修理の際に、内部の銘文を書き取ったものと考えられる）が、古くは、一五四九年（天文一八）に、六浦に「太鼓大工」と呼ばれ太鼓の張替えを行っていた集団がいたことがわかる。彼らは、近世にこの地に居住した長吏集団につながっていった。

なお、称名寺の太鼓張替えに関する一連の史料において、一五四九年（天文一八）、一六三九年（寛永一六）、一六八七年（貞享四）、一七二〇年（享保五）に張替えを行った者の名前は、鎌倉極楽寺の長吏集団とつながる可能性のある姓を伴って記録されている。中世には称名寺と極楽寺は深いつながりがあり、六浦は鎌倉の外港として重要な場所であった。これまでの近世神奈川の被差別民史研究や聞き取りにおいては、極楽寺と六浦の長吏集団に特段のつながりがあったことは明らかにされていない。しかし、戦国期から近世前半までの時期においては、極楽寺と六浦の長吏集団の間に一定の結びつきがあった可能性が考えられる。同様の可能性は、山内（小袋谷）・藤沢と極楽寺の長吏集団の間についても考えられそうである。六浦、山内（小袋谷）、藤沢はいずれも、中世都市鎌倉の外縁といえる場所に当たる。そうした場所に、極楽寺の長吏集団と結びつく可能性を想定できる長吏集団が存在することは、単なる偶然ではありえないだろう。

中世後期には、近世被差別身分につながる者たちが、革作り職人集団として史料に現れる。戦国大名から軍需物資の供給者として重視されていただけでなく、太鼓の製作・張替えを専門的に行う集団でもあった。戦国大名から発給される文書を見る限り、革作りとその他の職人の間に特に違いは認められず、差別的な扱いはなかったようにみえる。しかし、地域社会においてはどうだったのか、については、史料的な制約はあるが、慎重に検討すべきかと思われる。

また、今後の課題として、長吏集団と時宗（時衆）の関係についても注意を払っておきたい。北関東を中心に、特定の時宗寺院を広い範囲の複数の長吏集団が旦那寺としていることについて、藤沢靖介が着目し検討を加えている［藤沢 一九九八］。近世に極楽寺村の長吏の一部は時宗寺院を旦那寺としていた。先に言及した『新編相模国風土記稿』が引用する、一五二三年（大永三）の日付をもつ偽文書において、極楽寺村の長吏の先祖が「法名利阿（＝利阿弥陀仏）」とされている（阿弥号を名乗る者が必ずしもすべて時衆ではない、との指摘もあるが）。加えて、鎌倉についての記述で触れた、鎌倉市中に遺棄されていた遺骸を集めて葬るという活動は、陣僧と呼ばれた者たちの活動との共通点も感じられる。以上のようなことから、長吏たちと時宗（時衆）の結びつきが深いものであると思われ、このことの意味は何かを検討することも今後の研究課題の一つであろう。

三　近世の被差別身分集団

(1) 小頭助左衛門と「助左衛門文書」

「はじめに」で述べたように、近世相模の被差別身分集団に関する研究は、主に大磯宿の小頭助左衛門家に伝えられた史料に依拠して進められてきた。そこでまず、小頭助左衛門と「助左衛門文書」について、概要を確認しておこう。

近世初頭の段階で相模の有力な長吏小頭は、鎌倉の太郎左衛門と九郎右衛門、小田原・山王原に居住し、おそらく小田原藩領の長吏頭であった太郎左衛門、それに、厚木・下古沢に居住した太郎右衛門であった。太郎右衛門は、近世初頭には江戸幕府から直接に皮革納入の指示を受けたり（表1の17）、「相模中の皮作り親方」と称される（表1の27）など、小田原藩領と鎌倉以外の相模全域の長吏の頭であったと考えられる。太郎左衛門と太郎右衛門は、それぞれ複数の長吏集団を支配下に置く存在であった。太郎左衛門の配下には七つ、太郎右衛門の配下には一七の長吏集団があったとみられる。いずれも、弾左衛門体制のなかでは、大組小頭と呼ばれるような存在であった。なお、下野国の有力小頭である佐野の太郎兵衛家の文書にある幕末（一八四八年〔弘化五〕）の弾左衛門役所における年始礼の席次表では、第一列目の八人の有力小頭のなかの一人として太郎右衛門が位置し、練馬の小頭一人をおいて、極楽寺と小田原が並ぶ。そして、その次に大磯と三嶋が並び、その後ろに平小頭たちが並ぶ、という構成になっている（本書特論4の図2参照）。

大磯宿の助左衛門は、もと太郎右衛門の配下であったが、一七四八年（延享五）に、親類の者が弾左衛門役所で出精したことへの報償として大磯を中心とした職場を預かる小頭として独立した。その後一七六〇年（宝暦一〇）に、太郎右衛門は、藤沢宿の長吏たちから「非道の取扱い」を訴えられ、弾左衛門役所から一時小頭役を免職されることがあった。一七六五年（明和二）、太郎右衛門家の代替わりをきっかけとした小頭復帰願いに対して、弾左衛門役所は、太郎右衛門配下の長吏集団の意向を確認したうえで、かつての太郎右衛門配下の一七の長吏集団のうち一〇を助左衛門に預けた。その後、一七八〇年（安永九）に、かつての助左衛門のように、厚木・恩馬・秦野の長吏集団が太郎右衛門のもとから独立している。一七九四年（寛政六）には、太郎右衛門家の代替わりを機に、再度の太郎右衛門復役願いが出された。このとき、弾左衛門役所は、太郎右衛門と助左衛門がそれまで配下としてきた長吏集団を、相役の小頭として、共同で支配することとした。これに対しては、助左衛門の側から、以前のような配下の長吏集団の分割・独立が願い出られるところとなり、すぐには認められなかったものの、最終的にそれは認められた。一八一一年（文化八）のことである。太郎右衛門配下であった助左衛門は、まず、単独の小頭として独立し、曲折はあったが、従来の太郎右衛門支配地域のほぼ半分を支配する相模の有力小頭となった。

一般に「助左衛門文書」と呼ばれる、小頭助左衛門家に伝来した古文書類は、すでに戦前から助左衛門家のもとを離れ、古書店や研究機関に流れたようで、現在は神奈川県立公文書館、横浜開港資料館、東京大学法学部法制史史料室、大磯町教育委員会（大磯町図書館）、藤沢市教育委員会に所蔵されている。(12)

これらの「助左衛門文書」のうち、最もまとまった量の文書を所蔵しているのは神奈川県立公文書館である。数次にわたる購入や県内他機関からの管理替え等を経て、数年前に整備された目録によれば、八四八点を数える史料がある。このうち、一九九二年に小田原市内の古書店から購入された史料五五三点は、一部を除いてまだ研究に活用されていない。このなかには多数の年貢受取や無尽に関する記録が含まれており、これらを用いた研究は今後の課題である。

「助左衛門文書」の史料は、年代的には一九世紀以降のもの、すなわち助左衛門が独立した小頭としての地位を確立してからのものが大部分であり、他身分との争論に関する史料は皆無といってよく、助左衛門家の生業やその経済的実態を明らかにしてくれるような史料もきわめて少ない。被差別身分内の支配関係や争論、支配下の非人に関する記録といった内容の史料が目立つ。したがって、「助左衛門文書」によるこれまでの研究は、助左衛門の小頭としての独立や、職場（旦那場）のあり方、配下の非人の動向など、身分組織に関する面に焦点が当てられてきた。地域社会における被差別身分の者たちの役割や、他身分の者たちとの関係の実態、生業やその経済的実態については必ずしも検討が深められていない。以下、「助左衛門文書」以外の史料から知ることができることも含め、近世被差別身分の生業・役目・生活と、地域社会において他身分の者たちとどのような関係が取り結ばれていたのかについて述べる（特に注記しないものは「助左衛門文書」による）。

(2) 長吏たちの生業

① 皮革

皮革生産の実態を明らかにできる史料はほとんどないが、幕末期の一八五四年（嘉永七）に弾左衛門役所が新設した牛馬皮口銀の領収書が四点存在する。その内容は以下のとおりである（領収書の年代は推定による［鳥山二〇一四］）。

一八五七年（安政四）牛皮一、女牛一、馬皮一六九、一七六匁五分を納入、場主四五名

一八五九年（安政六）男牛皮三、馬皮一九六、二〇二匁を納入、場主四八名

一八六七年（慶応三）男牛皮八、女牛皮三、馬皮一七三、

一九三匁五分を納入、場主四八名
一八六八年（慶応四＝明治元）男牛皮一、馬皮一四九、
　三〇二匁を納入、場主三九名

　皮の枚数が正しく申告されたものとして、馬皮につき場主一人当たりの枚数を計算してみると、三・六枚から四・一枚となり、埼玉の「鈴木家文書」に含まれる牛馬皮口銀領収書の記載内容と比較してみると、ほぼ同じである。ただし、助左衛門支配下の小職場の生産量を明らかにはできないが、小職場ごとには多寡があった可能性はある。

　また、一八五九年（安政六）に、武州多摩郡粟巣《あわのす》村（八王子）から大磯にやってきた長吏小頭平左衛門組下八五郎による殺人一件に関する史料で、この八五郎はたびたび皮買い出しのために大磯にやってくる「兼ねて知人」の者と記載されている。在地における皮の取引に関する記録だが、その経済的規模や広がりについては残念ながらよくわからない。

　皮革に関連して、太鼓については、大磯の五郎左衛門の所持する田地のうち、六〇歩を「小磯郷宮太鼓免」とし、太鼓が破損した場合は張り替えるように、とした史料がある。また、既述のように六浦では、戦国期から「太鼓大工」が称名寺の太鼓の張替えを行っていた。一方、一八一八年（文政元）、藤沢宿の長吏が太鼓張替えを請け負ったところ、浅草新町の「御太鼓師仲間」から咎められ詫びを入れた史料があり、それによると「元来在方にて新規は勿論、張替えなどに至るまで相成らず」とされているとある。そのような規制がいつから、どの程度の強制力と広がりをもって存在したものであろうか。

② 農業

　長吏が田地を所持し農業を営んでいたことは周知のことである。大磯宿の助左衛門も、田地を購入しており、「助左衛門文書」には年貢の領収書も多数残されている。ただし、どの程度の規模の農地を所持したのか等については、今後の検討課題である。大磯以外の地域については、秦野での非人の支配をめぐる百姓身分との争論に関する史料（須藤家文書）のなかで、「長吏たちが田畑を多分に所持し非人の者たちを農作業等に使役するため、非人たちが村に対する用むきをおろそかにせざるを得なくなっている」と述べられている。秦野の地区は急傾斜地

に立地しているので、長吏たちが所持している田畑は地区外の百姓身分が所持していたものを（おそらく質入れをきっかけとして）購入した可能性が考えられる。また、足柄上郡関本村では長吏たちの水車設置をめぐり、身分間の争論が起きた（南足柄市郷土資料館管理史料）。長吏たちは、水車設置を願い出るにあたり「水車設置が認められないなら、相応の舂《つき》賃を支払い村の水車で穀物を舂《つ》かせてもらいたい」と述べている。また、水車をめぐる長吏と百姓の掛け合いのなかでは、「私共（＝長吏たち）畑所持まかり在り候えば、御百姓同様」と述べたとも記されている（村役人たちは、この言葉を「法外の儀」と評している）。関本の長吏たちは水車を必要とするほどの農業生産があったであろう。

③ 草履・雪駄

被差別身分の者たちにとって、履物類、特に竹皮草履や雪駄の製造・修理・販売が重要な生業であったことは、すでに明らかにされている。「助左衛門文書」でも長吏たちが草履などの生産に携わっていたことをうかがわせる史料が数点みられる。

正確な年代は不明だが、辰九月二十五日の日付で、助左衛門から弾左衛門役所に対して、組下の長吏である大住郡田村の才一郎、倉松、吉左衛門、直右衛門、為吉の親や暮らし向き等について書き上げた書面が提出されているが、才一郎以下五名は、いずれも「平日草履作り渡世罷り在り候もの」とされている。また、辰十二月二十日付で、助左衛門が組下の大住郡岡田村源左衛門後家たよの居宅から出火した顚末について書き上げた書面では、たよが竈で藁を焚き、火を消したのち一同が細工所へ入って細工をしていたところ、火の音に気付いて表へ出たときにはすでに居宅の屋根裏まで火が広がっていた、等と書かれている。家の外にしつらえた細工所で冬場に行う「細工」は、竹皮の草履作りである可能性が高いのではなかろうか。

また、竹皮の売買については、小田原・山王原の太郎左衛門と秦野村小組頭[13]が争った一件に関する史料がある。残念ながら後欠の断簡で、事の詳細や結末、年代は不明であるが、竹皮は草履・雪駄の材料として売買されたものと考えてよかろう。太郎左衛門の主張によれば、小田原・酒匂・関本・川村の四ヵ村の場中は古来、他村の者に竹皮を一切売ってこなかった。また、「四拾二三ヶ年以前」に秦野と大磯から竹皮を買いに入り込んだ者があったが、古来の取り決めを確認するとともに、鑑札を用いるなど他村の者を入れないことを徹底してきたという。ところが、昨年と今年（二月二〇日）秦野村の者が竹皮を買いに来たので、太郎左衛門から秦野村小組頭に対し、古来の取り決めを確認したが、秦野村小組頭は納得せず、古沢村太郎右衛門へ願い出て、竹皮の買い取りを認めてもらいたいと主張しているという。太郎左衛門は、小田原以下四ヵ村の旦那場から他村の者に竹皮を売らない理由として、この四ヵ村が「御城付き」の村としてさまざまな役を勤めているから、としており、旦那場のあり方を考えるうえでも興味深い史料であるが、重要な部分を欠いており、「御城付き」の四ヵ村が勤める役の具体的内容もほとんどわからない[14]。

さらに、これも年代は不明ながら、藤沢宿の非人小屋頭源六の下小屋主鎌倉郡渡内村小屋主の藤五郎の行状がいろいろと問題にされた一件に関する史料のなかで、「藤沢宿の場主で雪駄直しに出た者が藤五郎を見咎め……」という一節がある。人の通行も多い宿場では雪駄の修理も生業として成り立っていたものであろう。

以上、相模各地の長吏たちが竹皮草履や雪駄の製造・販売・修理にかかわっていたことをうかがわせる史料が存在するが、その生産の規模や取引額等は明らかではない。

なお、履物にかかわって付け加えておきたいのは、長吏の作る草履などが単なる商品というだけではなかったことである。そもそも、草履は大地と人間の身体の境界にあり、村境に草履を掲げ悪いものの侵入を防ぐなど呪物としても用いられた［坂井 二〇〇〇］。竹皮草履・雪駄の材料である竹も強い生命力をもつ特別な植物として意識された。年末や節句のときなど、長吏から旦那場内の有力者へは、履物類が贈答品としてもたらされたのである。こうした長吏から履物を贈る事例は、相模では、鎌倉の極楽寺村（「口上書」）と三浦郡大田和村（「浜浅葉日記」）で確認することができる。

④ 筬《おさ》

竹筬の製造・販売・修理が長吏たちの重要な生業の一つであったことも、すでに先学によって明らかにされていることである。神奈川では、秦野・山北・下古沢で「筬屋」という屋号をもった家があったことが聞き取り等によって明らかである。また、明治初期の国内勧業博覧会では、藤沢から筬の出品があったこともわかる。この筬にしても、残念ながら、どのくらいの生産量があり、どの辺りに販売されていたか、どれほどの利益があったか、ということの詳細は不明といわざるを得ない。下古沢での聞き取りによれば、八王子方面に販売ルートがあったようだ。

⑤ 医薬業

周知のように、大磯宿の長吏のなかには薬屋を営む者があり『新編相模国風土記稿』にも記述がある。配下の八郎右衛門が製造する通閉散、截雲丹という「妙薬」は、江戸から買い求めに来る者も多かった、とされている。この八郎右衛門家は、助左衛門家と姻戚関係を結んでおり、経済力においては小頭である助左衛門をしのいでいた。小丸俊雄による先駆的研究［小丸 一九六九］では、医薬業は長吏の生業としては特殊であり、また、動物の臓器を原料とした薬が作られたのだろう、とされてきた。しかし、その後の研究で、埼玉の鈴木家をはじめ、長吏と医薬業のかかわりは広くみられ、決して特殊なものではないことが明らかにされた。助左衛門が小頭として独立するきっかけとして、助左衛門の縁者が弾左衛門役所の手代として年来出精により褒美として望むことがあれば申し出るようにといわれ、助左衛門の独立を願い出たということがあったが、このとき、助左衛門の縁者として浅草新町の「医師泰順」という者の名前がみえる。単に薬を作って売った、というだけでなく医師として活動していた者も親類にいたことがわかる。

なお、小丸俊雄が、薬の材料は動物の臓器であろう、としたのは史料の裏付けはなく、想像の域を出ない。また小丸は、薬の材料に関する史料として、「枌板　壱駄」という史料記載の「枌」を「楡《にれ》」の異体字と読み、漢方薬の材料であろう、とした（楡には利尿の効能があるという）。しかし「枌板」とあるので「ソギイタ」であり、「薄くそいだ木の板」と解釈するのが妥当ではないか。薬の材料としては「板」である必要はなかろう。薬の材料・処方についての詳細は不明とせざるを得ない。また、書名は不明であるが、大磯町図書館が保管する「助左衛門文書」には、漢方薬の原料となる生薬の名称や効能について書かれた書籍の断簡が含まれている。漢方の知識を基盤として、薬の製造販売が行われていたことは間違いないものと考えられる。

⑥金融・無尽

既述のように一九九二年に購入された「助左衛門文書」のなかに無尽に関する史料が多数含まれている。無尽に加わった者の名前・屋号が記された史料には、大磯宿の商家の屋号と思われるものが散見される。被差別身分だけでなく百姓身分の者たちも幅広く加入者とした無尽が運営されていたようである。薬屋を営んだ助左衛門とは親類になる八郎右衛門家は、助左衛門配下の長吏たちのなかで圧倒的な財力をもっていたが、助左衛門家もそれなりの資産があったものと考えられる。そうした資産をもとに運営された無尽が大磯宿の地域の経済において、どれほどの存在意義をもっていたものだろうか。一九世紀に入ると、大磯宿は慢性的な赤字財政に加え、飢饉や自然災害、大火、打ち壊しなどの影響により、経済的に困窮した。天保期には、報徳仕法の導入による宿財政立て直しが取り組まれている。こうした幕末の大磯宿の経済に関する先行研究の読み直しをふまえ、無尽関係史料の解読・分析により、薬屋八郎右衛門や小頭助左衛門を中心とした大磯宿の長吏の経済力が、幕末の大磯宿においてどのような意味をもったのか、を考えることも今後の研究課題の一つであろう。

また、助左衛門配下でかなりの資力をもっていた者の一人、藤沢宿の小組頭・喜平次は、天保の改革に際し、さまざまな贅沢品をもっていたことを咎められ、一八四三年(天保一四)二月に捕えられた。その際、所持していた「身分不相応の品」六三点を没収され、過料銭一〇貫文を取られるという処罰を受けた。喜平次は贅沢品の所持だけでなく、手下(非人)の者に金を貸していたことも咎められている。のちに没収された品の一部が返還されているが、そのなかに「永帳面二三冊、通い帳面三冊、貸金証文九一本」と「帳面九五冊、通い帳面一〇五冊、田地証文」が含まれる。これらの帳面類や証文は手下の非人たちへの貸金にかかわるものだけではなかろう。喜平次は土蔵も所持しており、おそらく金融を営業として営んでいたのではなかろうか。既述のように、助左衛門が田地を購入しているのも、もともとは田地を担保に金を貸したものとみられる。長吏たちは、さまざまな現金収入を得る機会があり、大きな財力をもつに至った者もあった。そのような資金をもとに金融が行われ、地域社会においても一定の影響力をもったのではないかと考えられる。

(3) 地域社会における被差別身分

近世被差別身分とされた人々は「身分外の身分」などと言われることもあるが、地域社会のなかで固有の役割を担っており、百姓・町人身分の人々と交流するさまざまな回路が存在した。確かに、百姓・町人と異なる身分集団を形成したがために、日常の生活のさまざまな場面で、百姓・町人身分の者同士であれば普通であるような関係・交流がない、ということはあった。しかし、身分が異なるがゆえに、まったく別世界に住んでいるかのように、相互に没交渉であったわけではない。また、常に対立的な関係のみが形成されていたわけでもない。では、地域社会において、被差別身分と百姓・町人身分の間に、どのような関係が形成されたのか。

① 経済活動を媒介にした関係

幕末期に各地でさまざまな形で身分間の争論が起こるようになる。相模でも一八四〇年代後半から一八五〇年代半ば(弘化・嘉永年間)にいくつかの村で身分間の争論が起こった。筆者はかつて、ほぼ同じ時期に、相模国各地で別個に起こった身分間の争論について、その共通点と意味について検討を加えたことがあるが[鳥山二〇〇五]、身分間の争いが激化し、訴訟になる前段で、百姓身分から被差別身分に対して「日用の品の売買を差し止める」という手段で圧力をかけることが必ずといっていいほど行われている。この「売買差し止め」とは、「百姓身分の者が長吏たちに物を売らない」のではなく、「長吏身分から物を買わない」ことが中心であると考えられる。幕末期、相州鎌倉郡瀬谷村の百姓身分の者たちが作成した身分間の争論の最終段階で瀬谷村での身分間の争論の「議定一札」(岩崎肇氏所蔵文書)で、彼らが申し合わせた事項の一つに、「彼ら(長吏たちを指す)共方へ、物買い等に決して立入申すまじく」とあることからも、それは明らかであろう。では、その「日用の品」とは何か。それはおそらく竹皮草履や雪駄等の履物類ではなかったかと考えられる。こうした履物類は、被差別身分の者たちが独占的に製造・販売できたもので、彼らに少なからざる利益をもたらしていた。こうした履物類を、被差別身分の者たちから買わないことで、若干の不便を忍び、彼らに経済的圧力を加えようとしたものと考えられる。

また、一八三六年（天保七）、武州久良岐郡泥亀新田村と同平分村の名主が、組合村々の名主に宛てて回した廻状（布川隆義家文書）のなかに、「第一、御百姓中、右等の者ども（長吏身分の者を指している）と交わりいたすべき者にこれあらず、もっとも、履物等買い取り候節は格別」という一節がある。長吏たちから履物を買うことは普通のことであり、また必要なことでもあった。

なお、この廻状が主に他村の名主たちに注意を促しているることは、村々の風儀の乱れ、特に長吏たちが「紋紙」という賭けごとの一種[15]を広め、多額の金を費やしてしまう者もいることを戒めることであった。名主という立場からは、確かによろしからざることではあるが、長吏たちが持ち込む賭けごとの客となって多額の金銭を長吏に支払うことになった者もあったことにも注意しておきたい。これはこれで、「経済活動を媒介にした長吏と百姓の関係」の一形態といえるであろう。

また、先に触れた瀬谷村での「議定一札」では、「彼らどもを日雇いはもちろん、農業手伝いなど決して致させ申すまじく」ということも申し合わされていた。こうした農業手伝いなどの賃仕事に長吏がかかわっていたことについては、その具体的なあり方を明らかにできる史料を見いだせておらず実態は不明であるが、申し合わせのなかで一項目を立てて禁じているからには、ある程度行われていたものと考えられる。

② 村の警備・治安の維持を媒介にした関係

近世の地域社会においては、今日の警察機構に当たる仕組みは存在していなかった。村の治安は自分たちで守ることが基本であったが、実際には、被差別身分の者たちに依存する部分が大きかった。被差別身分の者たちが、村の警備や治安の維持にかかわったのは、被差別身分の者たちが「旦那場」と呼ばれる活動領域をもっていた［大熊ほか 二〇一一］ことによる。

「旦那場」のなかで行われる被差別身分の者たちの独

自の活動とは、まず斃牛馬の処理と勧進であった。そこから派生して、一つには斃牛馬の捨場を常時見回ること、いま一つは「旦那場」の外からやってきて勧進や勧進に類似の行為を行おうとする者に注意を払い、こうした者たちを自由に振るまわせないようにすることを通じ「旦那場」内の見回り・警備が行われた。関東では、「旦那場」を所有するのは長吏であり、それを一定の条件によって非人に預けるということ、それによって長吏が非人を支配するということが、おおむねルールとして確立していた。非人たちは、斃牛馬の捨場を毎日見落としなく見回り、捨場に斃牛馬が出されていれば、それをその日の斃牛馬取得の権利をもつ長吏に知らせるとともに斃牛馬の皮を剝ぐこととされていた。これは「場役」と呼ばれ、非人身分の者たちにとって「第一の表役」ともいわれ、重視された。この場役を勤める代わりに、非人たちは百姓身分の者の家々を回って勧進を行うことができたのである。生産的な活動を行うことを禁じられていた非人身分の者たちにとって、長吏たちへの場役を勤め、その代わりに勧進を行うことは生活のため必要不可欠のことであった。

近世中期以降、外から村にやってくる者が多様になり、その数も増えた。勧進を求める者も多く、それらのすべてに応じることは村にとって経済的な負担となり、また幕末期には村内の富裕な者を狙う盗賊の横行もみられた。そのようななかで、非人身分の者たちによる村内の見回りが重要なものとなり、百姓身分の者たちは、非人たちを支配する長吏の存在、非人たちに課される「場役」を、理不尽で不都合なものと意識する場合が生じた。本来的には「旦那場」は長吏が所有している、といっても、そのことは百姓身分の者にはみえにくい。一方、実際に村のなかを見回り、家々に勧進にやってくるのは非人身分の者たちである。百姓身分の者たちの一部には、非人たちを長吏たちの支配から切り離して、村の警備に専念させたいという考えをもつ者が現れる。非人身分の者のなかにも、長吏の支配、特に、人足として恣意的に無償で働かされることを負担と感じる者が現れた。

幕末期の相模における身分間の争論において、非人支配が争点になる事例がみられる。非人たちを長吏の支配から切り離したい村役人層と、それは認められないとする長吏が争う、という事例である。ただ、こうした事例が複数存在するが、非人支配の問題だけが争点になるわけではなく、長吏と百姓身分の者の関係が必ず険悪になるとも限らない。秦野の旦那場内のある村の名主が、自分の村の「馴染みの非人」が欠落《かけおち》に追い込まれたのを問題として、長吏と争った事例（須藤家文書ほか）で、この名主の強硬な姿勢は、必ずしも旦那場内の他の村の村役人たちから支持をされていないように見受けられる。また、三浦郡太田和村の有力な百姓である浅葉家当主の日記（「浜浅葉日記」）には、近くの村に怪しい者が現れたという情報が村内の長吏からもたらされたり、自分の家に盗賊が押し入った際、長吏の者がすぐに駆けつけた様子などが記録されている。この日記を残した浅葉家当主は、太田和村の名主を代々務めた家の分家筋にあたる者であり、太田和村の名主は、一八四七年（弘化四）から一八五〇年（嘉永三）にかけて、非人支配の問題や日常生活の規制などをめぐり、村内の長吏と対立して争論になっていた［鳥山 二〇〇五］。その一方で、分家の浅葉家は、長吏や非人たちの情報網を利用したり警備に頼ったりし、長吏や非人たちは浅葉家に金の無心を申し込んだりもする、という関係が成り立っていた。

さて、非人の支配をめぐり長吏と村役人が争った場合、非人身分の者自身はどのように考え、どのように振る舞ったか、残された史料から判断するのは難しい。しかし、村役人の協力を得て、長吏から人足として使役される日数を減らそうとすることなどを求め、村役人たちと共同歩調を取ろうとした可能性は高そうである。前述の津久井郡の若柳村で、小頭太郎右衛門から非人に皮剝ぎをさせないという一札が出された事例では、一札を出すに至るきっかけとして、若柳村の非人が年末に年老いた父親ともども一家で欠落した、ということがあった。事の経過や出された一札の内容から推測すれば、この欠落は村役人たちの支持を背景に行われたストライキに近いものであった可能性があろう。

一八七一年（明治四）、足柄下郡狩野村の番非人の欠落の事例（南足柄市郷土資料館管理史料）では、牛馬の皮を差し出さず長吏の支配を離れたいという願いを出そうとしたことを長吏から咎められ、これをきっかけに欠落した狩野村番非人常吉は、近隣の非人の小屋だけでなく、百姓の家でもかくまわれている。約一ヵ月の逃亡の後、戸塚宿で捕えられた常吉は、戸塚宿へ出向いた狩野村と竹松村の村役人に引き取られているが、村役人たちは「山王原の長吏が来ると言うので待っていたが、来る様子が無いので自分たちが引き取った」と述べている。しかし、これは長吏が来る前に自分たちが引き取るということが予定されていたとも考えられる。また、村役人たちは体調を崩した常吉を、竹松村の医師に診せており、村内の非人の者を大事にしている様子がみえる。非人たちが長吏の支配を負担と感じ、そこから脱したいと考えた場合、非人たちを村の番人の役目に専念させたいと考える村役人と利害が一致し、協力して行動するということは、十分にあり得たことだと思われる。

四　幕末から近代にかけての動き

神奈川県域の近代の部落史について、よくまとめられ、かつ参照しやすい文献として『神奈川県史』（各論編Ⅰ政治・行政）に収録された川村善二郎による論考「神奈川における近代の部落問題」と、藤野豊・大高俊一郎による『神奈川の部落史』の近代に関する論考がある。

特に、神奈川県における融和運動団体として知られている青和会については後者を参照していただきたい。これらの先行研究に依拠しつつ、近代については簡潔な記述にとどめたい。

(1)「解放令」前後

一八七一年（明治四）八月に、いわゆる「解放令」が発布された直後、弾左衛門役所から出された次のような史料がある。

従来支配致し候その村・組下ならびに手下に至るまで、先般相達し候通り、身分職業共平人同一に仰せつけられ候。付いては最早この方支配これまでと相心得、以来、その地方官庁の御管轄請け候ように致し、不都合これ無きよう取り計らうべき事。

但し、

村々小前へ相渡し置き候支配証文ならびに筬鑑札等は、早々返却これ有るよう致したく、且つまた、身分職業に付いては規則・掟等すべて相廃止候条、その旨相心得、これまた不都合これ無きよう致すべきこと。

直樹元役所
未　九月一七日

九月二七日到来つかまつり候写し
（大磯町教育委員会蔵「助左衛門文書」）

いわゆる「解放令」については、「身分職業は平民同様」としながらも、差別をなくすための実効ある対策はとられず名目のみの「解放」にとどまった、という評価もあったが、近年ではこれによって賤民制度が廃止され、「賤民制廃止令」とするのが妥当である、と理解されている。だが、ここに引用した史料にあるように、弾左衛門役所から「最早この方支配これまでと相心得」るよう、と指示されたような「賤民制の廃止」は、それまで被差別身分とされてきた者たちにとって、どのようなものであったのだろうか。特に、相模では幕末に起こった身分間の争論の事例において、弾左衛門役所を通じて自分たちの立場を主張しようとする傾向が強い。武州鼻緒騒動の際にみられたように、広い範囲の被差別身分集団が横につながることによって問題の解決を図ろうとする動きはみることができない。こうした傾向は、三節の(1)で触れた、有力な長吏小頭（下古沢の太郎右衛門を典型とする）が、複数の被差別身分集団（長吏小頭（小組頭）を中心とした長吏・非人の集団）を支配下に置くという、いわば被差別身分集団の階層構造的なあり方が相模において見られたことと関連があると思われる。また、幕末期に起こった身分間の争論の事例において、史料のうえでは、内済《ないさい》（示談）が成立し、解決したようにみえながら、引き続き問題がくすぶり続けたと思われる事例もあった。このような状況で、弾左衛門役所の支配の仕組みが消滅したことは、特に、相模の被差別身分集団にとっては大きな打撃であったであろう。

生業についても斃牛馬処理が自由化されたことなどを受け、さまざまな困難に直面したであろう。先に引用した足柄上郡狩野村の番非人の逃亡に関する一件で、非人常吉の逃亡のきっかけの一つは、長吏小頭太郎左衛門から皮を差し出していないことを咎められたことであった。非人の者たちが「皮を差し出していない」ことが主要な原因かどうかはともかく、長吏であった者たちは、これまでのように斃牛馬の皮を入手できなくなった。小田原・山王原の太郎左衛門は一八七二年（明治五）一一月付で、足柄県権令柏木忠俊[16]に宛てて、「斃牛馬の勝手処理が指示されてから、死牛馬が今までの捨て場ではない山野に投棄され、鳥獣の餌となり無駄になっているだけでなく、腐敗して不衛生でもある、ついては、自分たちに死牛馬の一手買入れの権利を認めていただきたい、そうすれば革靴の需要にも応えることができる」といった内容の願書を認めた（南足柄市郷土資料館管理史料）。これが実際に提出されたかどうか、また、提出されたとしてどのように扱われたかどうか、については確認できていないが、近世の斃牛馬処理の慣行が否定され、死牛馬の皮が従来のように手に入らなくなった事態に対応し、事態の改善を図ろうという姿勢がみえる。

スコットランド出身のジャーナリスト、ジョン・レディー・ブラックが横浜で創刊した写真入り新聞『ザ・ファー・イースト』[17]の第二巻四号（一八七一年（明治四）七月一七日）には、「行商の日本の靴直し職人」と題して、路上に座って仕事をする二人の若者の写真が掲載されており、「えた族」の靴直し職人と紹介されている[18]（写真1）。写真の説明では、「えた族」について、「日本の最下層民であり、動物の屠殺や革なめし、処刑といったことを業

写真1　行商の靴直し職人

出典：「The Far East」第2巻4号（1871年7月17日発行）43頁。横浜開港資料館所蔵。

としている、最初の将軍頼朝にまで先祖をさかのぼる『弾左衛門』の支配下にある」といったことが記述されている。この写真の撮影地は明記されておらず、撮影の時期も掲載紙刊行の一八七一年七月以前としかわからない。「この二人の靴職人の技量はひどいもので、ヨーロッパのどんな見習い職人より劣っているが、それは、彼らが靴職人となって日が浅いからだ」と書かれている。幕末から明治初期の被差別身分をとりまく環境の大きな変化のなかで、皮革にかかわっていた経験をもとに靴職人となることを選び取った被差別身分の若者の姿が捉えられ

たもの、といえるだろう。

一八五九年（安政六）に横浜が開港し、外国人居留地が設けられ次第に拡大していくなかで、一八六四年（元治元）にイギリス、アメリカ、フランス、オランダから居留地の整備にかんする要求が提出された。その要求の一つに公設屠場の設置が含まれ、幕府は居留地に隣接した北方村海岸に屠場を設けた。『ザ・ファー・イースト』第一巻一四号（一八七〇年（明治三）一二月一六日）には「本牧の屠畜場」として写真と紹介文が掲載されている。その後、肉食の習慣が日本人の間にも広まり、食肉を扱う業者、屠場も増加していった。主な屠場は県外からの業者が開設・経営にあたったようであるが（『よこはま食肉120年史』『横浜の屠畜場の変遷』）、そこでの労働に従事した人々のなかに県内の被差別部落の者があったのではないか、といわれることがある。また、横浜の開港場周辺に、次第に形成されていく都市スラムの一部に、県内の被差別部落出身者が集まっていったのではないか、といわれることもある。しかし、これらは史料による確認はできていない。一八五八年（安政五）に幕府が外国人を対象として設置した遊郭（港崎《みよざき》遊郭）で働いた女性にも被差別部落出身者が多かったといわれることがあるが、これについても同様である。一九〇三年（明治三六）刊行の『横浜繁盛記』[19]に「（遊郭で働いた女性の）多くは言ふまでもなく穢多若しくは懶惰なる農民漁夫等の娘」である、と記述されているが、外国人相手の遊郭で働く女性と、明治後期の被差別部落への偏見が入り混じってこのような記述となったものである可能性が高く、そのまま史実であるとすることは難しい。

(2) 差別と貧困に抗して

明治期になっても、人々の意識や日常生活においては、近世の慣行や意識が維持された。近代的な人権意識や市民意識が広まっていったとはいいがたく、前近代に被差別身分とされていた人々に対しても「普通の人とは違う人々」と見る意識は払拭されず、むしろ「普通と違う」根拠を新たに見いだすような傾向も生まれるなかで、被差別部落の人々を地域の神社の祭礼から排除したり、被差別部落の子どもたちを小学校に入れさせないなどの差別事件が各地で起こった。また、江戸時代まで身分に固有の仕事として「特権」のようになっていた仕事も、特定の身分の者が独占的に営むことは否定され、経済的に困窮する者も増加した。特に、一八八〇年代の松方デフレ政策以後、被差別部落の貧困は顕著になったといわれる。

その一方で、こうした差別を理不尽なこととして、改善を図ろうとする動きや、被差別部落の住民の生活立て直しに向けた取り組みも、少しずつではあるがみられるようになっていく。

一八八六年(明治一九)、久良岐郡(現在の横浜市金沢区)の三分小学校訓導となった平田恒吉は、被差別部落出身の子どもたちと一般の子どもたちの融和に取り組み、一八九三年(明治二六)、同小学校校長となった際、旧六浦藩主・米倉昌成[20]の協力を得て、旧藩主の娘と被差別部落の女子が教室で机を並べるようにしたという。この平田校長のもとで同小教員となった長島重三郎(一八七八〜一九六七)は、平田校長の影響を強く受け、積極的に融和教育と部落問題にかかわり、神奈川県が中心になって設立した融和団体である青和会(後述)の、地域における活動の中心となっていった。なお、六浦藩主であった米倉昌成は、一八六九年(明治二)に、公儀所に公儀人として出席した六浦藩士・宇多節之助に「穢多を平民とすべし」という趣旨の発言をさせたと伝えられている。

一八八八年(明治二一)には、大住郡曽屋村(現・秦野市)において、被差別部落の子弟のための夜学が開設され、その後四九年にわたって継続された。この夜学の中心人物となったのは、その後、秦野地区で大きな影響力をもち続けた森崎和三郎である。森崎和三郎は、曽屋村の被差別部落で生まれ、漢学・俳諧・南画を修め、部落外からも森崎のもとに学びに来る者が多くあったという。しかし、この夜学開設当時、森崎は弱冠一五歳であった。夜学開設にあたっては森崎の力だけではなく、彼の師匠ともいうべき立場[21]にあった井上自衛の力による部分も大きかったものと考えられる。井上自衛は、もと三川松助といい、幕末期に曽屋村から、江戸の弾左衛門役所に入り、役所の手代として、特に幕末、弾左衛門と弾左衛門役所がさまざまな困難に直面した際に活躍したと伝えられる。「鈴木家文書」等に収録される弾左衛門役所からの文書などに三川松助の名前がみえる。三川松助は、その後士族の株を手に入れ、井上自衛と名乗るようになった。戊辰戦争の際は幕軍に加わり、上野彰義隊の戦いや会津戦争に従軍、その後海軍省に出仕しさらに陸軍に転じ、一八八一年（明治一四）に陸軍を辞し帰郷して後進の指導や地域の改善に力を注いだという（『神奈川の部落史』第六章）。村内の長源寺(22)には、井上自衛の立派な墓碑がある。

秦野地区では、史料にめぐまれず、井上自衛（三川松助）がどのような経緯で弾左衛門役所に入ることになったのかや、彼の村内での位置づけといったことについては必ずしも明らかでない。しかし、幕末から明治初頭にかけ、弾左衛門役所や政府でさまざまな実務にあたった人物の経験や知識が、その後、地域社会のなかで次の世代に受け継がれ、生かされていったとみられることは、被差別部落内での文化・知識の継承という観点からも注目すべき事例であろう。なお、井上自衛は、弾左衛門役所解体後、軍に入っているが、大磯の助左衛門家からも、明治初めに海軍に入った人物が出ている。明治初め被差別部落の上層にいた者の身の処し方の一つとして、軍人になる道を選んだという事例がほかにもあるかどうか、検証したい。

『神奈川の部落史』を製作する過程で、いくつかの県内の地区で聞き取りを行ったが、その際に訪問した横浜市内のある地区の家には、かなりの量の地券が保存されていた。その内容を調査しないで軽々に判断はできないが、被差別部落内で多くの者が経済的に困窮した、とされる一方、土地を集積していくことができた者もあったとみられる。全般的に、明治初めの被差別部落関係史料は少ないのだが、史料の探索に努めることを心がけていきたい。

(3) 神奈川の融和運動

よく知られているように、神奈川県では水平社の運動が根付かず、県主導で作られた融和運動団体・青和会が大きな影響力をもった。一般的に、融和運動は行政主導で組織され、水平運動が立ち上がると、それに対抗し抑え込もうとする役割を果たしたものとして、否定的にみられることが多い。神奈川県でも、水平運動を神奈川に入れない、という行政の意図は確かにあるのだが、神奈川に水平運動が根付かなかった理由は、そのような行政の意図が貫徹されたから、という見方は一面的であると考える。近世の神奈川県域の被差別身分の人々の組織のあり方や、身分間の争論における被差別身分の人々の動きの特色といったこととも関連させてみる必要があるのではなかろうか。武州鼻緒騒動と、その前後に騒動のあった地域周辺の被差別身分集団の動きと比較すると、武州では長吏集団が独自に横につながり、連帯して地域の問題に対処しようとする動きが顕著であるのに対し、相州では、そのような動きがなかなかみえてこない、という違いがある。このような相模の長吏集団の動きは、長吏集団の規模が小さいことと、複数の長吏集団・旦那場を束ねる「大組小頭」の存在と関連しているのではないか、と考えられる。こうした被差別身分集団のあり方によって、近世末期に地域社会のなかで身分間の対立などの問題が生じた際、被差別身分集団が横に連帯して独自に問題を解決するより、弾左衛門と弾左衛門役所の権威に依拠して問題を解決しようとする傾向が強くなったといえないだろうか。こうした傾向が、水平運動が神奈川で根付かなかったということに何らかの影響を与えているものとみることもできよう。

また、冒頭で紹介したように、神奈川県内の被差別部落の人々は、地域のなかで圧倒的少数派ともいえる存在であった。大高俊一郎は、そうした被差別部落の人々にとって、青和会は、差別に抗議するための主体性、手段、思想を獲得する場として機能し、限界はあったが、水平運動の機能を一部代替した面があることを指摘している［大高 二〇〇七］。昭和に入り、日中戦争が始まると、青和会の運動は皇民化政策・戦時体制とかかわって大きく変化し、被差別部落の住民に満州移民を勧めるような活動も行われた。そうした負の側面も忘れてはならないが、大高が指摘したような青和会の活動の意義に着目することも必要であろう。

注

（1）近世の弾左衛門支配地域の地域差に着目し、それを武蔵型と相模型として類型化したのは塚田孝である（『近世日本身分制の研究』）が、塚田の「武蔵型と相模型」という指摘の主眼は、弾左衛門支配地域の被差別身分集団のあり方が一様ではないことを指摘することであり、その地域差が典型的に現れるのが相模と武蔵であるということであって、必ずしも相模の被差別部落と被差別身分集団のあり方の特色を指摘することではなかった。

（2）「穢多頭弾左衛門手下之者家数小屋数書付」寛政一二申年八月「南撰要類集」二八――三、『弾左衛門関係史料集 旧幕府引継書』一（解放出版社、一九九五年）所収による。

（3）近世には「津久井県」と表記することとされていた。なお、本文中では「津久井郡」と表記する。

（4）太郎右衛門の職場の範囲については、菅野守の研究による（二〇〇六年の神奈川部落史研究会における報告資料）。なお、津久井郡の相模川左岸は、八王子・下壱分方村の長吏小頭の職場であった可能性が指摘されている。

（5）一一九八～一二六一年。鎌倉幕府の二代目執権となった北条義時の子。六波羅探題や連署を勤めた。

（6）遺構を構成する動物の頭蓋骨は、ウマ二一、ウシ一一、イルカ四。このほかウマの下顎骨（一）やウシ、ウマの大腿骨などが検出された［五味・齋木 二〇〇二］。

（7）このほか、合葬四、火葬骨埋葬四六、頭骨埋葬八一、動物骨埋葬六四、散乱骨一三の遺構が検出されている（由比ヶ浜南遺跡発掘調査団「由比ヶ浜南遺跡」）。

（8）五〇体以上の遺体が埋葬された遺構は一四基であった（同前）。

（9）これらの史料については石井（一九九六）「中世都市鎌倉の構造」で検討されている。

（10）『新編相模国風土記稿』刊本では「同數山田彦右衛門頼助・藤澤七郎左衛門頼道」となっているが、この文書の写しが大磯図書館蔵「助左衛門文書」のなかにあり、それによると本文に記したように読める。なお、同文書をみると、彦右衛門は彦左衛門、七郎左衛門は七郎右衛門である。

（11）『金沢文庫古文書』第一四輯　江戸期編下（三三四号～三三九号文書）。この史料については小丸俊雄によって一部が紹介され［一九六九］、その際、大磯の小頭助左衛門関係の史料であるかのように読み取れる記述がなされていた（太鼓大工のうちに助左衛門という名がみえ、史料に明記された「六浦」の地名が省かれた）が、大磯の助左衛門とは無関係な史料である。

（12）このほかに近年まで神奈川県内の公的機関が所蔵していた助左衛門関係の史料があるが、行政関係者の不適切な対応により、現在、この史料にアクセスすることができない状態になっている。

（13）秦野村小組頭は一七八〇年（安永九）に秦野一ヵ村の小頭として独立を認められた。したがって、この史料はそれ以前のものである。

（14）御公儀様へ御茶壺上下の際に三之丸御堀掃除の人足を出すことが読み取れる。

（15）『古事類苑』法律部四十八「博奕」の項にみえる「棒引

紋付」に相当するものと思われる。

(16) 一八七一年七月の廃藩置県直後、同年一一月まで、旧小田原藩領は足柄県とされていた。

(17) 一八七〇年五月から一八七五年八月まで九八号を発行。当初は月二回の発行で、のちに月刊となった。毎号、横浜を中心に、日本各地の写真が五~八点、直接貼りこまれていた。第二巻二二号(一八七二年三月)以降、東京で撮影された写真が中心となるが、それ以前は横浜での写真が多いという。一九六五~六六年に雄松堂から復刻刊行(一九九九年再刊)。

(18) 写真に付けられた見出しは“ITINERANT JAPANESE COBBLERS”、本文で「えた族」とした語は、原文では“Yétas”。“Yétas”については“who are looked upon as pariahs of Japan”と説明されている。

(19) 横浜新報社刊(一九九七年、横浜郷土研究会により復刻)。奥付の著作者は「横浜新報社著作部」となっており、復刻の際の解題では、同社に関係する新聞記者か、それに近いジャーナリストが書いたものと推定されている。

(20) 文献によって名前に異同がみられる。

(21) 森崎和三郎は、井上自衛の俳号「自芳園」を襲名している。

(22) 日蓮宗寺院、鎌倉の妙本寺末。弾左衛門支配地域で、唯一、檀家がすべて長吏である寺院だという(「旧幕府引継書 天保撰要類集」一八三五年(天保六)。勘定奉行所から弾左衛門配下に穢多寺の僧があるかという問い合わせがあり、それに対する回答)。

参考史料

鈴木家文書(津久井郡旧相模湖町若柳)。鳥山洋「神奈川の部落史を読み直す」一八~二〇(『解放新聞神奈川版』二一七~二二七号、一九九九~二〇〇〇年)。

中野村明細書上帳(一八一三年(文化一〇))『津久井町史資料編 近世一』神奈川県津久井郡津久井町(現・相模原市緑区)、二〇〇四年。

「須藤家文書」(秦野市菖蒲)。

南足柄市郷土資料館管理史料。

「口上書」鎌倉市教育委員会『鎌倉の古絵図3』(鎌倉国宝館図録第17集)一九七〇年。

横須賀史学研究会編『相州三浦郡大田和村浅葉家文書 浜浅葉日記(1)』横須賀市立図書館、一九八〇年。

「岩崎肇氏所蔵文書」神奈川県立公文書館蔵。

「布川隆義家文書」横浜市開港資料館蔵。

『秦野市史 通史2 近世』神奈川県秦野市、一九八八年。

参考文献

石井進(一九八一)「都市鎌倉における地獄の風景」(御家人

制研究会編『御家人制の研究』吉川弘文館)。『石井進著作集』九（岩波書店、二〇〇五年）に所収。

石井進（一九九六）「中世都市鎌倉の構造」『解放研究』一〇号、東日本部落解放研究所。

大熊哲雄・斎藤洋一・坂井康人・藤沢靖介（二〇一一）『旦那場 近世被差別民の活動領域』現代書館。

大高俊一郎（二〇〇七）「近代国家の成立と部落問題」（第6章）、「神奈川青和会の設立」（第7章）「神奈川の部落史」編集委員会編『神奈川の部落史』不二出版。

菊池山哉（一九四六）『多摩史談』一三巻二・三号、多摩史談会。

小丸俊雄（一九六八）「相模国に於ける近世賤民社会の構造」『日本歴史』二三七号、吉川弘文館。荒井貢次郎・藤野豊編『近世神奈川の被差別部落』（明石書店、一九八五年）および石井良助編『江戸時代の被差別社会――増補 近世関東の被差別部落』（明石書店、一九九四年）所収。なお、『近世神奈川の被差別部落』所収の同論文には組み間違いがある（八五～九五頁）。

小丸俊雄（一九六九）「相州に於ける近世未開放部落の経済」『日本歴史』二五五号、吉川弘文館。荒井貢次郎・藤野豊編『近世神奈川の被差別部落』（明石書店、一九八五年）および石井良助編『江戸時代の被差別社会――増補 近世関東の被差別部落』（明石書店、一九九四年）所収。

小丸俊雄（一九七八）「相州に於ける近世未解放部落の犯科例」『東京部落解放研究』一六・一七号、東日本部落解放研究所。荒井貢次郎・藤野豊編『近世神奈川の被差別部落』（明石書店、一九八五年）所収。

五味文彦・齋木秀雄編（二〇〇二）『中世都市鎌倉と死の世界』高志書院。

坂井康人（二〇〇〇）「正月・八朔における草履・箒の進上について」『解放研究』一三号、東日本部落解放研究所。

食肉市場開設20周年記念誌編集委員会編（一九七九）『よこはま食肉１２０年』横浜市中央卸売市場食肉市場。

塚田孝（一九八七）『近世日本身分制の研究』兵庫部落問題研究所。

鳥山洋（二〇〇三）「「相州鎌倉極楽寺村長吏類門帳」と関連する史料について」『解放研究』一六号、東日本部落解放研究所。

鳥山洋（二〇〇五）「近世相模の被差別部落史の再検討――身分間の争論の事例を通じて」『解放研究』一八号、東日本部落解放研究所。

鳥山洋（二〇〇七）「相州小田原の長吏太郎左衛門について」『解放研究』二〇号、東日本部落解放研究所。

鳥山洋（二〇〇八）「被差別民史における鎌倉」『解放研究』二一号、東日本部落解放研究所。

鳥山洋（二〇一二）「「助左衛門文書」と相州大磯の被差別民」

『解放研究』二六号、東日本部落解放研究所。

鳥山洋（二〇一四）「「相州大磯宿小頭助左衛門文書」所収の三役銀受取書の検討」『解放研究』二七号、東日本部落解放研究所。

中尾健次（二〇〇二）「「相州鎌倉極楽寺村長吏類門帳」について」『部落解放研究』一四七号、部落解放・人権研究所。

藤沢靖介（一九九八）「時宗と関東の被差別部落――武蔵の国を中心に」『解放研究』一一号、東日本部落解放研究所。

藤沢靖介（二〇〇七）「戦国時代・近世初頭のかたわ・皮作・長吏」（第2章）「神奈川の部落史」編集委員会編『神奈川の部落史』不二出版。

松尾剛次（一九九八）『中世の都市と非人』法蔵館。

峯岸賢太郎（一九八三）「関東」『部落の歴史　東日本編』部落問題研究所。同『近世被差別民史の研究』（校倉書房、一九九六年）に所収。

由比ヶ浜南遺跡発掘調査団（二〇〇二）「由比ヶ浜南遺跡」五味文彦・齋木秀雄編『中世都市鎌倉と死の世界』高志書院。

横浜の屠畜場の変遷編集委員会（川元祥一）（一九八五）『横浜の屠畜場の変遷』横浜市中央卸売市場食肉市場。

特論1　近世後期伊豆の犯罪防止策と番非人

関口博巨

はじめに

一八世紀後半は、近世史における最大の曲がり角のひとつとされる。一七八三年（天明三）からはじまる大飢饉は未曽有の餓死者・疫病死者や離村者をだし、全国的に百姓一揆や都市打毀《うちこわ》しが頻発した。無数の人々が「旅宿の境界」（荻生徂徠『政談』）を彷徨した。すでに宗門人別改制度が確立し、「定着」を基本とする身元保証システムが整ったこの時期、宗旨送り状を持たずに家や故郷を離れた欠落者、ましてや勘当や旧離によって帳外とされた者が、その後を生き抜いてゆくのは困難をきわめた。彼らのほとんどはアウトローとして糊口をしのぐこととなった。

伊東地域（図1）には、近世初期から利用されていた和田村温泉・松原村温泉のほかに、一八世紀前半には岡村の湯田温泉の存在も知られ、一九世紀前半には松原村の猪戸温泉にも湯舎が建てられた。海と山と温泉に恵まれ、幕領・旗本領が入り組んでいた伊東地域には、一八世紀後半以降、一般の商人・湯治客・巡礼客・遊山客などに混じって、「悪しき道々の者」（『世事見聞録』）も数多く潜伏していたものとみられる。

本稿では、まず伊東地域に流入した人々の実態と、番非人を組み込んだ地域の犯罪防止環境について紹介することで、伊東地域を含む伊豆国の賤民組織の一端に触れることにしたい。

なお、本稿の典拠史料は、すべて『伊東市史　史料編　近世Ⅱ』に収録されている〔伊東市史編集委員会　二〇一一〕。以下の史料の紹介は、読み下し、現代語訳、要約とした。

図1　近世伊東の村々

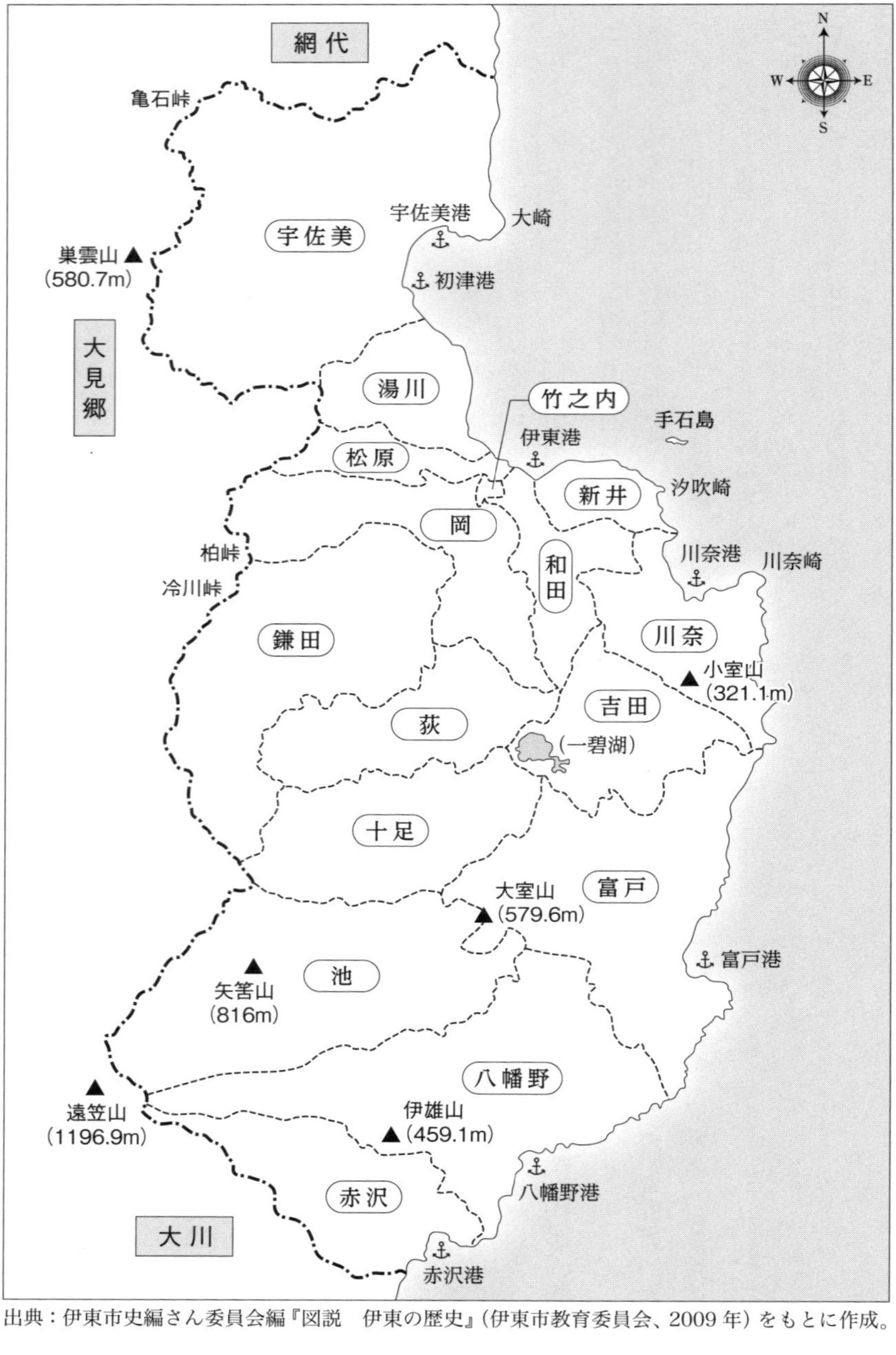

出典：伊東市史編さん委員会編『図説　伊東の歴史』(伊東市教育委員会、2009年) をもとに作成。

一　伊東を行き交う旅人たち
——温泉地の憂鬱

伊東地域は、伝馬（公用の逓送用人馬）が配置された主要街道の公用宿と違い、宿帳が完備されていたわけではない。事故や事件によって残された記録の断片から、温泉地・観光地として賑わった伊東に現れた旅人の実態と、村の宿の実情に迫ることにしよう。

(1) 湯治客の死

江戸時代の地誌類は、しばしば温泉の効能を記している。一八世紀から一九世紀前半に成立した『伊豆誌』『豆州志稿』『伊東誌』［伊東市史編集委員会 二〇一一］によれば、和田村温泉は瘀血《おけつ》・諸痛・打瘍・痔漏・諸瘡・眼《がん》疾《しつ》を治すといい、松原村温泉は金瘡《きんそう》・損傷・閉胸・獣鳥咬傷《こうしょう》・眼疾によく、猪戸湯は皮癬《ひぜん》（疥癬《かいせん》）に最も効くと紹介された。

傷病を負った各地の人々は、そうした情報を頼りに、治療のために伊東地域の温泉を訪ねてきた。まずは一七九一年（寛政三）に江戸からやってきた母子の話を紹介しよう。

母子は和田村（現伊東市）の宗兵衛方に宿をとっていた。子息の松五郎の転地療養のためであった。しかし、母の願いもむなしく、松五郎は死亡する。松五郎の遺体は、村役人や近所の人々の世話で新井村（現伊東市）の宝専寺に安置された。宿元の宗兵衛だけでなく、竹之内村（現伊東市）安右衛門と新井村勘右衛門の三名が、この件で村役人中や近所中に苦労をかけないと約束している。安右衛門と勘右衛門は、母子に宗兵衛宿を斡旋した者であろうか。

この母子の場合には宿をとれるだけの生活のゆとりがあった。しかし、伊東地域の温泉には、貧窮して宿をとれない傷病人も多く訪れていた。一八三三年（天保四）の竹之内村と和田村の争論中、和田村の名主新左衛門が書いた寺社奉行所宛ての返答書には、こんなくだりがある。

> 温泉場へ非人体の病人等罷り越し、流末にて湯治仕りおり、病死仕り候者、年々一両人ずつこれ有り、右取り片付け入用・湯小屋修覆とも、和田村手限りにて仕

来り

ここで「非人体の病人等」といわれている人々は、非人小屋頭の支配のもとに組織化された、いわゆる非人身分（抱非人）ではない。故郷を離れ、貧窮・浮浪し、罹患しても施薬を受けられない人々、「貧人」「疲人」とも書かれる貧しい病人である。

「非人体の病人等」は、和田村温泉を訪ね、生きる望みを「流末」、すなわち温泉排水による湯治に託した。和田村温泉の「流末」では、そのような人々が毎年一、二人ずつ病死したという。天保四年の冬といえば、全国的な大飢饉が発生する直前であった。

なお、身元不明の病死者、つまり温泉の行き倒れ人の「片付け」（搬送や埋葬など）は、村が責任を負い、抱非人とされた被差別民が担った。

(2) 行倒者の死

一八世紀末頃から一九世紀の前半、全国から多くの人が金毘羅参りや西国への寺社参詣に出かけた。旅の目的は参詣や巡礼でも、その行き帰りはやはり遊山気分。伊東地域にもそのような旅人が足をのばした。

玖須美区有文書のなかには、伊東地域を訪れた参詣客の記録も残されている。和田村の「後家とみ」と組合の七人が認めた、村役人中宛ての一札を紹介しよう。

一札によれば、とみの家では、夫喜三治の存命中から、旅人宿を営んでいたという。一八三四年（天保六）八月二七日、安房国吉浜村（現千葉県安房郡鋸南町）の者が、一〇〇〇ヵ寺参詣の途中、とみ方に一宿した。翌朝、男は寺巡りに出かけたが、ふたたび宿に戻り温泉に入ったという。ところが、そのまま湯端で倒れ、とみたちの介抱の甲斐もなく、同三〇日に死亡した。

当時、旅人宿の宿泊客が死亡した場合、遺体の保管はもちろん、その後の処務は宿元の責任と考えられていた。しかし、とみは「女性の儀にて前後相弁えず」、途方に暮れて、組合を通じて村方に嘆願した。その結果、事後処理は村で行うことになったが、とみの旅人宿は営業停止とされた。

近世の温泉場における死者の処理責任がわかる事例である。「流末」の行き倒れ人の場合は村方が、宿泊客の場合には宿元が、それぞれに責任を負っていた。

(3) 伊東で供養された旅人たち

『伊東市の石造文化財』によれば、「肥前国長崎研屋町」「豊前小倉」などの文字が刻まれた墓石があるという〔伊東市教育委員会 二〇〇五〕。詳しく知りたくて、市史編纂室の調査カードを見せていただいた。思ったとおり、近世の旅人の墓はいくつも残っていた。一部を紹介しよう。

【文化六年・一八〇九】 富戸永昌寺には九月二四日の日付をもつ墓石が二基ある。A「円明寂照信士／大円了悟信士／秋潭玄輪信士」の墓は、左側面に「備前国邑久郡尻海村辰五郎／源之助／惣太郎」と刻まれている。B「相林浄杲信士」の墓は、左側面に「備前国岡山御船手／俗名久山市良太夫」と刻まれている。『伊東市の石造文化財』は、この二柱を海難事故の犠牲者と推定している。

【文化一一年・一八一四】 玖須美（和田村）の仏現寺下の五ヵ村共同墓地には、「妙法宗閑信士／豊前小倉松尾重吉」と刻まれた墓石がある（一二月一九日付）。

【文政四年・一八二一】 玖須美の妙隆寺の無縁墓で、正面に「妙法清光院妙智信女」、右側面に「里見三郎左衛門養女／当寺ニテ死」、左側面に「上総国第（茅？）場村／鈴木吉兵衛娘」と刻まれている（一一月二四日付）。

【天保六年・一八三五】 宇佐美脩秀院には、「越応順国信士／越後蒲原郡俗名善太」と刻まれた墓石がある（六月一二日付）。

【天保一二年・一八四一／安政四年・一八五七】 仏現寺下の五ヵ村共同墓地には、一基の自然石墓に、天保一二年一二月一九日付で「善性院亮閣日具信士」、安政四年三月九日付で「帰正院妙円日融信女」という男女の戒名が刻まれている。墓石正面の右端には「勢州（伊勢国）山田産二龍斎」とある。

【天保一三年・一八四二】 仏現寺下の五ヵ村共同墓地には、「妙法受性妙持霊」の墓があり、右側面に「肥前長崎研屋町松屋志［ ］」と刻まれている。

遠隔地から当地を訪れた旅人たちがいた。墓石には、無数の旅の死者の足跡が刻まれている。

(4) 日本左衛門の風聞——強盗侵入のおそれ

一八六二年（文久二）に江戸市村座の初演で大当たりした河竹黙阿弥作の歌舞伎狂言『青砥《あおと》稿《ぞうし》花《はなの》彩《にしき》画《え》』、通称「白波五人男」の第四幕、稲瀬川勢揃《いなせがわせいぞろい》の場。

「問われて名乗るもおこがましいが」――遠州稲瀬川に勢揃いした五人の大泥棒が、群がる捕手を払いのけ、それぞれに口上を語る渡り台詞は、歌舞伎の最も有名な場面であろう。首領「日本駄右衛門」の大見栄である。

日本駄右衛門のモデルは「日本左衛門」こと濱島庄兵衛。浪人である。延享年間（一七四四〜四八年）、武装した大強盗団を率いて、美濃（現岐阜県中部・南部）、尾張（現愛知県西部）、三河（現愛知県東部）、遠江（現静岡県西部）、駿河（現同県中部・東部）、伊豆、近江（現滋賀県）、伊勢（現三重県北部）の八ヵ国を荒らしまわった実在の大泥棒だ（『徳川禁令考』）。

和田村に残されている、延享三年（一七四六）九月付の遠江豊田郡向笠村（現静岡県磐田市）三右衛門らの願書の写しによれば、この一党が遠江で悪事を働くようになったのは、延享元年（一七四四）の頃からであった。「智恵深く、勢強く、人をなつけ」る力量に秀で、彼の周囲には武芸に勝れた「悪者ども」が、三〇人から六〇人の規模で集まっていた。日本左衛門にとって、国元の武士などは恐れるに足りない、というのだ。しかも一党は、強盗しては逗留先の村々で遊山し、大いに散財したため、誰一人訴え出ないという。

三右衛門の陳情を受けた火付盗賊改方徳山五兵衛が、延享三年九月、同心二二人を率いて捕縛に乗り出したものの、首領日本左衛門はまんまと逃走した。それが「白波五人男」の稲瀬川勢揃の場の原型であろう。

日本左衛門は遠く安芸（現広島県）まで逃亡したといわれるが、同年一〇月に自分の人相書が触れ回されているのを知って、翌年一月七日、京都町奉行所へ自首したという。一月二八日には、手鎖《てじょう》・足枷《あしかせ》のうえで唐丸籠《とうまるかご》に乗せられ江戸へ送致された。江戸幕府は、翌二月、日本左衛門逮捕の報を触れ流し、三月一一日、市中引廻しのうえ小伝馬町牢屋敷で斬首。その首は、遠江国見付宿の三本松刑場の獄門に晒された。

一八世紀前半は、無宿・盗賊・火付など、「悪党」と呼ばれる人々が急激に増加した。それは都市の治安問題であるにとどまらず、道中の宿々や在方をも巻き込む社会現象となっていた。海と山に囲まれ、温泉がある当地は、潜伏・逃走に好都合な土地柄だった。日本左衛門出現の可能性は大いにあった。三右衛門願書の写しが残されたゆえんである。

(5)「古着屋」を称する盗賊

現実には、日本左衛門は伊東地域に現れなかった。だが、近世後期の当地域には、湯治客や商人に混じって、犯罪者や逃亡者たちが流れ込んできていた。

和田村には年代を欠いた七月八日付の書状の控えが残されている。差出人は名主下田新左衛門、宛名は伊藤官治。伊藤は和田村を知行していた旗本大久保惣兵衛の用人である。当時、和田村は大久保家と本多修理家の相給知行地で、伊藤は両知行所を管理する「元〆」だった。また、書中にみえる「火付盗賊方長井五右衛門」は、御先手弓頭の加役として、一八一九年(文政二)から一八二五年(文政八)まで火付盗賊改役を勤めた人物である。長井は与力十騎・同心五〇人を従えていた。

名主新左衛門によれば、七月八日付書状の前年一〇月頃、駿河国の古着屋清八という者が、和田村の温泉端に住居する百姓七郎右衛門方に旅宿し、七郎右衛門を介して古着五品を質入れしたという。ところが、和田村を出立した清八は、あちらこちらで盗賊をはたらき、火付盗賊改方の長井に捕えられた。この件で、火付盗賊改方から七郎右衛門と質屋の角治郎に差紙(召喚状)が届いたため、長百姓久兵衛が大久保・本多両地頭所の差添人として同道し、江戸へ出府した。新左衛門の書状はその状況を地頭に報告するもので、詳しくは久兵衛が口頭で伝えると記している。

古着屋清八の正体は、駿河の無宿市五郎であった。宿元七郎右衛門と質屋角治郎は、一八二四年(文政七)四月二七日にも、盗品売買の事件にかんして、長井組の同心鈴木与一右衛門・高須儀八の尋問に答えている。

市五郎は、古着屋と称して和田村を時折来訪していたので、両人とは「知人」になっていたという。市五郎が七郎右衛門方に宿泊し、角治郎と取引したのは、一八二三年(文政六)一〇月三日。七郎右衛門は、越後縮緬《ちりめん》の帷子《かたびら》など五品を、市五郎から頼まれるままに角治郎方へ質入れし、質代金一分二朱は残らず市五郎に渡していた。七郎右衛門と角治郎の証言では、二人とも不正の品とは気付かず、証人を立てず印鑑も捺さずに取引したという。

巧妙な手口である。商人を装ってたびたび訪問することで、まず旅宿と質屋の顔なじみになり、信用を得ておく。そのうえで宿元を仲介として、証文を書かずに盗品を質入れする。和田村での市五郎の犯罪は、証拠が残っていないだけでほかにもまだありそうだ。

一九世紀前半の和田村には商人などの村外の者が多数訪れ、商取引が頻繁に行われていた事実が、鮮やかに浮かんでくる。温泉と旅人宿・商人宿は、村人と他者との接触の場であると同時に、村の経済活動にとって重要な施設であった。

(6) 勧進、御師、そして用心棒

山間部の鎌田《かまだ》村は、中世から近世にいたるまで、多くの林産物を産出するとともに、伊東地域と中伊豆とを結ぶ通路として、内陸交通の要衝に位置していた。とくに柏峠越えと呼ばれるルート（後掲図2）は、幕府御用炭など天城の産物を、和田・松原・宇佐美村などの港湾へ積み出し、魚類などの海産物を中伊豆に運ぶためによく利用された。

表1は、一八三九年（天保一〇）一一月から約一年間、鎌田村を訪れた宗教者や芸能者へ支出した勧化《かんげ》金の一覧である。組頭清左衛門が書いた村入用帳(後藤英夫家文書)をもとに作成した。村の運営費用の記録だから村人の個人支出分は含まれていないが、実に多くの勧進の人々が立ち寄っていることがわかる。

日光の勧化僧、本山本寺の不明な勧化僧、三島・御嶽・甲州・住吉・尾州・津島・諏訪・伊勢・鹿島などの各地からやってきた御師、そして座頭や瞽女《ごぜ》などの芸能者たちが、鎌田村を頻繁に訪れ、昼飯を食い、宿泊し、寄進を受けている。

伊豆国と相模国は三島暦の頒布地域であった。そのため、一八世紀以降に伊豆を訪れた伊勢御師たちは、三島御師との競合を避けるために、表向きは伊勢暦を有料頒布できなかった。だが、天保一一年三月に鎌田村にやってきた伊勢御師は、村財政のなかから金一朱を遣わされている。金銭相場をかなり安く見積もっても銭三〇〇文以上、金一両＝六五〇〇文という天保一三年の公定相場に従えば、四〇六文以上にもなる。

天保一〇年一一月二七日にやってきた三島御師二人には、宿泊代として二五〇文、「日金」として金三朱が計上されている。同年一二月に訪れた尾州御師と高倉御師はともに三〇〇文ずつ、翌年二月一九日の諏訪御師（諏訪神社の御師か）、同月二九日の甲州御師、そして六月

表1　鎌田村を訪れた勧進の人々（天保10年11月〜同11年11月）

日付	勧進の人	支出	日付	勧進の人	支出
天保10			6.15	瞽女二人昼飯	100文
11.27	三島御師二人泊リ	250文	〃	瞽女	24文
〃	日金勧化	金3朱	6.16	三州御師ニ遣ス	200文
12. 4	御嶽御師泊リ	124文	〃	同二人昼飯	100文
〃	同札料	200文	6.20	瞽女二人泊リ	200文
〃	住吉御師昼飯	100文	6.26	出雲大□勧化	金1朱
〃	同札料	200文	7.12	座頭昼飯	50文
〃	大山御師泊リ	250文	7.22	旅僧泊リ	100文
〃	座頭	12文	7.25	瞽女二人泊リ	200文
12.14-16	尾州御師	300文	7.27	□□□□勧化	金2分
〃	高倉御師	300文	8.13	瞽女□□	32文
〃	二人昼飯	100文	8.14	沼津勧化僧	300文
天保11			8.15	瞽女四人昼飯	200文
2.14	津島御師二人昼飯	150文	9. 2	網代座頭	金1朱
2.19	諏訪御師ニ遣ス	200文	9.12	座頭	12文
2.29	甲州御師ニ遣ス	200文	10.15	勧化僧ニ遣ス	50文
〃	昼飯	72文	10.17	尾州御師勧化供	金1朱
3.	伊勢御師ニ遣ス	金1朱	〃	昼飯二人	100文
3.22	天野僧泊リ	200文	11.12	浪人前金	金2朱
〃	日光勧化僧二人泊リ	250文	11.19	尾州御師ニ遣ス	□百文
4.18	京都梅宮勧化	200文	〃	御嶽御師勧化	金1朱
4.24	瞽女三人泊リ、滞留	750文	〃	二口利	54文
〃	右利	＋228	〃	〃二人泊リ	250文
4.25	旅僧一人泊リ	100文	11.26	鹿島御師ニ遣ス	100文
5. 2	南修集人勧化	200文	〃	同二人昼飯	100文
5. 4	瞽女	24文			
5.21	京都愛宕山泊リ	250文		（以下、虫食不開）	
5.25	尾州御師ニ遣ス	200文			
〃	同泊リ	124文			
5.29	瞽女二人昼飯	100文			

出典：天保11年「当子村入用夫銭割合帳」（後藤英夫家文書27）により作成。

一六日の三州御師は、いずれも二〇〇文ずつとなっている。御師のなかでも三島御師は優遇されていたこと、ひいては鎌田村の信仰を集めていたことがわかる。

伊勢御師へ遣わされた金額はさらに大きい。三島御師の手前、暦の各戸頒布が禁じられた伊勢御師に対して、鎌田村では村として礼金を渡していたとみられる。

座頭は僧形の盲人で、琵琶の弾き語りや、按摩・鍼灸などを職業とした。天保一〇年一二月四日と同一一年九月一二日にきた座頭は、わずか一二文しか受け取っていない。

鎌田村には、二人以上連れ立って旅する盲目の門付女性芸人、瞽女も来訪した。天保一一年五月四日と六月一五日に訪れた瞽女は、それぞれ二四文ずつ受け取った。座頭の倍額である。二人組だったからだろう。

天保一一年四月二四日にやってきた瞽女三人は、永い逗留になったらしく「滞留」と書かれている。村方が負担した費用は七五〇文。その間、瞽女は三味線の弾き語り興行を催したとみられ、「利」が二二八文出ている。それでも村方にとり「持ち出し」だった。

興味深いところでは、同年一一月一二日に「浪人前金」として金二朱を支出したという記載がある。伊勢御師の倍額だ。川田純之と阿部昭の研究は、文政～天保年間（一八一八～四四年）における下野国では、徘徊する浪人たちが、立ち寄った村々で「用心棒になってやろう」と、仕切金を強要していた事実を明らかにした［川田一九九四、阿部一九九九］。ここでの「浪人前金」も、似たような浪人の仕切契約であろう。ただし、「前金」というからには、用心棒の前払い金である。当地にたかった浪人の場合、いつか用心棒を務めるという名目で、「報酬」だけせしめたものと思われる。

(7)「似セ勧化」事件

鎌田村の村入用帳で来訪者を調べていると、関八州ならびに甲斐国（現山梨県）・伊豆国を対象に出された一七六九年（明和六）六月や一七七四年（安永三）一〇月の触書が思い起こされる。

一八世紀後半、幕府は浪人らが村々の百姓家へ赴き、合力を乞う行為を問題視していた。明和六年令によれば、徘徊する浪人らが、渡された合力銭が少ないと「悪口」を浴びせ、あるいは強引に一宿したり、「病気」などと訴えたりして、四、五日も逗留する場合があった。長く逗留する間には、さらに多くの合力銭をねだり取ろうとたくらむともいう。幕府は、不届きな浪人がやってきたならば、近辺の穢多・非人に召し捕らせ、関八州・伊豆国・甲斐国は、公事方勘定奉行まで召し連れるよう申し渡している。

五年後の安永三年令は、より広く御料・私領・寺社領などに向けた触れ流しである。前段で明和六年令を再触れしたうえで、後段に新規の一つ書を追加している。すなわち、旅僧・修験・瞽女・座頭の類・物貰いの者どものなかにも、近年は「押て宿を取」り、「ねたりがましき儀」を申し掛ける不届者がいる。かかる「不法の者」たちは、合力銭をねだる浪人同様に捕え、連行しろ、と指示した。鎌田村にも、このような「不法の者」が紛れ込んでいたに違いない。

さらに、一八〇一年（享和元）から翌年の伊豆・駿河の村々では、「似セ勧化」が出没した。遠州無宿左門と羽州無宿昌全が、修験当山派の「醍醐寺三宝院役所龍王院」の添状を持ち、村々を勧化してまわったのである。

彼らが所持していた添状は、伊豆国加茂郡石井村（現南伊豆町）の修験亮天が偽造した「似セ添状」であったが、このとき左門が村々から詐取した金額は、一七、八両にものぼったという。駿府町奉行によれば、左門はこの事件の前から、「讃州金毘羅勧化を企」てたり、「富士山先達」として菊の紋所を用いるなど、巧妙かつ大胆な手口で「似セ勧化」を繰り返した常習犯であった。昌全は、「喰い続けのため」左門に従ったと証言した（『御仕置例類集』）。二七、八年前の安永三年令の想定を大きく飛び越えた犯罪であった。

海村（廻船・港・荷請問屋などがあり、多様な人と交易品が集散する、海付きの村）であり、温泉地でもあった和田村や宇佐美村の場合、鎌田村より多くの宗教者・芸能者・浪人が流入していたはずである。

そして、幕藩領主の視点に立てば、遍歴した勧進の人々のなかには、多くの「似セ勧化」が含まれていた可能性が高い。どう装い、何を語って徘徊していようと、食い続けるため、生きるためという旅の動機は明らかである。

迎え入れた村々もまた、勧進・物乞いする人たちの真贋を問うことなく、志の米銭を施し、宿や食事を提供した。幕府の触書が「三日法度」に終わることは珍しくない。

二　犯罪防止環境の整備――文化八年

(1) 浪人問題と温泉場――百ヵ村の団結

伊東地域の観光都市化の裏事情に目を向けてみよう。

一八一一年（文化八）四月、「三島宿加助郷百ケ村」は、江川太郎左衛門英毅が統轄する韮山代官所へ、浪人問題にかんする願書を直々に提出した。

願書を携えて代官所へ赴いたのは、百ヵ村の各村惣代から選りすぐられた「惣代出役」と称する四人。加茂郡和田村の名主新左衛門を筆頭に、田方郡加殿村（現静岡県伊豆市）の名主恵七、君沢郡小坂村（現同県伊豆の国市）の名主武六、そして同郡戸田村（現同県沼津市）の組頭清左衛門の四人である。伊豆国の三郡から名主を一人ずつ、さらに組頭も一人加わっている。

この四人が代官所に出した願書の内容は、おおむね次のようなものである。

伊豆国は温暖なうえ、あちらこちらに温泉が湧いているので、浪人たちが大勢入り込んできます。明和六年（一七六九）と安永三年（一七七四）の浪人等取締令では、浪人や宗教者・芸能者の、不当な宿泊要求や「ねだり」がましい行為は禁じられています。浪人たちが来村すると、私どもはこの禁令の趣旨を説明するのですが、彼らがこれを気にかけることはありません。浪人たちは少額の「合力銭」を渡したくらいでは引き下がらないのです。とくに名主が留守のときなど、村に残された若者や女性たちは、浪人への対応に非常に難儀します。浪人たちは、日の高いころに宿泊を頼んできて、村人が断るとみるや、宿泊銭なみの「賄銭」を「取替」（代りまたは前金）として要求するのです。ときには、自分は病気だと言って宿泊を強要する者もいます。さらに困るのは、女性を同伴する浪人や、四、五人とか六、七人とかで、たびたび「群参」する浪人がいることです。

このような深刻な状況なので、私ども百ヵ村は、御料（幕府領）も私領も超えて、話し合いの席をもちました。その結果、百ヵ村「一統」で、御役所様にこの願書を奉ることにしたのです。

今後、「浪人の類」が伊豆に「一切」侵入できないよう、格別にお取り計らいください。そうしていただけたならば、私ども一同、御役所様の「御威光」をありがたく幸せに思うことでしょう。怖れ多いことではありますが、百ヵ村惣代から選出された出役が、連判（署名捺印）のうえお願い申し上げます。

問題の「浪人」は、「浪人の類」とも言い換えられているから、主人のいない武士身分とは限らない。「浪人体」などといわれる武士を装った無宿人、あるいは強引に宿をとり、無理やりに金銭をねだる宗教者・芸能者風の人々も含まれる。しかも、「浪人の類」の伊豆半島への流入は、村々の生活、ひいてはその存立さえも脅かすほど激しいものであった。

牢人（浪人）の滞留は、一七世紀には都市特有の問題であった。ところが一八世紀には、浪人の徘徊が、街道筋の宿駅や村方をも悩ますようになり、そして一九世紀前半、村々が一国規模で防衛策を講じなければならないくらい、浪人体の規模とその反社会的な行為が、深刻化していたのである。

ここでは引用しなかったが、この願書の原文を読むと、文体は慇懃だが、かなり威圧的な印象を受ける。新左衛門たち惣代出役の四人は、三島宿加助郷百ヵ村が「一統」していること、自分たちは「一統」の意を受けていることを全面に押し出しているのである。宛先が代官所であることを考えれば、惣代出役たちは、相当な覚悟で願書を出したとみなくてはならない。

実は百ヵ村の間では、事前に「固め（堅め）証文」といわれる文書が取り交わされ、今でも、その写しが玖須美区有文書のなかに残っている。御料（幕府領）と私領が錯綜する伊豆国で、支配の違いを超えた「固め」、つまり結束の約定が取り交わされていたのである。

その証文によると、百ヵ村の惣代たちは、韮山代官所が浪人対策を承認することを前提に、代官所がとる対策を、あらかじめ具体的に予測していた。おそらく、具体策は惣代出役から提案する手筈になっていたのだろう。

百ヵ村は、代官所の手付・手代による廻村（パトロール）や、浪人の取り調べには、現場の村が人夫や番人を確保すること、しかし経費は百ヵ村全体で負担する、と取り決めた。浪人の類による被害は伊豆百ヵ村、郷土全体の問題だ、という認識が芽生えていた。なお、東伊豆・中伊豆地域の村々と交通路については、図2を参照されたい。

江戸幕府は「徒党」を禁じていた。一七九六年(寛政八)年三月、出羽山形藩主秋元但馬守永朝の家来安舘門蔵が、「徒党」の定義を江戸町奉行所に問い合わせている。安舘の疑問は「五、六人以上あるいは一〇人以上で誓約・申し合わせをし、連判したものを徒党というのですか。それとも連判していなくても、五、六人または一〇人以上で申し合わせただけで徒党というのですか」、というもの。

これに対して江戸町奉行所は、「一〇人以上で申し合わせて、騒ぎ立てる、狼藉に及ぶ、門前に詰め寄るなどの行為に及んだら、たとえ連判していなくても徒党と呼びます。一〇人以下なら必ずしも徒党であるとは言えませんが、事の次第にもよると思いますよ」(『三奉行問答』ほか)と、徒党の判断基準を示している。

こうした領主層の認識を考えると、新左衛門たちによって「一統」された、百ヵ村による「申し合わせ」や「連判」は、ともすれば徒党とみられる危険性をはらんでいたといえよう。しかし、一九世紀の村役人たちは、その危険を冒してでも「一統」しなければならない、いくつかの事情を抱えていた。浪人の類の流入はそのひとつにすぎない。

中世民衆の結束手段は、神水をまわし飲んで神に誓うという、「一味同心」や「一揆」であった[勝俣 一九八二]。それに対して、近世伊豆の村の結束である「一統」は、人である村役人によって成り立ち、要求すべきことは、訴願の形をとって領主に表明された。ここに近世人の結束の、ひとつの特徴を見いだすことができる。

百姓一揆の結束も、一八世紀まではこの「一統」と同様に、神に誓うのではなく、村を媒介とする議定書に基づくもので、「律儀」な村役人と領主との交渉を重視していた。しかし、一九世紀の百姓一揆は、村と無関係に、廻状・張札・落文などで扇動された若者や「悪党」たちが、打毀しを主な目的として参加するように変化したといわれる[保坂 二〇〇六、須田 二〇〇二ほか]。百姓一揆のそうした変化は、社会全体の変動、そして村社会の変

図２　近世東伊豆・中伊豆地域の交通路と村

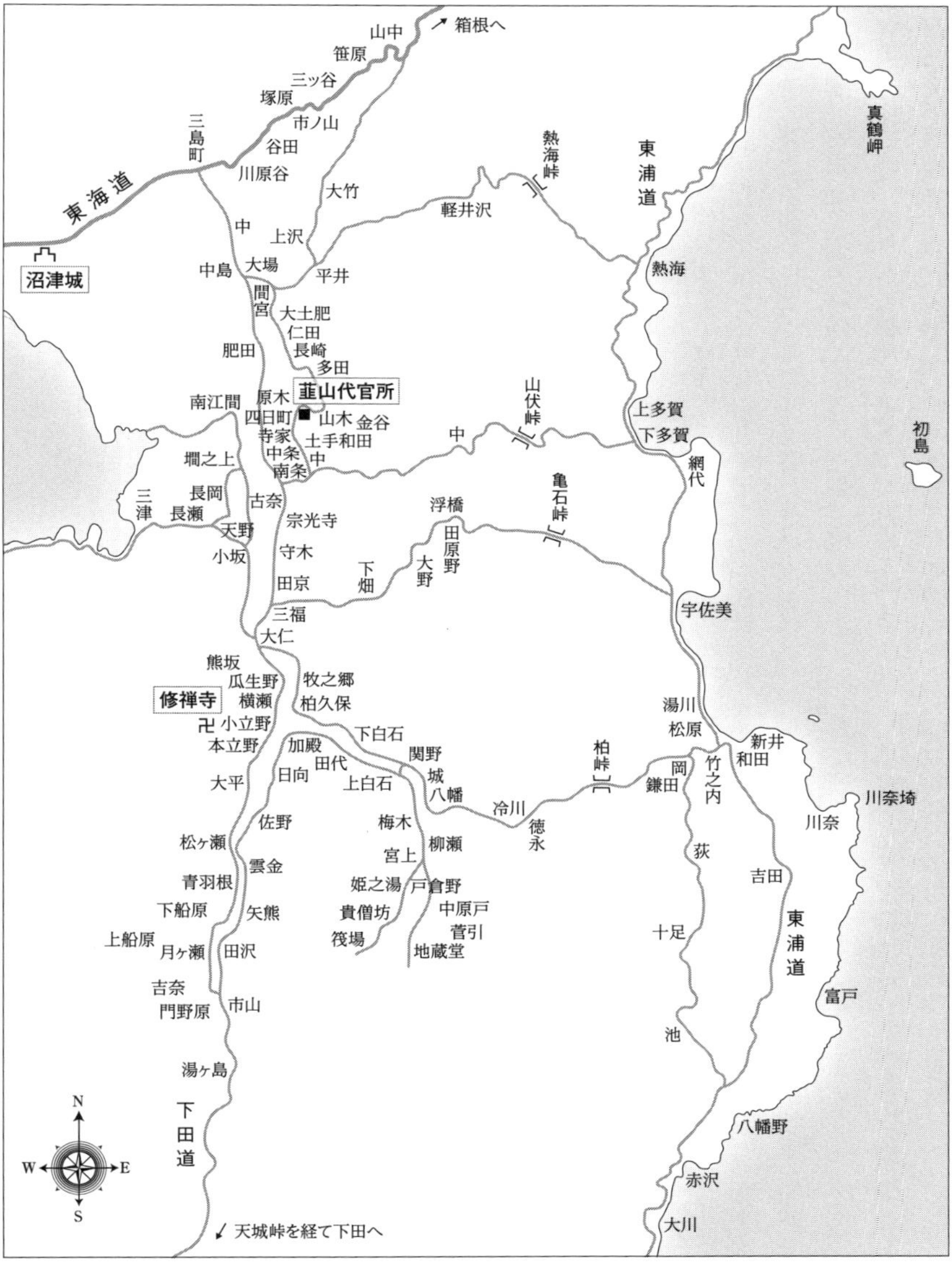

注：安永８年「伊豆国絵図」をもとに村落と交通路を復元的に示した（金子浩之氏作成）。

質を背景にしているはずである。

(2) 百ヵ村団結の成果――幕府の後追い布達

一八一一年(文化八)の百ヵ村「一統」は、伊豆半島の村々に助郷課役の負担を強いてきた「三島宿加助郷百ケ村」を、百ヵ村自身の犯罪防止領域として捉え返した組合村である。村ごとの惣代とその代表である惣代出役を選出し、代官江川英毅の韮山役所に浪人の類の侵入阻止、ひいては防犯・治安対策を迫ったのである。

この願書が韮山役所の江川英毅へ届けられると、その後を追うかのように、翌一八一二年(文化九)六月、幕府は次のような触書を出す。

浪人体の者村々を徘徊いたし、合力・止宿を乞い、或いは悪口・難題等申し掛け、旅僧・修験・瞽女・座頭・物貰の内にも、押して宿をとりねだり事いたし候類は、所の穢多・非人に捕へさせ、其の向々召し連れ出すべき旨の趣、安永三年相触れ候ところ、近来、帯刀いたし候浪人体の者、所々へ大勢罷り越し、村方の手に及びがたく、難儀せしめ候段相聞え候、以来、右体の者罷り越すに於いては、御料・私領とも早々最寄り陣屋・役所等へ申し立てさせ、時日を移さず捕り方の者差し遣わし、もし他支配・他領へ立ち退くといふとも、年延べなく御料・私領相互に附入り、取り逃がさざる様召し捕り申すべく候

右の通り、相触れらるべく候

申六月

この触書の前段は、浪人体・旅僧・修験・瞽女・座頭・物貰いの類による押宿・ねだり行為を、地域の穢多・非人に取り締まらせるという、「似セ勧化」事件のところ(本稿第一節(7)で紹介した安永三年令を簡潔にまとめた内容になっているが、後段では、近来は帯刀した浪人体の者が大勢でやってくるため、村方の手には及びがたいという。不逞の浪人体などが現れた場合は、幕領・私領を問わず、最寄りの陣屋・役所への通報を求め、すぐさま捕り方を差し向けて領分の区別なく捕縛する旨を布達している。

推定を交えて言えば、この文化九年触れ流しは、三島宿加助郷百ヵ村の願書の成果だ。こうして、以下のよう

な防犯環境が整った。

①犯罪者・不審者の侵入を阻む組合村――村の二重の領域（バリア）設定

②幕府代官所手代による領地不問の不定期廻村（監視）

③穢多・非人による交番的役割（監視・抵抗）の負担

村役人たちは、幕府による監視と引き換えに、「安全」「安心」を選択したのである。

三　番非人小屋の設置――文政三年

(1) 犯罪防止環境の再構築

一八二〇年（文政三）には不審者取り締まりの機運が再び高まり、伊豆の村々では、横山坂から天城山麓までに位置する六六ヵ村に、南条村・江間村・内中村・古奈村を加えた全七〇ヵ村が、再び議定書に署名捺印している。

この議定書によれば、浪人体の者の「群参」に苦慮する村方の立場を訴えた文化八年の願いは文化九年令で実現したが、このたび韮山代官所から、同様の事案が生じた場合、地元のえた・非人に召し捕らせ早々に訴え出るよう、あらためて厳達してきたという。それは何を意味しているのか。

一八一一年（文化八）、百ヵ村もの村々から嘆願を受けた韮山代官所は、いったんは積極的な防犯・治安対策を約束したし、その意気込みは確かに文化九年令に反映された。ところが、九年後の文政三年には、その意気込みは大きく後退していた。

「近頃浪人体の者大勢罷り越し」という深刻な現状もさることながら、自前の警察力だけでは伊豆一国の治安を維持しきれないという現実の前に、代官所は地元に防犯・治安を極力負担させようとしたのである。今回の仰せ渡しは、代官所出役による廻村や浪人体の吟味ではなく、地元雇用の穢多・非人による逮捕の推奨と、それを即座に通報するところに重点があった。前項の③を強化せよ、というのだ。

そこで七〇ヵ村は、難題を申し掛ける浪人体を捕縛し、韮山代官所へ注進できる犯罪防止環境を再設計する必要に迫られた。

地域社会の防犯には、村の若者組も関与していたが、不審者の逮捕まで含む人夫・番人などは基本的に穢多・非人に依存していた。伊東地域では以前から番非人を雇っていたが、万一、凶悪事件などが発生した場合には、予想外の出費がかかってしまう。今回の議定は、その出費を七〇ヵ村で共同負担する方式を確立した。犯罪被害を受けた村への、組合村内における相互補償制度とでもいうべき方式である。

議定書では、ほかにも以下の申し合わせ事項がある。

第一　他国より入り込んだ「商売体怪しき者」、堅気の商売人とは思えない不審者には一夜の宿も貸さない。

第二　神事祭礼などで人が群集した際に、喧嘩・口論や、悪口・雑言する者があったら、無理無体にいきなり追放せず、当人の居住地へ村送りによって引き渡す。

第三　古くから往来している御師はいうまでもなく、そのほかの御師に対する初穂料や勧化などは八文ずつとし、継ぎ送りの人足などはいっさい出さない。

第四　浪人の隠れ蓑ともいわれる虚無僧の寺院の縄張りは「虚無僧留場」と呼ばれ、留場料は托鉢によらない虚無僧の資金源となっていたが、前納分があるうちはいっさい資金提供をせず、また新規の留場契約を結ばない。

第五　近年、武家奉公人として出村する者が多く、農業などの生業が疎かになり困窮しているので、村役人は身請状（奉公人の身元保証書）の請印（保証印）をいっさい捺さない。ただし、地頭所＝旗本知行所の百姓は先例のとおりとする。

今回の議定書は、文化八年の例と比較すると、組合村の規模こそ縮小したが、七〇ヵ村での連携を強め、不審者への宿の提供禁止、群衆の騒ぎへの対応、御師や虚無僧への勧化制限、そのほか武家奉公人化による村外流出への対応にいたるまで、当時の村々が直面していた犯罪および秩序違反行為に対処する、より具体的な方針を打ち出していた。

文政三年の七〇ヵ村議定書は、代官所が防犯・治安対策を村側にほとんど「丸投げ」していた事実を語っている。逆にいえば、幕府の監視もその程度だったということだ。しかし一方で、村側は防犯・治安問題に、より真剣に、より具体的に向き合わざるを得なくなった。組合村の結束を再度確認し、諸経費の明朗化を図ったのは、正常に作動する地域の防犯システムを構築する必要に迫られたからである。

(2) 番非人小屋の設置

江戸幕府が一七六九年（明和六）六月、一七七四年（安永三）一〇月、一八一二年（文化九）六月に出した触書では、村方を徘徊し合力銭をねだる「浪人の類」を、近隣のえたや非人を使って捕縛させる政策を打ち出した。

これらを背景として、一八一一年（文化八）に三島宿加助郷百ヵ村が要請した韮山代官所役人による廻村や浪人吟味においては、番人の確保が唱えられ、その賃銭は組合村全体で負担することに決められていた。一八二〇年（文政三）の七〇ヵ村議定書では、えた・非人による浪人体の捕縛はより重要性を増し、番人の雇用賃銭の組合負担が再度確認されたのである。

番人とは村々の警備や警察実務を担った者のことだが、伊豆においては非人身分がその職務を果たしていた。十足村の村明細帳（小川家文書）によれば、遅くとも一七四五年（延享二）には非人小屋の存在が確認されるので、伊東地域の他の村々においても、一八世紀中期までには番非人小屋の設置は始まっていたものと思われる。

和田村の名主文書を引き継ぐ玖須美区有文書のなかには、近世後期のものと推測される「小屋年証文」の写しが残されている。伊東地域の非人小屋頭たちが出した証文の写しである。各条の概略は以下のとおりである。

第一条　盗賊・切支丹・博奕打を発見した際はすぐに報告する。不審者に宿を提供しない、など。
第二条　衣類にかんする規制。また、鑓や長刀は所持せず、脇差は帯びない、など。
第三条　場中（管轄地域）の斃牛馬捨場の見廻り（場役）は日々欠かさない。抱非人の髪の毛は毎月切り、頭巾・覆面・被り物をさせない。乞食で生活させる、など。
第四条　非人の心得として、場中廻りのとき百姓中に無礼をしない。出先で煙草をのまない。人別登録されていない「他非人」は小屋に置かない。

小屋年証文の署名者は、松原村の由兵衛、和田村の清兵衛のほか、岡・川奈・富戸・八幡野・荻・鎌田・宇佐美の各村（以上、現伊東市）および冷川村（現静岡県伊豆市）にいた一四人の非人小屋頭で、以上の四ヵ条と幕府の法度を遵守する旨を、中島村の八郎左衛門なる人物に誓約している。非人小屋頭のもとには、配下の抱非人がいたものとみられる。

この箇条書の文章は、江戸浅草の穢多頭弾左衛門の支配地域において、非人小屋頭・小屋主が穢多小頭に毎年出していた小屋年証文とほぼ同文である。伊豆国の被差別身分は、浅草の弾左衛門支配下にあり、こうした証文が伝来していても不自然ではない。

関東地方などでは、弾左衛門支配下に特有の〈穢多頭―非人小屋頭〉という縦の序列関係があったが、弾左衛門支配の周縁地域にあたる伊豆国では、この序列が必ずしも徹底されていなかった。そのため、一八二三年（文政六）には、国内の番非人六四人が、三島宿の穢多小頭の支配を拒否して、一斉に立ち退くという事件も発生している。

右の小屋年証文も、宛名は三島宿の穢多小頭になっていない。宛所となっている中島村八郎左衛門には肩書がなく、身分が判然としない。「中島」という小名（小地名）は、三島宿にも伊東地域にもあり、現段階では特定できていない。

しかし、この小屋年証文は、近世後期、伊東地域の各村には、非人小屋頭と抱非人が、番非人として派遣されていた事実を明瞭に伝えている。とくに小屋年証文写しの末尾には、韮山役所手代の戸祭合一による取り締まり出役の節に、同道した八郎左衛門がその原本を持参したこと、和田村名主がそれを見て書き写したということが記されている。

一八一一年（文化八）以前にも十足村などに非人小屋はあった。しかし、伊東地域をはるかに超えた広い範囲で、伊豆の各村にきめ細かく番非人小屋が配置されていった事実は、前項でみた三島宿加助郷百ヵ村による韮山代官所への浪人対策要求、その成果としての代官手代の廻村の実現と、無関係でなかったことを示唆するものと思われる。

そしてまた、かれら非人小屋頭配下の抱非人には、先に述べたとおり、旅の行き倒れ人の埋葬なども任されていたものとみられる。

おわりに

海と山と温泉に恵まれ、幕領・旗本領が入り組んでいた伊東地域には、一八世紀後半以降、一般の商人・湯治客・巡礼客・遊山客などに混じって、押宿・ねだり行為に及ぶ浪人体・旅僧・修験・瞽女・座頭・物貰いの類が数多く流入していた。

伊東地域を含む三島宿加助郷百ヵ村＝「一統」は、こうした社会状況に対処すべく、防犯共同体として新たに団結した。一八一一年（文化八）四月、百ヵ村は、幕府の明和六年令ならびに安永三年令を踏まえたうえで、浪人問題にかんする願書を韮山代官所へ提出した。近世伊豆の村の結束である「一統」は、村役人を中核として成り立ち、要求すべきことは訴願の形をとって表明した。ここに近世人の結束のひとつの特徴を見いだすことができよう。文化九年の幕府触れ流しは、「一統」による願書の結実と推測することもできる。こうして三島宿加助郷百ヵ村は、〈組合村―村〉という二重のバリア設定、代官所手代による監視体制の強化、穢多・非人による交番機能に基づく、「安全」「安心」への足がかりを築くことに成功した。

ところが、九年後の一八二〇年（文政三）には、韮山代官所の意気込みは大きく後退した。自前の警察力だけで治安を維持できないという現実に直面した代官所は、村方雇用の穢多・非人による逮捕の強化を推奨してきたのだ。地域社会に防犯・治安を可能な限り負担させるためであった。これを受けて、伊東地域の村々を含む七〇ヵ村では、改めて議定書を取り交わした。議定書では、不審者への宿の提供禁止、群衆の騒ぎへの対応方法、御師や虚無僧への勧化制限等々、より具体的な防犯協定が結ばれた。そのさい、番人（番非人）の雇用賃銭を組合負担とすることも確認された。以来、番非人小屋の設置は半島規模で進められた。番非人を組み込んだ地域の犯罪防止環境はこうして整ったのである。

参考史料

荻生徂徠『政談』（享保年間（一七一六～三六年）成立）。

武陽隠士『世事見聞録』（文化一三年（一八一六）頃成立）本庄栄治郎校訂、奈良本辰也補訂、岩波文庫、一九九四年。

伊東市史編さん委員会編『伊東温泉のうつりかわり――江戸時代から現代までの資料』（伊東市史叢書　第3集）伊東市教育委員会、二〇〇三年。

秋山富南『増訂豆州志稿』巻之一～一三、秋山章纂修、萩原正平増訂、栄樹堂、一八八八～九六年。

伊東市史編集委員会編『伊東市史　史料編　近世Ⅱ』伊東市、二〇一一年。

伊東市教育委員会『伊東市の石造文化財』（伊東市史調査報告　第2集）伊東市、二〇〇五年。

『徳川禁令考』（全一一冊）石井良助校訂、創文社、一九六一年。

『三奉行問答』石井良助・服藤弘司編『問答集1』創文社、一九九七年。

参考文献

阿部昭（一九九九）『江戸のアウトロー――無宿と博徒』講談社選書メチエ。

勝俣鎮夫（一九八二）『一揆』岩波新書。

川田純之（一九九四）「下野における徘徊する浪人と村の契約」『地方史研究』二四八号、地方史研究協議会。

須田努（二〇〇二）『「悪党」の一九世紀――民衆運動の変質と〝近代移行期〟』青木書店。

関口博巨（二〇〇八・二〇〇九）「旅人・温泉・村・身分――近世伊東の村落社会史（上）（下）」『伊東の今・昔――伊東市史研究』七・八号、伊東市教育委員会。

保坂智（二〇〇六）『百姓一揆と義民の研究』吉川弘文館。

千葉

坂井康人

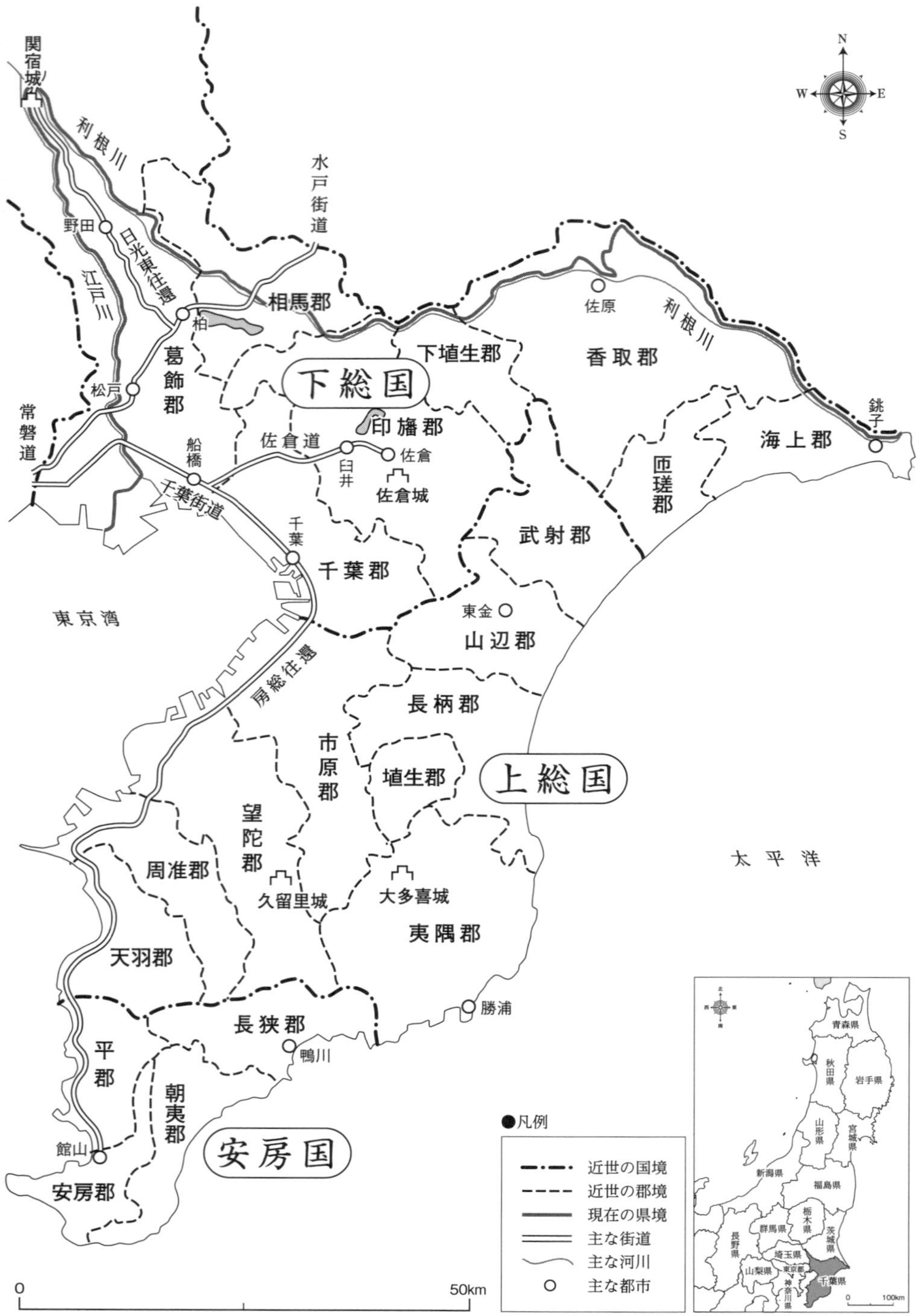

関宿城
利根川
水戸街道
野田
日光東往還
江戸川
柏
相馬郡
佐原
利根川
下埴生郡
香取郡
葛飾郡
下総国
松戸
常磐道
印旛郡
銚子
海上郡
佐倉道
船橋
臼井
佐倉
佐倉城
匝瑳郡
千葉街道
千葉
武射郡
千葉郡
東京湾
東金
山辺郡
房総往還
長柄郡
市原郡
埴生郡
上総国
望陀郡
太平洋
周准郡
久留里城
大多喜城
夷隅郡
天羽郡
勝浦
長狭郡
鴨川
平郡
朝夷郡
館山
安房国
安房郡
凡例
近世の国境
近世の郡境
現在の県境
主な街道
主な河川
主な都市
0
50km
青森県
秋田県
岩手県
山形県
宮城県
新潟県
福島県
栃木県
群馬県
茨城県
長野県
埼玉県
東京都
山梨県
千葉県
神奈川県
0
100km

はじめに

千葉県は、近世までの安房国・上総国・下総国をその範囲とし、これら三つの地域に区分される。本稿では、残されている各種史料に基づき、この地域における戦国時代から昭和前期までの被差別部落の歴史を概観する。なお、下総の一部であった利根川の北方地域（北総地方）は、明治期に茨城県に編入されたため、この地域については「茨城」の章を参照されたい。

一　被差別部落の全体像

(1) 被差別部落数・戸数・人口

まず、千葉県（下総・上総・安房）の被差別部落の戸数・人口数は、どれほどあったであろうか。一八〇〇年（寛政一二）の「弾左衛門手下之者家数小屋数書付」によれば、長吏・「非人」（「非人」小屋頭・「番非人」）・猿飼の戸数は、次のとおりである(1)。

（単位は軒）

地域	長吏	「非人」	「非人」小屋頭	「番非人」	猿飼
下総国	三一五	一七〇	四〇	一三〇	二
上総国	九〇	一五四	二九	一二五	一七
安房国	二九	一七	五	一二	一
計	四三四	三四一	七四	二六七	二〇
弾左衛門支配対象	五六五四	一九九五			六一

『藩制一覧』によると、千葉地域の人口は一八八万五一一八人で、そのうち長吏が四八四六人、「非人」が三五八四人であった。

一九〇七年（明治四〇）の内務省調査では、地区数八六、戸数六七五戸、人口三八六六人となっている。戸数、人口は当然増加していくはずだが、大正以降の統計では地区数が極端に減少している。何をもって被差別部落とするか、その基準が曖昧であったため、このような数字になったと考えられる。

	被差別部落数	戸数	人口
一九二〇年	二二	四七四	二五八八
一九三五年	三九	五五九	三五三三
一九七五年	一八	七一六	三一九二

また、近代以降の調査では、一九〇七年（明治四〇）の内務省調査が地区数・人口とも最も多いので、これが実態に近い数字であったと思われる。

(2) 地域・長吏小頭と居住地（旦那場の領域）

以下に示すのは、現在判明している長吏小頭とその居住地である（名前の記載がないものは不明）。それぞれの地域における旦那場のおおよその範囲が把握できる。

ここに示さなかった地域にも被差別部落があり、長吏小頭がいたと想定できるが、史料的根拠を示せないものは記載しなかった。なお、史料は『下野国太郎兵衛文書』のほか、各県史・市町村史である。

〈下総・長吏小頭〉

①野田　関宿・長吏小頭　徳左衛門
②野田　野田・長吏小頭　茂右衛門
③柏・松戸　長吏小頭　太郎左衛門
④酒々井　長吏小頭　八郎左衛門
⑤佐倉　長吏小頭　庄右衛門
⑥佐原　長吏小頭　新左衛門

〈上総・長吏小頭〉

⑦東金　長吏小頭　七郎左衛門
⑧成東　長吏小頭　弁治
⑨土気　長吏小頭　助左衛門
⑩長南　長吏小頭
⑪大多喜　長吏小頭　与惣〇〇
⑫岬町　長吏小頭　権三郎
⑬勝浦　長吏小頭　善右衛門
⑭市原　長吏小頭　二人
⑮木更津　長吏小頭
⑯君津　長吏小頭
⑰富津　長吏小頭　三人

〈安房・長吏小頭〉

⑱鴨川　長吏小頭
⑲館山　長吏小頭　三人

⑳富浦　長吏小頭　伝次郎

二　中世から戦国期における皮作りと被差別部落

(1) 皮作りと戦国大名

千葉県においては、戦国大名が「皮作り」に発行した文書が一点だけ残っている。その全文は次のとおりである（『千葉県の歴史　資料編　中世3』）。

丸本郷
田
六百文　山もさ起　加ハつくり
同
四百文　ながれ　同人
以上
一貫文
その外
於半久里加ハつくりの跡
出之者成
壬辰
正月二十二日　朱印

文意は、丸本郷の「やまもさき」と「ながれ」の「皮作り」にそれぞれ六〇〇文、四〇〇文あわせて一貫文相当の田地を与える。「その外」以後は、彼らは「半久里」においての「皮作り」の交替の者という意味だろうか。壬辰の年は一五九二年（天正二〇）に相当し、朱印からして里見義康の発行と思われる。当時、里見氏は、豊臣秀吉の小田原北条氏攻めに際して態度が曖昧であったとして、上総の領地すべてを奪われ、安房一国を領有するのみであった。丸本郷は、現在の南房総市に属する。「平久里」は、同じく南房総市の「平久里」であろう。この文書を保持してきたのは、富浦町の被差別部落の人で、江戸時代は長吏小頭の家であった。

一五九七年（慶長二）の安房国平郡戸川・三坂・竹内・金尾谷・白坂各村の「差出帳」（『千葉県史料　近世編　安房国　下』）には、「御制札　捨馬御札一枚」などと記されている。この制札は、百姓の病馬や老馬、また死んだ馬を勝手に捨ててはならないという大名（里見氏）による禁令である。安房では、百姓が病馬や老馬を大切にせず、死んだ馬を皮作りに渡さないというような状況があったと思われる。背後には、朝鮮出兵を控えた里見氏による武具生産のための皮革確保の問題があると考えられる。

(2) 被差別部落の地域的集中の理由

下総国の場合、関宿・野田・柏・松戸・佐倉・佐原というように、江戸川・利根川沿いに被差別部落が多いのはなぜなのだろうか。

この地域は、戦国時代には利根川を挟んだ西関東（上杉管領家・上杉謙信・北条氏、上野・武蔵）と東関東（古河公方・下野、常陸、下総、上総、安房の戦国大名・武将たち）の激戦地であった。戦いの続発は当然、皮革の需要を高めたはずで、皮作りも増加していったはずである。

またこの地は、水上交通・街道の結節点であった。戦いは、領地争いだけではなく、流通商人（有徳人）たちのもつ富・運輸力・情報をめぐる争いでもあった。当時、古利根川は元荒川と合流して墨田川となって江戸湾に流れ込んでいた。鬼怒川は常陸川と合流して香取の浦（霞ヶ浦）に流れ込み、太平洋につながっていた。さらに、鬼怒川と常陸川の合流地域では、手賀沼・印旛沼とつながり、古河南東から守谷までは湖沼地帯で、常陸川が湖沼をつなげていた。思川と渡良瀬川が古河西方で合流し、太日川（庄内川）となった。太日川は中田・栗橋を両岸にして五霞村の西南を南下し、関宿の西側を通っていた。

一五九四年（文禄三）に始まった利根川東遷工事（利根川を鬼怒川につないで太平洋側に流す）は、六〇年後に完成した。工事の結果、現在のように関宿と五霞は江戸川で分けられ、江戸川・利根川（栗橋から関宿につながり、常陸川と合流した）に挟まれた地となった。

またなぜ、市原・木更津・君津などには長吏小頭が多いのだろうか。

木更津の真里谷城には、真里谷武田氏がいた。一四五六年（康生二）、武田信長（古河公方・足利成氏を助成）が真里谷城・庁南城を奪い、拠点とした。一五三四年（天文三）、武田氏内部で家督争いが起こり、信隆は北条氏に、信応が足利義明（小弓公方）について争った。一五九〇年（天正一八）、真里谷城・庁南城とも態度不鮮明で、改易された。市原の市原城には一五五四年（天文二三）に忍丹波守が在城し、第二次国府台合戦に参加した。椎津城には一五三八年（天文七）に武田信隆が入城し、北条氏がこれを攻めた。池和田城には一五二一年（大永元）頃、里見氏家臣・多賀氏が在城し、一五六四年（永禄七）、北条氏の攻撃によって、池和田城が陥落した。君津には、里見氏の根拠地の一つである久留里城がある。以上のように、これらの地は北条氏と里見氏の前線基地があり、皮作りの需要も高かった地域である。

同様に、富津にはなぜ長吏小頭が三人もいるのだろうか。この地は、北条氏・真理谷武田氏と里見氏の激戦地であった。また、陸・海の交通の要衝であり、流通商人・野中氏（富津）もいた。一五六七年（永禄一〇）の三船山の戦いでは、北条氏と里見氏が、海・陸で戦った。江戸時代に、佐貫城の近くに三人の長吏小頭がいたことは、戦国武将たちが皮革を大量に必要としていたことと無関係ではあるまい。

三　長吏・非人の生業・役目・生活

(1) 長吏と非人の関係

支配関係

近世には下総・上総・安房の長吏小頭は、すべて弾左衛門の支配下にあった。上野国・下野国の一部の長吏のように弾左衛門と特別な関係をもったり、あるいは弾左衛門の支配外であったものはいない。

下総・上総・安房において、長吏小頭の支配の内部組織も、関八州の他地域と同じであるが、地域によっては多少の違いもあった。たとえば上総国東金・大網に旦那場（八四ヵ村）をもつ田間村長吏小頭・七郎左衛門の組織のあり方は、以下のようであった（『東金市史　史料編1』）。

田間村長吏小頭
七郎左衛門
- 長吏小頭代
- 組下長吏―（場主惣代）―（場主長吏）
- 非人小屋頭―小屋主―「非人」

ここでは、場主の長吏がおり、場主の長吏には場主惣代がいた（場主でない長吏がいたかどうかは分からない）。一方、長吏小頭代もいる。長吏小頭・場主惣代・長吏小頭代の三者が、百姓の村の村方三役（名主・組頭・百姓代）に相当し、地域の長吏・「非人」組織を運営していた。

長吏小頭は、組下長吏から職場年貢銀および家別役銀を、「非人」小屋頭は配下の「非人」から小屋役銀を徴収し、長吏小頭が一括して弾左衛門に上納した。

斃牛馬処理と皮革の生産

被差別部落に深く関わった動物は、牛と馬である。牛馬の皮は他の動物の皮よりも硬く、武具に適した物資であった。戦国時代の武将たちは、皮作りを配下に組み入れた。皮作りはその材料の確保のために、村・町との間に旦那場の関係を築いていった。その範囲は、戦国武将たちの支配領域を超えることはなかったと考えられる。

江戸時代、斃牛馬は、地域の「捨場」に入れられた。その地の村や町（数ヵ村から数十ヵ村にわたる）を旦那場とする地域の長吏（場主）が、長吏小頭の支配を受けながら、斃牛馬の処理と皮革の生産を行った。長吏小頭の組下の長吏がすべて場主となるわけではなく、場主でない長吏もいた。場主は、斃牛馬を取得する権利を三〇日の日割でもっていた例が多い。実際には、職場の見回り・斃牛馬の皮剝ぎなどは、「非人」に委ねられた例が多い。実際に「非人」が長吏の仕事をしたのは、勧進場（旦那場の一部）の権利を長吏から「預け」られていたからであり、「非人」が長吏の支配を受けるのもそのためである。

江戸時代には、所有する牛馬が村ごとに管理された（「北風原村牛馬改帳」元禄一四年）。斃牛馬が出た場合、名主の確認を受けて、百姓は近くの「捨場」に斃牛馬を入れた。犬・狼に食われないように土を被せることが多かった（「牛馬斃候時ハ、名主江可相届事」）。見回りの長吏・「非人」が「捨場」で斃牛馬を持ち帰り、皮を剝いだ場合には、受取証・預証が牛馬の所有者であった百姓に渡された（「長吏頭市三郎預証」東条村）。

たとえば、南無谷村（現南房総市、富浦町。『正保高帳』では旗本領）長吏小頭、川名村（現富津市。『旧高旧領』では前橋藩領）長吏小頭の旦那場内に一一名の場主（長吏小頭二人、それぞれ組下長吏四人と五人）がおり、彼らは斃牛馬処理の権利を日割りで分割した（「弘化四年一一月　村方牛馬斃死の節取り計らい方書上」）。実際には、彼らの手下であった勝山村の「番非人」が皮を剝ぎ、それを場主方へ届けていた。彼らの旦那場は、他領の山田村（富山町。天領・旗本領・忍藩領）にもあった。

長吏の弾左衛門に対する上納義務には職場年貢銀と家別役銀があった。「非人」の上納義務には小屋役銀があった。長吏は弾左衛門に対して当初より絆綱を現物で上納していた。一七八六年（天明六）の「弾左衛門役所絆綱銭請取状」（『鈴木家文書』三五六）によれば、それが銭納に変わった。さらに「弾左衛門役所年貢銀請取状」（同三七二）によれば、一七九六年（寛政八）に銀納とされ、職場年貢銀と呼ばれた。

以上の仕組みは、弾左衛門の支配する他の地域でもほとんど変わりがなかった。なお、皮革は、浅草新町の皮商人にすべて売却されたわけではなく、現地で加工用に消費された場合もある。

しかし、時には斃牛馬が自分たちの所有だとする百姓・町人側が、長吏・「非人」に斃牛馬処理をさせないために土中に埋めてしまうことがあった。下総・上総・安房ではその事例が多い。高い金銭を出して買った牛馬が死ぬと無償で長吏・「非人」に引き渡すという旦那場の仕組みを、納得できない百姓がいたのも事実である。また、牛馬を家族同然と思っていた百姓・町人もいた。特に江戸後期には、長吏・「非人」への差別意識・忌避意識を露骨に示す百姓・町人も登場してきた。そのため、百姓・町人側と長吏・「非人」との間にさまざまな争論が起きた。

一八七三年（明治六）六月、東京府知事は「斃牛馬革取扱会社による各県への布告の願い」を却下した。この願の別紙に、各県の皮革見積があり、上総二〇〇〇枚、下総七〇〇〇枚、房州一〇〇〇枚とある。牛馬骨取交見積、上総四〇〇〇貫、下総一四〇〇〇貫、房州二〇〇〇貫とある。これにより、千葉県内のおおよその斃牛馬処理・皮革生産の実数が分かる。下総国は上総と安房を合計した枚数の二倍以上であった。

土地所有

下総国関宿《せきやど》のある被差別部落には、「長禄元年簗田河内守様御検地御改砌被仰御地面如是　墓場絵図与重郎所持」と記された絵図が残されている。一四五七年（長禄元）

は、足利成氏が古河城に入り、古河公方と称した年である。この年に検地が行われたかどうか、他に史料がないので確証できない。しかし、このような文書が長吏だった家に保存されてきたことの意味は重要である。この「与重郎」という長吏が、自分の家の墓とその地の支配者・簗田《やなだ》氏を結びつけているからである。おそらく関宿の領主であった簗田氏に、「与重郎」の先祖が皮作りとして奉仕したことを意味している。

野田においても、農地所有が確認できる。一七二二年（享保七）、将軍吉宗は小金牧・佐倉牧の制度を改正し、小金牧中の庄内牧を廃止して開墾・新田開発をさせた。そこに百姓と並んで長吏も参加し、農地を所有した。

一七三〇年（享保一五）の「吉春新田検地帳」（文政六年未正月写し）に「一　従是□□（多）方」とあり、三人の名と面積が書かれている。

これによれば、三人とも田がなく、畑のみである。三郎左衛門は下畑五畝で条件はよくない。文重郎は下畑五反、久四郎は約三反である。特に多いというわけではない。

一七九二年の「寛政四年中里村野馬除け掘谷津・吉春村出入り文書」にも、「穢多共所持之高七拾石余有之、本田、新田、入会地両村分之内地内ニ而御座候」とある。この地の長吏は農業も営んでいたのである。

上総国土気《とけ》においても、「かわた」が農地を所有して、農業を営んでいた。「かわた」という名称から、戦国武将の酒井氏に皮革を提供した職人の系譜を引いた人々であると考えられる。

かわた　小右衛門　下畑一〇畝　〇、三石　屋敷三、〇八畝　〇、三二七石、
（持高）〇、六三七石

かわた　作兵衛　中畑五畝　〇、三石　下畑七、一〇畝　〇、二二〇石
（持高）〇、五二〇石

かわた　善十郎　下畑一二、一二畝　〇、三七二石
（持高）〇、三七二石

（一六八三年（天和三）「上総国山辺郡土気本郷壱人別名寄帳」）

土気の場合、土地所有はきわめて少ない。田はなく、

下畑・中畑である。

長吏＝「かわた」も農業を営んでいる限り、年貢が徴収された。幕府がその年貢徴収の際、年貢の現物納を禁じて、金納を命じたことがある（「穢多年貢金納令」）。一七二〇年（享保五）、幕府は百姓の年貢納入（米納）と区別して、長吏による年貢の米納を禁じ、金納を命じた。さらに翌年（同六）、米納のところは銀納を命じ、包み銀の上書きに「穢多納」と明記させ、さらに翌々年（同七）、「穢多」「煙亡」の持高には高掛三役（伝馬宿入用・六尺給米・蔵前入用）をかけないとした。しかしこの法令は、撤廃に追い込まれた。「穢多年貢金納令」は、貨幣経済の合理性に明らかに逆行していたからである。

農業以外の生業とそれらをめぐる紛争

下総の結城、下野の鹿沼・佐野では、一八世紀の中頃から破魔弓箭《きゅうせん》の製造・販売について、長吏同士、あるいは長吏と百姓・町人の間で紛争が起きていた。特に一七九二年（寛政四）、下野国鹿沼では、町人が仕入れた竹皮を長吏が差し止めるという紛争が起こり、大事件に発展した。結果的に鹿沼では長吏側の敗北に終わった。

一七九四年（寛政六）二月、弾左衛門から、竹皮草履・竹皮笠・裏付草履・破魔弓箭・灯心の細工売買に関する幕府への上申書が出された（『近世被差別部落関係法令集』）。下野国茂木藩主細川氏が、竹皮笠、竹皮草履、同裏付、破魔弓箭等を百姓・町人に製造売買させてもよいかと幕府に問い合わせたので、幕府が弾左衛門に問い糾したためである。

弾左衛門は、特に竹皮草履、竹皮裏付草履は、「先年より私手下共一同の渡世」であった、またこれまでは百姓・町人がこれらの製造に携わったこともなく、携わった場合は自分たち長吏側が「差止」めてきた、と主張した。百姓・町人が細工するようになっては貧窮する長吏は竹皮を買えなくなってしまう。ひいては「手下共渡世に差支候間、自ら右役筋も相勤兼」ることになる、したがって、これまでどおりにしてほしい、というのである。上申書のなかに上総・下総についても記述がある。

上州新田郡村田村　上総国埴生郡矢貫村　上総国市原郡矢田村　下総国香取郡谷中村

右四ケ村は、私手下共方にては、破魔弓箭共細工致

さず候えども、百姓、町人右村々にては商い仕り候えば、右商人方より壱ケ年に五百文程づつ、矢代として手下共へ差し出し来り候

結果的には、幕府は弾左衛門の言い分を半ば聞き入れ、破魔弓箭については「町人共」の参入を認めるが、竹皮草履・竹皮笠・裏付草履・灯心については「其穢多職分に付、町人ども職分致候ては、差障候間、難成儀に存候」と四月に裁可した（『謝例撰要』）。

これによって、関八州のうち弾左衛門支配下の長吏の竹皮草履・竹皮笠・裏付草履・灯心の独占的製造販売が公認されることになった。長吏による竹皮草履・竹皮裏付草履の独占的製造販売が公認されたことの意義は重要である。この仕事は、近代に至るまで、被差別部落の生業として大きな役割を果たすからである。

下総では、竹皮草履は長吏だけでなく「非人」も作っていた。現在の千葉市にある大厳寺には、例年、曽我の「非人頭」が年二回草履を持参して挨拶に来たという記録がある（『大厳寺文書』）。

この記録によると、「曽我野非人頭」長重（十）郎は、大厳寺に毎年二度ほど竹皮草履を進上した。大厳寺は、生実城主・原胤栄が一五五一年（天文二〇）に道誉（のち増上寺九世）を開山として開基したものである。宝暦年間（一七五一〜一七六四）のものと思われる「住誉代千部録」（『大厳寺文書』第四巻）には、次のようにある。

一七六八年（明和五）九月六日「小屋之者例の通り来り　草々□弐束上。例の通り勝手これを遣し、役五人申付」（□は解読不明）

一七七七年（安永六）一二月二四日「小屋之者草履弐足差上之候、鳥目百銅、米壱升遣之也。」

一七八七年（天明七）四月二四日「曽我の非人頭長重郎目見、草履壱足持参」

この文書によれば、「非人」側が竹皮草履を持って寺に挨拶に行くと、寺側も金銭や米などを贈る関係があった。寺側は「鳥目百銅、米壱升」を「非人頭」に渡し、「役五人申付」とある。役とは、法要の際の番人、筍盗みの番人などのようであった。この仕来りは一八七三年（明治六）一月まで続いていた。竹皮草履を寺側に進上する

ことによって、「非人」と寺との奉仕するものと奉仕されるものの関係性が確認される。ここには、草履を進上される側も返礼しなければならないという一種の贈与関係がみられる。しかも注目すべきは、「竹皮草履」を作っているのは「非人」だと思われることである。「非人」がわざわざ草履を買うことはないと考えられるからである。自分たちで作った竹皮草履を進上することに意味があったのであろう。このことから、上総の「非人」は、生産的な仕事もしていたことが分かる。なお、「曽我野非人頭」は、正確にいえば「曽我野非人小屋頭」である。彼を支配していた長吏小頭の名は、現在のところ不明である。

松戸の萬満寺でも一八二四年（文政七）正月に「木戸」（「木戸非人」のこと）が挨拶に来て「白米三桝、銭百文」を貰っている（「文政七申歳日記　宗篤私記」）。ここには草履を持参したとは書かれていないが、他の事例から考えて、おそらく草履を持参したことは間違いないであろう。

下総ではまた、「非人」が「番非人」として村の警備の仕事をしながら、近隣の寺に対しても火の番や警備を行った。

一夏末東金非人頼みに火の廻り人を遣はす。非人へ説僧一人より一日一升づつ遣はす

（「沼田檀林　宝暦十年新條目」一七六〇年）

東金沼田檀林は、日蓮宗勝劣派の根本道場である。一七五五年（宝暦五）の大暴風雨によって倒壊したため再建された。火の番を「非人」に依頼した。柏の東海寺は、布施弁天として世に知られた。

番人角兵衛事

開帳中番人ヲ相頼、食事ハ此方ニ而致、給銀ハ出し不申候、但商人見世賃参詣之もの内計ニ而勤、尤終而角兵衛へ白米五升・青銅五百文遣スよし、先格之通り御座候

（「文化二乙巳年　弁財天開帳」一八〇五年）

布施村の「番非人」角兵衛は、布施弁天の二月二九日開帳の際、その番人を勤め、寺から食事を提供された。

また、開帳の縁日市においてその開催者（寺以外の者）から「白米五升・青銅五百文」を貰った。これは市の番人に支払うべき市役である。「弁財天開帳」によると、四月一一日、「非人共へ白米一俵遣ス、但角兵衛へ相渡ス」とあり、角兵衛は「非人」側の代表として寺から「白米一俵」を貰っていた。

この角兵衛の先祖は、根戸村の小屋主だったが、木戸番人がいなかった布施村から根戸村への依頼で、一七二六年（享保一一）に布施村に母・妻とともに移動してきた（「享保十一年十二月　木戸番人請証文」）。その際、「人主」（保証人）となったのが角兵衛の親類の我孫子村「人主非人」小右衛門であった。

「非人」の勧進と仕切

一七四八年（寛延元）、茂原《もばら》の小屋頭と徳増《とくます》（現・長柄《ながら》町）の「非人」小屋頭が、勧進場を分割した（「茂原、徳増両小屋頭諸式差出証文」）。この地域の長吏小頭は、長南町矢貫村にいた。旦那場は、長吏小頭と組下長吏の場主たちの所有である。旦那場の一部の権利である勧進場は、名我沢村・非人小屋頭と徳増村および茂原の小屋頭が長吏たちから「預け」られていた。つまり勧進場は二分されていた。今回さらに一方の勧進場（埴生郡七拾三村）を二分したのである。

矢貫村・長吏小頭
　組下長吏（場主）
　名我沢村「非人」小屋頭
　徳増村「非人」小屋頭
　茂原「非人」小屋頭
　　埴生郡七拾三村

この勧進場分割の史料には、長吏小頭が出てこない。勧進場分割については、長吏小頭の許可を前提として、「非人」小屋頭同士の話し合いのうえで分割が行われたものと思われる。長吏小頭や長吏にとって、旦那場の分割ではないため直接的な利害に関係がなく、「非人」が長吏小頭や長吏に対して忠実であれば問題がなかったからである。また、旦那場内の村々にとっては、「非人」の誰が役割を果たすのかよりも、「非人」が役割を果たすことが重要だったからである。

一八三九年（天保一〇）、土気町「非人小屋頭」忠治

郎は、平川村（現・千葉市）から生活難のため金三分を借金した（「奉拝借証文之事」）。その際、返済するまで「抱非人」の村での勧進を制限すると約束した。

忠治郎の後継者である忠三郎は、幕末まで何度となく旦那場の一つの中野村から仕切り金を貰ったり借金をしたりしている。仕切り金とは、勧進の一部を差し止める代わりに村方から貰う金銭のことである。仕切り金を貰うのは、「非人小屋頭」であるが、勧進を差し止められるのは、配下の「非人」たちである。百姓側が「非人小屋頭」忠三郎の要求に応じているのは、「非人」による村の警備に期待していることが大きいためである。では、配下の「非人」たちは損益をどこでカバーしようとするか。勧進場への勧進の回数を増やしてもらうしかない。しかしそのことは、村々からは「悪ねだり」にみえるのである。

土気の長吏小頭の名前は不明である。彼の支配下に土気の組下長吏がおり、「非人」小屋頭が土気・大網・八嶋にいた。

(2) 長吏・非人と百姓・町人

警備と旦那場

近世の村々には、さまざまな芸能民、民間宗教者、そして特に浪人が、勧進や合力を求めて訪れていた。村々はさまざまな芸能民、民間宗教者、浪人に対応するため、長吏や「非人」に警備を依頼した。依頼された「非人」は、「番非人」と呼ばれた。浪人や虚無僧の場合は、村はその中心組織との間に留場、仕切り関係を結び、中心組織に取締りをしてもらった。

一八〇六年（文化三）、東金の福俵村「番非人」宇八が虚無僧と争った（「虚無僧一件」）。「番非人」宇八が、日没を過ぎても虚無僧二人が「村内軒別に修行」（布施を乞うことか）を止めなかったので、時間外だから止めてほしいと言ったことに対して、虚無僧たちは「其の方どもニ差し届めらるる者ニテ御座無く候」と応えたため、両者が対立した。「番非人」宇八は、組合一八ヵ村の議定と「当所ハ古来より南玉の清岸寺様御持場御日帰りの場所」という南玉（現大網白里町）の清岸寺と村の関係を楯に、理詰めで虚無僧たち（仲間を呼んで八名に増えている）を追い払った。「番非人」宇八は、約半年間かかって、これら虚無僧が所属した房州貝渚《かいすか》村（現鴨川市）の永福寺から詫状を取っている。「番非人」宇八がここまで強い対応ができたのは、旦那場である組合村の力があったからである。

この事件の結果であろうか、清岸寺は一八一二年（文化九）、大木戸村に対して、清岸寺所属以外の虚無僧と大木戸村との間に紛争が起きた場合には、清岸寺の責任で解決すると約束した（『千葉市史　史料編六』）。この約束は大木戸村だけではなく、近隣の村々とも交わされたものと思われる。一八五一年（嘉永四）にも、同じ約束が土気町組合二五ヵ村に対してなされている。

貧窮した「非人」小屋主を助けるために村方が芝居興行をさせたところ、無許可のため関八州取締出役に召し捕られ、「非人」小屋主、村方、芸人が処罰される事件が千葉西寺山村で起きている（「芝居一件御裁許写置」）。

「番非人」による警備の背景には、村々にとっての大きな負担がある。その負担とは、浪人をはじめ、各民間宗教者・芸人等の来訪であり、村々はこの対応に大きな出費をしていたからである。また、村々には犯罪者を取り締まるべき警察が存在しなかった。そのため、村々は長吏や「非人」に警備を依頼し、「番非人」や「非人」は、寺社・町・村々との関係で、野番・山守・木戸番・火の番などを勤めた。野番・山守とは、入会地や山林の番人である。

見回りと政治権力

『関宿藩諸法規』（一八二七年（文政一〇）頃）には、次の記事がある。

一、銭壱貫文□□穢多ども、冬の内夜回り相勤め候につき、扶持米としてこれを下され、請取り相渡すべき事

一、□□□穢多年中芥申付につき、御酒代壱貫文

これによれば、関宿藩の長吏は、冬の夜回りに対して、藩から「扶持米」として銭一貫文、「年中芥申付」により、酒代として一貫文を貰っていた。関宿藩の長吏は、旦那場に対する警備を超えて、藩の命令で夜回り・芥の片付けを行っていたのである。長吏側は、これを藩の「公務」

と意識していたのではなかろうか。したがって、長吏による見廻りは、村々の警備から捕り物への役割拡大の媒介となるものであった。

(3) 長吏・「非人」と政治権力の関係

捕り物と被差別民

捕り物は、長吏・「非人」と町・村との関係である警備の役割を超えた、政治権力との関係における役目である。

関八州において被差別民が捕り物に関わるようになったのは、いつ頃からであろうか。また、政治権力はなぜ、長吏・「非人」を捕り物の下役に使役できるのだろうか。一七一五年（正徳五）の「弾左衛門由緒書」には、次のような一節がある。

盗賊御改方赤井五郎作様より銀子頂戴仕り候、丹羽遠江守様より御尋もの仰せ付けなされ候、則ち召し捕り差し上げ候えば、御褒美として金子五両下し置かれ候

一八世紀の前半において、弾左衛門は、盗賊改方や江戸町奉行から、臨時的に捕り物に協力させられている。一七二五年（享保一〇）の「弾左衛門由緒書」には、「一御尋者御用、在辺に限らず仰せ付られ次第相勤め申し候」とあり、弾左衛門が臨時的な役割を担っていたことが分かる。そしてそれは、弾左衛門と江戸町奉行との関係においてなされたものである。

同じ一七二五年の「車善七書上」には、江戸町奉行・中山出雲守から命じられて、「八王子へ御捕方すべて八拾人余差し出し申し候、其節御与力本部藤兵衛様・原兵左衛門様御八人御出あそばされ候」とある。

これらは、江戸町奉行と弾左衛門の関係からなされた捕り物であった。しかしそれは、あくまで臨時的なものであり、江戸で捕り物の末端を担ったのは、公認・非公認の時期はあったにしろ、通常目明し・岡引であった。しかし、関八州の地方には目明し・岡引はいない。

関八州における長吏・「非人」による警備は、旦那場の関係を前提に成り立っていた。一七七四年（安永三）に幕府は合力を求める浪人を勧進者の類とみて「穢多非人」に捕らえさせよと村々に命じた。浪人とはいえ、武

士は武士である。幕府は百姓の自検断（百姓たちの村が警備・取締り・裁判・処罰をする権限）を抑制しなければならず、幕府の取締りも限定的にならざるをえなかった。幕府は浪人の前に長吏・「非人」を立ち向かわせようとした。そのような状況において、百姓・町人から長吏・「非人」の「増長」「不届」とみられる場面が出てきたのである。

一七七八年（安永七）には、安永七年令、いわゆる「穢多非人等風俗取締令」が出された（『御触書天明集成』）。この法令は、長吏・「非人」に対する百姓・町人の差別意識を助長する効果をもった。一八〇五年（文化二）、幕府は関東取締出役を設置し、百姓の自検断を利用しようとして、一八二八（文政一一）には組合村の結成を促した。

牢番と差別意識

牢番は、長吏・「非人」と政治権力（幕府・藩）との関係で勤める役目である。その背景には、長吏・「非人」と町・村の関係がある。

一七〇二年（元禄一五）の「大多喜町柳原町差出明細帳」には、次のように記されている。

一牢屋　　　　　番人　長右衛門
　此給米高百石ニ付麦四升、籾四升、壱ケ年ニ両度、
　百姓より出し来り申候

牢番は元来、罪を犯した者が所属していた共同体（町・村）が勤めるべきものであった。それは、中世以来の共同体の自検断の思想に由来する。しかしその権限の一部である牢番を長吏・「非人」に委ねたため、その牢番費用は共同体側が支払うものと考えられた。

江戸後期には、関東取締出役が組合村に囚人を預け、組合村が囚人を江戸に順送りにすることが多くなった。関東取締出役は、人員・予算ともかなり不足していたため、組合村に囚人を預けるほかなかったのである。組合村は費用を負担し、長吏小頭に囚人の番人を依頼した。長吏小頭は、配下の「非人」小屋主に番人を申し付けた。

たとえば、一八一六年（文化一三）、東金の組合村は田間村の長吏小頭七郎左衛門に囚人の番人を依頼している。七郎左衛門の組合村への請書である「中差上御請書

之事」には、その費用が示されている。

一七一一年（正徳元）、安房の北条藩でいわゆる「万石騒動」が起きた。北条藩屋代氏は、一六三八年（寛永一五）、安房・朝夷両郡に一万石を得て、北条（現・館山市）に陣屋を置いた。屋代忠位の代、両郡の村々は、屋代氏の江戸屋敷に直訴状をもって門訴に及んだ。その直訴状の内容は、「万石騒動日録」（『日本庶民生活史料集成』第六巻）に収録されている。

「万石騒動日録」によれば、新役人・川井藤左衛門と新代官・高梨市左衛門が、例年の倍の年貢を要求してきたので、百姓たちは再三名主を通して嘆願してきたが、願いは斥けられた。藩主は減免の許しを出したが、川井らは名主六人を捕らえ、牢に入れてしまう等、非道のかぎりを行ったので、再び屋代氏親類・老中に訴えた。幕府ははじめ静観していた。この間、国元では、川井らが百姓を屈服させるために、三人の名主を処刑してしまう。この知らせを聞いた百姓側は激怒し、幕府も動き出した。幕府は、屋代氏の領地没収、川井とその子の打首、郡代・代官は追放という処分を下した。

ここで問題とすべきは、百姓側の直訴状の「名主之内六人御しばり、其儘にて牢舎に仰せ付けられ、番人には乞食穢多共を御付け、縄手の儘にて牢舎に仰せ付けられ候えば、食事等も給し難くあるべくござ候。其上非人の養を得候えば食仕らず、餓死申すべしと存じ奉り候」という箇所である。牢の「番人には乞食穢多共を御付け」、「非人の養を得候えば」とあるように、ここでは牢番を「乞食穢多」が行って、「非人」が給仕を行っている、と書かれている。長吏・「非人」をみる百姓側（あるいは記録者）の目は、「乞食穢多共」「非人之養を得候えば食仕らず、餓死申すべしと存じ奉り候」とあるように、きわめて冷酷である。百姓側からは、牢番は自分たちを弾圧する政治権力の末端とみえたのだろう。

行刑における被差別民の役割

長吏・「非人」が、行刑またはその手伝いをしたという事例は多い。これは、政治権力との関係上の役目である。

一六三四年（寛永一一）、下総野田（現・千葉市誉田町）に日蓮宗本覚寺が建立されたが、翌年、関係者が不受不施派として捕らえられ、日浄・日徳・日盛・長右衛門・

市右衛門および同女房が、東金引き回しのうえ、土気十文字ケ原で磔刑にあった（『房総禁制宗門史』）。

寛永十二年九月五日　野田村十文字原張付、土気□□八郎左衛門　鑓役也。
（「先年三度御裁断之事」□□は引用のまま）

これは、下総における被差別民が行刑の役を担った早い時期の例である。

一六六一年の「寛文元丑ノ十月廿九日　鏑木弥太郎於所磔之事控留　志高村名主　松沢玄蕃　若名秀蔵」には、次のように記されている。

寛文元丑年十月廿一日御裁許相済み弥太郎相下され、同廿九日鏑木村と志高村との境谷において磔場に相成る、鏑木村の番太郎より佐倉の大小やへ沙汰に及び、番人共六人来り万事諸始末致し候事

「弥太郎」は、小川村出身の無宿で、鏑木村で罪を犯した。「番人共六人」は「佐倉の大小やへ沙汰に及び」とあるところから、佐倉方面から来たようである。

一七五三年（宝暦三）以前に書かれた『佐倉古今真佐子』には、佐倉藩に「仕置物ある時には此ゑた共出る」と記されている。

『匠庁録』によれば、一七五八年（宝暦八）、佐倉藩領内において、盗賊の伝内が野谷刑場で獄門になった。このとき、藩は獄門のための柱板釘などを材木屋に用意させ、「本佐倉穢多共前まで」持参させた。ここでは、行刑の費用は藩が支払っている。

一七五八年の「宝暦八年七月　佐倉藩斬罪死罪区別方につき書抜」には、斬罪の場合は同心が首を打ち、死罪の場合は長吏が首を打つとある。一七九〇年（寛政二）の記録では、「一穢多之者、是ハ死骸取捨ニ付召呼置」とあり、佐倉藩では長吏と行刑の役割は一定ではなかったようである。

久留里《くるり》（現・君津市）の記録『雨城叢話』には、次のように書かれている。

一般の刑罰及士卒の懲罰　刑罰の種類は左の如し。
一、獄門　城北天王原へ晒す。

一、打首　有籍者は郷村足軽これを斬り、無籍者は非人をしてこれを斬らしむ。

久留里藩では、右にあるように「有籍者」は足軽が打首にし、「無籍者」は「非人」に打首にさせたという。「無籍者」とは、人別帳から外された無宿人を意味していると思われる。

「真忠組騒動史料」には、一八六四年（元治元）三月二九日の日記に「浮浪人ども御吟味の上、村方辻堂において死罪獄門に行はれ候者」として名前が一一名あげられ、「首切の役は穢多番人、首級は俵へ入れ、三浦帯刀引き廻しの馬へ附け、体は俵へ入れ、小関村新開へ送り、晒に相成り候事」と書かれている。

関宿・納谷の刑場跡とされる所には石碑があり、正面には「南無妙法蓮華経」、側面に「享和元年」（一八〇一）と刻まれている。実際の処刑は利根川辺で行われたという話もある。佐倉の刑場跡から移動されたといわれる処刑者の慰霊碑「南無妙法蓮華経」も、処刑場近くに残っている。

行刑役と被差別民の関係は、深く考察されるべき問題である。被差別部落への忌避感が行刑役に発していることもあるからである。行刑における被差別民の役割は何なのか。実際の行刑を行うのか、あるいはその手伝いなのか。被差別民が行刑を担ったのはいつ頃なのか。また、被差別民はなぜ、それを行うことが求められるのか。それは本来的なものか。求めているのは武士なのか、百姓・町人なのか。その求めうる根拠とは何か。行刑はむしろ、武士・百姓・町人の役目ではないのか。かつて断罪役を武士の名誉と考える時期もあったのである。以上の問題点があるため、行刑役は被差別民につきものだ、というような思い込みは捨てなければならない。

(4) 長吏・「非人」と百姓・町人との紛争と政治権力

長吏・「非人」は、百姓・町人の村・町を旦那場として斃牛馬を貰ったり勧進が認められたりする一方、村・町の警備の役割を担った。しかし、この関係が常に平和的であったわけではない。

一七四九年（寛延二）、上総国土気の「非人」が「不調法過言」をしたとして、小轡《こぐつわ》三ヵ村の百姓は勧進の差し止めという制裁を下した。どのような「不調法過言」であったかは不明である。「非人」は、謝罪して許されたが、以後勧進は「村方御祝儀」「御法事死人御座候節」「霜月御帯解之節」（七五三のこと）に、焼印を持った者の二人に限られることになった。勧進差し止めは、「非人」の生活手段を奪う最大の制裁であったため、「非人」は謝罪するほかなかったのである（「寛延二年九月勧進差し止め御宥免につき一札」「目安秘書」）。

文化三年（一八〇六）、土気の長吏が土気の百姓たちから「打擲《ちょうちゃく》」に遭うという事件が起きた（「目安秘書」）。

一、上総国土気町穢多、松下肥前守知行、同村百姓共に打擲に逢い候由、浅草弾左衛門願出て、町奉行土屋越前守初判にて出で、亥八月二日裁許

土気町の長吏がこのことを弾左衛門に訴え出たため、弾左衛門は町奉行に裁きを求めた。なぜ打擲に遭ったのか、その理由は明らかではない。長吏・「非人」と百姓・町人の争論に関する訴訟は江戸町奉行が介在した。長吏・「非人」と百姓・町人とでは支配のされ方に違いがあるからである。百姓同士の争論であれば、その地の支配者（藩主か代官か）に訴える。長吏・「非人」を支配する弾左衛門は、幕府の江戸町奉行の支配下にあるため、訴訟は江戸町奉行を介さねばならない。

稀な例であるが、百姓・町人内部でも、不埒者を「非人手下」として「非人」小屋頭へ引き渡しをした事例がある（「天明四年八月　不埒者非人小屋頭へ引き取り願いにつき一札」）。

(5) 長吏・「非人」と芸能民

安房館山で、一七〇八年（宝永五）に「勝扇子」事件が起こった。京都四条の人形操り師の小林新助らは、房州正木村の庄屋の弟平蔵の招きで、興行のため館山に来た。その芝居興行を安房・上総・下総三ヵ国の長吏三〇〇人ばかりが襲って「芝居つぶし」をした。この事件は小林らの訴えにより、幕府による裁判が行われた。

小林側の記録である「勝扇子」では、浄瑠璃側の訴訟人として薩摩小源太と栗橋三左衛門の二人が次のように述べている。

此度房州にて穢多共段々不届致し候旨申し上げ候処に、遠江守様御了管（簡）の上、兎角旅芝居の儀は江戸二ヶ所とは違ひ（堺町、木挽町）、旅芝居の儀は弾左衛門下夕乞胸同前の旨仰せ付けられ候所、弾左衛門と裁評ござなく候処、京操師小林新介罷り出で段々申し上げ候

ここで二人は、江戸町奉行・丹羽遠江守から、官許の四座（のちに三座）以外は、江戸市中の芝居であっても旅芝居と見なされる、その場合は「弾左衛門下夕乞胸同前」となるとの指摘を受けたというのである。「弾左衛門下夕乞胸同前」とは、平人であっても稼業として乞胸《ごうむね》の芸能（大道芸）をする場合には、弾左衛門の「下夕」（支配を受けること）となったから、旅芝居も乞胸の場合と同じことになる、という意味である。江戸において、乞胸の芸能をするには、乞胸頭に一定の金銭を払って鑑札をもらわねばならなかった。乞胸頭は、「非人」頭に対して、一定の金銭を納めた。これは、勧進場の権利をもつ「非人」集団への礼儀・挨拶・届けであった。乞胸は稼業上では「非人」頭の支配を受け、「非人」頭は弾左衛門の支配を受けた。旅芝居側は、江戸以外の関八州における興行の場合には、地域の長吏小頭や「非人」小屋頭に対して礼儀・挨拶・届けが必要ではないかというのが、江戸町奉行の見解だったようである。

江戸町奉行は、ここまでは弾左衛門に味方するようであったが、後にやってきた小林新助は、「然ば此度御江戸へ初て罷り下り、矢野弾左衛門下夕に仰せ付けられ難義千万に存じ奉り候」と抗議し、「此上ながら慥かなる旅役者芝居の義は弾左衛門下の証拠御聞き届け下され候はばありがたく存じ奉り候」と願い出たのである。弾左衛門は、「元来歌舞伎芝居、操芝居の儀は、此方より支配仕り候例多くござ候、先御当地小塚原にて結城武蔵太夫芝居仕り候節、一斗樽に鳥目壱貫文、札百五十枚呉れ候」というようにいくつかの例を挙げて、地元の長吏側に銭や木戸札を渡していないことを不当だと述べている。浄瑠璃側は、江戸で銭や木戸札を渡したことを肯定したり、否定したりしているが、肯定した理由も「毎日穢多共参り候てやかましく候由」「弾左衛門方へ札を遣し、下々の穢多申し付け呉れ候様に申し入れ遣し候由」というような理由であって、特別の「古例」があるわけでは

ないというものであった。浄瑠璃側は、弾左衛門が証拠として提出した御朱印は四〇〇、五〇〇年も前のもので、自分たちとは無関係なものだと主張した。

結局幕府は、弾左衛門側の証拠が不十分であったため、弾左衛門の主張を退け、浄瑠璃側の言い分を認めた。弾左衛門手代革買治兵衛と正木村「穢多」善兵衛、庄兵衛の三人は遠島に処せられた。弾左衛門は三都の町奉行から今後このようなことはさせないという証文を出させられた。この判決は、騒乱を起こしたという罪で下されたものではなかろうか。

この事件で、安房・上総・下総三ヵ国の長吏三〇〇人が動員されるというのも、尋常ではない。長吏三〇〇人の生存に関する基本的な問題が、そこにはあるように思える。「河原巻物」に書かれた職人・芸能民に対する弾左衛門の支配は事実ではなく、「幻想」でしかない。しかし、その「幻想」の根源には、現実的な根拠があったのではなかろうか。それは、芸能民・民間宗教者が長吏・「非人」身分の旦那場・勧進場である村々・町々に入ってくる際、廻村・勧進する他集団の者が、長吏・「非人」によって礼儀・挨拶・届けを求められるという問題である。

勝扇子事件の裁決が、長吏・「非人」に対して不利な内容であったとしても、幕府・江戸町奉行から長吏・「非人」身分への礼儀・挨拶・届けの権利が否定されたわけではなかった。

(6) 国ごとの特徴

幕府の牧と被差別民の役割

下総・上総・安房には古代以来官牧があり、中世・戦国期には千葉氏、里見氏によって管理・経営が行われた。下総の大部分を制圧していた北条氏の滅亡後、下総の牧は幕府の直接支配を受けた。下総の牧は小金牧・佐倉牧に分かれるが、その区域は広大であった。その管理は、老中支配下の小金・佐倉牧野馬奉行兼牧士支配が行い、綿貫氏が任命された。実際の馬の管理を行う牧士は、武士身分とされ、名字・帯刀が許可されていた。広大な山林にそれぞれ常時三〇〇〇頭の馬が放牧されていた。幕府は軍馬を江戸近くに所有しているという諸大名に対する示威であったが、小金牧・佐倉牧の馬は、実際は乗馬用には向かず、荷駄用の駄馬が多かったらしい。幕府直営の牧経営は、牧周辺の村々（野付村という）に多大な負担を強いた。この野付村の百姓は、牧士の指導・監督のもとに、馬飼育のための作業をせねばならなかった。その代わり、駄馬の安価な払い下げを受けることができた。そのため、野付村の百姓たちの馬保有率はきわめて高かった。

この牧と被差別部落の関係は、どのようなものであったろうか。

一七一九年（享保四）、弾左衛門が町奉行に提出した由緒書に、「御役目相勤め候儀は、御厩の御用次第、御絆綱差し上げ申し候、ならびに武蔵府中御厩、下総小金村御厩の御絆綱差し上げ申し候」とあり、弾左衛門と下総の牧とのつながりが示されている（「弾左衛門由緒書」）。この「絆綱《はづな》」の進上が、弾左衛門の関八州の長吏支配とつながっている。弾左衛門は支配下の長吏小頭に「絆綱」上納を命じていた。『鈴木家文書』には、「元禄三年二月絆綱請取」が収録されている。これによると、初期には現物上納であったと考えられる。一七九四年（寛政六）、「職場年貢銀」に名称変更となった。

野付村では、村々の費用で「非人」の人々を雇い、野馬除堀・土手・木戸の管理、斃馬の始末などの仕事を請け負ってもらった。一六九〇年の「元禄三年野馬除堀木戸に付き出入りの事」（『野田市史』）によれば、野田の地域では百姓村によって「木戸非人の小屋」「木戸番非人の小屋」が作られた。「非人」たちは、野馬除の堀や木戸の管理を担った。このような史料は牧関係の史料に数多く含まれている。一方、野付村同士が野馬除の堀や木戸、および「非人」の小屋作り等の普請費用をめぐって対立を引き起こした。

牧の馬が死んだ場合は、どうであったか。

青毛十才母駄病死斃馬に相違これなく候につき、取り仕舞い仰せ付けられ候あいだ、則ち右場所へ入念に埋め取り仕舞い候あいだ

（「斃馬証文」）

取香牧御野馬……右病死に紛れなくござ候につき、土中に致すべく候様仰せ付けられ候につき早速埋め置き申し候、

（「差上申死馬証文」）

御見分之上土中被仰付相埋中候　（「願届書留帳」）

以上の史料から、牧の馬の死体は、牧の内外にかかわらず、牧士の検分によって病死などの原因が確かめられたうえで、皮を取らずにそのまま埋められていたことが分かる。では、なぜそうなのか。その理由として、牧が長吏の旦那場ではなかったからと考えられる。江戸では将軍・三卿・大名・旗本の斃馬も皮を取らずに埋められた。牧の馬もそのようになされたものと思われる。しかし、明治初期には牧外で死んだ牧の馬が皮剝ぎされている事例もある。

佐倉牧の公式日誌である『御用留』一八三五年（天保六）には、現・八街町の下砂村の農民三人が、佐倉牧中の小間子牧の斃馬をひそかに食って、残りを埋めた事件が発覚して、処罰を受けたことが記されている。三人のうちの常兵衛は、瘡毒《そうぞく》（梅毒）を患っていたため、その薬として馬肉が良いと日頃は村の「非人」に頼んで用意してもらっていたという。

上総の牛袋の地には、『延喜式』にみえる負野《おうの》牛牧があった。斃牛と皮作りの関係の歴史はかなり遡ることができるのではなかろうか。

『房総志料続編』には、ある伝説が記されている。

往古戦国の頃、牛袋の百姓地頭所へ賦役に出る事を恐れ、其所の番太郎を頼み遣わしける。此男軍中にてよく働きける故、主君此男を相応に取り立んと思召、百姓誰と云者の倅なるぞと尋ねられければ、此男有様に申し上げれば、早速村役人を召され、筋目正しからぬ者を賦に出せし咎あり、筋目正しき百姓ならば代官にも取り立てるべき程の功なれ共、是非無き事なり。以来番太郎を村の中程に置き、村役人の上座たるべしと仰付けられしと云々。

この伝説で汲み取るべきところは、村中で一人の人間を犠牲にしていること（賦役に出るのが嫌なため、百姓たちが被差別民を出させた話は「ものぐさ太郎」の伝説と似ている）と、被差別民が戦場で功績を挙げたという点である。「番太郎」という言葉は、江戸時代のものであるが、下野国の足利・佐野においても同様に、被差別民が戦場で手柄を立てたという由緒があり、これを伝説に過ぎないと一笑に付すのではなく、検討が求められる。

弾左衛門と安房・上総

一八四八年（嘉永元）の江戸町奉行への「弾左衛門上申書」には、安房・上総について次のように書かれている。

安房上総両国出で候斃牛馬は私方台所場と唱え、先年より口銀差し出し、
安房・上総職場運上銀二三両一分銀九一匁七分八厘六毛

これは一八四六年（弘化三）九月から翌年九月までの分とある。

口銀とは、金納の貢租に付加された税のことで、銀で支払った。これは、「在方長吏家別役銀その他職場年貢銀」とは別のもので、職場から上がる皮革の売買に対する徴収金のことである。この口銀の徴収があるという点で、安房・上総が他の地域と区別されている。「私方台所場」とは、弾左衛門家の個人的な生活費という意味であろう。なぜ安房・上総にだけ口銀の徴収があるのだろうか。その理由は明らかではない。江戸湾を船で渡れば、安房・上総は非常に近いため、弾左衛門にとってここは直轄地という考えがあったのだろうか。

一八四八年（弘化五）の「弾左衛門年始座席」（本書特論4の図2参照）によれば、下総・上総・安房の長吏小頭がすべて平小頭に組み込まれている。御頭の次に座す上野・下野などの長吏小頭たちは、弾左衛門体制において幹部クラスであった。

その理由は、どこにあるのだろうか。下総・上総の戦国武将は、ほとんど北条氏に屈服した。しかし、秀吉の小田原攻めの結果、下総・上総の戦国武将は滅亡させられた。北条氏に屈服しなかった里見氏も、幕府によって江戸時代初期に改易にされた。関東入府した家康は、関八州の有力な大名を移封するか改易した。北条氏に屈服しなかった上野・下野の小大名に仕えていた皮作り集団は、幕府と結んだ弾左衛門を擁立して一大勢力になることに成功した。その背後には、彼らが仕えていた小大名

の存在があったろう。一方、移封（佐竹氏・結城氏）・改易（宇都宮氏は秀吉によって改易された）された有力大名に仕えた皮作りは、大名の後押しを得られずに、江戸初期に弾左衛門と結ぶ機会をもたなかった。これが、下総・上総・安房の長吏小頭の弾左衛門体制における地位と、上野・下野の長吏小頭の地位の分かれ道であったのではなかろうか。

下総・上総・安房の「非人」の動き

「弾左衛門手下之者家数小屋数書付」（一八〇〇年（寛政一二））によると、下総・上総・安房三国の「非人」全体の合計は三四一軒で、弾左衛門支配下の「非人」全体の一七％を占めている。特に上総国では、長吏が九〇軒に対して「非人」は一五四軒で、「非人」の方が圧倒的に多い。武蔵国・上野国では「非人」は長吏の約一〇％であることと対照的である。

「明治二三年千葉県被差別部落統計表」においても、「非人」戸数が千葉県全体で二〇六戸、「非人」人口九六一人と、寛政年間よりも一三五戸減少している。特に下総の減少が目立っている。これにはどのような理由があるのか。一方、上総ではほとんど変化していない。なぜ上総では「非人」の数が多いのか。

先にみたように、上総では「非人」が竹皮草履を生産していた。弾左衛門体制下では「非人」は勧進（この場合は物貰いという意味）が生業であったと理解されているが、上総では実業に携わっているのである。上総において「非人」の軒数・人口が多いのは、「非人」が実業に携わっていたことと関連があるだろう。

上総ではまた、「非人」が長州征討に人足として参加している。一八六六年（慶応二）、松ノ郷大小屋之組下「非人」三人が弾左衛門の命令で長州征討に人足として参加しており、その費用（一人当たり壱両壱分ト三百四十文）は村方が出している（「慶応二年八月　長防追討人足非人助成集金帳」）。

なお、「下総国葛飾郡松戸町検地水帳」（一六九九年（元禄一二））に「一、弐反四畝、弐拾歩非人屋敷壱ヶ所」とあり、「松戸宿小前持高帳」（一八〇一年（享和元））には「一、高五斗一升弐合弐勺非人権左衛門」とある（いずれも『松戸市史　史料編二』）。これらの史料によれば、松戸においては「非人」が「非人屋敷」や農地を所有していた。このことはさらに検討が必要である。

四　長吏・「非人」の宗教と文化

(1) 寺との関わり

一九二三年（大正一二）と一九二八年（昭和三）の「千葉県部落調査表」によれば、千葉県の被差別部落の宗派の割合は以下のとおりである。なお、これらの調査では被差別部落の数が少ないため、おおよその割合である。

日蓮宗　一四五／五一八（二八％）
真宗　一三九／五一八（二七％）
曹洞宗　一二／五一八（二・三％）
その他　二二二／五一八（四三％）　＊単位は戸数。

千葉県の被差別部落では、日蓮宗と真宗で全体の半分以上を占めている。日蓮宗が多いのは、日蓮が安房出身であり、上総全体に日蓮宗が多いからである。

日蓮は、二度自らを「旃陀羅《せんだら》」の出身であると言っている。

日蓮は日本国東夷東條安房国海辺の旃陀羅が子也。
（「佐渡御勘気鈔」）

何に況や日蓮今生には貧窮下賤の者と生まれ旃陀羅が家より出たり。
（「佐渡御書」）

日蓮は、「旃陀羅」出身ではないが、あえてそう述べることで、被差別民と自分の弾圧される境涯を重ねようとしている。安房の被差別部落には、日蓮を助けたという伝承がある。

松戸の本土寺には、応永年間から近世初期までの『下総小金本土寺過去帳』が残っている。本土寺は一二七〇年（文永七）に日蓮の弟子日朗によって創建された。

夫法信、妻妙信。これは藤井村に住する非人の乞食也、今生非人の身を深くこれを嘆き、随分信心を取り、当山堂の太鼓これを張り、其外諸人往還の橋も懸け、かかる志に感ずる故今以ってこれを載す。時に万治三年庚子五月十五日、非人の名は善阿弥。

史料にみられる「非人の乞食」とは、単に物乞いという意味ではなく、勧進で生活するという意味であろう。「善阿弥」は太鼓を張る技術をもっていることから、これを書いた僧は、この「非人」という言葉を、長吏を含めた被差別民という意味で使っている。「今生非人の身を深くこれを嘆き」という箇所は、被差別民の心情がよく表れている。

野田市関宿の被差別部落は、全体が時宗・吉祥寺の信徒である。吉祥寺は一二九五年（永仁三）に他阿真教を開祖として創建されたという。この寺はまた、古河市水《み》海《うみ》の吉祥寺の分寺とされる。水海という地は、古河公方に仕えた簗田成助が、関宿城に移った一四五五年（康正元）まで本拠としてきた所で、水海城には父持助が残った。武将が時宗を保護したのは、時宗の僧に陣僧になってもらうためである。陣僧は、戦場で傷つき死に臨む際に十念を授ける存在で、外科医やお伽衆を兼ねる場合もあった。

富津佐貫の長吏小頭・仁平次の家に伝えられてきた寺からの感謝状がある（菊池山哉『特殊部落の研究』）。これは、一七八二年（天明二）、長吏小頭の先祖が「先祖菩提」のために二寺に金五〇両ずつを寄付したときのものである。寺の宗派は日蓮宗らしい。百両もの大金を寺に寄付できる者は多くはない。一般的に被差別部落は貧しいというイメージがあるが、このように財力をもっていた長吏もいたのである。

長吏・「非人」は寺の檀家として寺と関係したが、寺から差別戒名を付けられたこともあった。多古町の山林では「妙法離畜成人忌」（延享三年丙寅七月一五日）と刻まれた差別戒名が見いだされた。また、佐倉市では、「革門」「草尼」をはじめとする差別戒名が刻まれた墓石が一三基発見された。「革」の文字は「草」の文字に近い形である。これらの墓石は無縁仏となっていた。しかし最近の研究によって、これらの差別戒名は同市飯田村の「かわだ」（『古今佐倉真佐子』）に付けられた可能性が高く、江戸時代末に廃寺となった寺の過去帳にも差別戒名があったことから、ほぼ間違いないといえる。

(2) 白山神社との関わり

千葉県の被差別部落には白山神社を祀っているところ

が多い。しかし、白山神社には、被差別部落と関係のあるものと関係のないものがある。千葉県において、九〇ほどある白山神社(合祀されたものも含む)のうち、被差別部落と直接関係のある白山神社は、判明しているもので二五ほどである。

被差別部落と関係のある白山神社のうち、由緒が古いものが野田市に二つある。一つは一五三三年(天文二)の建立、もう一つは一六七九年(延宝七)の建立とされる(『野田市宗教施設総覧』)。前者の一五三三年の建立が事実かどうかは分からない。しかしそのような伝承があることは事実であり、白山神社の建立時期が江戸時代以前であるとすれば、野田市の被差別部落の形成は江戸時代以前である可能性がある。被差別部落と白山信仰の関係には謎が多く、その謎の解明が求められている。

(3) 門付け芸

長吏・「非人」は、旦那場内を勧進する(信仰を勧めることが本来の意味であったが、のちに物貰いという意味に転化していった)だけでなく、暮や正月などには門付け芸を行った。その礼として、銭・穀物などを布施として受け取った。長吏・「非人」による門付け芸は宗教的・呪術的行為であったと考えられる。

『古今佐倉真佐子』には次のように書かれている。

十二月せきぞろと曲輪はまわる也。正月大黒舞いまわる。これは両度共乞食のさると異名ある乞食一人にて廻るなり。千石万石と云うものは飯田村のかわだまわるなり、かわだ穢多のこと也。佐倉にてかわたとも又木戸又はちいとも云うなり。年(中略)仕置物ある時にはこの(千石万石)穢多共出る。

ここにみられるように、佐倉では長吏も門付け芸を行っていた。長吏は通常、門付け芸はしないと理解されているが、佐倉では長吏によってもなされていた。佐倉地方の門付け芸として、「せきぞろ」「大黒舞い」「千石万石」などが挙げられている。「乞食のさる」は「非人」のことであろう。なお、この地域には昭和まで続いた門付け芸に「なえとり」「だいやふく」があった。

また、千葉・土気の門付け芸には、「善勝寺年中行事」に書かれた「お亀」「節季候」「だいやふく」がある。

五　近代

(1) 解放令後の被差別部落

一八七一年（明治四）八月、「賤民制廃止令」いわゆる解放令が出された。

下総国佐原では、この年三月に「斃牛馬持主勝手処理令」が出されたことが契機となって、六月に「非人」たちが長吏小頭の支配を脱け出そうという動きを示した。これらの「非人」たちは、弾左衛門の指示によって捕縛された（『順立帳』）。しかし、八月には解放令布告によって、長吏による「非人」への支配は終了した。

解放令の布告は、法令的・身分的な「平等」を意味したが、同時に旦那場制が否定され、社会的な差別はそのまま放置された。その結果、被差別部落の困窮がより厳しくなってしまったのである。

たとえば、東金地方の「番非人」であった粂吉は、解放令によって、警備の仕事がなくなり生活難に陥っているので、従来どおり「防捍」に取り立ててほしいと願い出ている（『東金市史　史料編三』）。しかし、近代的な警察制度が創設される過程で、巡査に採用されたのは士族たちであった。

解放令が出された後、長吏・「非人」であった人々に対する一般平民の意識はどうであったか。

一八七三年（明治六）には、「又同村愛宕宮下に非人二十四名居住す。辛未の年非人穢多を廃するの令出るや之を富谷村に編籍す。闔村其の非人たるを賤しみ忌避して関せず」（勝又清編『八日市場市沿革と人格』）というような状況であった。「非人たるを賤しみ忌避して関せず」という言葉に、差別の状況が察せられる。「賤しみ」とは身分的な差別意識である。「忌避して関せず」とは、接触すること・交際することを忌むということで、宗教的な排除意識である。

一八七一年（明治四）の「斃牛馬持主勝手処理令」によって、従来の斃牛馬処理・皮革生産のシステムが崩壊した。しかし、斃牛馬処理・皮革生産に携わってきた人々の一部は今後もその仕事を維持したいと考え、斃牛馬承認処の設置や斃牛馬革取扱会社・牛馬皮革取扱会社の各県出張所の設立を願い出た。だが政府は、一八七三年（明治六）六月、斃牛馬革取扱会社による各県への布告の願いを却下した（『史料集　明治初期被差別部落』）。

(2) 大正期の差別の実態

明治期の千葉県における被差別部落に関する史料は非常に少ないが、大正期になると若干みられるようになる。一九一三年（大正二）、柳田國男が発行する『郷土研究』（一巻七号）に酒々井町・我孫子町の被差別部落に関する報告が掲載された。当時柳田は、全国の読者に被差別民に関する情報提供を求めていたが、このとき掲載されたのはその結果集められた一連の情報の一つである。これら二つの被差別部落は、「持主勝手処理令」以後も引き続き皮革生産に携わっており、ムロで竹皮草履の製造が行われていた。この『郷土研究』には、「他種族と結婚せぬのは勿論、他種族の家を訪問する時は、決して敷居をまたいで内へ這入る事をしない」とあり、「他から此部落に行き馳走を受けると非常に喜ぶ。それ程他から遠ざけられて居る」と書かれている。当時の差別意識の状況が如実に分かる内容である。

一九一八年（大正七）には各地で米騒動が起こっている。千葉県でも佐倉や館山周辺で米騒動が起こった。米騒動によって被差別部落がクローズアップされた。米騒動においては、被差別部落民二名が死刑を宣告され、全人口の二％の被差別部落の人々は、全検挙者の一〇％を占めたのである。そのため内務省は、被差別部落の現状を調査せざるをえなくなり、一九一八年（大正七）一月に「細民部落概要」（『日本社会事業年鑑』大正一一年版、一九二二年）をまとめ、その調査結果の一部は『東京日日新聞』房総版（一九一八年九月四日付）で報道された。

一九一九年（大正八）の選挙法改正（直接国税三円以上納める二五歳以上の男子）による有権者数で見ると、衆議院議員選挙の有権者は全国で三〇七万人（約五・五％）だが、千葉県の被差別部落の有権者は六九／三〇九一（約二・二％）で、経済的な格差は歴然としている。

また、一九三八年（昭和一三）に公表された「尋常小学校卒業者ノ動向ニ関スル調査」によると、中学・実業学校への進学者は男子一九・五％、女子二二・五％である。千葉県の被差別部落の中等学校以上の進学者は、一九一八年（二〇年の開きがあるとはいえ）では二／四五〇とすると、〇・四％であり、教育格差も如実であった。

一九二三年（大正一二）九月、関東大震災が起こり、関東各地では自警団による朝鮮人襲撃事件が発生した。千葉県内の自警団によって殺害された朝鮮人は六二名、日本人の死傷者は約七〇名に及び、翌一〇月に一六件立件、一五一名の容疑者が検挙・収監されたという（『千葉県の歴史　通史編　近現代2』）。そのなかの一つに、福田村事件がある（『別冊スティグマ』一四号「福田村事件」）。

一九二三年九月六日、関東大震災が発生してから五日目、利根川沿いの福田村（現在の野田市）三ツ堀において、福田村と田中村の自警団が、香川県から来ていた薬売り行商人一行一五名のうち九名を殺害した。この薬売り行商人一行は、香川県の被差別部落の人々であった。茨城県側に船で渡ろうとして、船着き場周辺で殺害された。野田地方のことば遣いと行商人一行のことば遣いが異なっていたことから、自警団は行商人一行を朝鮮人の集団と疑い、殺害にまで及んだのであった。朝鮮人についてのデマは、政府・警察筋から意図的に流されたものである。大震災の興奮が鎮まった後、自警団のうち八人が殺人罪で逮捕され、懲役三年から一〇年の刑を受けた。その多くは、昭和天皇即位による恩赦で釈放されている。

差別への抵抗と運動

関東大震災の翌年の一九二四年（大正一三）一〇月、千葉県関宿町では水平社が結成された（関東水平社聯盟『自由』一九二四年一二月一日号）。そのきっかけになったのは、同年九月の小学校校長による差別発言であった。全校集会のなかで、被差別部落の児童の身なりをみて、差別的な言葉を浴びせた。これに被差別部落の人々が怒りを爆発させ、被差別部落の児童全員が一週間にわたって同盟休校（自発的な不登校）を行い、校長は一〇月四日、ついに自分の非を認め謝罪した。そして関宿町の被差別部落の人々は同日、関宿町水平社を結成したのである。

しかし、千葉県においては、水平社は関宿町にのみ結成されただけで、水平社運動は他地域に拡大しなかった（千葉地方裁判所検事局「管内の社会運動の状況」）。その理由は、被差別部落の内部的な要因もあったと思われるが、それ以上に県当局が融和運動を積極的に推進したからである。このことは、群馬県や埼玉県とはきわめて対照的であった。

一九三〇年（昭和五）、佐倉連隊の兵士（野田の被差別

部落出身）が、満州（中国東北部）において同連隊兵士から毎日差別的言辞を被り、このことを家族に手紙で訴えた。家族からの手紙の中にあった「水平社に訴える」という箇所が検閲で発見され、陸軍内部で問題化した（『昭和五年第壱冊密大日記　陸軍省』）。一九二六年（昭和元）に起きた福岡連隊事件および二七年（昭和二）の名古屋陸軍特別大演習観兵式における天皇直訴事件があったことから、軍は軍内部の差別が外部に漏れることを恐れていた。

融和事業と被差別部落の内実

政府が部落問題に本腰を入れ始めたのは、米騒動以後のことである。一九二〇年（大正九）、政府・内務省は初めて「地方改善費」の名目で五万円の予算を立てた。翌一九二一年（大正一〇）には、融和事業推進の組織として中央社会事業協会が発足し、民間の融和運動団体である同愛会も設立された。中央社会事業協会が一九二五年（大正一四）に中央融和事業協会に編成替えとなる一方、同年には全国の融和団体を糾合した全国融和連盟が設立された。

一九二一年（大正一〇）に内務省社会局がまとめた「部落改善ニ関スル地方長官意見摘要」には、千葉県の融和事業の具体案がまとめられている。融和事業はこれに従って実施されていったが、被差別部落の生活向上にはほとんど役に立たなかった。

中央融和事業協会と全国水平社の設立によって、両者は競合関係に入った。しかし、昭和初期に全国水平社の左派が検挙され、結果的に融和運動の主体である中央融和事業協会が主導権を握っていった。

一九二八年（昭和三）一二月、全国融和団体連合大会によって採択された「内部自覚運動」が始まった。同年、「千葉県部落調査」が実施され、翌年にはその調査結果が「千葉県融和事業概要」としてまとめられた。そこでは、被差別部落の経済生活の状況について、「一般民に比し概して生計豊かなりと言いがたく、中流生活を営むもの稀なり」と報告されている。そうした状況に置かれていた被差別部落を一九三〇年（昭和五）に始まった昭和恐慌が直撃した。

一九三二年（昭和七）、「部落経済更生運動」が融和運動の中心として開始された。翌年、中央融和事業協会は、全国で四八地区を「経済更生地区」に指定した（のちに九一地区に増加）。

千葉県で指定されたのは、他の被差別部落と比べてやや豊かであった佐原の被差別部落であった。一九三三年（昭和八）三月、佐原に「更生農家組合」が結成された。翌年の「千葉県社会事業協会報告」には、佐原の被差別部落は「富裕なるものなしと雖も、生活は比較的安定しその程度平均す」と報告されている。しかし、その内実はどうであったか。「昭和貯金組合員生活状態調査表」（一九三四年（昭和九）三月一日現在。千葉県社会事業協会宛文書）には、佐原の被差別部落について次の記載がある。

一七戸中「生活状態」が「困難ナリ」と記されているのは八戸である。「困難ニアラズ」と記された家の「各戸ノ収入見込額」は、年間三〇〇円～四五〇円である。「困難ナリ」と記された八戸の平均年収は二一六円六七銭である。これに多額の負債があったことも忘れてはならない。これが「生活は比較的安定」といわれた「模範村」の内実であった。融和運動は、その被差別部落の「一致団結共同精神」を国家大に拡大させ、「勤労と消費節約の美風」を国策に利用していった。

「印旛郡酒々井町経済更生一覧」によれば、酒々井町の被差別部落は一九三三年（昭和八）に二七戸、男五六人、女四九人の計一〇五人で、田畑を所有する者は三人で合わせて三反一畝三歩に過ぎず、宅地所有二一人・一四二六坪、山林所有二人・三畝七歩、原野所有一人・八畝一〇歩という状況であった。翌一九三四年（昭和九）の匡救事業により、一町歩が共同で開墾され、陸稲金一二〇円、甘藷金一〇〇円、馬鈴薯金四六円、大麦金三五円の収入が得られたとはいえ、この人数でこの収入では苦境から脱することはできなかった。被差別部落の生活を支えたのは、竹皮草履作りであった。年に一二人で一万五〇〇〇足を作り、四〇〇円を得ている。

『融和事業年鑑』昭和一三年度版には、酒々井町の被差別部落は中央融和事業協会の施設援助を受けて共同耕作畑を二反歩購入し、共同耕作の収入すべてを蓄積し、六年以内に一町歩所有を目指す、とある。しかし、この計画は日中戦争の激化によって実現しなかった。

一九四一年（昭和一六）一二月の太平洋戦争開始後、融和事業を通しての被差別部落の国家への依存は、国家に対する「滅私奉公」へと強力に傾斜させられていった。

この年の六月、中央融和事業協会は「同和奉公会」と改称した。「昭和十七年度財団法人同和奉公会千葉県本部構成一覧」には、協賛員として千葉県の主な被差別部落の代表が名を連ねている。

一九四二年（昭和一七）一月、全国水平社は「言論・出版・集会・結社等臨時取締法」による組織維持の願書を提出せず、自然消滅の道を選んだ。

おわりに

筆者は、三〇年ほど前、被差別部落の生徒から「なぜ自分たちが差別されるのか、その理由を教えてほしい」と問われたことがある。そのとき、何の説明もできない自分に情けない思いをした。それ以来、千葉県の部落差別の歴史について考え続けた。本稿は、その問に対する中間報告でもある。

千葉県の部落差別の歴史を考える際に、大きな障害となるのは史料の少なさである。筆者としては、県史・市町村史、その他各種の史料集を丹念に読み、参考箇所を拾っていくしかなかった。

近年、千葉県史料研究財団によって『千葉県の歴史　通史編　近世2』が刊行され、その九編第二章に「長吏と非人」が収録された。同史料編では、新史料も明らかにされた。しかし、千葉県の部落差別の全体像を明らかにする作業は、いまだ途上である。

私たちは、何のために部落差別の歴史を明らかにしようとしているのか。それは何よりもまず、現に差別を受けている人たちが、先祖および自分たちの歴史を、差別を受けた歴史としてだけでなく、差別に抵抗し差別と闘ってきた歴史として把握するためである。本稿がそのための参考となり、さらに研究が広がり深化していくことを願っている。

注

（1）　統計は以下の文献を使用した。
「弾左衛門手下之者家数小屋数書付」（一八〇〇年（寛政一二））『南撰要類集』所収。『弾左衛門関係史料集』一巻『旧幕府引継書』。

『藩制一覧』大塚武松編、日本史籍協会、一九二九年。

留岡幸助「特種部落と其人口」『人道』六九号、一九〇七年（明治四〇）内務省調査。『日本庶民生活史料集成』二五巻、三一書房、一九八〇年。

「部落概観」（地方別、一九二一年（大正一〇））『日本庶民生活史料集成』二五巻、三一書房、一九八〇年。

『融和事業年鑑』昭和一一年版、中央融和事業協会、一九三六年。

総理府『同和対策の現況』一九七七年。

参考史料

千葉県史料研究財団編『千葉県の歴史　資料編　中世3』千葉県、二〇〇一年。

「村差出帳」千葉県史編纂審議会編『千葉県史料　近世編　安房国　下』千葉県、一九五六年。

東金市編『東金市史　史料編一』東金市、一九七六年。

「北風原村牛馬改帳」（元禄一四年）千葉県史編纂審議会編『千葉県史料　近世編　安房国　下』千葉県、一九五六年。

「牛馬斃候時ハ、名主江可相届事」『房総郷土研究講座』第四巻（「房総旧県史料　松尾県歴史」）房総郷土研究会、一九三四年。

「長吏頭市三郎預証」（東条村）千葉県史編纂審議会編『千葉県史料　近世編　安房国　下』千葉県、一九五六年。

「弘化四年一一月　村方牛馬斃死の節取り計らい方書上」千葉県史料研究財団編『千葉県の歴史　資料編　近世1』千葉県、二〇〇六年。

「斃牛馬革取扱会社による各県への布告の願い」部落解放研究所編『史料集　明治初期被差別部落』部落解放研究所、一九九〇年。

「吉春新田検地帳」野田市史編さん委員会編『野田市史料集　第四集』野田市、一九六九年。

「上総国山辺郡土気本郷壱人別名寄帳」千葉市史編纂委員会編『千葉市史　史料編六』千葉市、一九八八年。

「穢多年貢金納令」千葉県史料研究財団編『千葉県の歴史　資料編　近世1』千葉県、二〇〇七年。

『近世被差別部落関係法令集』明石書店、一九八一年。

『謝例撰要』『近世被差別部落関係法令集』明石書店、一九八一年。

『大巌寺文書』第一巻～第三巻、大巌寺文化苑出版部、一九六九年～一九七二年。

「文政七申歳日記　宗篤私記」松戸市誌編さん委員会編『松戸市史　史料編（二）萬満寺史料』松戸市、一九七三年。

「沼田檀林　宝暦十年新條目」『東金市史　史料編三』東金市、一九八〇年。

「文化二乙巳年　弁財天開帳」千葉県史料研究財団編『千葉県の歴史　資料編　近世5　下総1』千葉県、二〇〇四年。

「享保十一年十二月　木戸番人請証文」千葉県史料研究財団

編『千葉県の歴史　資料編　近世1　房総全域』千葉県、二〇〇六年。

「茂原、徳増両小屋頭諸式差出証文」千葉県史編纂審議会編『千葉県史料　近世編　上総国　上』千葉県、一九五八年。

「奉拝借証文之事」千葉市史編纂委員会編『千葉市史史料編七』千葉市、一九八九年。

「虚無僧一件」『東金市史　史料編二』東金市、一九七八年。

「芝居一件御裁許写置」千葉市史編纂委員会編『千葉市史資料編八』千葉市、一九九七年。

『関宿藩諸法規』（年代不詳）野田市史編さん委員会編『野田市史　資料編　近世Ⅰ』野田市、二〇一四年。

「弾左衛門由緒書」（一七一五年（正徳五））『諸色調類集』所収。中尾健次編『弾左衛門関係史料集』第二巻『旧幕府引継書』解放出版社、一九九五年。

「弾左衛門由緒書」（一七二五年（享保一〇））『近世被差別部落関係法令集』明石書店、一九八一年。

「車善七書上」（一七二五年（享保一〇））『享保撰要類集』所収。中尾健次編『弾左衛門関係史料集』第一巻『旧幕府引継書』解放出版社、一九九五年。

『御触書天明集成』岩波書店、一九五八年。

「大多喜町柳原町差出明細帳」（一七〇二年（元禄一五））大多喜町史編さん委員会編『大多喜町史』大多喜町、一九九一年。

「申差上御請書之事」『東金市史　史料編三』東金市、一九八〇年。

「万石騒動日録」『日本庶民生活史料集成』第六巻、三一書房、一九六九年。

加川治良『房総禁制宗門史』国書刊行会、一九七七年。

「寛文元丑ノ十月廿九日　鏑木弥太郎　於所礫之事控留　志高村名主　松沢玄蕃　若名秀蔵」千葉県史料研究財団編『千葉県の歴史　資料編　近世1　房総全域』千葉県、二〇〇六年。

『古今佐倉真佐子』『日本庶民生活史料集成』第八巻、三一書房、一九七三年。

『匠庁録』千葉光弥「ありしがままの記」『佐倉地方文化財』創刊号、佐倉市文化財保護協会、一九六七年。

「宝暦八年七月　佐倉藩斬罪死罪区別方につき書抜」（一七五八年）千葉県史料研究財団編『千葉県の歴史　資料編　近世Ⅰ』千葉県、二〇〇七年。

『雨城叢話』（八）『房総郷土研究講座二一』房総郷土研究会、一九三四年。

「真忠組騒動史料」『東金市史　史料編三』東金市、一九八〇年。

「寛延二年九月勧進差し止め御宥免につき一札」「目安秘書」『近世被差別部落関係法令集』明石書店、一九八一年。

「目安秘書」『近世被差別部落関係法令集』明石書店、

一九八一年。

「天明四年八月　不埒者非人小屋頭へ引き取り願いにつき一札」千葉県史料研究財団編『千葉県の歴史　資料編　近世1』千葉県、二〇〇六年。

「勝扇子」『日本庶民生活史料集成』第一四巻、三一書房、一九七一年。

「弾左衛門由緒書」（一七一九年（享保四））『近世被差別部落関係法令集』明石書店、一九八一年。

「元禄三年二月絆綱銭請取」『鈴木家文書』第二巻、埼玉県同和教育研究協議会、一九七七年。

「斃馬証文」（一八三四年（天保五））松戸市史編さん委員会編『松戸市史料』第一集、松戸市、一九七一年。

「差上申死馬証文」（一八一〇年（文化七））富里村史編さん委員会編『富里村史　史料集1　近世編』富里村、一九七八年。

「願届書留帳」（一七八四年（天明四））成田市史編さん委員会編『成田市史　近世史料集4上』成田市、一九七七年。

『御用留』酒々井町史編さん委員会編『酒々井町史史料集3』酒々井町、一九七九年。

中村国香『房総志料続編』千葉県、一九〇八年。

「弾左衛門上申書」（一八四八年（嘉永元））『諸色調類集』所収。中尾健次編『弾左衛門関係史料集』第二巻『旧幕府引継書』解放出版社、一九九五年。

「弾左衛門年始座席」（一八四八年（弘化五））『下野国太郎兵衛文書』群馬部落研東毛地区近世史学習会、一九九六年。

「弾左衛門手下之者家数小屋数書付」『南撰要類集』所収。中尾健次編『弾左衛門関係史料集』第一巻『旧幕府引継書』解放出版社、一九九五年。

「慶応二年八月　長防追討人足非人助成集金帳」千葉県史料研究財団編『千葉県の歴史　資料編　近世1』千葉県、二〇〇六年。

「下総国葛飾郡松戸町検地水帳」「松戸宿小前持高帳」松戸市誌編纂委員会編『松戸市史　史料編二』松戸市、一九七三年。

「千葉県部落調査表」（一九二三年（大正一二））『部落問題・水平運動資料集成』第二巻、三一書房、一九七四年。

「千葉県部落調査表」（一九二八年（昭和三））『部落問題・水平運動資料集成』第二巻、三一書房、一九七四年。

「佐渡御勘気鈔」『日蓮文集』岩波文庫、一九九二年。

「佐渡御書」『日蓮文集』岩波文庫、一九九二年。

『下総小金本土寺過去帳』『千葉県史料　中世編』第四巻、千葉県、一九八二年。

菊池山哉『特殊部落の研究』批評社、一九九三年。

野田市史編さん委員会編『野田市宗教施設総覧』野田市、一九六九年。

「善勝寺年中行事」千葉市史編纂委員会編『千葉市史　史料

編6　近世』千葉市、一九八八年。

『順立帳』部落解放研究所編『史料集　明治初期被差別部落』解放出版社、一九八六年。

『東金市史　史料編三』東金市、一九八〇年。

勝又清編『八日市場市沿革と人格』新日本文化啓蒙社、一九五七年。

部落解放研究所編『史料集　明治初期被差別部落』解放出版社、一九八六年。

『郷土研究』一巻七号、郷土会編、一九一三年（名著出版復刻版は一九八四年）。

内務省「細民部落概要」『日本社会事業年鑑』大正一一年版、一九二二年。

「特種部落／県下には二五ある総人員は三千五十一人」『東京日日新聞』房総版、一九一八年九月四日付『部落問題・水平運動資料集成』第二巻、三一書房、一九七四年。

「尋常小学校卒業者ノ動向ニ関スル調査」文部省教育調査部、一九三八年三月。

千葉県史料研究財団編『千葉県の歴史　通史編　近現代2』千葉県、二〇〇六年。

『別冊スティグマ』一四号「福田村事件」、千葉県人権啓発センター、二〇〇一年。

関東水平社聯盟『自由』一九二四年一二月一日号、『初期水平運動資料集』不二出版、一九八九年。

千葉地方裁判所検事局「管内の社会運動の状況」『部落問題・水平運動資料集成』第二巻、三一書房、一九七四年。

『昭和五年第壱冊密大日記　陸軍省』未刊、国立公文書館アジア歴史センター蔵。

内務省社会局「部落改善ニ関スル地方長官意見摘要」（一九二一年（大正一〇））『部落問題・水平運動資料集成』第二巻、三一書房、一九七四年。

「千葉県融和事業概要」（一九二九年（昭和四））『部落問題・水平運動資料集成』第二巻、三一書房、一九七四年。

「千葉県社会事業協会報告」（一九三四年（昭和九））『部落問題・水平運動資料集成』第二巻、三一書房、一九七四年。

「昭和貯金組合員生活状態調査表」（一九三四年（昭和九）三月一日現在。千葉県社会事業協会宛文書）未刊、千葉県人権センター蔵。

「印旛郡酒々井町経済更生一覧」（昭和八年一二月、千葉県社会事業協会指定経済更生地区）千葉県社会事業協会、一九三三年。

『融和事業年鑑』昭和一三年度版、中央融和事業協会、一九三八年。

茨城

友常 勉

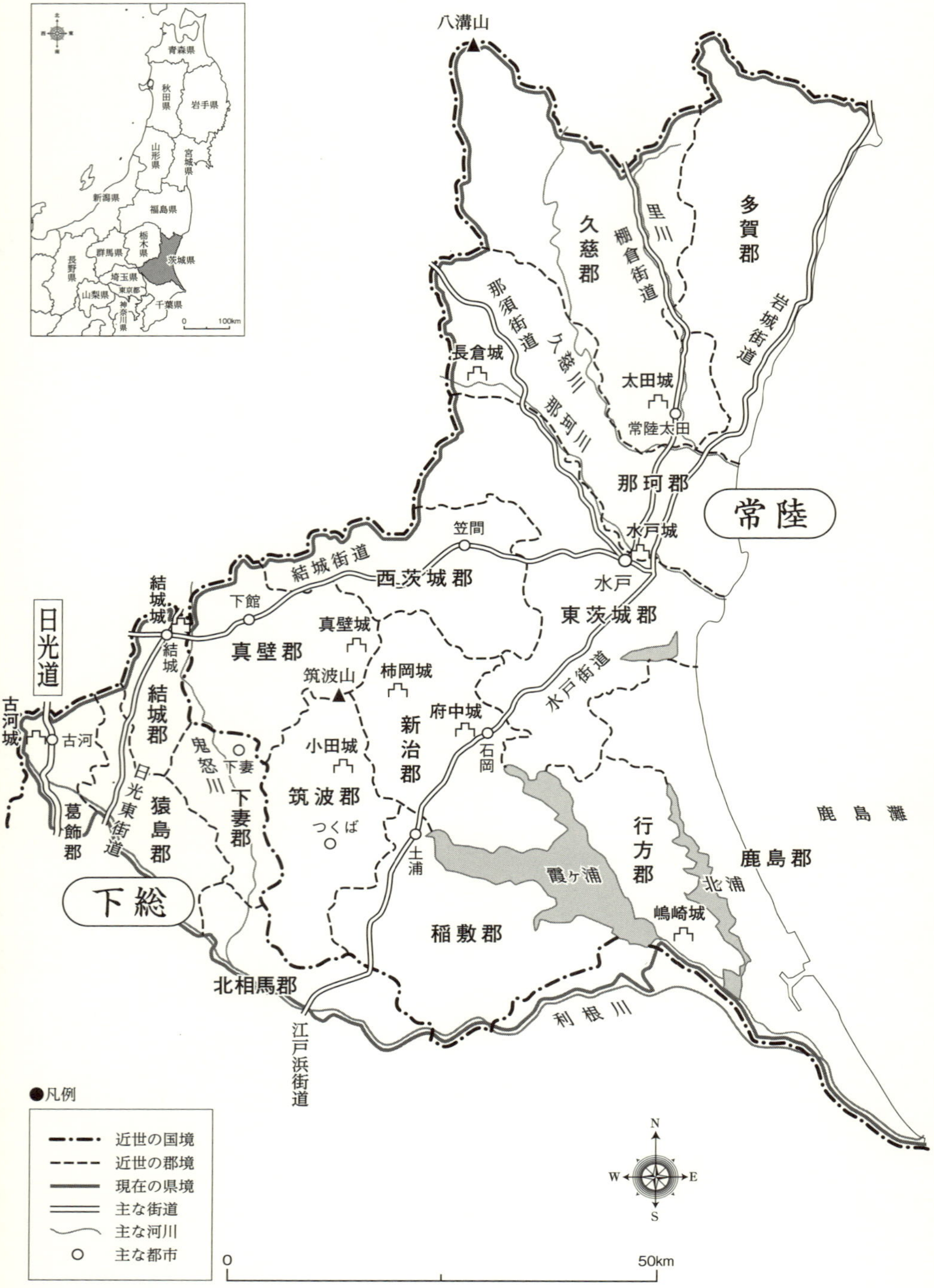
青森県
秋田県
岩手県
山形県
宮城県
新潟県
福島県
栃木県
群馬県
茨城県
長野県
埼玉県
東京都
山梨県
神奈川県
千葉県
0
100km
八溝山
久慈郡
里川
多賀郡
棚倉街道
那須街道
久慈川
岩城街道
長倉城
太田城
那珂川
常陸太田
那珂郡
常陸
笠間
水戸城
結城街道
西茨城郡
水戸
結城城
下館
日光道
真壁城
東茨城郡
結城
真壁郡
筑波山
柿岡城
水戸街道
古河城
結城郡
古河
府中城
新治郡
小田城
鬼怒川
下妻
石岡
日光東街道
猿島郡
下妻郡
筑波郡
葛飾郡
つくば
土浦
行方郡
鹿島灘
鹿島郡
下総
霞ヶ浦
北浦
嶋崎城
稲敷郡
北相馬郡
利根川
江戸浜街道
●凡例
近世の国境
近世の郡境
現在の県境
主な街道
主な河川
主な都市
N
W
E
S
0
50km

はじめに

本稿では、水戸藩を除く茨城地域の被差別部落を対象とする。

まず、一九一九年（大正八）に長谷川凸律《とつりつ》が『民族と歴史』第二巻第一号に著した一文「常陸新治郡地方の特殊民」を紹介しよう。

我地方旧幕時代には、何れも城下の一端に穢多の部落があつた。彼等は常に牛馬の皮を剝ぎて太鼓を張り、又は雪駄の裏皮を作つた故に、俗間では之を皮坊〳〵と呼んで居た。〔中略〕就中其貧困なるものは旧慣に依つて、正月中は手に小さき太鼓を持ちて之を叩きつつ、だいやふくと云ふ縁起を祝する謡を唱ひ、戸別に立ちつつ近村を徘徊して金銭を乞ふものもあるけれど、是れは極めて少数である。〔中略〕此他に番人即ち番太郎と呼ぶ種族がある。是れは旧幕時代は罪人の首を切り、獄門梟首の事を取扱ひ、平時に在つては各村内を徘徊する浮浪人や乞食押売の取締をさせた。彼等は永年勤続の功に依つて、村の一端に宅地を貰ひ、家屋を構へて少なくとも各村落に必ず一戸ずつは居る

茨城県は、県北・県南・県西・県央・鹿行の五つの地域区分から把握されるが、「常陸新治郡地方」は県南に属する。ただし、凸律がここであげている特徴は、必ずしもこの地方に限定されず、広く茨城地域に該当する。すなわち、①城下には常に皮革業を営む部落があったこと、②彼ら・彼女らは「皮坊《カーボー》」と呼ばれていたこと、またそのなかには、③正月に「だいやふく」（大家福）という門付《かどづけ》をするものがいたこと、さらに、④「番人」「番太郎」という非人集団が存在し、彼らは下級刑警吏役を担い、「村の一端に宅地を貰」い、各村落に一戸ずつ住んでいたこと。凸律の小文は、一九二一年（大正一〇）に茨城県内務部社会課がおこなった本格的な調査である、「地方改善に関する調査」を裏付けている。それによれば、一九二一年現在、茨城県内には四五市町村に六二地区の部落があり、戸数／人口は七五九戸／四七四二人であること。主な生業は、三一一七人のうち、農業二四九九人、履物業二四八人、皮革・食肉業一四〇人。また副業とし

て一四一〇人が履物業、五〇四人が農業、一二二人が大家福、九四人が皮革・食肉業、六六人が商業などとしている。穢多系と「番人」「番太郎」と呼ばれた非人系の存在の形態と生業について記したこれらの調査は、茨城地域の被差別部落の特徴を把握する見通しとなる。

さらに、この二つの報告に加えて、近世の『藩制一覧』および一九三六年（昭和一一）の中央融和事業協会『全国部落調査』も参照したい。これらの調査は職業構成だけでなく、茨城地域における被差別部落の分布と偏りを教えてくれる。二つの部落調査から茨城地域の被差別部落の分布、戸数、人口、および生業についてみてみよう。

中央融和事業協会調査にもとづけば、四五市町村に

表1 『藩制一覧』にもとづく茨城地域の被差別部落

	穢多	非人	煙亡	鉦打	現在の地域
古河藩	七三五軒／三七七九人	二〇軒／七七人	四軒／一六人		県西
結城藩	六〇軒／二七八人（男一四六　女一三二）	記載なし		四軒／六人（男四　女二）	県西
下館藩	二六軒／一九五人（男九九　女九六）	一九軒／六八人（男二九　女三九）			県西
下妻藩	二一軒	二五五人（男一三〇　女一二五）			県西
水戸藩	六五五軒（男三五九　女二九六）	七一〇軒（男三八七　女三三〇）			県央
松岡藩	六五人	記載なし			県北
笠間藩	一六軒／一三九人（男八五　女五四）	記載なし			県央
若森藩	二九八人	三四六人			県南
石岡藩	一四軒／一〇〇人（男五二　女四八） 穢多非人	記載なし			県南
土浦藩	二〇一軒／一一七六人（男六一一　女五六五） 穢多非人	記載なし			県南
牛久藩	四軒／二八人	九軒／四二人			県南
竜ヶ崎藩		三六人			県南

表2-1　被差別部落の郡別の戸数・人口

郡	稲敷郡	北相馬郡	久慈郡	猿島郡	筑波郡	那珂郡	行方郡
戸数	9	59	3	385	56	20	16
人口	67	362	14	2396	355	110	82

郡	新治郡	西筑波郡	東茨城郡	真壁郡	結城郡	45市町村57地区
戸数	20	26	49	100	134	877
人口	133	151	307	558	794	5329

グラフ1　被差別部落の郡別の戸数・人口

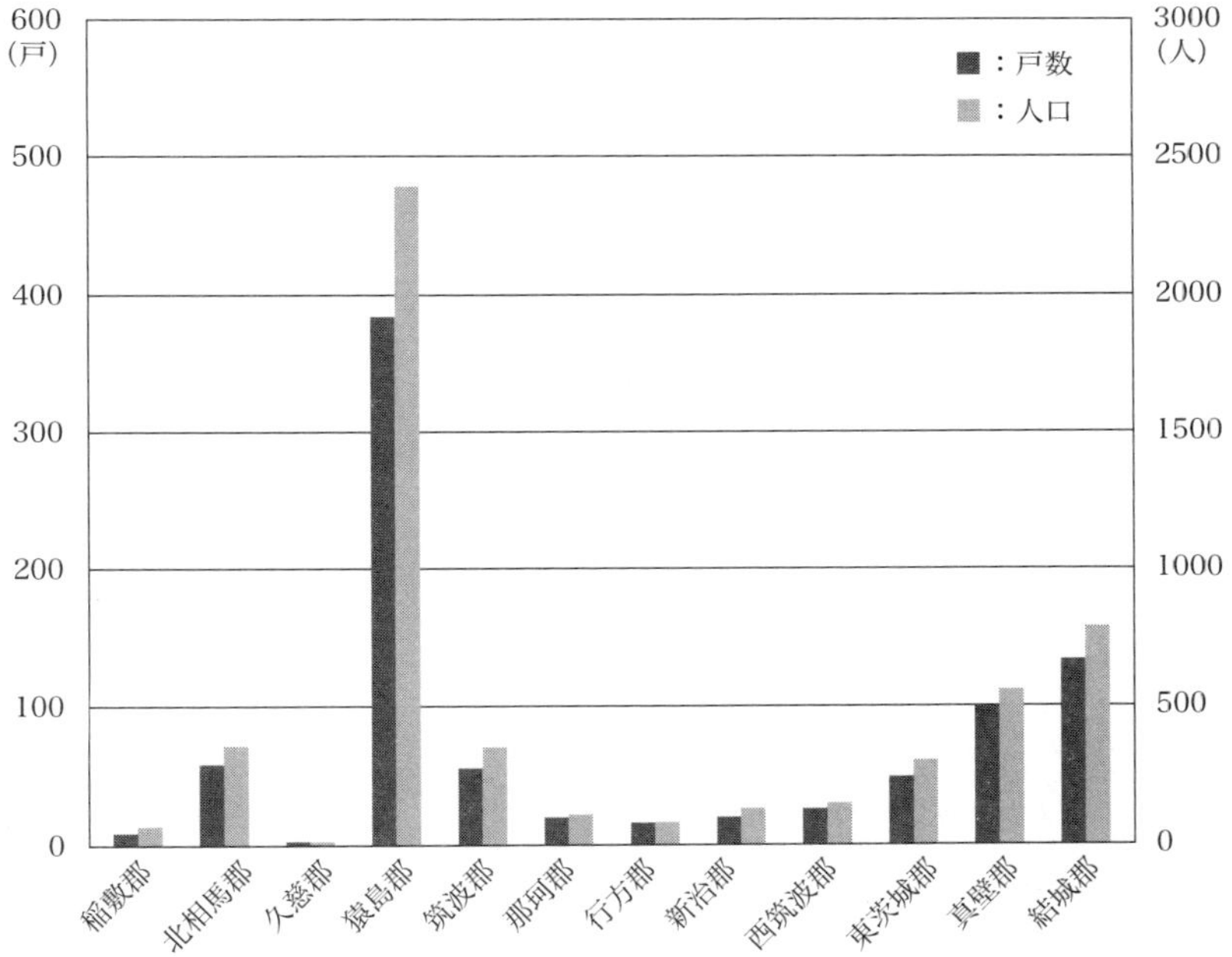

表2-2　被差別部落の郡別の生業・副業

郡	生業	副業	現在の地域区分
稲敷郡	農業、物品販売、漁業	非常廻、草履製造、日雇	県南
北相馬郡	農業	草履製造、草履表製造	県南
久慈郡	農業	箕作	県北
猿島郡	農業、自転車修繕	足袋、草履製造、下駄表製造、牛馬商、棕櫚表編同販売、下駄畳表製造、藁細工	県西
筑波郡	農業、草履製造、靴製造	兎売買、草履製造、山林管理、農業	県南
那珂郡	農業	獣皮業、製箕及修繕	県北
行方郡	農業	雑	鹿行
新治郡	農業	毛皮、履物製造	県南
西筑波郡	農業、駅商	日雇、獣皮業、農	県南
東茨城郡	農業	草履製造	県央
真壁郡	農業、鳶職、古物商	草履製造、竹皮細工、干瓢、履物製造	県南
結城郡	農業	棕櫚表細工、草履製造、屑物売買、鶏兎売買、古物商、藁細工、下駄歯入	県西

グラフ2　生業分布の頻度

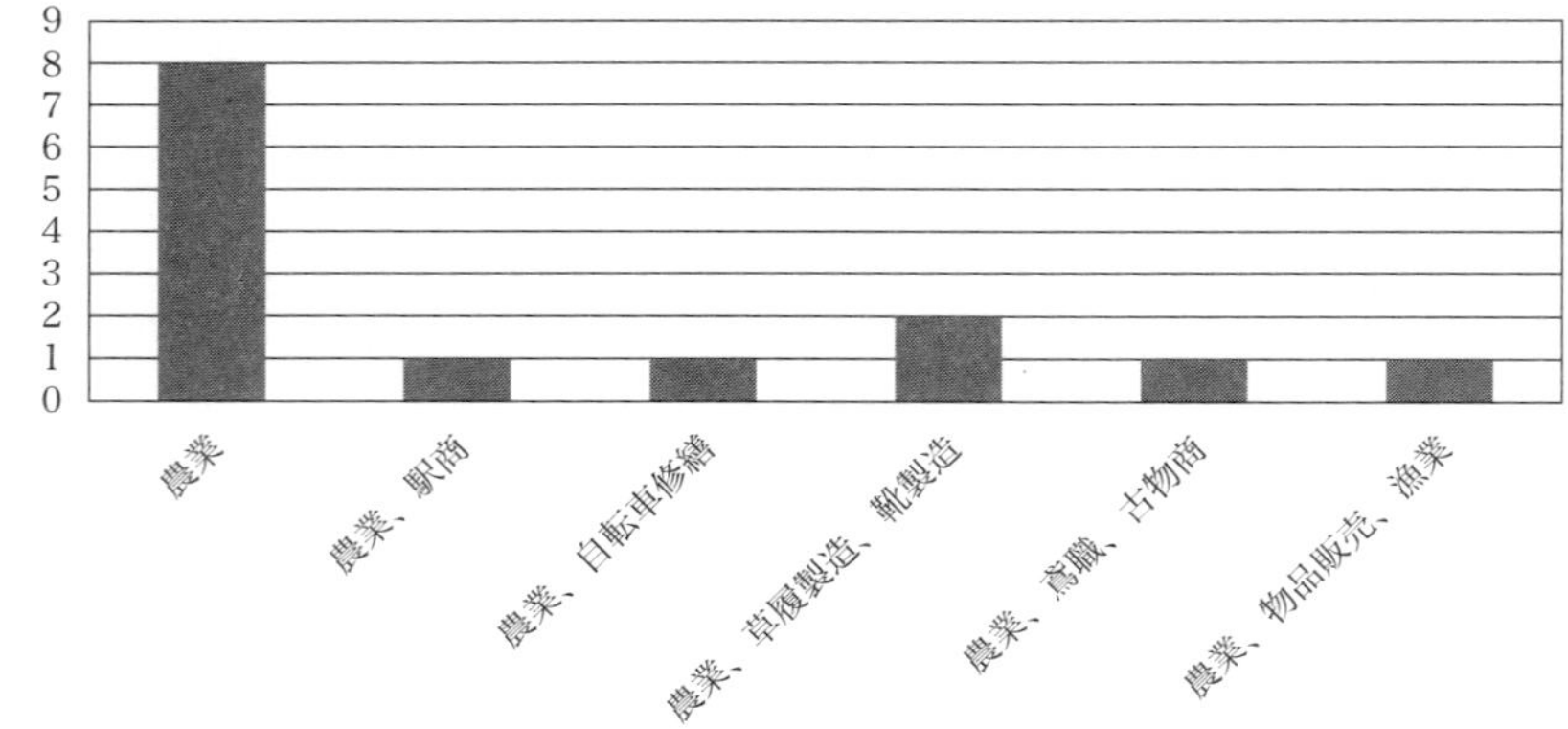

表2-3　地域別の副業傾向

現在の地域区分	副業
県北	箕作、製箕及修繕 獣皮業
県南	草履製造、草履表製造、履物製造 毛皮 非常廻 干瓢、竹皮細工 獣皮業、兎売買、農業 山林管理 日雇
県西	足袋、草履製造、下駄表製造、棕櫚表編同販売 下駄畳表製造、下駄歯入 鶏兎売買、牛馬商 藁細工 屑物売買、古物商
県央	草履製造
鹿行	雑

五七の被差別部落が存在し、人口は五三三九人である（表2-1）。部落の総数を六二地区とカウントした一九二一年調査との違いは不明である。また、中央融和事業協会調査が、『藩制一覧』のように穢多系以外の部落を、どれだけカウントしているかも不明である。そのことをことわったうえで、中央融和事業協会調査にもとづいて、茨城地域の被差別部落の分布をみれば、近世の古河藩・結城藩が領した県西地区の猿島郡・結城郡の被差別部落が、戸数で全体の五九％、人口数で六〇％を占めている。これに対して、近世水戸藩の被差別部落は、筑波郡・東茨城郡および県北の久慈郡・那珂郡・多賀郡であるが、一五地区・七八六人と、それぞれ全体の二六％・一五％である。

この分布と偏りは、近世以降の茨城地域の被差別部落の活動に一致している。近代になり、浅草の亀岡町（旧新町）を中心に営業を続けてきた関東の部落出身の原皮商人たちは、一九二一年（大正一〇）に「関東皮革毛皮株式会社」を三河島地区（現在の東京都荒川区）に創設しているが、出資者には、栃木県栃木市の上原和三郎、横浜弁天町の山岡、群馬県前橋市の坂本綱五郎など有力な皮革業者が名を連ねている。そのなかに、茨城県結城町（当時）の利根山の名前がみえる。結城町ではまた山中皮革が知られていた（『皮革世界』第一五巻二号、『荒川の部落史　まち・くらし・しごと』一一〇―一一一頁）。一九二〇年代のこうした原皮商人たちのつながりは、少なくとも近世後期には形成されていたと考えられ、浅草の弾左衛門を中心とした関東の皮革業者ネットワークにおいて、結城の部落は有力な一角を占めていたことが推定される。

また、県下最大の戸数と人口を擁する旧古河藩下の部落では、一九二四年（大正一三）に猿島郡新郷村（現・古河市）において茨城県水平社創立大会が開かれている。このときには新郷村に隣接する岡郷村にも水平社が設立されている。その後も古河市域の被差別部落は水平社運動・戦後部落解放運動の中心となった。

一　中世・近世移行期の被差別民

前近代の茨城県を把握する際には、その大部分を占める旧常陸国と、県西地区の一部にあたる旧下総国《しもふさのくに》北部（北総）を総称して、常総《じょうそう》地方と呼ぶことが多い。このうち県北・県央の大部分を占める水戸藩は、茨城の三分の一前後を占める大藩であり、慶長年間から明治の廃藩置県まで一度も国替がなかった。これに対して、県南、県西地区は小藩独立であり、しかも国替がたびたびあった（『茨城県史　近世編』、一三頁）。そもそも鎌倉末期から南北朝期、室町期、戦国期を通して、常陸地方では、古くからの豪族であった小田氏、坂東平氏の嫡流であった常陸大掾《だいじょう》氏、常陸北部から勢力を拡大してきた佐竹氏、下総の結城氏らが、それぞれ、幕府や鎌倉公方、足利公方との関係を組み直しながら、勢力の拡張を図ってきた歴史があった。

こうした常陸地方における中世・戦国期の被差別民について、その実態をうかがうことのできる史料は少ない(1)。ただし、関東でも史料や研究が充実している後北条氏の研究をふまえた戦国期の被差別民の研究は、戦国大名が皮役と居住地を編成することによって、かわた集団の活動を保証したことを明らかにしている。このことは、常陸地方の中世・戦国期の被差別民の動向を把握するうえで参考になるだろう。

すでに近世以前の水戸地域については先行研究がある。それは本書所収の特論2（高橋裕文）に譲るとして、ここでは戦国期の被差別民のようすを把握するために、真壁町の事例を取り上げよう。

真壁町（現・桜川市）は県南に位置し、町内に真壁城址も残る。しかし、一五世紀後半以降に、国人領主・真壁氏が現存の真壁城を築いて転居するまで、真壁氏惣領家の本拠地は桜川沿いの亀熊郷にあり、この遺構が「堀の内」と認識され、亀熊城として伝承されてきた［伊藤一九九八］。そしてこの亀熊城の北側に隣接して被差別部落がある。現在の『真壁町史』は町内の被差別部落にかかわる史料の一切を割愛していることから、史料上では穢多・非人の実態について知ることはできない。ただし、真壁氏の庶子・飯塚の名前を残す飯塚村の「差出帳」（一六九六年（元禄九））に、「猿牽《さるひき》」「夷《えびす》」「癩人《らいにん》」が記載されており、近世初期の被差別民のようすを知る手がかりとなる。次のとおりである。

一夷六人　三太夫
　　　　　与七郎
　　　　　又八郎
　　　　　市郎左衛門
　　　　　勘兵衛
　　　　　源兵衛
一猿牽弐人　八左衛門
　　　　　徳右衛門
一癩人壱軒内男七人
　　　　　女壱人

（真壁町史編さん委員会編『真壁町史料　近世編Ⅰ』一九八五年、一四四—一五五頁）

近世真壁は、県南・県西にも分布がみられる六月の天王祭（祇園祭）を中心に、市町《いちまち》として栄えたことが知られているが（『茨城県史　近世編』、六六九—六八六頁）、同時に筑波山麓の村として、筑波山王御師や山伏が居住し活躍した場所でもある。「夷」（恵比寿）六人の存在は、そうした祭礼にかかわり、勧進場を有して門付をおこなう夷舞集団が居住していたことを示している。また「猿牽」は、近世においては、関八州四六軒の猿牽を支配していた弾左衛門の配下に入り、芸能活動に携わっていた。とくに猿牽の八左衛門は下野の『足利半右衛門文書』にも記載されている。さらに「癩人壱軒」（男七人、女一人）の存在に留意したい。仙台藩や東北地域の部落史研究をふまえれば、ここでの「癩人」が、「癩」患者を直接意味しているとはかぎらない。むしろ、勧進行為をおこない、警刑吏役や斃牛馬の処理にかかわった一つの身分呼称として理解しておきたい［鯨井 二〇一〇］[2]。

　一五世紀後半まで存在した真壁氏の本拠地に隣接して活動していた被差別民の存在から、戦国時代初期に戦国領主によって諸役を安堵され居住地を保証された、後北条氏配下のかわた集団との類似が想定できる。また、元禄九年（一六九六）の「差出帳」が示している、城下に展開している被差別芸能民の居住形態は、戦国末期には近郷に勧進場をもって神事芸能に従事していた被差別芸能民の存在が示されている。もちろんこうした戦国城下町の確立は、一六世紀半ばまでの時間の幅で考える必要がある。一五五六年（弘治二）に結城氏が発布した「結城氏新法度」は、城下への武士、商人、職人の居住を定めると同時に、市や神事祭礼の管理と治安維持を目的とした。このような分国法が、諸役を安堵された諸身分によって構成される戦国期の城下町成立の最終的な指標となるだろう。

　ところで、真壁氏は鎌倉時代以来の地頭であり、室町時代の足利将軍家と鎌倉公方の対立においては、山入氏、大掾氏、小栗氏とともに、将軍家と直接結びついたいわゆる「京都御扶持衆《ごふちしゅう》」の一角を担っていた。これに対して、幕府および関東管領上杉氏の独裁に反発していた東国の武士たちは、鎌倉公方・足利持氏の遺児・永寿王《えいじゅおう》、すなわち足利成氏をたてて鎌倉公方とし、旧持氏遺臣や与党が態勢の立て直しを図った。そして足利成氏は関東管領・上杉憲忠《のりただ》を御所で謀殺し、享徳《きょうとく》の乱の幕を開けたが、幕府との転戦の末、一四五七年（長禄元）に下総古河に拠点を定め、初代古河公方となった。これが、真壁氏が亀熊郷から現存の真壁城に転居する一五世紀半ばから後半にかけての東国の情勢であった。

足利成氏が古河を選んだ理由は、古河が利根川、渡良瀬川をひかえる要害の地であったこと、古河をふくむ旧利根川沿岸一帯の下河辺荘《しもこうべのしょう》が鎌倉公方の御料所であったこと、結城氏、小山氏をはじめとした公方支持の豪族たちとの連絡がとりやすかったことなどが考えられている（『茨城県史　中世編』、二三二―二四九頁）。史料の不在から推定するしかないが、足利公方の古河土着化は、古河の被差別民に対して、他の戦国期のかわた集団や被差別芸能集団と同様の影響を与えたと考えられる。

中世・戦国期の常総地域の被差別民に関して、もう一つ言及しておきたいことがある。戦国初期の成立とされる『鎌倉大草紙』は、一四二三年（応永三〇）に足利持氏に敗れ落城した小栗邑（旧・真壁郡協和町、現・筑西市）の小栗満重・助重親子の物語を記している（小栗氏は一四五五年（康正元）に滅亡）。そして小栗氏の伝説をモチーフの一つとして、熊野信仰と結びついて成立したのが説経節『小栗判官』である。

小栗判官の伝説とは、小栗満重の子・小次郎＝助重が、父の死後、相州の権現堂で強盗の難にあうが、土地の遊女照姫の助力で藤沢の道場に逃げ込み、時宗の上人に助けられるというものである。説経節のほうは、常陸の小栗から、美濃・青墓、紀州熊野を舞台にした貴種流離譚であり、縁起譚である。時宗の教線と熊野信仰を物語のベースにおきながら、餓鬼阿弥《がきあみ》や白拍子《しらびょうし》を登場人物として、遊行廻国の徒によって形成・伝承されたこの物語の起点の一つが常陸国であることに注意をしておきたい（『茨城県史　中世編』、五七八―五七九頁）。そして実際、時宗一向派の寺院である一向寺が小栗にあり、真壁町もふくんだ常総地域の多くの被差別部落の檀那寺が時宗である。こうしたことは、近世における身分編成以前の被差別芸能民の活発な往来と相互交流があったであろうことについて、一つのリアリティを与えてくれるだろう。

二　近世の被差別民

(1) 常総地域の長吏集団

常総地域においては、水戸藩の皮多集団が江戸浅草の弾左衛門支配から独立していたことが知られている。この経緯については『水府地理温故録』に記されており、近世初期、水戸藩主・徳川頼房《よりふさ》（一六〇三―六一）の時代に、藩御用の鞣し皮上納を申し付けられた皮多頭・大右衛門が、弾左衛門の支配からの独立を申し出、江戸町奉行所での裁定を得たとされている［高倉 一九六八］。同

表3 常総地域の長吏小頭・組下・非人手下

藩名			長吏小頭		長吏組下		非人手下				出典
古河	野渡		長吏小頭	六右衛門							『太』
結城	結城町		長吏小頭	長三郎			組合非人	下館町之内	柳町	小屋頭六助	
	山川			結城町小頭	組下	幸蔵					『太』
	茂木			結城町小頭	組下	喜兵衛					
	小山	神鳥谷		結城町藪下	権左衛門	組下	孫七				
	小山	泉崎		結城町藪下	権左衛門	組下	右衛門				
取手	下高井	葛飾郡根木内村	長吏小頭	太郎左衛門			手下	相馬郡下高井村	非人小屋頭	惣七	『太』
							同抱非人	取手宿	番非人	五郎兵衛	
下館	樋口村		穢多小頭	弥八							
	柳町		結城町長吏小頭	長三郎			組合非人	小屋頭	六助		『嘉』
					組下	長吏小組頭峰松					
							手下	同村小屋頭	八助		
下妻	新地町		長吏行事	長三郎			手下	筑波郡高□村	権平		『新』
笠間	古町		長吏小頭	清四郎							『太』
真壁			長吏小頭	伝兵衛			手下	非人小屋頭	八兵衛	新治郡片野村	『太』
								同	市三郎	新治郡小岩田村	
真壁郡	八子下村		小頭	久左衛門			手下	十里村	小屋頭	長兵衛	『太』
府中	国分寺		長吏小頭	与作							『嘉』
土浦			長吏小頭				手下	小屋頭	八兵衛	新治郡片野村	『新』
									市三郎	新治郡小岩田村	

注：出典の略称は、『太』＝群馬部落研東毛地区近世史学習会編『下野国太郎兵衛文書』一九八七年、『嘉』＝『嘉永撰要類集』、『新』＝前田長八編・新島郷土館『新島流人帳』一九四一年。

様に日光神領と喜連川《きつれがわ》領が弾支配から除かれていた。

ここでは、水戸藩を除く常総地域の主な長吏小頭・組下および非人手下・小屋頭の存在から、その支配の様態の特徴を示しておこう。表3を参照されたい。

表3から次のことが指摘できよう。まず注意を引くのは、結城の長吏小頭・長三郎の支配が広範囲であることである。『下野国太郎兵衛文書』によれば、結城藩領の結城町・山川、それに現在は栃木県である茂木・小山の一部が含まれ、さらに下館藩の柳町、下妻藩の新地町（小頭ではなく「長吏行事」と記載）を支配している。これに対して、古河・取手・笠間・真壁・府中（現・石岡市）・土浦はそれぞれ独自の長吏小頭がいた。

常総地域の長吏集団の生業・役は、農業、皮革業などであり、下級警刑吏役にも従事していた。さらに表2－2の一九三六年調査の副業の欄をふまえれば、草履表・下駄表・棕櫚表の製造販売などの生業に携わっていた。同じ調査では、稲敷郡の部落が「非常廻」、筑波郡の部落が「山林管理」など、村落の警備役や番役を負担していたことが推定される。また、茨城県北部で福島県に接している久慈郡の部落が「箕作《みつくり》」に従事し、那珂郡でも「製箕及修繕」に携わっていたことが興味深い。

こうした生業や役負担の来歴を知ることができる事例として、草履商をめぐる出入一件「結城小山出入一件」（一七九三年（寛政五））を参照しよう〔川根 一九八二、一一三―一一四頁〕。この史料の奥付は以下のとおりである。「寛政五年丑四月十三日　結城町藪下小頭　権左衛門、惣代　伝五郎、泉崎村　右衛門、馬之寺村　兵右衛門、神鳥谷村　孫七、二日市村　甚右衛門」、さらに「上陽之産厩橋住人　松山山人写之、下野国都賀郡小山庄若紫之里稲葉郷ニ住居　松嶋三喜蔵　所持之」。ここに名を連ねている組下のうち、泉崎村と神鳥谷村は藪下の権左衛門の組下長吏である。

この史料によれば、結城町における竹皮草履・砥石・破魔弓などの商いは、文禄年間から結城の藪下町の小頭権左衛門とその手下の専業であり、それは城下の火廻役・仕置役の「御扶持之代り」として認識されていた。この独占に対して「外村之者」たちが異議を唱え、そこに参入しようとしたことが、出入りの原因であった。その経緯は次のようなものであった。

下総国結城郡結城町市場並平日共ニ草履商之儀は先年より結城町之内藪下ニ罷有候小頭権左衛門共商致来り外村之組下たり共一切不差出候仕来有之候処今般組下共及難候趣被及　御聞再応御吟味之上結城町御領主水野日向守様御屋敷御掛合之上左之通御被仰渡候

一、結城町藪下ニ罷有候長吏共儀は年月不知相凡弐百年程以前結城中納言様　御在城之頃より唯今迄毎年冬十月より春三月迄手非人引連御城下之火廻り役相勤且亦　御領主様御掛り御仕置者或は拷問等有之節も非人共引連罷出相勤其頃より上野砥石破魔弓竹皮ニ而拵候草履之儀は結城町之内は市場ニ不限平日とも藪下之もの共計り商仕尤是迄他村より罷出候儀茂無之結城町内ニ而渡世仕来候之節之処凡百年程以来当御領主水野日向守様御在城ニ相成候後も役目相勤候ニ付御扶持之代リトして右砥石破魔弓草履商之儀は藪下ニ居候者共計り商致し組下たり共他村之者共不為入込ニ付（以下略）

すなわち、結城町内の草履商いは市の立つ日と平日いずれにおいても藪下長吏の独占であったこと。それは二〇〇年前の結城中納言在城のときに、手下非人を連れて、冬一〇月から春三月まで城下の火の見廻役、領主掛の仕置・拷問などの役目を担っていたことに由来すること。上野砥石・破魔弓・草履商の独占はそのときに由来すること、を主張している。さらに一〇〇年ほど前、「水野日向守在城」のときに、諸役に対する「御扶持之代」として、砥石・破魔弓・草履商の渡世は藪下の長吏の専業と再確認されたと主張している。

しかし、寛保三年（一七四三）に小山領他村の組下が、宝暦一〇年（一七六〇）にはやはり小山の薬師寺村の者たちがこの商いに参入しようとして出入があった。その際、「水野日向守屋敷」で取り調べがあったが、藪下長吏が主張する記録がないこと、また、諸役に対する扶持に代わる給付という理解を残してはまずいので、そうした名目を廃止し、その代わりに「毎年御心附」を下付されることになったこと、さらに草履商も結城町外拾二ヶ村入込を認めることになった、という経緯が記されている。

戦国末期に名を馳せた結城領主の結城中納言（結城秀

康＝徳川家康次男）からの由来を説くこの一件史料は、それ自体が結城藪下の長吏の由緒書の性格もあわせもっている。その信憑性はともかく、藪下長吏たちは、市と平時の上野砥石・破魔弓・草履をセットにした専業を有し、それが城下での警吏役の扶持に該当するものであったという認識を継承していたのである。

ここで参照した川根論文は、また、竹皮草履、雪駄、竹笠、破魔弓の製作に参入しようとした町人たちの申し出に対する浅草弾左衛門の意見書も参照している［川根一九八二、一一〇頁］。それによれば、弓矢細工は弾配下においても一般的な専業ではないが、野州那須郡大田原町とならんで、下野国結城郡結城町では、弾配下の者が「御領主役筋相勤来候に付先年御領主に願の上箭を細工に仕」とあり、弓矢製作が結城の長吏の権益として、弾左衛門の側からも認識されていたことがうかがえる。

なお、先の出入史料からは、藪下の長吏たちは行刑役を担当していたことが明らかである。こうした行刑役の事例として、笠間藩に以下の史料がある。「寛延二年笠間領外郷三十ヶ村徒一件」（『茨城県史料　近世社会経済編Ⅰ』）では「死罪獄門　三人／　穢多　六人」、同じく笠間藩の「寛延三年常州茨城郡山外松田村名主久左衛門百姓共につき出入り吟味一件」では「死罪／　縄取　穢多三人／　一、穢多出扶持、例之通町組小頭ヨリ請取遣」とある。死罪獄門などの行刑役に対して、「扶持」が給付されていたことが示されている。また、笠間藩では『聞訟礎石集』（笠間市史編さん委員会編『笠間市史史料集第三集』、一九九〇年）に、「牢／　磔　曾木村　刑場／新貝村　穢多　十人　平右衛門　惣市／晒　番非人　四人」の記載がある。ここから、磔《はりつけ》・晒《さらし》などの行刑の違いによる刑場とその分担をうかがうことができよう。

こうした生業や役負担に加えて、文字史料ではないが、筆者が二〇〇〇年代の半ばに真壁の部落でおこなった聞き取りで、戦前のことであるが、真壁の部落で飴売り行商と紙芝居に従事していたものがいたという証言がある。長塚節『土』（一九一〇年）は結城郡石下町《いしげ》（のちに水海道市、現在は常総市）を舞台にしているが、作品のなかで行商の飴売り女とその唄が印象的に綴られている。石下には「飴屋踊り」が郷土芸能として現在も伝承されているが、長塚節が描いた飴売りは、隣接する真壁郡の部落から出て行った行商の可能性もある。なお、こうした門付芸能については五節「被差別芸能民と地域社会」で後述する。

また、一九八〇年代の終わりに、当時六〇代後半で、茨城から東京浅草に出た部落の方から、ご両親が常総市(当時は水海道市)の報恩寺(浄土真宗)の掃除役をしていたという聞き取りも得ている。北関東では下野の日光神領の部落が参道の掃除役をしていたことが知られているが、報恩寺の場合もそれがキヨメ役に由来をもつのかどうか、今後の課題として記しておきたい。

(2) 非人・村抱え非人

非人支配については、結城の長三郎の組合非人が下館の柳町の小屋頭六助であり、長吏支配の系統に重なる。だがここで興味深いのは真壁と土浦である。土浦の長吏小頭は不明であるが、非人小屋頭である新治郡片野村の八兵衛、同小岩田村の市三郎は真壁・土浦両方に記載されている。典拠が異なるので、このことは真壁藩と土浦藩の長吏小頭が同一であった場合があることを示すかもしれないが、詳細は不明である。

ところで、この小岩田村の非人については、他村に雇い置かれた場合があったことがわかっている。「明治二年　常州大岩田村明細書上帳」は、土浦藩に属する信太郡(現・土浦市・牛久市・稲敷市・稲敷郡の一部)大岩田村の明細帳であるが、そこに「一　番非人壱人　但小岩田村より雇置申候」とある(『土浦史資料』二号、一九八八年)。土浦藩には同様の事例がさらに三件ある。「明治二年　宍塚村明細書上写」に、「一　番非人壱人　是は元小屋花室村より出小屋ニ御座候」(同右)、「明治二年　手野村明細書上帳」「非人　小岩田村市三郎ヨリ出小屋　与吉」、「明治二年　沖宿村明細書上帳」「番非人　但壱軒　戸崎村出小屋　元小屋六三郎」(同右)である。いずれも「元小屋」から「出小屋」へ転出し、雇い置かれている。大岩田村と手野村への番非人の雇い置きは「小岩田村非人小屋頭　市三郎」を介している。「花室村より出小屋」の場合、そして「戸崎村」からの「出小屋」として沖宿村に存在した「元小屋六三郎」も、非人小屋頭が小岩田村市三郎であるかどうかは不明だが、同様の非人小屋頭の支配系統にもとづいて、村抱えとなった可能性が考えられる。しかも「沖宿村」の場合は「元小屋六三郎」と記されており、一八六八年(明治元)の時点では「六三郎」は「小屋住まい」の存在形態ではなかったと考えられる。

長吏小頭—非人小屋頭(小屋主)との支配関係において、村方による村抱え化は被差別民内部の支配系統の干渉にいたる場合があった。これについては奥州棚倉藩領の長吏・非人・村方における争論を検討した横山陽子の論稿が詳しい[横山 二〇〇八]。ところで、横山が紹介している争論に、神岡村(現・北茨城市)の非人小屋主が登場する。神岡村は近世において棚倉藩領の松岡郷(常陸国多賀郡)に属していた。この争論では、一八二四年(文政七)に弾左衛門が棚倉藩領の「非人小屋頭」たちを呼び出す差紙を棚倉の穢多小頭に遣わしたが、神岡村「小屋主与右衛門」を呼び出すことはできなかった。争論のなかで、神岡村庄屋は「神岡村小屋主は、外の小屋と違い、宗門人別張等は窪田陣屋」に提出していることなどをあげた。そうした神岡村庄屋の態度のために、弾左衛門は、そもそも庄屋が非人小屋主の江戸出府を拒否していると主張している。なお、「小屋主与右衛門」が不参の理由は「欠落」とされていた。村抱え化が長吏—非人の支配系統を揺るがし、村方とのあいだで緊張関係を招いていたことを示す事例といえる。

三　藺草をめぐる一件

常総地域の被差別部落の生業ではないが、弾左衛門の支配にかかわって、弾の権益であった灯心の原料である藺草《いぐさ》をめぐる争論が、常総地域で発生している。これはよく知られた一件であるが、土浦藩領山根八ヵ村(高岡、上坂田、下坂田、大畑、田土部、真鍋、藤沢、大形)および山方八ヵ村(筑波郡および下総相馬郡)の作場農民たちが、弾左衛門を通して江戸の蠟燭《ろうそく》問屋が一手に買取り販売するという流通体制に異議申し立てをおこなったというものである。

藺草は湿地に近い水田に一〇月か一一月に植え付け、翌年六月に刈り取り、これを蒸して皮を裂き、白い中子《なかご》を取って灯心や蠟燭の原料とした。生産の中心地の一つであった高岡の沖村では、明治・大正期にも七五%を超える農家が藺草生産をおこなっており、その生産は戦後まで続けられていた。農閑期の重要な現金収入源であった(『茨城県史　市町村編Ⅱ』)。藺草栽培は耕作農民、仲買人、灯心問屋、蠟燭屋仲間、そして弾左衛門という複雑な流通機構から成立していた。

弾左衛門にとっての灯心販売は「弾左衛門由緒書」にその由来が記されている、一七世紀初頭からの権益であった。すなわち、「灯心商の儀、御仕置者御役仕候由緒にて、瀬戸物町小田原町両辻にて、役々の者六十五人の内、毎日罷出、無地代にて商仕来候、浅草観音市場商来候、却て灯心細工・商の儀、従古来私一名の家業にて御座候事」とあり、「御仕置者」の役料として保障されたものであり、手代六五人が販売に従事する五〇〇〇石相当の専売権であった。

ところで、藺草をめぐる一件はすでに一七一七年（享保二）からはじまっている。物価の高騰にもかかわらず、九〇〇〇束を買い取る弾左衛門の藺草の買取り価格が低いこと、他の売渡が許されない独占流通であることなどで農民たちが訴えていた。その結果、一八世紀初頭には藺草生産はこの地域に限定され、灯心引きの禁止と幕府御用商人の流通独占という体制が成立した。しかし同様の訴えが天保期に頻繁に出された結果、問屋による一流通独占を止めるという議定書が交わされ、それまでの流通体制は、いったんは崩壊した。同時に天保改革の株仲間解散令によって、土浦藩は一時、藩の国産扱いとする。その後、議定書を反故にする振る舞いや、抜け荷、弾左衛門手下による藺草の取り押さえなどが発生したことから、一八六五年（慶応元）に、再び山根八ヵ村と江戸表の問屋とのあいだで「仮条約」が取り交わされている（『土浦史資料』、『茨城県史　市町村編Ⅱ』）。

弾の専売権は、一八七一年（明治四）九月三〇日、新政府によって「灯心専売権の廃止」をもって廃止されている。見方を変えれば、弾の専売権は賤称廃止令・斃牛馬勝手処理令など、賤民身分制の廃止まで保障されていたのである。このことによって、常総の農民たちと弾左衛門との関係は、不断の緊張関係をともなっていたことが考えられる。

四　寺院と被差別民

常総地域の部落と寺院の関係について悉皆《しっかい》調査の記録はない。ただし、古河・結城・真壁などの部落において大半が時宗の檀家であることは明らかになっている。こうした傾向は下野や関東他地域の部落でも存在する。

ところで、部落と寺院との関係において、興味深い慣例が結城町に存在した。

結城町山下の部落の檀那寺は、白銀町の時宗常光寺の末寺・常照寺であり、年中行事で小作の直納や年始の年礼の習慣があった。すなわち、結城町白銀町の時宗・常光寺の年中行事記録である「常光寺年中行事早弁録」（一八六三年（文久三）成立）によれば、大晦日までに、末寺の山川・常照寺の小作人より年貢が直納されたとある。そして、正月三日には「藪下穢多旦中共台所迄参り、銘々四十八文ツヽ包ミ、年礼ニ参候間、納所罷出返答致し遣候」とある（『結城市史　資料編』第二巻、六六三、六六七頁）。さらに、三月には宗門改帳に「極楽」という印形を捺す習慣があった。

下寺山川常照寺穢多旦中宗判印形願来候ハヽ、頭え名々印形致し、尚又実名之下え同ク印形致し候、右印形之義ハ皆常照寺印ニテ極楽と申候印形也（常光寺之寺印用申事）

（『結城市史　資料編』第二巻、六六四頁、傍線部は引用者）

こうして、常光寺は末寺・常照寺の旦中《だんちゅう》である山川の穢多の人々の宗門改の実名の下の部分に「極楽」と印形していたというのである。だがこの「極楽」印形の慣例に対して、一八六五年（慶応元）に壬生《みぶ》の寺社奉行からの指示によって、今後は常照寺による「極楽」印形を見合わせ、常光寺の印形とすべき旨の措置が下された。

是迄は極楽ノ印用来候得共、慶応元乙丑年宗判ヨリ常光寺印致呉候様申来候故、相用遣候、後年為見合記置候

例年同寺旦中宗門改之節頭形仕候控

常光寺旦極楽誰
同々
同々

右之者拙寺旦中ニ——

常光寺
実名　極楽

如此頭印同様常照寺印形ヲ拙寺実名え押候、是ハ先年右様仕来候事也、為念相印置是迄常照寺印形ニて差出

来候由候事、前後記置候、後日代印ニ候間常光寺印形ニて差出候様、寺社奉行所より沙汰之由来候、尤之事ニ候、兼帯中ハ常光寺印也、慶応元乙丑五月記之

（『結城市史　資料編』第二巻、六七〇頁）

常光寺の過去帳と戒名を詳細に検討している『結城市史』第五巻「第四編　宗教と文化」（一九八三年）によれば、一六八一年（天和元）から一七〇〇年（元禄一三）ごろに四字戒名が一般民衆にまで普及した。寺院経営の観点からいえば、常光寺は「聖」「座頭」「下女」などの下層の人々まで過去帳に記しており、幅広い檀家を抱えることで寺院経営が成り立っていたようである。他方、末寺である常照寺には次の差別戒名が確認できる。「春隣革門」（一八六六年（慶応二））、「源瑞革女」（一八六九年（明治二））である。[3]

ここで常光寺による、部落の人々の宗門改に対する「極楽」印形という行為は、部落民に対する特別の計らいであることは疑いない。本寺である常光寺の意思によって慣例化していったものと考えられるこの行為は、他の宗門が位牌と墓石に「差別戒名」を刻むこととは正反対の振る舞いである。ここには広義の意味での「慈悲」を部落民に施そうとする寺院側の対応が見て取れるだろう。だが、「極楽」の印形を押す行為も部落の差別化のための慣行と解釈すれば、両極端ともみえる「差別戒名」と「極楽」印形は、いずれも「慈悲」が有する位階化による排除と包摂の範囲のなかに位置づけられる。このことは、常照寺において差別戒名が見つかっていることを踏まえればなお明らかであろう。また、幕末の慶応元年に変更されたのは「極楽」印形を押すのが末寺の常照寺から常光寺に切り替わったことであり、「極楽」印形の慣行そのものが見直されたわけではない。印象深い「極楽」という印形について、何らかの積極性を認めたいとは思うが、それが部落の人々の要求にもとづいて始まったのか、それとも寺院側から出た行為であったのかは特定できない。また末寺から本寺に印形の責任主体が変わったことで何が変わったのか、それが幕末・明治初頭の日付を有する差別戒名と関係があるのか、詳細は不明である。ともあれここには、部落に対する仏教各宗派とは異なる作法が、時宗教団にあったことが確認できるのみである。

五　被差別芸能民と地域社会

本稿では、水戸藩については本書所収の特論2に譲ることとして議論を進めてきた。ただし、常総地域の被差別の芸能民を語る際には、水戸に居住した「猿曳《さるひき》」中太夫を参照しておきたい。中太夫は水戸の下市の市神社の「主祀ノ者」であった。以下、『新編常陸国誌』（国会図書館所蔵）から引用する。

水戸ノ城裏一丁目ニ市神ノ祠アリ、コノ主祀ノ者ヲ代々中太夫と称ス〔塩谷氏ナリ〕、コレモト猿曳ノ長ニテ、佐竹氏大田在城ノ時ハ彼地ニ住セリ〔中太夫ノ家記ニ見ユ〕、市神モモト大田ニアリシヲ、佐竹氏水戸ニ移リシ時、水戸ノ八幡宮ニ移リ、寛永中ココニ移せしものと云へり〔今ニ至テ毎年正月、大田ニ市立時ハ、必コノ神体ヲ持行テ祭ルコトナリ〕

この市神はまた「市姫社」でもあり、かつて大田にあったときには、「奥七郡ノ祭事ヲ支配セリ」とのことであった。さらに、「又先年ハ此神ニ参詣スル輩、是非神前ヨリ水飴ヲ買フテ、家土産トナシキ、近年此事止ミケリ、此日仮殿ノ前後ニテ、恵比寿、大黒ノ類、野老、且山椒皮、麻宇、帳面等ヲ求メテ携へ帰ル、此日ヲ初市ト称ス」とある。弾左衛門の支配では、囲内に一五軒、関東八ヵ国に四六軒の猿飼身分が属していた。しかし水戸藩は弾支配から外れていたため、中太夫もまた弾支配には属していなかった。他方、先に参照した真壁の猿牽は弾支配に属していた。

水戸の中太夫の記事からは、市の祭祀者としての猿曳（猿引・猿牽・猿飼）の民間宗教的な性格がよくうかがえる。これまで紹介した癩人や夷なども、それぞれ同様に八百《やお》万《よろず》の神々や天地神祇を奉斎して門付や神事芸能を披瀝していたと考えられる。

さらに、結城町には鉦打《かねうち》身分も居住していた。鉦打は「金磬を首にかけ和讃念仏し村里を廻り信施を受けた」と伝えられる。その生業は勧進・配札・竹細工・農業など、地域によって多様であった〔藤沢 一九八八〕。しかも、結城町の鉦打身分は長吏集団に隣接して集団で居住していた。『結城市史　近世史料編』は次のように伝えている。

未年
家数合拾七軒
人別七拾弐人

亥年
家数拾七軒
人別八拾弐人

また、守谷領にも夷四人、鉦打五人の記録がある（『享保十年相馬郡守谷領人別家数留帳』『取手市史　近世資料編I』）。

さらに、岩井村（旧・猿島郡）には「舞太夫」二軒二人がいたという記録もある（『茨城県猿島郡・岩井市の近世史料集成』）。神事舞太夫は江戸浅草の田村氏の支配のもとに置かれていた。田村氏はまた関八州の梓巫女も支配した［中山 一九九四、六一四―六三三頁］。

茨城の部落が携わっていた門付には、さらに、「大家《ダイヤ》福《フク》」がある。本稿の冒頭で長谷川凸律が参照していたように、その存在は少数ではあっても、茨城地域の部落を特徴づけるものと認識されていたと考えられる。これについて、大間知篤三「常陸高岡村民俗誌」に次の記述がある。「ダイヤフク　正月に団扇太鼓を打ちながら、御詠歌のようなものを唱えて来て、歳徳神や水神を祀る。昔は多賀郡松原町大字安良川のバンタが来た。今も男女幾人も来る」（『日本民俗誌大系　第八巻　関東』角川書店、一九七五年、三〇七―三〇八頁）。常陸高岡村は茨城県の北部、福島県境に接し、東に多賀郡、西に久慈郡がある。一九三四年（昭和九）の聞き取り調査にもとづくこの論考において、大間知は、福神信仰にもとづく門付である「ダイヤフク」について、多賀郡の「バンタ」部落から来ていると記している。なお、大間知はほかにも、「タウナイ」「神楽」「豆蔵」「三河万歳」「祭文」「瞽女」「乞食」について記している。以下のとおりである。

タウナイ　正月に木製の鍬型の、鉄の部分は黒く墨を塗ったものを持って、餅を貰いに来る。明きの方から田ウナイめが参りました　さあさあうないましょう。（以下略）

神楽　以前は正月になると茨城郡足黒及び久慈郡諸田から必ず来たが、近年は来なくなった。／豆蔵　近年来ない。／三河万歳　今も来る。／祭文　一四、五年前まで来た。／ゴゼ　多賀郡豊浦町川尻付近から二十年前ごろまで来た。親方だけが盲女だった。／乞食一昨年は幾人も流れこんで来た。町方が特に不景気であったためだろうということであった、かなりな身なりをして、常陸鉱山で失業をしたなどと言っていた。（以下略）

（『日本民俗誌大系　第八巻　関東』）

この記述は、東北につながる茨城県北部の被差別の芸能民のようすの一端を伝えているだろう。

地域社会の祭祀の一端を担い、予祝の先触れとしてのこれらの被差別の芸能民がどのような役割を果たし、相互にどのような関係を結んでいたかの調査は、今後の課題として確認しておきたい。

六　近代における被差別部落の動態

(1) 明治期の動向

明治維新を迎えた茨城の被差別部落の動態については不明なことが多いが、一八七一年（明治四）の太政官布告「賤称廃止令」直後に、古河の「元穢多非人」たちが連名で、新政にもとづく分県によって所属の村が変わることに抗議し、従来の所属に戻してほしい旨の嘆願を出している（『古河市史資料　近現代編』一九八四年、三一―三二頁）。

嘆願口上書

□□□□元穢多非人共一同奉申上候、旧前ゟ卑乞私共義全ク其御町内御労情之御差配ヲ請、聊之業ヲ以今日相営厚難有永続罷在候、然ル処、今般御分県被　仰出候ニ付而ハ、当□□之義野渡村附属相成候御沙汰之趣被仰渡乍恐奉驚入候、一躰私共義ハ旧前下総古河地内字白山と申地ニ住居罷在候処、御蔵御屋敷御取建之砌、非常被為在御緊急候方ゟ当□□ニ被取退候付、無余期違ニも相成居候義之申伝ハ、一同承知仕候、然ル処夫故此度之御布告ニも相背候哉、眼前御他県管下ニも可相成、野渡村之付属と罷成候而は、従往古於当町之御縄受之田畑住地等も有之、旁以甚大不都合之至、万端差支至極、実ニ難儀後悔仕候間、何卒出格之以御憐憫、従前之通御町方附属へ御居置被成下置候様、孰之躰へも被仰上御救之程一同挙而奉嘆願候、右奉嘆願候通被仰付被下置候ハハ、往々相助重々難有仕合ニ奉存候、此段乍恐以口上書奉申上候、以上

明治四辛未十二月

(以下氏名一七人略)

これは概略、「昔は古河地字白山に住んでいたが、新政の分県によって、当地(□□)が野渡村の「附属」とされるのは不都合であるので、現状のままにしてほしい」という主張である。もともと住んでいたという古河地内白山がどこを指すのか現時点では不明である。ともあれ、この嘆願書にある部落の人々の地域は、古河と栃木との県境にあり、野木村・野渡村が隣接していた。一八七一年(明治四)に野木村は古河県から栃木県に移管された(さらに一八八九年(明治二二)の町村制施行にともない、栃木県都賀郡野木町として再編され、旧野渡村もここに組み込まれた)。嘆願書の部落民たちが危惧しているのは、野木・野渡が栃木県管轄となることと、それによって野渡村の長吏支配が継続してしまうことではなかったかと考える。

しかも、この嘆願書によれば、近世のある時点での「古河地内字白山」からの移転は、「御蔵御屋敷御取建之砌」に際した、「非常被為在御緊急候方ゟ当□□ニ被取退候付」という事情であったという。古河城下町の整備は一七世紀前半にすすむが、渡良瀬川沿いの野渡村に「野渡米蔵」と呼ばれた古河藩の米蔵が建設されていた。嘆願書がいう「御蔵御屋敷御取建之砌」とはこのことを指すと思われる。「当□□ニ被取退候」とは、この米蔵建設のための立ち退きであろう。また、嘆願書は一見すると旧慣への復帰を求める内容であるが、新政発布の機会に対して、自らの意志を行使しようとする部落の動向として解釈できる。すなわち、文中には、以前の立ち退きは一同承知したことを引き合いにし、それに続けて「然ル処夫故此度之御布告ニも相背候哉」とある。一八七一年(明治四)八月に布告された「賤民廃止令」に言及し、今回の分県にともなう措置は、この布告に反すると主張しているのである。それは近世的な部落の支配の継続を意味するからである。嘆願書はそれに異議を唱えていると理解したい。古河の部落の成り立ちを考えるうえで興味深いだけでなく、「賤民廃止令」に対応した在地の部

落の動向を理解するうえで重要な事例であるといえよう。

さらに、一八七〇年（明治三）一〇月には、「下総国結城郡結城町長吏小頭長三郎」の組下「常州真壁郡小栗村組頭峰松」の手下の「ひにん八助」らが、政府の戸籍調査の際に、「長吏峰松」に協力せず、さらに斃牛馬の皮剝の仕事を拒否するなどしたため、弾直樹の命令によって捕縛されるという事件が起きている（『史料集　明治初期被差別部落』部落解放研究所、一九八六年、一五六頁）。この事件を報告する際、弾直樹は次のことを主張している。

御省より皮革製造御用被仰付候場合、右体斃牛馬皮も不剝取、支配之規則相背、我意増長罷在候もの、其侭差置候而者、一体之取締ニも差響

弾は兵部省にあてて皮革製造の一手請負を請願している最中であった。それゆえ皮革生産を支配していくためにやむをえず捕縛にいたったとしている。「賤民廃止令」前夜のこの争論は、弾支配から離脱しようとする非人集団の動向を示している。なお、この事件の舞台となった「結城町」および「真壁郡小栗村」はそれぞれ現在の結城市と筑西市小栗である。

ところで、近代の部落の歴史理解にかかわって、一九六五年（昭和四〇）八月に提出された政府の「同和対策審議会答申」は、「賤称廃止令」を「形式的な解放令にすぎなかった」とし、「明治維新後の社会においても、差別の実態はほとんど変化がなく、同和地区住民は、封建時代とあまりかわらない悲惨な状態のもとに絶望的な生活を続けてきた」としている。そして、近代日本国家が被差別部落をめぐる課題を再認識するのは「米騒動」であり、それが全国水平社の創立を促したという歴史把握を提示している。事実、松方デフレの緊縮財政のもとで窮迫した部落の惨状については、奈良県における『明治一八年農工商衰頽原因調書』（一八八七年）および京都府における『臨時旧穢多非人調書』（明治一九年〈一八八六〉）がその実態を記している。ただしこの時期には、そうした困窮に抗して生活を守るために、共有林や入会地における部落の権利を求める土地闘争が各地で展開されていた。(4) また、土地闘争に限定されない、本村や農民に対して平等の権利を求める闘いも展開されてい

た。茨城の事例ではないが、野州足利郡山下村では、「非常消防組」の組織編成において部落民だけを隔絶して組織するという、差別的な取扱いに対する抗議運動が組織されている（『下野国半右衛門文書』、二三六―二四一頁）。この差別的な消防組編成によって、部落の費用負担が過重になり、さまざまな困難が生じるからであった。

明治後半には、社会ダーウィニズムと優性思想が知的言説のみならず社会政策をも席捲しはじめる［関口二〇一六］。そしてこの時期、日露戦争後の地方改良運動のもとで、良民化・国民化政策が被差別部落を包囲していった。このころの地域社会の一端を知る資料として、明治二〇年代から大正期にかけて、農商務省が奨励した「郡是」「町村是」編成の運動がある。地域社会の産業振興と経済的自立を目的としたこの「町村是」策定は、同時に共同体内の差別や対立の調和を目指していたが、そのとき、被差別部落がかかわる慣習は、部落の旧弊や後進性を示すものとして、差別的な価値観にもとづいて克服や廃絶の対象とされた。その姿勢が最もよく表現された例として、『群馬県農会村是調査書』（群馬県農会、一九一一年）における「新田郡強戸村之部」をあげることができる。[5] この調査は、一九〇九年（明治四二）から翌年にかけて、県下一二三村でおこなわれたが、そのうち、負債総額が甚大であった吾妻郡大田村と群馬郡大類村とならんで強戸村が取り上げられ、特別に調査報告書として編集されたものである。同調査書は「特殊部落即新平民人情風情」の項を設け、「言語・行為・衛生・職業・資産・家族・交際・風俗・公徳・教育・社会・納税」の項目から記述しているが、まず「彼等特殊部落ノ人民ハ元来教育ナク家庭甚卑賤ニシテ自ラヲ重セス社会ニ排斥セラルゝヲ自覚シ自暴自棄ノ風アリ誠ニ憐ムヘキ至リナリ」として、「頗ル粗暴ニシテ野卑訛言最モ多シ」「嘲罵争闘殺生ヲ好ミ其ノ志想薄弱ナルモ時ニ残忍酷薄ナル」など、部落を偏狭で公徳心に欠ける存在として描いている。

茨城の被差別部落がかかわる「村是」では、『猿島郡弓馬田《ゆまた》村村是』（一九一二年（明治四五））のうち、「第五斃獣ノ処置」の項に次の記載がある。

従前ハ斃獣捨場アリテ斃獣ハ悉ク其場所ニ埋葬スル慣例ナリシモ明治二十四年其筋ノ注意ニヨリ之ヲ廃シ

テ雑地ニ編入シ爾来畜類ノ伝染病ニ罹リ斃死シタルモノハ其飼養主ノ所有地ニ於テ之ヲ焼棄シ普通ノ疾病ニヨリ死亡シタルモノハ革商ニ託シテ処置セシムルヲ通例トセリ然レ共其方法ノ不条理ナルハ贅言ヲ要セサル処ナレバ近キ将来ニ於テ之レガ適切ナル設備ヲナサントス

（『猿島郡弓馬田村村是』猿島郡弓馬田村村是調査会、一九一二年、二〇二頁）

「獣類伝染病予防規則」は、一八八六年（明治一九）に農商務省令として制定されたが、一八九二年（明治二五）に朝鮮からの輸入牛を介して牛疫が発生し、これが流行したため、一八九六年（明治二九）に「獣疫予防法」が制定された。これによって家畜防疫が制度化された。(6) 弓馬田村村是が斃獣捨場の取り締まりと旧慣の廃止をあらためて主張しているのは、直接的にはこうした家畜伝染病予防にかかわる前史にもとづいている。また、この記述によれば、少なくとも一八九一年（明治二四）までは捨場慣行が継続していたこと、それが廃止されたあとも、通常の斃獣については革商に「託」すという慣行が存在していたことがわかる。その意味で斃牛馬処理慣行が近代においてどのように変遷していったかを知ることができる。しかし、この村是調査を契機に、こうした慣行の一切が「不条理」として廃絶の対象として認識されることになった。ひるがえって強戸村の村是調査を参照すれば、それが全国にも例をみないほどに部落の差別的な表象に踏み込んだ、特異な資料であることがわかる。ただし、弓馬田村村是調査でも、革業者による斃獣処理の慣行を「不条理」と把握していることから、強戸村の村是調査と弓馬田村村是調査とのあいだには、地域社会で旧慣を廃止し、「人情風俗」の「改善」によって、「良民」の理念にもとづく国民統合をすすめようとする共通の目的意識があるといえよう。

なお、この時期の茨城県の町村是は農業経営における畜産・養鶏を奨励している。さらに、屠場の設置の細則を決定した屠場法の制定が一九〇六年（明治三九）であることから、この明治後期が、皮革産業とならんで茨城県の被差別部落の経済を支えていく食肉産業近代化の起点であることを指摘しておきたい。(7)

(2) 明治後期の動向

明治後期の村是調査が示した文明化論的で良民的な国民観にもとづく部落に対する把握は、大正期に内務省の部落改善政策に継承されることになる。一九二二年（大正一一）六月発行の内務省社会局『部落改善の概況』のうち「茨城県」の項は、東茨城郡、新治郡、筑波郡、結城郡、猿島郡、北相馬郡をとりあげてその特徴と改善方針を述べている。そのうち、新治郡と猿島郡の記述の一部を引用しよう。

新治郡

差別撤廃の精神徹底せざるが為め、兎角普通民と相離れんとするの風習脱せざるを以て、明年度に於て開始の計画ある民力滋養講演会を始めとし、衛生講和会、其の他多数民の集合する場合には、特に出席聴講方を勧奨し、以て普通民と接触するの機会を多からしむるは、緩和の方便ともなり……（以下略）

猿島郡

部落改善の方策としては、教育の普及、住宅の改善、衛生施設の完備、産業の改良及出稼移住の奨励等を主眼とし、誘掖指導するに在るも、兎角一般民と差別せらるゝ所以は、部民が一般民に比し多少生活並知識程度の低きに由るものありと雖、主として旧来罪人を取扱ひ、獣類を始末し、特別の設備（乾燥を防ぐ為の土《む》窟《ろ》）を為して、草履、鞋の製造を常業としたる為、特別の人種視せらるるにあるを認む。依て前記方策中、産業の改良、殊に副業の改良を急ぎ、一面には其の青年を青年団に加入せしめて、一般人民と社会的に接近せしむるを最も急要と信ず。（以下略）

さらに、方策の項では次の諸課題をあげている。「甲、方策の概要」では「教育及衛生思想の普及向上を図ること」「部落民に対する普通民の因襲的観念の除去を図ること」。次いで「乙、計画の概要」では、「（い）教育に関するもの」として、「児童就学の奨励」「小学児童をして部落児童を忌避するが如き言行を為さしめざること」「貧困児童の保護」「優良児童に対する奨学金の給与」「補習教育の振興を図ること」。また、「（ろ）衛生に関するもの」として、「衛生講和の開催」「衛生組合の設置」「土室（地盤を掘りて土室を作り、作業場として此中に寝食す）の廃止」。最後に「（は）普通民との間に関するもの」として、「各種団体の諸会合に際し、部落民の加入出席を奨励すること」「団体の会員は葬祭等の場合には努めて出席すること」「大家福《ダイヤフク》と称し、旧正月等に各戸に到り物貰ひを為すの風習を根絶するに努むること」。

『部落改善の概況』の基本的な視点は、町村是調査で示された、良民観にもとづく「人情風俗」の改善と国民統合という目的のもと、その生業をとりあげて、部落の〈後進性〉と「特別の人種視」を強調するものである。さらにここで興味深いのは、ムロ（室）への注目であろう。草履製作などの作業場としてつくられたここでいうムロとは、家屋に隣接して、半地下形式でつくられた「ツチムロ」である［宮本 二〇一一］。ムロには石室、氷室、麹室があるように伝統的な食物保存や加工業において一般的な形態である。しかしここでは草履製造などの部落の生業と結びついて、部落に対する差別的な認識の指標となっている。

次いで問題にされているのは正月の門付芸である「大《ダイ》家福《ヤフク》」である。ここでも「大家福」は少なくとも茨城の部落の門付芸として認識されている。それは少なくとも大正期までは継続されていたことがわかる。こうして、「概況」が示しているのは、政府・内務省は、米騒動以後、全国水平社創立というこの時点において、旧慣の改善・廃絶にとどまらず、部落と「一般民」を積極的に融合する姿勢を前面に出しているということである。その観点から、「一般民」の側の差別意識も改善の対象とされたのであった。

(3) 皮革産業

近世の項で触れたように、結城の皮革業者は弾左衛門の時代から、関東の皮革産業の有力な担い手であった。すでに触れたように、東京の皮革業者たちが一九五九年にまとめた業界史である『皮革産業沿革史』は、明治初頭の浅草亀岡町の皮革業の概要と有力な原皮商人たちを紹介しており、同書には結城市出身の山中長七、山中とも親類関係があったという八王子の山上吉五郎、山中家から栃木の上原家に養子にでた上原富蔵などが列記されていた（同書五三八頁）。こうした原皮商人たちは、江戸時代から部落の有力者として弾家と深い関係を結んでいた。これもすでに紹介したとおり、これらの業者たちは一九二一年（大正一〇）に「関東皮革毛皮株式会社」を東京の三河島に創設し、出資者は栃木市出身の上原和三郎、横浜弁天町の山岡、群馬県前橋市の坂本綱五郎、そして結城市の利根山など一一名であった（『皮革世界』第一五巻第二号）。また、浅草で宮内庁御用達の太鼓店として知られている宮本太鼓店も、創業は土浦で一八六一年（文久元）であり、一八九三年（明治二六）に浅草聖天町に店を構えたとされている。

(4) 大正・昭和期の部落と融和運動

大正期の部落産業

大正期の部落の産業動態については、昭和期に融和事業をめぐって活発に論考を発表した、茨城県社会事業協会の伊藤藤次郎「部落経済問題の一考察——茨城懸下部落経済の実情を中心として」（『融和事業研究』一四号、一九三一年四月）が、一九二〇年（大正九）の部落人口と産業調査を掲載している。以下、この調査にもとづいて、「一九二〇年（大正九）茨城県の部落人口と産業調査」（表4）を掲げる。

これによれば、農業人口は、部落の総人口四七四二人中、本業二五〇〇人、副業五〇四人で、合計三〇〇四人となり、全体の六三％を占める。これに次ぐのが草履・履物・製靴業で合計一六六一人。さらに皮革関連業については、本業とするものが、製革一七、皮革仲買一七、太鼓作り二四、副業とするものが製革一一六、皮革仲買七、太鼓作り二八となり、製靴・靴修理などを加えた合計が一七二人となる。皮革業にかかわってはすでに結城の山中皮革など代表的な皮革業者の存在を指摘してきたが、この数字から、近代の皮革製造技術の習得はもちろん、伝染病予防や衛生対策などの規制を経て、近代社会において皮革産業を部落産業として定着させてきたようすをうかがうことができる。

さらにこの部落産業の実勢を生産高調査から示しておく（表5）。

この二つの人口・産業調査によって、東京近郊地域として、農業とともに都市的な産業である製履業と皮革関連業によって部落の生活を支えている茨城県の部落産業の特徴を知ることができるだろう。しかしまた同時に無

表4　1920年（大正9）茨城県の部落人口と産業調査

職業種別	本業人口	副業人口	合計	職業種別	本業人口	副業人口	合計
農業	2500	504	3004	干瓢商	2	0	2
竹皮草履	164	1025	1189	屑繭商	2	0	2
下駄表・草履表	38	151	189	棕櫚皮商	4	0	4
雪駄作り	2	222	224	荒物商	1	0	1
履物	34	3	37	雑貨商	0	16	16
製靴	1	21	22	際物商	0	2	2
製革	17	116	133	足袋行商	0	2	2
靴修理	30		30	雑穀商	0	2	2
太鼓作り	24	28	52	鶏卵商	0	3	3
箕直し	10	1	11	日傭	34	3	37
萱手職	1	0	1	非常番	6	2	8
椅子工	1	0	1	電報配達	1	0	1
藁細工	7	0	7	新聞配達	3	0	3
洋傘直し	2	6	8	土木職工	11	0	11
紬糸紡	0	28	28	大工	3	0	3
牛馬商	31	20	51	駅夫	1	0	1
豚肉行商	8	0	8	馬車挽	4	1	5
豚仲買	1	0	1	土木請負	2	0	2
皮革仲買	17	7	24	周旋業	2	0	2
鳥仲買	11	3	14	狩猟業	1	0	1
物品販売	16	18	34	仲立業	1	0	1
古物商	16	36	52	髪結	4	1	5
木材商	4	0	4	遊芸人	4	120	124
菓子小売商	1	0	1	官公吏	2	0	2
竹皮商	2	0	2	雑業	2	0	2
米穀商	1	0	1	無職	88	0	88

表5　1920年調査にもとづく部落の産業生産高

部落産業の種別	農業	製履業	皮革業	生獣肉	箕	筬
生産高（円）	240,518	63,407	12,180	3,900	160	90

出典：伊藤藤次郎「部落経済問題の一考察」上。

職八八人、日傭三七人にあらわれているように、多くの無職・雑業層を抱えている。また、「遊芸人」の本業四・副業一二〇の合計一二四人という数字には、本業のほかに、門付などの芸能や香具師などで生計を支えている部落の様子がうかがえる。このことは関東の部落の特徴を考えるうえでも興味深い。と同時に、茨城県の部落の経済構造の不安定性と流動性を示してもいる。だが、この特徴をそのまま部落の後進性や閉鎖性としてとらえるのは正しくない。そのことは次項で触れておこう。

融和運動

茨城県においては、一九二九年（昭和四）八月一六日に下館町高等女学校において、茨城県が当番となって第二回融和事業協議会が開催されている（「融和時報関東版」三四号）。山本正男の講演があり、中央融和事業協会から赤堀郁太郎が派遣された。

こうした融和事業の展開を受けて、先述したように、茨城県社会事業協会の伊藤藤次郎が一連の論考を発表した［伊藤 一九三一a］。その趣旨は、経済状態において、産業組合が未組織であること、農村工業が中心であること。しかし、製履業は凋落傾向にあること。また、「土室が仕事場となるだけでなく家庭の住居の手段となっていること」を指摘し、農業が中心であることを認めながらも、茨城県の部落の特徴でもある部落産業に対する低い評価を示し、そのうえで、こうした要因にもとづいて、「ひがみ、卑屈、卑下、諦め」などの否定的感情を形成していると結論している。そしてその「改善」のために「内部同胞の自覚向上」を求めている。こうして、都市近郊的な地域性に対応した部落産業の存在に対して、融和事業協会は茨城県の部落の経済構造の不安定性・流動性を問題視した。そしてこの不安定性・流動性は部落民の自己卑下的な感情と悪循環を構成して、全体の後進性と低位性を形成していると把握したのである。

伊藤の趣旨は、続く「部落経済対策論」へと継承され、部落における協同企業創出という提起に受け継がれている［伊藤 一九三一a、一九三一b］。農村工業あるいは製履業は経済運動としての展開によって、さらに協同組合運動への期待によって、部落改善を実現しようとするものであった。

伊藤藤次郎のこうした議論はきわめて詳細な部落調査

にもとづいているが、その基本方針は、部落の内部自覚向上と協同組合主義を強調した融和事業家・山本正男の融和事業論・政策論を踏襲したものである［大阪人権博物館編 二〇〇九］。

しかし、はたして茨城県の部落の経済構造は、伊藤のいうような方向で集約化される必要があっただろうか。先に、一九二一年（大正一〇）に茨城県内務部社会課がおこなった「地方改善に関する調査」を参照したが、一九二一年当時の四五市町村・六二地区の部落の戸数／人口は、七五九戸／四七四二人であった。これに対して、やはり先に参照した、昭和恐慌期以後の一九三六年（昭和一一）におこなわれた中央融和事業協会『全国部落調査』では、五七地区、八七七戸／五三三九人であった。地区数に相違があるが、一九二一年調査から一九三六年調査までのあいだに、戸数・人口ではそれぞれ一五％／一二％の増加がある。ここから、零細だが草履生産や皮革・食肉加工業、日雇雑業などの副業を生かした小農経営によって、部落が自生的な展開をとおして近代化と産業化に対応している姿がうかがえる。このことは重視されなければならない。

それに対して、伊藤の部落改善政策には、部落の製履業・皮革業・食肉業を過渡的で非近代的・非産業社会的であるとみなす生産力主義的な視点がある。このことは資本主義下の農業経営および農村社会のゆくえをどう考えるかという、より大きな論点にもかかわることである。もちろん、零細で不安定な産業構造の自主的改善や行政的補助は必要である。だがそれによって、部落が保持してきた生業の経験や産業の蓄積を否定する必要はない。国民国家の良民観にもとづき、部落の産業構造を集約化し、国民統合をめざした融和事業は、生産力主義と融和主義という落とし穴におちいっている。そもそも「内部自覚」という方針が示すように、部落の低位性の原因の主因を部落それ自身の劣等意識に求めることで、差別の要因を部落民自身に帰してしまっている。それによって、融和運動は、部落民による自主的な解放の方途に対して、きわめて過少な評価しか与えなかったのである。そのため、被差別部落が、それ自身の自主性にもとづいて自生的に近代社会に対応して展開していく可能性を見誤ったのである。

一方、中央融和事業協会をとおして展開される融和運動に対して、部落の側はどのように対応していただろうか。『融和時報』七二号（一九三二年一一月一日）の「中部地方関東地方部落経済更生指導者講習会出席者氏名」によれば、茨城県からは緑岡村H部落から岡澤治および小松崎秋之助の二名が、さらに同八三号（一九三三年一〇月一日）には北相馬郡守谷町の岩田民之助の参加が確認できる。緑岡村Hの部落は水戸藩の部落の小頭居住地であり、有力な部落からの参加であったと考えていいだろう。

昭和恐慌期の一九三〇年代前半に展開された農村漁村経済更生運動に対応して、部落においても中央融和事業による経済更生運動がおこなわれた。茨城県では、一九三三年（昭和八）七月に猿島郡五霞村が経済更生推進地域に指定されている（『融和事業研究』二六輯）。また、これより少しあとになるが、授産事業として、「下駄鼻緒、ミシン裁縫の実施」がおこなわれている（同五三輯、一九三九年一月）。これは先の茨城県社会事業協会の伊藤藤次郎らの提案に沿うものとなっている。

融和事業と並行して提起された満洲移民・開拓事業については、茨城県内の部落からどのような参加や関与があったかは、現時点では定かではない。ただし、茨城県の中部に位置し、水戸からも近い友部町（現・笠間市）には、農本主義者であり、アジア主義者であった加藤完治が初代校長となって建設されたことで知られている、日本国民高等学校が存在した。一九二七年（昭和二）に中堅農村人物の育成を目的として開校された日本国民高等学校では、隣接して満蒙開拓青少年義勇軍訓練所が併設されることで、満州開拓事業の強力な推進の拠点となった。学課構成は農業労働生活を中心に成り立っていた。ここに、全国一七府県の部落から一七名が選抜され、学んでいた。そのうちのひとり高梨正之助が報告記を『融和事業研究』二七輯（一九三三年九月）に寄稿している。高梨は茨城県の出身ではなかったが、それによれば、一七名のうち、最終的に一五名が満洲国北大営で二ヵ月の実地研究をおこない帰国する予定とある。なお、部落の青年を入学させるこの事業には、一九四〇年（昭和一五）にその後六名の入学があったと報じられている（同五七輯、一九四〇年一月）。

水平運動

一九二三年（大正一二）三月二三日に、関東水平社は群馬県太田町で設立大会を開催した。茨城県でも一九二四年（大正一三）に猿島郡新郷村と岡郷村に水平社が結成されている。一九二五年（大正一四）一月二日に発生した群馬県の世良田事件に際しては、猿島郡岡郷村中田水平社代表・高関増蔵、岡郷村水平社代表・峰源太郎、岡郷村・諏訪友八の三名が義捐金を寄せている（渡部徹・秋定嘉和編『部落問題・水平運動資料集成』補巻二、三一書房、一九七八年）。

また、一九二八年（昭和三）には真壁郡竹島村で村会議員選挙糾弾事件が起きている。この「村長糾弾事件は、当年五月施行の同村議選挙当時、該部落より立候補藤□より山中清君に対し差別的対偶ありとして、逆に村長増渕彦三郎に対し選挙当選妨害罪として所轄署に告訴を提起す」というものであった（同『部落問題・水平運動資料集成』第二巻）。水平社による糾弾ではなく、村会議員選挙に立候補した部落内議員の山中が、「差別的待遇」を受けたため、村長を選挙妨害罪として告訴したという事件である。自主的救済の動きが存在したという意味で興味深い事例である。ただしこれ以上の経過は不明である。

なお、内務省が記録しているかぎりでの府県別糾弾件数のうち、一九二七年（昭和二）から一九三八年（昭和一三）までの糾弾件数は表6のとおりである。

もとより糾弾件数は差別事象の数を示すものではない。また、資料上の制約から個々の事件の概要を知ることができない。そこで、一つひとつの糾弾事件や差別事象の記憶を掘り起こすことは重要な課題であることを確認しておきたい。

近代の茨城県の部落を融和運動と水平運動との関係からみるならば、融和事業は伊藤藤次郎という能吏の存在によって、積極的に展開されたようにみえるが、それがどの程度地域の部落で受容されていたかについて、確たる評

表6　1927年～1938年の茨城県における糾弾件数

1927	1928	1929	1930	1931	1932	1933	1934	1935	1936	1937	1938
7	7	2	3	–	3	–	4	3	4	1	1

出典：渡部徹・秋定嘉和編『部落問題・水平運動資料集成』第三巻、三一書房、1974年。

価を下すことはできない。同様に、水平運動についても、その規模は明らかに限定的であるが、それが差別事件や融和運動に対する部落の対抗や交渉のすべてを物語っているわけではない。少なくとも近世からの歴史をみれば、水戸、古河、結城、猿島郡下の部落などが、生業の展開や権利の主張において活発であった。この勢力図はまた融和運動や水平運動の展開においても重なる。しかし、そうした頂点的な活動だけで近世から近現代を生き抜いてきた部落の姿を総括することはできない。県北・県南・県西・県央・鹿行の五つの地域においても、それぞれの部落には相違があり、さらに一つひとつの部落にも異なる歴史や背景がある。そうしたディテールに個性を与えるまでには至っていないが、今後の研究に向けて、単なる外郭にとどまらない茨城の部落像を示すことができていれば幸いである。

注

(1) これにかかわって、高橋裕文「近世初中期の水戸領皮多集団の構造と職業」(『解放研究』一八号、東日本部落解放研究所、二〇〇八年)、および服部英雄『河原ノ者・非人・秀吉』(山川出版社、二〇一二年)において、南北朝期に「かわた」が登場する史料が紹介されている。これは『南北朝遺文』関東編第三巻(東京堂出版、二〇〇九年)、そして『茨城県史料 中世編II』(茨城県史編さん中世部会、二〇一〇年)に収録された史料「薬王院文書」で、「康永四年三月日」(一三四五年)「一かはた入道 一町(略)/一かはた三郎 一反」が、「皮多」の初見だとするものである。『南北朝遺文』関東編第三巻に収録されたこの史料「常陸国恒富大葉郡田数目録写」(水戸彰考館所蔵吉田薬王院文書)は、常陸国吉田郷の公田、「ひらく田」=開田、「寄進」の田数を集めた土地台帳である。このうち「開田」は二〇名が記録されているが、そのなかに「かはた入道」「かはた三郎」が登場する。これが常陸国における「かわた」の初見であれば、これまで初見とされてきた永享二年(一四三〇)一一月二日付、土佐国香美郡の「かわた四郎」、さらに明確な皮役としての初見である大永六年(一五二六)六月一二日の今川氏親朱印状にみえる「かわた彦八」を大きくさかのぼることになる。なお、「常陸国吉田郷」を含む水戸市域には、佐竹氏以前の水戸城主・大掾氏の家臣・鍛冶貞国、のちの川和田入道が、建武三年・延元元年(一三三六)に水戸城の支城として河和田城を築いている。そして「河和田・川和田」の読みには、〈かわわだ〉の前に、〈かわだ〉があった。そこで、「かわた入道」「かわた三郎」の「かわた」は「川和田（河和田）」ではないかという推定も可能であることを指摘しておきたい。

（2）なお、宮前千雅子が鯨井の「癩人小屋」研究を、「『癩人小屋』に癩者が必ずしもいなかったという事実は、それほど強調すべき事象なのか」と批判している（宮前「『癩人小屋』の勧進と地域社会」『部落解放研究』一九七号、部落解放・人権研究所、二〇一三年、一八頁）。宮前は地域社会の勧進に参入する「癩者」たちをめぐって、地域社会の宗教意識の後退の一方で、「宗教的役割」を自負するようになった「癩者」たちに焦点をあてている。一考すべきである。勧進をおこなう「宗教的役割」を自負する「癩人」と、「癩」患者とは区別されうるということが、ここでの論点である。そのうえで「癩人小屋」の由来についてはまだ研究の余地があることを指摘しておきたい。

（3）坂井康人氏のご教示による。

（4）『京都の部落史2　近現代』（京都部落史研究所、一九九一年）は、一八八一年（明治一四）の木崎村の入会権闘争、保津村の共有山林争論（明治一五年（一八八二）〜明治一八年（一八八五））など、本村に対して部落の共有林の権利を守ろうとした闘争を記している。同書五二—五七頁。また、関東においては、小嶋正次「地租改正期、部落における土地を守る闘い——多摩の二件の事例から」『解放研究』二六号（東日本部落解放研究所、二〇一二年）を参照。

（5）一橋大学図書館所蔵。本資料については、『明日を拓く』三一号（東日本部落解放研究所、一九九九年）において、石田貞「世良田事件における自警団結成の背景」および友常「農村社会論における被差別部落の位置について——一九一一年強戸村「村是」から小作争議への展開過程を題材に」でそれぞれ紹介した。

（6）家畜伝染病予防法の変遷については、杉浦勝明「家畜伝染病予防法の変遷」『日本獣医史学雑誌』五〇号（日本獣医史学会、二〇一三年）を参照。また、友常「明治期の衛生政策と東京の被差別部落（上）」『解放研究』一〇号（東日本部落解放研究所、一九九五年）も参照。

（7）東京府の事例が中心であるが、明治期を通じた屠場と食肉業者の形成については、「荒川の部落史」調査会編『荒川の部落史　まち・くらし・しごと』（現代企画室、一九九九年、五〇—五四頁）を参照。

参考史料

茨城県史編集委員会編『茨城県史　近世編』茨城県、一九八五年。

『茨城県史料　近世社会経済編Ⅰ』茨城県、一九七一年。

笠間市史編さん委員会編『笠間市史史料集　第三集』茨城県笠間市、一九九〇年。

『土浦史資料』二号、一九八八年。

茨城県史編集委員会編『茨城県史　市町村編Ⅱ』茨城県、一九七五年。

「弾左衛門由緒書」（一七〇六年（宝永三）原田伴彦ほか編『日本庶民生活史料集成』第一四巻、三一書房、一九七一年。

『結城市史　第二巻　近世史料編』茨城県結城市、一九七九年。

「享保十年相馬郡守谷領人別家数留帳」『取手市史　近世資料編Ⅰ』茨城県取手市、一九八二年。

長命豊編著『茨城県猿島郡・岩井市の近世史料集成』小宮山書店、一九七四年。

古河市史編さん委員会編『古河市史資料　近現代編』茨城県古河市、一九八四年。

『史料集　明治初期被差別部落』部落解放研究所、一九八六年。

群馬部落研東毛地区近世史学習会編『下野国半右衛門文書』一九九六年。

皮革産業沿革史編纂委員会編『皮革産業沿革史　下』東京皮革青年会、一九五九年。

『皮革世界』第一五巻二号、一九二一年三月。

「荒川部落史」調査会編『荒川の部落史　まち・くらし・しごと』現代企画室、一九九九年。

「融和時報関東版」三四号（一九二九年九月一日）原田伴彦・渡部徹編『融和時報（復刻版）』第一巻、三一書房、一九八二年。

渡部徹・秋定嘉和編『部落問題・水平運動資料集成』補巻二、三一書房、一九七八年。

参考文献

伊藤藤次郎（一九三一a）「部落経済問題の一考察――茨城懸下部落経済の実情を中心として」『融和事業研究』一四―一六号、中央融和事業協会。

伊藤藤次郎（一九三一b）「農民の自助的共同的（組合）運動」『融和事業研究』一七号、中央融和事業協会。

伊藤寿和（一九九八）「中世東国の「堀の内」群に関する歴史地理学的研究――北関東を事例として」『歴史地理学』四〇巻一号、歴史地理学会。

大阪人権博物館編『近現代の部落問題と山本政夫』解放出版社、二〇〇九年。

川根裕（一九八二）「下野国小山宿被差別民の生活」荒井貢次郎編『関東・東海被差別部落史研究』明石書店。

鯨井千佐登（二〇一〇）「史料紹介『奥南革師方諸留』と『癩人小屋についての状断片』（仮称）」『解放研究』二四号、東日本部落解放研究所。

関口寛（二〇一六）「賀川豊彦の社会事業と科学的人種主義

——近代日本における〈内なる他者〉をめぐる認識と実践」竹沢泰子ほか編著『人種神話を解体する　第二巻　科学と社会の知』東京大学出版会。

高倉胤明（一九六八）「水府地理温故録」『茨城県史料　近世地理編』茨城県。

中山太郎（一九九四）『日本巫女史』（増補復刻再版）パルトス社（初版は一九三〇年）。

藤沢靖介（一九八八）「時宗と関東の被差別部落——武蔵の国を中心に」『解放研究』一一号、東日本部落解放研究所。

宮本袈裟雄（二〇一一）『被差別部落の民俗』岩田書院。

横山陽子（二〇〇八）「陸奥国棚倉藩領穢多頭支配組織の内部動向と地域社会」『解放研究』二一号、東日本部落解放研究所。

特論2　水戸藩の部落の成立とその職業・役割

高橋裕文

はじめに

水戸藩領の部落史についての研究は、史料が少ないことなどにより、きわめて遅れた分野となっていたが、一九八五年頃より大熊哲雄の先駆的な現地調査に続き、筆者も関係史料収集に当たり、峯岸賢太郎らの研究会との交流も行い、水戸藩支配における位置付け、江戸弾左衛門支配との関係、皮多集団の実体と役割、小屋の者との関係、近隣百姓との関係などについて考察を行ってきた。ここでは、それらをふまえ、水戸藩の皮多・小屋の者について概要をまとめてみたい。

一　水戸藩の皮多集団の成立

(1)　戦国期の皮多集団

「かわた」という言葉に着目するならば、常陸《ひたち》三ノ宮吉田神社の神宮寺薬王院の一三四五年（康永四）「恒富大葉郷田数目録写」（『茨城県史料　中世編Ⅱ』）に「かはた入道一町」「かはた三郎八反」という土地保有者がみられるが、寺社に付属した皮作り職人に土地が与えられていたと考えられる。これについて、江戸時代の史料には次のように記されている。

一　吉田神社うしろを経て、僅四町を行過ぎ、登る坂をかわぼう坂といふ。昔平須の住穢多五兵衛（姓小松崎にて坂戸善重寺の旦中也）が先祖居し所ゆへ此名有といふ。其時代を尋し事有しが、只言伝のみにして、事跡年暦等、彼が家にても不分明也。只江戸但馬守様御代、先祖にて此所に居候所、佐竹様御代に至り、平須村へ引移り候由也と云々。

（「水府地理温故録」『茨城県史料　近世地誌編』）

これによれば、江戸期の皮多《かわた》頭・五兵衛の先祖は、室町時代から戦国時代にかけて水戸周辺を支配していた国人領主江戸氏のもとで吉田神社の近くに住んでいたとあり、江戸氏に対しても皮上納の役を負っていたと考えられる。しかし、一五九〇年（天正一八）に戦国大名・佐竹氏が江戸氏を滅ぼし水戸城に入ると、城下南西の平須《ひらす》村に移住した。

(2) 近世における弾左衛門の支配からの自立

平須村に移された皮多集団は、佐竹氏の秋田移封の後、徳川氏の入部により新たな支配を受けるようになった。近世において関八州の部落は江戸浅草の弾左衛門の支配下にあったが、水戸領と日光神領、喜連川領は除外されていた（「天保撰要類集」『日本庶民生活史料集成』第一五巻）。

弾左衛門は、後北条氏が没落した後、関東に入部した徳川家康に仕え、江戸初期にかけて、その支配を関東八ヵ国と伊豆、甲斐、駿河、陸奥の一部に広げたのであった。その支配を広げる過程で各地の有力頭層との対立が引き起こされ、対立相手は北条氏直《うじなお》や武田信玄の証文をあげて反論したが、幕府によって証文は取り上げられ、配下に組み込まれていった。こうして、弾左衛門は幕府権力を背景に各地の皮多や長吏を支配下に置いていった。

ところが、「水府地理温故録」によれば、水戸藩初期に家老の芦沢伊賀《あしざわいが》が皮多頭・五兵衛の先祖の大右衛門に「御用の鍛イ（エ）皮」を上納するよう命ずると、大右衛門は「何卒私家筋之儀武江（武蔵国江戸）団（弾）左衛門が支配を離れ、一ツはたに罷成度御願申上」げたため、早速芦沢伊賀が江戸町奉行所宛ての書状を書いたので、大右衛門はそれを持って町奉行所に行き、公儀の裁許をもらい「一ツはたとなり、関東の触頭」となったという。こうして水戸領の皮多は、幕府裁許という正式な手続きを経て弾左衛門の支配からの自立を勝ち取ったとされる。

なお、関東全域が弾左衛門の支配に入るのは元禄期以降とされているが、この「水府地理温古録」の記述によれば、水戸領の皮多はそれ以前から弾左衛門に支配され、一七世紀前半期に弾左衛門支配から抜け出したことになる。よって江戸初期には関東全域が緩やかな形で支配されていたが、元禄期になると実質的支配が及ぼされたため、各地で抵抗・紛争が起きていったというように、二段階の支配の過程があったなかでの出来事と考えたい。

二　水戸領の百姓と皮多の関係

(1) 皮多屋敷と白山権現

水戸藩は一六四一年（寛永一八）に平須村の検地を行ったが、このときの平須村の総面積（田畑・屋敷）は三六町五反八畝二七歩で、総石高は三二五石六斗五升二勺であった（「寛永十八年平須村検地帳」水戸市雨谷家所蔵）。土地保有者四三名のうち、屋敷をもつ者は二一名である。その屋敷地について、一六四五年（正保二）以降の年貢割付状に「四石ハ畑方かわた屋敷被下」という年貢免除地の記述がある。寛永検地では屋敷地の斗代は一反＝一石であるから、皮多屋敷は四反ということになる。これに該当する寛永検地帳における屋敷は久作の四反で、耕地面積は二町一反一畝二歩である。久作は、二町以上の有力土地保有者八名のうちの一人であった。この屋敷地は「かと」という小字にあり、二四間（約四三・三メートル）×五〇間（約九〇メートル）で平須村最大の屋敷地であった。

この屋敷地は、平須村の天保検地絵図帳（水戸市雨谷家所蔵）の皮多五兵衛所持の小字「かと」の上下畠五反一二歩、五四間×二八間とほぼ同じであり、かつ天保検地時の五兵衛移住屋敷地四反二九歩（二三間×五三間）とも近い形である。これらの屋敷地は同じものであると見なせることから、おそらく久作は皮多頭五兵衛の先祖であり、かつ皮多頭大右衛門の子であったと考えられる。屋敷規模としては村内最大であり、単なる住居ではなく、皮多頭としての役所も兼ねていたのであろう。

平須村内の皮多屋敷の変遷

①「寛永検地帳」小字「かと」
　久作屋敷地四反
　（二四間×五〇間）

②「天保検地絵図」小字「かと」
　五兵衛畠地五反一二歩
　（二八間×五四間）

③「天保検地絵図」小字「田向」
　五兵衛移住屋敷地四反二九歩
　（二三間×五三間）

一七八八年（天明八）の四郡奉行触書（「天明八年下江戸村申御配賦人馬帳」那珂市那珂家所蔵）によれば、皮多五兵衛は居宅が手広く、居家屋敷内に白山権現を勧請してあり、それらが破損していると藩に救済を訴えている。このことは、逆に言えば、水戸藩の支配にとって皮多集団が必要であったからこそ、そうした救済を求めることができたのであろう。とすれば、この居宅屋敷は皮多集団の役所を兼ねており、白山権現は皮多集団の鎮守であったということができよう。

(2) 五兵衛の村内の役職

平須村の庄屋であった雨谷家文書のなかに、一七一五年（正徳五）から一八二四年（文政七）までの平須村指《さし》銭帳《せんちょう》がある。村勘定（会計収支）の末尾には監査のため十人組頭が署名しているが、その一員として五兵衛（皮多頭）の名がほぼ一貫して記されている。村勘定のなかで必要経費については「百姓寄合相談之上相究指銭前書之通面割ニ付」と記されており、村内では五兵衛は百姓と同じく扱われていた。五兵衛の印鑑の銘は、一八〇五年（文化二）には「政明」で、一八二四年（文政七）には「政徳」であり、これが名前とすれば武士的な名を名乗り、先の「水府地理温故録」でも五兵衛が姓をもっていたと記されている。

このように、平須村には庄屋と皮多頭がいたのであるが、庄屋は村内の百姓を支配する一方、皮多頭は平須村の皮多を支配するほかに、水戸領内の他村と涸沼《ひぬま》南岸の守山藩領飛地などの皮多や小屋の者も支配しており、数百人の手下がいたといわれた（「御用留書抜」茨城県立歴史館所蔵）。

平須村内の百姓・皮多組織図

藩—郡奉行—庄屋—┬—組頭（二人）—十人組頭（六人）—百姓
　　　　　　　　　│　　　　⇒
　　　　　　　　　└—皮多頭五兵衛—皮多・小屋の者

三　水戸領の皮多の職業

(1) 年貢地の所有

天明八年の水戸藩四郡奉行所の触書によれば、皮多頭五兵衛は古来より今に至るまで「御年貢地ヲも所持」していたとあるが、これは検地帳に登録された耕地をもち、年貢を納めていたことを示している。先に記したように、五兵衛の持高は一七一五年（正徳五）には六九軒中で最高の三三石一斗三升で、一八二四年（文政七）にも五四軒中最高の三二石七斗七合であった。農地の所持については、百姓と同じ扱いをされていたといえる。

(2) 皮の製作

また、皮多はおもに武具と馬具に用いるために唐和《からわ》の皮（オランダ伝来の皮と国産の皮）を作っていた。武具の場合は、その材料となる下皮（品皮）を多く藩に納め、遠国まで仕入れに行き、皮細工を行った。遠国にも行くというのであるから弾左衛門支配下の国々とも交易があったのであろう。また、馬具としては馬の鼻皮（馬の鼻づらにかける細長い皮）や頭皮などを作っていた。

村々では牛馬が死んだ場合、馬捨場へ運び、毛色を書いた立札を立てて土中に埋め、近郷に触れることになっていた。この斃牛馬の皮を取る権利は、五兵衛から村々の皮多に与えられていたが、皮多は数ヵ村を縄張りとした職場をもち、五兵衛へは場年貢を納めていた（『国用秘録下』）。この職場を預け置かれて、実際に皮を剝いでいたのが小屋主（非人）であった。こうして作られた原皮は、皮多頭五兵衛の役所に独占的に集荷させられており、平須村で加工細工され製品化された。

(3) 村々からの勧化

五兵衛は、村々から穀物の相対勧化《あいたいかんげ》(寄付)として施物を受ける権利をもっていた。一七八七年(天明七)頃、五兵衛は困窮を理由に南郡役所へ勧化を願い出たが、役所はそれを許可し、役所手代の印鑑(印を押した札)を五兵衛に渡し、五兵衛は手下を廻村させ施物を受けさせることとした(前出「御用留書抜」)。この勧化とは、正月などめでたいときに皮多頭五兵衛が触れを流し、えたが一本刀に羽織を着て村々を廻り祝言などを言い、奉加をして施しを受けるものであった(木村謙次「足民論」『近世地方経済史料』第一巻)。

四 水戸領の皮多の任務

(1) 治安や処刑の任務

一六三二年(寛永九)以来、将軍が日光参拝するにあたり、水戸藩主が先に予参するのに伴い警護や雑務を行うときには、五兵衛は野州《やしゅう》(下野国)へ出張した。「水府地理温故録」によれば、「御代々御当家日光御予参之砌は其身も帯刀致し、手派の者にも帯刀致させ、日光の御旅館大桑村へ詰る也。実は御隠密御用のため也とかや」といわれた。日常的には四郡方の隠密御用、仕置、町方牢屋、諸役所御用を勤め、村々へ入り込んだ悪党、烏乱《うろん》の者を防いだが(前出「天明八年下江戸村中御配賦人馬帳」)、このようにかなり重要な治安任務を負っていた。

一七六七年(明和四)には、水戸領境の岩窟や僻遠の地に乞食や非人が住み着いているので、郡奉行所は孫衛門(皮多五兵衛の本名)に追い払うよう、村々のえた・小屋の者に対し指図させ、郷村の庄屋もきっと取り締まるべきであると寺社奉行、郡奉行より触れを出した(「水戸紀年」『茨城県史料 近世政治編I』)。

このなかで仕置は刑罰のことであるが、処刑の場合は、平須・根本(那珂川の渡場)のえたが処刑される者の護送、処刑の指揮にあたっていた。処刑場は田彦村内原、後台・中台入会野、長岡原、台渡り村柴付の四ヵ所にあり、獄門、磔、火あぶりなどの刑が執行された(『勝田市史 中世編・近世編』)。文化初年、平須や根本のえたが処刑の罪人を護送し青柳の渡し場を渡り、後台や田彦で処刑をした後は同じ渡し場を渡って戻ってくることを禁じたため、五兵衛は郡庁に訴えその撤回を求めた。これに対し、郡吏や里正（庄屋）は答えに窮したため、その後、川を渡れるようになった（「桃雑話」『水戸歴世譚』）。

(2) 芸能者の支配

皮多頭は村々を廻る芸能者もその支配下に置いていたが、それについては次のような史料がある。

宝暦三年
一宮左祢太夫以後穢多孫左衛門可為手下事
（「（久方蘭渓）見聞録目録抜書」茨城県立図書館所蔵）

芸能者とみられる宮左祢太夫は一七五三年（宝暦三）以降、えた孫左衛門（五兵衛の本名）の手下とされ、神楽が村々を廻って興行するときは村々の小屋〳〵（非人）へ断って廻ることになった。しかし、一七八一年（天明元）、夷（芸能者）より、それでは祭礼御用のとき、他領から雇う役者が来なくなるとして取りやめるよう申し立てがなされた。これに対し、五兵衛は、先年からの掟があり五兵衛へ届けて興行しているのは神楽ばかりではない、小屋〳〵へ届けをせず勝手に廻村させたのでは烏乱、悪者の取り締まりが行き届かなくなると反論した。しかし翌年、藩は検討の結果、小屋〳〵には断る必要はなく庄屋元へだけ断ればよいこととした（前出「御用留書抜」）。こうして、芸能者は五兵衛の支配から離れることとなった。

五　非人の存在形態と職業

皮多頭五兵衛は、治安任務遂行にあたって村々の手先を使っていた。村には彼の手下、支配の者（皮多）がおり、その村の村用などを勤めていた。小屋〳〵などへの申し付け、取り締まり等も五兵衛から達していた（前出「天明八年下江戸村申御配賦人馬帳」）。悪者の吟味も五兵衛の任務で、月々、小屋頭へ申し触れ小屋頭も油断なく気を付けていたので、水戸領内はとりたてて吟味が厳しいとのことで悪者が立ち入ることが難しくなっていた。一七八七年（天明七）には、五兵衛の手下が盗賊を捕まえた場合は、地元の役所に書面を差し添えて囚人を渡すこと、さらに小屋の者が捕えた盗賊も村役人へは引き渡さずに、すべて五兵衛方へ差し出し、それから扱いの役所へ書面を添えて引き渡すこととなった（前出「御用留書抜」）。五兵衛の支配下の非人頭がこれら非人を取りまとめていたが、それらの関係は次のとおりである。

非人の組織図

皮多頭五兵衛―非人頭・非人棟梁―小屋主（小屋頭）
―小屋の者・抱え非人

六　身分的規制の強化

(1) 農村荒廃と差別の強化

差別が強化されてくるのは、関東で農村荒廃がピークを迎える寛政から文化期である。一七九〇年（寛政二）成立の木村謙次の「足民論」に「穢多は人間の内、穢ものとせり」とあり、また、文化年代後半成立の坂場流謙の「国用秘録」にも、武士のなかには百姓取扱は「穢多非人抔のよふにいやしき役」という者がいたという。農村荒廃のなかで、封建的身分制の強化が支配層のなかから唱えられるようになってきた。

(2) 天保検地時の強制移住

平須村で一般農民と混住していた皮多の人々に対し、強制的に区分し現在の田向に移住させたのは、藩主・徳川斉昭《なりあき》の行った天保検地のときであった。天保検地時の郡奉行・金子孫二郎の「恵《めぐみ》の露《つゆ》」（東京大学史料編纂所所蔵）には、「穢多非人の宅ハ元来見捨地なれどそれが持ちたる田畠ハいつしか石高にむすべるものありし」とあり、えた・非人のもっていた田畠が年貢地になっていたのでこれを見取地（収穫不同の地には石高をつけないで毎年検見で納米を決めたもの）に改め、以後は田畠を買うことを禁じた。そして、えた・非人の家が百姓と混じり合ったり場中にあるものは引料（引越料）を与えて「そりぬへき」（混ざり合わないという意味）場端（村の端）へ移したとある。一八四三年（天保一四）一二月の「相渡中永代畑方手形之事」（大熊哲雄氏調査「水戸・政右衛門家文書」）には「田向井政右衛門」と書かれてあり、このときには田向への強制移住は完了していた。

これに対し、平須村では検地の制札を盗み出し、下鹵《（下駄カ）》で踏み付け庄屋の庭先に投げ捨てる事件が起き、五兵衛と庄屋が入牢させられた（「天保十四年見聞自集録」那珂市大和田家所蔵）。この事件は、皮多らが強制移住に反対したものと考えられ、五兵衛と庄屋の二人が責任を取らされたのであろう。平須村の天保検地絵図によれば、移住地の田向には中央に道路を通し、左右に一〇軒（屋敷地二畝）ずつ画一的に配置し、道路北奥に五兵衛の広大な屋敷地四反一九歩を据えるなど、合計二一軒で構成されていた。その廻りは当初は土手で囲む計画であったが中止となり、現在では土手代《どてしろ》（土手を築くための敷地）だけが残っている。五兵衛家の正面には長屋門と冠木門を構え、居宅には塀で囲まれた中庭があるなど庄屋以上のつくりであった。

(3) 年貢地所持を見取地に変更

一八三九年（天保一〇）の水戸藩の検地内調の達し（布達）には、えた・番太（番非人）の所持する土地があれば村役人は申し出ることとし、一般農民と区分する方針を示した（「天保十年土地方御正諸御用留」常陸太田市森山家所蔵）。平須村の天保検地絵図には、皮多のもつ田畑が広く散らばっている様子が描かれているが、それは天保検地の位付けである上・中・上下・下・下々の等級に区分されており、皮多の名が記されていた。そして、先述のように、天保検地の後、皮多のもつ年貢地は見取地とされ、台帳も検地帳でなく「穢多見取帳」が別につくられた（「皇国地誌調　後台村」那珂市歴史民俗資料館所蔵）。一八五五年（安政二）から一八六五年（慶応元）の平須村諸浮役書上帳（水戸市雨谷家所蔵）によれば、一八五五年（安政二）の皮多見取地の総石高は田二一石一斗五升五合（金納一〇両一分二七三文）、畠五七石二斗五升（金納七両三分六三二文）であった。つまり、田方も米納でなく畑方と同じく金納であり、食料となる米は藩には納められず、平須村の皮多集団内に蓄積されたのであった。

おわりに

近世水戸藩領の皮多集団は、関東のなかでも江戸弾左衛門の支配には属さず自立していたが、水戸藩に対しては皮革の上納、治安・仕置の役を負担する一方、農業を営み、皮の生産加工を行い、村々を廻り勧化を受け、配下の小屋の者を指揮し職場を管理した。

しかし、近世後期になると、農村荒廃が広がったため、水戸藩は天保検地を行い農村の立て直しを図ったが、そのなかで平須村内における百姓との混住を差し止め、村はずれに集団移住させ、所持田畑を見取地扱いとした。これは、ことさらに百姓的側面を否定し、身分的差異を表象させ、幕藩体制の再編強化に組み込んでいこうとするものであった。

参考史料

「恒富大葉郷田数目録写」(一三四五年(康永四)) 茨城県史編さん中世史部会編『茨城県史料 中世編Ⅱ』茨城県、一九七四年。

「水府地理温故録」(高倉胤明編) 茨城県史編さん近世史第一部会編『茨城県史料 近世地誌編』茨城県、一九六八年。

「天保撰要類集」『日本庶民生活史料集成』第二五巻、三一書房、一九八〇年。

「寛永十八年平須村検地帳」(一六四一年(寛永一八)) 水戸市雨谷家所蔵。

天保検地絵図帳(平須村) 水戸市雨谷家所蔵。

「天明八年下江戸村申御配賦人馬帳」(一七八八年(天明八)) 那珂市那珂家所蔵。

「御用留書抜」茨城県立歴史館所蔵。

坂場流謙『国用秘録 下』茨城県史編さん委員会編『近世史料Ⅱ』茨城県、一九七一年。

木村謙次「足民論」(一七九八年(寛政一〇)) 小野武夫編『近世地方経済史料』第一巻、吉川弘文館、一九五八年。

「水戸紀年」茨城県史編さん近世史第一部会編『茨城県史料 近世政治編Ⅰ』茨城県、一九七〇年。

勝田市史編さん委員会編『勝田市史 中世編・近世篇』勝田市、一九七八年。

「桃雑話」鈴木成章編『水戸歴世譚』青史社、一九七八年。

「(久方蘭渓) 見聞録目録抜書」茨城県立図書館所蔵。

金子孫二郎「恵の露」東京大学史料編纂所所蔵。

「相渡申永代畑方手形之事」(一八四三年(天保一四))「水戸・政右衛門家文書」(大熊哲雄氏調査)。

「天保十四年見聞自集録」(一八四三年(天保一四)) 那珂市大和田家所蔵。

「天保十年土地方御正諸御用留」(一八三九年(天保一〇)) 常陸太田市森山家所蔵。

「皇国地誌調 後台村」那珂市歴史民俗資料館所蔵。

平須村諸浮役書上帳（一八五五年（安政二）〜一八六五年（慶応元））水戸市雨谷家所蔵。

参考文献

髙橋裕文（二〇〇五）「近世初中期の水戸領皮多集団の構造と職業」『解放研究』五九号、東日本部落解放研究所。

栃木

坂井康人

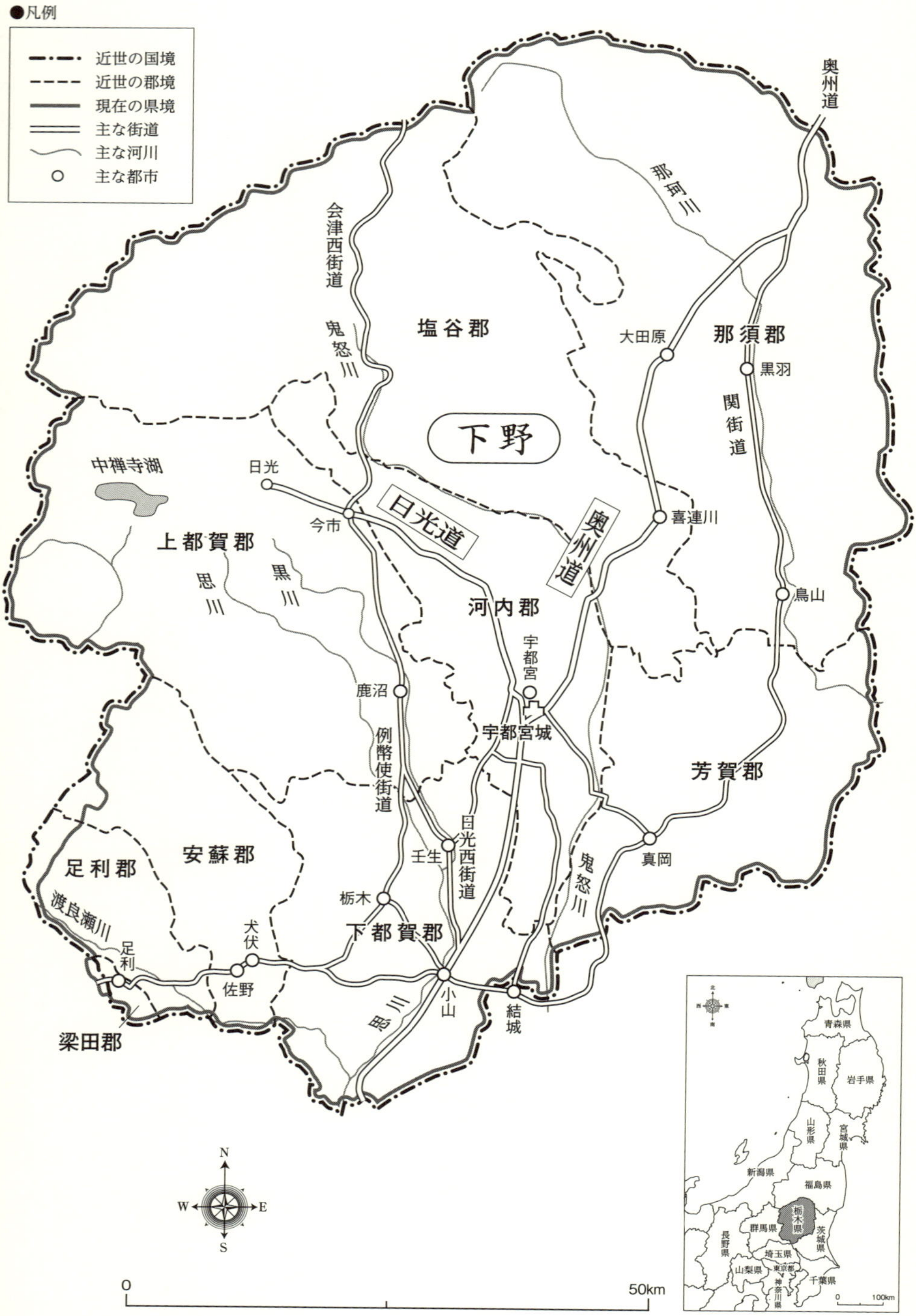
●凡例
近世の国境
近世の郡境
現在の県境
主な街道
主な河川
主な都市
下野
塩谷郡
那須郡
上都賀郡
河内郡
芳賀郡
安蘇郡
足利郡
下都賀郡
梁田郡
奥州道
日光道
会津西街道
関街道
例幣使街道
日光西街道
那珂川
鬼怒川
思川
黒川
渡良瀬川
中禅寺湖
日光
今市
大田原
黒羽
喜連川
烏山
宇都宮
宇都宮城
鹿沼
壬生
栃木
真岡
犬伏
佐野
足利
小山
結城
N
S
W
E
0
50km
青森県
秋田県
岩手県
山形県
宮城県
新潟県
福島県
栃木県
群馬県
茨城県
長野県
埼玉県
山梨県
東京都
千葉県
神奈川県
100km

はじめに

本稿では、下野《しもつけ》国・栃木県の被差別部落について、各種史料や先行研究をふまえ、中世から近代までの歴史を概観する。

これまで、群馬部落研東毛地区近世史学習会によって『下野国太郎兵衛文書』（一九九六年）、『下野国半右衛門文書』（二〇〇六年）が刊行され、佐野・足利地方における被差別部落の歴史研究が飛躍的に進んだ。しかし、栃木県の被差別部落の全体像が明らかにされてきたとはいえない。そこで、ここではその全体像の解明へ向けた考察を試みたい。

一　被差別部落の規模

(1) 被差別部落の戸数・人口

一八〇〇年（寛政一二）の「弾左衛門手下之者家数小屋数書付」によれば、下野国の長吏・「非人」・猿飼の戸数は、それぞれ次のとおりであった（「弾左衛門上申書」）。

長吏　　四五七軒
「非人」　一五〇軒（内「非人」小屋頭六六軒）
猿飼　　七軒

また、『明治初期各府県人員表』によれば、栃木県の長吏は三八五四人、「非人」は七一四人であった。一九〇七年（明治四〇）の内務省による調査では、被差別部落数一〇一、戸数一五〇一、人口一万五人となっている。

一九二一年（大正一〇）三月の「部落に関する諸統計」における「部落概観」（地方別）では、部落数九二、本籍一九五八戸、一万三一一五人、現住二〇五二戸、一万三一一四人　農業一四八七戸、工業八一戸、商業一二四戸、漁業一〇戸、力役一六一戸、官吏九戸、雑一六〇戸である。

一九七五年（昭和五〇）の総理府の調査では、栃木県は一〇八地区・四四二九戸・二万九五六人である（『同和対策の現況』）。一九〇七年（明治四〇）の調査と比べると、地区数が七つ増え、戸数が約三倍、人口は約二倍に増加している。この数字が現在の実態に近いと思われる。

(2) 下野国の特徴

弾左衛門の支配を受けなかった地域が二ヵ所

「穢多非人ニ類し候もの取調之事」（『徳川禁令考』）には次のような記述がみられる。

一、長吏　関八ケ国下野国之内日光御神領並喜連川領分、常陸国之内水戸殿領分相除く、その余ハ残らず長吏非人とも弾左衛門支配

このように、下野国の日光東照宮神領内と喜連川《きつれがわ》藩領内、そして常陸《ひたち》国の水戸藩領内の長吏・「非人」には、弾左衛門の支配が及ばなかった。それはなぜなのだろうか。

戦国時代後期に日光山留守職となったのは、鹿沼《かぬま》・壬《み》生《ぶ》・今市《いまいち》一帯を支配した壬生氏の一族であった。壬生氏は北条氏に味方したため、秀吉によって改易され、その結果日光山も大打撃を被った。しかしその後、徳川家康の懐刀であった天海が別当となり、日光東照宮が建てられ、日光山は新たな宗教地となった。日光領が設定されたこの地域の長吏は、弾左衛門の支配を受けなかったのである。その理由はよく分からないが、弾左衛門を支配したのは江戸町奉行であり、日光領を支配したのは日光奉行であることから、この地域の長吏は日光奉行の支配下にあったためと考えられる。

古河公方の後裔である喜連川藩領も、日光・水戸藩領と並んで、長吏が弾左衛門の支配を受けなかった地域である。『藩制一覧』によれば、喜連川藩の全戸数六八三戸・全人口三五四九人のうち、「穢多」は二八人、「非人」は二五人であった。なぜ弾左衛門は喜連川藩の少数の被差別民を支配できなかったか、その理由も明らかではない。しかし、長吏同士の廻状は喜連川にも廻ってきていたのである。

水戸藩の「かわた頭」も弾左衛門の支配を受けなかった。その理由が、高倉胤明『水府地理温古録』（天明三年脱稿）に出てくる。「須村穢多五兵衛が先祖大右衛門」が「イ革」を、芦沢伊州が主導する藩の評定所に「差上」げたところ、大右衛門は芦沢から何か願いがあればと聞かれたので、弾左衛門の支配を離れたいと願った。する

と芦沢は江戸町奉行へ手紙を送り、「公儀之御裁判」によって大右衛門は弾左衛門の支配から独立できたという。しかし、芦沢伊州は江戸時代初期の人間であるから、その頃に弾左衛門の支配が水戸領内の長吏に及んでいたとは考えにくい。

弾左衛門に協力した北関東の長吏小頭たち

次に示すのは、一八四八年（弘化五）の「弾左衛門年始座席」という史料である。

（附紙）

御頭

犬伏
館林
山下
村田
古沢　練馬
沼田
八王子
草津

極楽寺　大磯　平小頭
小田原　三嶋

右者先年之通今般相改候席順写
弘化五申年正月

これをみると、佐野犬伏・館林成島・足利山下・太田村田・沼田の北関東の長吏小頭と並んで、厚木古沢・八王子の長吏小頭が上座を占めている。その下に練馬が、練馬の下に小田原・極楽寺が位置づけられている。これは、弾左衛門に北関東の長吏小頭の一部が協力して、関八州の長吏小頭を支配しているあり方を示している。

佐野・館林・足利・太田・沼田は、最後まで北条氏に抵抗していた武将たちの支配地である。これら北関東の武将たちに仕えた長吏の頭たちが、江戸期に弾左衛門に協力して、弾左衛門体制をつくりあげていった。このことは、下総・上総・武蔵など、北条氏支配下の武将たちの支配地域の長吏たちが、「弾左衛門年始座席」において「平小頭」とされたことと対照的である。したがって、北条氏に対する武将たちのあり方が、配下の長吏たちの運命に大きな影響を与えたものと考えられる。

反北条氏であった宇都宮の長吏、結城の長吏は、宇都宮氏の改易、結城氏の転封によって大名の後ろ盾を失い、弾左衛門の支配に組み込まれていった。幕府は、関八州の有力な在来大名を追い出す政策を採った。ただし、佐竹氏も転封されたが、その後に水戸徳川氏が入封したため、水戸藩領の長吏は、弾左衛門の支配を受けなかったと推定される。

佐野犬伏・館林成島・足利山下・太田村田・沼田・草津等、北関東の長吏小頭は、自分たちの主人が反北条氏として次の世に生き残ったことが、弾左衛門と協力する道をつくりだしたのである。八王子の長吏小頭が上席にいる理由はよく分からない。八王子城主は北条氏照であったからである。上記の長吏小頭と姻戚関係があったのかもしれない。厚木の古沢村の長吏がいるのは、小田原の太郎左衛門への対抗のためであろう。

二　中世の被差別民

(1) 足利鑁阿寺の「庭掃」「非人」

「鑁阿寺樺崎縁起幷仏事次第」（年号欠）には、足利氏の氏寺である鑁阿寺《ばんなじ》の修正会の結願の日に、「庭掃」「非人」が餅を貰ったことが記載されている。

> 一正月三が日五六七（みろく）御修正
> 餅三百六十を壇上にこれを積む、修正了んぬ、衆僧所役によりて配分す、その外御承仕・絵師・経師・花承・維那・庭掃・鐘突・土器師・檜物師・船頭・非人等これを取る、日記これに在り

「大御堂御修正壇供配分日記」（年号欠）には、（餅）大弐百四十枚のうち、「所残　小　十　非人供」とあり、「非人」に分配された餅はわずかである。承仕以下何らかの役割を果たした結果、餅の分配を受けたことになる。修正会は、年頭における浄化と再生を祈る儀礼である。文中の「五六七」は「みろく＝弥勒」のことだろうか。「非人」の役目は、修正会の警固か鬼役かであろう。「庭掃」は、「鑁阿寺樺崎縁起幷仏事次第」に職人と同列に書かれており、賤視されていたかは不明である。これらの「庭掃」「非人」と、足利の半左衛門の先祖・半右衛門とのつながりは明らかではない。しかし、中世東日本には被差別民に関する史料が極めて少ないため、中世の足利に「庭掃」「非人」がいたことは注目すべきことである。

(2) 日光山と宇都宮の二荒山神社

諏訪信仰圏や日光信仰圏では、殺生を罪悪視しない狩猟の神が祀られていた。「宇都宮大明神代々奇瑞之事」には、源頼朝が奥州藤原氏征討の奉謝として「那須庄内五箇郷　肥前々司知行　充て置かる生贄狩料所」とあり、宇都宮二荒神社は、諏訪神社と並んで獣の肉を捧げる神社であった。『沙石集』にも「信州ノ諏方、下州ノ宇津宮、狩ヲ宗トシテ鹿鳥ヲ手向」られていたとあり、鹿と鳥の肉が神に供えられていたことが分かる。また、『続古事談』には「宇都宮ハ権現ノ別宮ナリ。カリ人鹿ノ頭ヲ供祭物ニストゾ」と書かれている。

宇都宮氏（元来は藤原氏）は、宇都宮の二荒山神社の祭祀権を掌握していた。日光の場合は、二荒山神社＝輪王寺が祭祀権を担った。

源頼朝は、日光山に寒川一五町を寄進したうえで、日光山別当として自身の従兄弟を送り込んだ。以後、鎌倉幕府が日光山別当を任命する。南北朝時代、別当には皇族・摂関家出身者が就任したが、やがて鎌倉公方の足利氏一族がなり、勝長寿院（鎌倉）と日光山別当（光明院主）を兼職した。四三代昌潤（成潤）は持氏の子で、成氏の弟であった。しかし、鎌倉府の消滅によって別当が不在となったため、日光山側は留守職（座禅院権別当）を設置し、宇都宮氏・小山氏出身者が就任した。

関東全体を支配するためには、時の実力者は日光山の祭祀権を掌握する必要があった。徳川家康が日光に東照大権現として祀られたのも、その流れからであった。

(3) 古河公方と東関東の大名・国衆

古河公方・足利成氏《しげうじ》は、鎌倉の宗教施設や文化を古河に移入することに努めた。それは自らの正統性を示すためにも必要なことであった。古河公方の存在は、地域の武家たちにとって京・鎌倉文化（朝廷・幕府の浄穢意識を含めた）の象徴のようにもみえる。一方、古河公方に対立した関東管領・上杉憲実《のりざね》は足利学校を再興した。

室町後期には、関東管領が支配した上野国・武蔵国・相模国（西関東）に対し、利根川・太日川・渡良瀬川を挟んで下野国・常陸国・下総国・上総国・安房国（東関東）の大名・国衆たちが古河公方を擁立して戦った。

関東の戦国時代は、上杉氏・武田氏に対抗しつつ西関東を制圧した北条氏と、東関東の大名・国衆の戦いであった。古河公方が北条氏に屈服した後は、佐竹氏を中心にして北条氏に対抗した。戦国末期には下総・上総の大部分、下野の一部分は、北条氏に制圧されていた。その北条氏も秀吉によって滅ぼされ、関東の新たな支配者として徳川家康が入府することになる。

(4) 足利・佐野の長吏の由緒書

「享保八年十二月由緒書」(『下野国半右衛門文書』)によれば、足利の長吏小頭・半左衛門の先祖は足利で長尾氏に仕えていた。長尾氏が館林に進出したため、半左衛門の先祖・八郎左衛門の長男・彦四郎も長尾氏に従い、館林に移って「砥役長吏司御証文」を貰い、周辺の長吏を支配した。足利に残った弟・小三郎は由良氏に仕え、太田村田村弥三郎と同役で「桐生仁田山長吏司其外証文」を貰い、足利郡および新田郡の長吏頭となったという。

一五六二年(永禄五)、足利城主・長尾顕長(太田城主由良成繁の子・国繁の弟で、長尾氏の養子となる)が上杉謙信の援助のもとで館林に進出したため、足利・館林は長尾氏の支配下に入った。太田・足利・館林は同盟関係となったのは事実である。

一五八六年(天正一四)、館林の長吏頭・彦四郎と足利の長吏頭・小三郎は争論を起こし、北条氏が裁いた(「天正十四年十一月　館林長吏司安堵状」同前)。史料には「居住之論」と出ている。両者の上下関係および長吏支配職場に関する争いがあったと思われる。北条氏は館林の彦四郎を長吏司と認め、給田を与えると約束した。「陣番参人役」として働かないときは「薫皮拾枚」を上納することを求め、それとは別に「切付五口鼻皮拾五懸」の毎年の上納を課したという。一五八六年(天正一四)は、北条氏に屈服した由良国繁が桐生城に、また長尾氏が足利城に退去させられた翌年である。このときの裁定では館林側が足利側より優位に立ったようである。その裁定は北条氏の意向によるものであろう。

長尾氏は、最終的には北条氏ではなく秀吉に従った。その結果、牛久領を秀吉から与えられた。足利の小三郎は足利地方の長吏小頭として残ることができた。北条氏の後ろ盾を失った彦四郎は、江戸時代には居住地を成島村に移し、その地の長吏小頭となった。

先にみた「弾左衛門年始座席」(一八四八年(弘化五))

によれば、この足利山下村・館林成島村・太田村田村の長吏小頭が、北関東の有力な長吏小頭と協力して、弾左衛門を擁立しているようである。

佐野の長吏はどうだったのか。「寛政十二年三月由緒書上」（浅草役所宛）（『下野国太郎兵衛文書』）では、太郎兵衛は北条氏直の家臣だったが浪人していたと記されているが、時代が合わない。しかし、佐野の領主・佐野宗綱からの尋ねには、次のように答えたという。小山氏が佐竹氏と戦ったとき、松本丹波から再三加勢を頼まれ、よんどころなく加勢した。その際、小山河原にて太郎兵衛の先祖・源右衛門とその息子・団右衛門が手柄を立てた。二人とも浪人であったので高禄を断り、「常陸下総下野三ケ国之長吏頭」に任命してほしいと願ったという。徳川家康が関東に入ったとき、源右衛門の娘おくらを弾左衛門の内室に差し上げた。そのため、一一村にいる長吏の長吏小頭となり、「職場百八ケ村之所」を所持し、「御絆綱銭御免を蒙り永代五百文宛差し上げ申し候」という。

これらのことをすべて事実として捉えなくとも、太郎兵衛は、佐野氏に仕えて皮作りのほか、戦陣で功労があったため、佐野地域の長吏頭となり、弾左衛門を擁立して弾左衛門体制のなかで優位にあったと理解してよいのではなかろうか。北条氏に屈服した佐野氏は、最終的に秀吉に従った結果、佐野家を存続させることができ、太郎兵衛の先祖も、その権益を新時代においても維持できたのである。

三　長吏と「非人」の生業・役目・生活

(1) 旦那場と支配関係

宇都宮

宇都宮の長吏頭・弥五兵衛は、一七七九年（安永八）、大神楽と「職分」をめぐって争ったとき、自分は「弾左衛門手下にて小頭を勤め近在三百六拾ケ村程の内へ罷り在り候穢多非人を預」る者と述べている（『百箇条調書』巻一五）。「三百六拾ケ村程」という旦那場の大きさは他に類を見ないが、戦国期の宇都宮氏の支配領域（北は塩谷町から南は南河内町まで）を考えると納得できる。宇都宮の長吏頭・弥五兵衛が支配する組下長吏は、下河原・竹林・徳次郎・多功・羽生田・安塚・薬師寺におり、非人小屋頭は徳次郎・横川・上三川・壬生・前高谷・薬師寺にいた。弥五兵衛は、この旦那場を佐野の太郎兵衛のようにいくつかの小場に分け、小組頭に管理させていたのではないかと思われる。

壬生

近世の壬生藩における旦那場は、三人の長吏小頭によって分割されている。しかも壬生藩の長吏小頭だけではなく、他藩の長吏小頭の支配を受けている。このことは、近世の藩領からみた場合、理解が困難だが、戦国期の大名・国衆・武将の支配領域からみると了解できる。

①宇都宮氏—宇都宮の長吏小頭——組下長吏（羽生田）
　　　　　　　　└「非人」小屋頭・孫左衛門（壬生町）
②壬生氏——鹿沼の長吏小頭—組下長吏（羽生田）
③小山氏、のち壬生氏——藤井村・小頭・三蔵——組下長吏

戦国期の羽生田は、宇都宮氏・壬生氏・小山氏が争った地域であり、壬生氏の羽生田城があった。藤井にも小山氏によって藤井城が築かれたが、のちに壬生氏によって制圧された。羽生田は、近世の旦那場の境界にもなっている。そこに場境をめぐる紛争が起こったのである。

栃木

戦国期に栃木地方を支配したのは、皆川城に拠った皆川氏であった。皆川氏は北条氏についたが、秀吉側に寝返ったため生き残った。その後、栃木町に城を築き移動し、一六〇九年（慶長一四）に改易となった。近世の栃木地方には、栃木宿（長吏小頭勘十郎）・皆川村（長吏小頭長助）・吹上村（長吏小頭名不明）に三人の長吏小頭がいた。その支配関係は複雑である。皆川村に住む長吏長助は榎本村（大平町）小頭の組下、長吏与右衛門は皆川村小頭の組下となっている。栃木宿の長吏小頭は、吹上村の長吏を支配していない。なぜこのような複雑さがあるのか。

吹上村は皆川氏の領地だった。戦国期の榎本村は、小山氏の一族榎本氏領だったが、榎本城争奪戦が激しく、皆川氏・佐野氏・北条氏・結城氏と、支配者がめまぐるしく代わった。特に北条氏時代の力関係（一五七五年（天

正三）に北条氏が小山氏を制圧。皆川氏は一五七二年（元亀三）に北条氏方についた）が、旦那場をめぐる長吏小頭と長吏の関係に影響しているのではなかろうか。

小山

『日光道中分間延絵図』には、神鳥谷の地に二つの「穢多屋鋪」と白山社が描かれている。二つの「穢多屋鋪」は街道から西に少し離れて別々に位置し、二つの集落と考えられる。稲葉郷の地には「穢多屋鋪」と二つの白山社がある。

小山市神鳥谷に伝わる「神鳥谷村絵図」によれば、小山宿入口の手前に、街道から少し離れて神鳥谷村の長吏の屋敷地がある。そこには「北穢多屋敷」「南穢多屋敷」とある。「職場絵図」によれば、小山宿を中心としたかなりの範囲が、四人の長吏小頭によって分割されている。神鳥谷には二人の長吏小頭がおり、先の「北穢多屋敷」（二日市）、「南穢多屋敷」（神鳥谷）がそれぞれの居住地である。稲葉郷も鹿島村の長吏小頭と馬之寺の長吏小頭によって分割されている。

神鳥谷と泉崎と駒込の長吏の一部は、結城町藪下・権左衛門の組下長吏であった（『下野国太郎兵衛文書』）。なぜ結城の長吏小頭が小山の一部の長吏を支配できたのだろうか。

一五七五年（天正三）、小山氏を屈服させた北条氏は小山を根拠地にして、結城氏・宇都宮氏・佐竹氏への攻撃を始めた。一五八四年（天正一二）、両者は沼尻（藤岡）で戦ったが、北条氏優勢のなかで和睦した。それによって小山の一部は結城氏の支配下に入った。その結果、結城町藪下の長吏小頭の先祖は、結城氏が支配した小山の一部を旦那場にできたのである。

榎本

小山地方で古河藩の野渡の長吏小頭に匹敵するのは、榎本村の長吏小頭・伝兵衛である。彼の組下長吏は、押切・皆川・吹上・富田宿・下茂呂にいた。

榎本（大平町、現・栃木市）には、小山氏の支城の榎本城があった。小山城主・小山政勝の弟高朝の築城といわれる。一五六二年（永禄五）、小山（榎本）高朝は謙信に攻められ降伏した。一五七五年（天正三）には、北条氏の攻撃によって小山城・榎本城も北条氏の支配下に置かれた。

野渡

古河は現在、茨城県に属するが、江戸時代は下総国に入っていた。室町後期から戦国期には古河公方がおり、東関東（下野・常陸・下総）の武将たちは、古河公方を擁立して関東管領・上杉氏や戦国大名・北条氏と戦った。

『藩制一覧』によると、古河藩領には「穢多」七三五戸・三六七九人、「非人」二〇戸・七七人、「煙亡」四戸・一六人がいた。ここで驚かされるのは長吏の数の多さである。関東においても例のない多さであるが、なぜこれほど多いのだろうか。一方、「非人」の数は比較的少ない。古河藩の領域は、古河市・旧総和町・旧三和町および以北の下野国南部にわたり、領地の約六割は下野国南部にあった。この地域は、茨城県・栃木県における被差別部落分布の多い地域である。

古河藩の古河周辺の長吏のなかで、中心的な地位を占めたのが、下野国野渡（現・野木町）の長吏小頭・六右衛門である。野渡には「穢多」七〇人（男三五人・女三五人）、「非人」七人（男四人・女三人）がいた（「潮田家文書」）。さらに六右衛門は中田村・関戸村等の長吏・「非人」を支配していた（『下野国太郎兵衛文書』）。

中田村　長吏九八人・「非人」三人

関戸村　長吏五八人（男三〇人・女二八人）

野渡の直轄の組下がいる一方で、小組に相当する組下が古河町周辺に複数存在する。これは、佐野・宇都宮の支配関係とよく似ている。

なお、下野国内の古河藩領における野渡を除く長吏小頭には、伝兵衛（榎本村）、義右衛門（寒川村）、喜三郎（大宮村）、友蔵（茂呂宿村）、豊吉・与左衛門（下茂呂村）等がいた。

足利

長吏小頭・半左衛門の旦那場は、足利郡四四村・簗田郡二八村に及ぶ。山下村の長吏小頭は、山下村・今福村・市場村・板倉村・明石村の五ヵ村に居住する組下長吏、「非人」小屋頭支配の「非人」、そして山下村・今福村・市場村・板倉村に居住の「家来」を支配した。「家来」は組頭によって統率された。足利や佐野にみえる「家来」は、長吏小頭に直接隷属・奉仕する長吏であり、他の組下長吏より劣位に置かれた存在で、長吏小頭家への用事人足等（私的農業手伝いや臨時の牢扶持番など）を勤めさせられた。いわば被差別民のなかの下層民・被差別民であるが、戦国期の頭に個別に隷属した譜代・下人という地位が、近世に持ち込まれたものと考えられる。「家来」は「家来」とだけ婚姻関係を結び、その地位は世襲であった。

一七五三年（宝暦三）二月の「家来身分出入り赦免一札」（『下野国半右衛門文書』）には、今福村居住の「家来」は場主であったので、「家来」でないことを弾左衛門に訴えた。弾左衛門から「家来」であると言い渡され、「家来」は長吏小頭に許しを乞うたことが記されている。弾左衛門から長吏小頭の半右衛門に有利な裁定が出されたのは、弾左衛門体制下では足利・佐野などの長吏小頭が優位だったためと思われる。

佐野

佐野の長吏小頭・太郎兵衛は、単独で三〇ヵ村ほどの旦那場（直轄小場）をもっている。また、一一人の小組頭のもっている旦那場（小場＝駒場、下津原、小野寺、藤岡、免鳥、梅沢、戸奈良、下多田。このほかに持ち合いがある。長吏小頭の居住地を含めれば一三ヵ村）をまとめて、大場（一〇八ヵ村）を編成している（安蘇郡全域と都賀郡の一部を含む）。もともとは太郎兵衛が大場全体を旦那場にしていたが、一七九七年（寛政九）に組下長吏に譲った。「非人」は「非人」小屋頭・「非人」小屋主・「抱非人」の系統で支配された。このほか、犬伏村の二軒と沼尻村全戸が太郎兵衛の「家来」であった。この地の「家来」は場主ではなく、生活手段は零細な農地である。

この「家来」の問題に注目した大熊哲雄は、「大組小頭の支配成立の下で、なぜ一方は「組下」であり、他方は「家来」であるのか」と問いかけている［群馬部落研東毛地区近世史学習会 一九八七］。そこには、被差別民のなかの下層民という問題の深刻さがあるだけでなく、中世から近世にかけての部落差別の成立や被差別民集団の作られ方への問いがある。

斃牛馬処理と職場日割

町や村々の斃牛馬は、地域の捨場に入れられ、その地域(数ヵ村から数十ヵ村にわたる)を旦那場(職場と勧進場)とする地域の長吏(場主)が、長吏小頭の支配を受けながら、斃牛馬の処理と皮革生産を行った。長吏小頭の組下の長吏がすべて場主となるわけではなく、場主でない長吏もいた。場主は、職場を日割で分割していた例が多い。日割とは、職場を空間的に分割するのではなく、場主たちには一定の日ごとに職場内の斃牛馬取得の権利が生ずることをいう。職場内を見回ったときに、捨場に斃牛馬が置かれていた場合、その日に権利があった場主がその斃牛馬を取得できる。実際には、職場内の見回り・斃牛馬の皮剝は「非人」に委ねられた例が多い。

弾左衛門が小山の長吏小頭に送った触書である「在方申渡　寅二月」(一八三〇年(天保元)頃)には、「手下・非人共儀は勧進を表と致」とある。また「場役之儀は非人第一之掟ニ付」とある。「場役」とは、旦那場の見回り・斃牛馬の皮剝を意味し、これを「掟」として課している。

「弘化二年三月斃牛馬出方調帳」(『下野国太郎兵衛文書』)によれば、一八四四年(天保一五)三月から翌年(弘化二)三月まで、佐野太郎兵衛・惣旦那場一〇八ヵ村内での斃牛馬の出方数は一六三反(内牛皮一六反)であった。斃馬が多く、斃牛は少ない。この場合、反は枚と同じ意味で使われているようである。とすれば、佐野の旦那場を一〇八ヵ村とすると、一村から年一・五頭の斃牛馬が出たことになる。

皮革は布帛と違って一枚ごとの大きさが異なるので面積で測った。現在の皮革の面積の単位はデシ(一〇センチ四方)である。現在の牛一頭から四〇〇~六〇〇デシの皮が取れる。仮に牛一頭四〇〇デシとすると二メートル四方となる。一反は牛馬一頭から取れる皮の面積と考えてよいのではなかろうか。

弾左衛門の支配下にある長吏小頭・長吏・「非人」、そして職場に権利のある場主(長吏)は、それぞれ「上納絆綱」=「職場年貢銀」、「家別役銀」(一軒当たり二匁五分宛)、「小屋役銀」(「非人小屋頭」は四匁五分。「非人小屋主」は一匁五分)、「口銀」を課せられた。これらを支払うことによって、長吏小頭以下がもつ旦那場が弾左衛門から安堵されたのである。

旦那場・職場・勧進場の争論

一七三七年(元文二)、宇都宮の長吏小頭の支配下にある羽生田村の長吏と、鹿沼の長吏小頭六兵衛の支配下にある西方村の長吏との間に、旦那場の境をめぐる紛争が起きた（「職場一件につき羽生田村訴訟人口上書」）。鹿沼の長吏小頭の組下長吏には、西方村・口粟野村・真名子村の長吏がいた。西方村は西方一三郷とよばれる広域な地名である。両者の争いは、長吏小頭同士の話し合いでは決着せず、弾左衛門役所への訴えに至った。

宇都宮の長吏小頭支配の羽生田村の長吏の言い分では、羽生田村の長吏が支配している「非人」たちは、以前から西方村の勧進場へ勧進に行っていたが、二、三年前に村方から勧進場留めとなったため、弾左衛門役所へ訴え出たところ、西方村の長吏の場主を役所に呼んで以前のとおり勧進ができるようにしてくれた。しかし、羽生田村の長吏支配の「非人」たちは今も西方村へ勧進に行っていない。

一方、西方村の一部における旦那場（小倉川の流れが変化し古川と新川ができたため、羽生田村長吏は西方村の一部に自分たちの旦那場があると主張している）には番小屋を立てて「非人」たちに場役を勤めさせてきた。しかるに今回、西方村における自分たちの旦那場において西方村長吏から場物を取られてしまった、と羽生田村長吏は訴えた。

鹿沼の長吏小頭支配の西方村の長吏は、羽生田村の長吏が一、二年前に小倉川に新川ができて旦那場の領域が混乱したというが、新川・古川というものはなく、流れは一つであるから、西方村には羽生田村長吏の旦那場は存在しないと主張している。両者の対立は、小倉川の流れが変わった結果、旦那場の領域も変化したか否かということにあった。

弾左衛門の手代が派遣され、双方の長吏小頭が呼び出されて実地検分を行い、両者の言い分を聞いたが、旦那場の境は新川・古川にこだわらず、今後は「領分切り」にすると裁定が出され、両者とも納得して和解した。「領分切り」とは、自然的な領域分けを止めて、それぞれの村の領主の支配地を境にすることである。羽生田村はこの時期は旗本領である。西方村は大名の飛地・旗本領であった。

下野国等では、破魔弓矢の製造・販売について、長吏と百姓・町人、あるいは長吏同士の争いが一七世紀末期から起こっている。

一七一二年（正徳二）佐野。破魔弓矢の販売をめぐり、町人と長吏が争った（「正徳二年破魔弓矢、小頭支配につき商許し請手形」）。

一七九三年（寛政五）結城。砥石・竹皮草履・破魔弓矢の商いについて、結城と小山の長吏が争った（「結城小山出入」）。

一七六四年（明和元）佐野。竹皮の買い占めについて、佐野の長吏と他地域の長吏が争った（「竹皮他組合商売差留め願書」）。

一七九二年（寛政四）鹿沼。百姓が仕入れた竹皮を長吏が差し留めるという紛争が起こった（「盆前市貫之覚」）。この紛争は関係者一九〇人に及ぶ大事件になり、長吏側の敗北に終わった。

このような紛争は、各地で起きたようで、一七九四年（寛政六）二月、関東筋の町人・百姓が竹皮草履・竹皮笠・裏付草履・破魔弓矢・灯心の細工売買の許可を幕府に求めたことについて、弾左衛門は幕府に上申するに至った（「弾左衛門上申書」）。ここで弾左衛門は、竹皮草履、竹皮裏付草履は、「先年より私手下共一同の渡世」であったと主張した。翌三月には、長吏による竹の皮・竹の皮草履・裏付草履・破魔弓矢・灯心の販売に関して、下野国茂木藩主・細川長門守から幕府への問い合わせが出された（「下野国茂木藩主・細川長門守の幕府への問い合わせ」）。

その結果、幕府は弾左衛門の言い分を半ば聞き入れ、破魔弓矢については町人の参入を認めるが、竹皮草履・竹皮笠・裏付草履・灯心については「其穢多職分に付、町人ども職分致候ては、差障候間、難成儀に存候」と四月に裁可した（『諭例撰要』）。

これによって、破魔弓矢の製造・販売の独占権を失ったとはいえ、関八州の弾左衛門支配下の長吏の竹皮草履・竹皮笠・竹皮裏付草履・灯心の独占権が公認されることになった。この意義は重要である。特に竹皮草履・竹皮裏付草履の製造は、近世・近代において被差別部落の生業として大きな役割を果たすからである。

(2) 生業と生活

長吏の土地所有

長吏は土地を所有しない、所有したとしても零細だというイメージがあるが、実は土地を多く所有していた事例は少なくない。

「延享元年　村差出帳　押原町年（鹿沼宿）」によれば、鹿沼の長吏・監物《けんもつ》は屋敷地を約一反、田畑約六反九畝を、甚左衛門は田畑約八反四畝を所有している。他の長吏と比べればかなり多いほうである。監物は、一六四九年（慶安二）の検地帳では一五反七畝一九七歩を所有し、「かわた　監物」と記されていた。甚左衛門は、監物と交替で一八六〇年（万延元）当時、鹿沼宿の年番行事を勤めている。

「安政七年三月　年貢地除地書上帳」（『下野国半右衛門文書』）によれば、山下村の長吏小頭・半右衛門は、畑一町、田一町、山五反を所持している。そのうち年貢地は畑五反、田五反、山四反である。山下村の組下長吏の所有は、年貢地畑二反八畝を最高に、田畑一反七畝、田畑一反五畝二〇歩、田畑一反四畝、田畑一反二畝と続き、いかにも零細である。したがって、山下村の長吏は収入の多くを農業以外に依存していたといえる。

佐野の長吏小頭・太郎兵衛の組下長吏の田畑屋敷を記した「万延元年二月　田畑屋敷取調帳」（『下野国太郎兵衛文書』）によると、一戸平均約三反歩を所有している。等級は上田と中田で約八割、上畑が約一割五分と中畑が約三割で約四割五分である。なかには田畑約三町四反七畝をもつ長吏、約二町八反をもつ長吏もいる。農業と他の生業の収入を合計すれば、いわゆる「三反百姓」よりも長吏の収入が多かったのである。

小山の長吏のなかには、農地を所有していた人々もいた。田はわずかで畑が主であるが、二町以上の畑をもつ長吏もいた。

一八六〇年（万延元）、鹿沼宿・長吏小頭の組下である都賀郡口粟野村長吏は農業をしていたが、過分な家作をしたとして、翌年、村役人・知行主の家臣が「作家表の方并に西側軒端通り裏板残らず打ち毀し、角木二尺余り切り取」るという仕打ちを受けた（「文久二戌年　穢多一件書類扣」）。彼は鹿沼宿の当年番長吏小頭・甚左衛門を通して、弾左衛門役所へ訴えた。すると弾左衛門は江戸町奉行に訴え裁判になり、最終的に訴訟取り下げに追い込まれた。この長吏は、農業を少し手広く行っていたため、外部から富裕にみえる状態になっていた。これが嫉妬と反感を招いたのである。

こうした一方で、土地を所有しない長吏もいた。しかし、土地を所有していなくても生活が成り立った長吏もかなりいたことを忘れてはならない。近代以前の長吏の生活は多様だったのである。ただし、「非人」が土地を所有するということはなかった。「非人」の生活手段は、あくまで勧進にあるとされたからである。

農業以外の生業

「貞享四年四月　砥石売買出入訴」をみると、足利の長吏小頭は、農業を営み、斃牛馬を処理し、草履の製造をするだけでなく、皮革の販売、さらに筬の製造販売・水車取引などをしている。また、市における草履・砥石の独占販売の権利をもっていた（『下野国半右衛門文書』）。その権利が認められたのは「御公儀御用等走廻候給分」であるからという。「御公儀御用等」とは、捕物・牢番・行刑などの役割を意味するのであろう。

　長吏が使う「市役」という言葉には、二つの意味がある。一つは長吏・「非人」が市で売買する商人・農民から貰う「貰い」「市祝」である。「津料」という場合もあった。もう一つは、長吏小頭が、市に参加する組下の長吏から徴収する金銭、あるいは組下以外の被差別民から徴収する金銭などを意味する。

　市役の起源は、中世の市場において、商人や商品に対して国司・荘園領主・守護・地頭が賦課した市場税に遡る。戦国期には、市に商品を運び商いをする連雀商人たちは市の主催者である商人司に市役を支払うことで市に参加できた。さらに「津料」という言葉から、道や水上の通行税という意味もうかがえる。

　一五七三年（天正元）、佐野犬伏町の長吏小頭・太郎兵衛の先祖段右衛門は、佐野領主の命によって市を開設するにあたり、中世以来繁盛している熊谷宿の市の土を盗んでそれを祀ったという。

> 戦国の世中にて常之者は領境より内へ入り申ざるにつき町離を遣し候えども町離故構申さず熊谷の市の土を段右衛門盗参り犬伏町の市始めて祭り申し候これによって市祭の義は只今においても町離段右衛門持なり
>
> （「太郎兵衛由緒書」弘化四年（一八四八））

「常之者」が領境を越えるのが難しいから「町離（長吏）」を遣わしたと書かれているが、理由はそれだけではない。ここでは、大地の生産力と市の繁盛が呪術的に結びつけられている。繁盛している市の土を盗んで、新たな市の繁盛をもたらそうとしたのは、長吏小頭の先祖であった。これをさせたのは佐野氏である。領主の佐野氏は、長吏に対して新たな市の繁盛をもたらすべき呪術的な能力を期待したのである。

それ以来、長吏小頭・太郎兵衛代々は市神の祭礼を主催してきた。戦国期には市神を祀る者が市の主催者であるとされた。とすれば、太郎兵衛の先祖を単に長吏としてではなく、見世割（市で商いをする商人たちの店の場所を指定すること）をする商人司に近い存在として佐野氏はみていたとも考えられる。佐野氏に軍事力を提供したとすれば、佐野氏は地域の有力な土豪とも捉えていたと思われる。

鹿沼では、長吏と鉦打《かねうち》が市姫祭祀に関与している。鹿沼宿田町の正月の初市では、市神祭が行われた。そこでは、「監物長吏の宮」（長吏小頭・監物の屋敷にあった）市神を田町の中心に運んで、一二日の晩に祀った（『鹿沼町古記録』）。

古くからの田町と新興の内町は仲が悪く、一六二三年（元和九）頃から一七四九年（寛延二）まで、計八回の争論を繰り返した。一方、内町では長吏がいなかったため、鉦打とその甥を呼んで市神を祀らせたという。田町の市神祭は神式で執り行われたが、内町のほうは「鉄仏」を祀ったので仏式であった。『鹿沼町古記録』によると、長吏が市立《いちだて》に関わったのは、鹿沼だけではなく、壬生や前橋でもみられたという。

以上のことは、長吏を単に皮作りの職人、あるいは警備を担う者と考えるのではなく、常人以上に神仏に近い宗教的・呪術的な能力をもつ存在と観念されたと捉えるべきことを示唆している。さらに、長吏の集団の力によって市の秩序が保たれることも期待された。市における争いは、押し買い・押し売りなどからたびたび起きたからであろう。

「仕候一札之事」（『下野国太郎兵衛文書』）は、一七〇三年（元禄一六）に、佐野領の長吏小頭・惣左衛門に組下長吏が市役を支払っていることを示している。

芳賀地方の長吏・「非人」は、市に出入りする諸商人からそれぞれ「市役」、「市祝」を貰ってきた。しかし、寛政年間に大名主および関係八村の村役人からそれらの廃止が通告された（「寛政二年七月　市取締りにつき下知書」)。これは、結城における「長吏小頭」の販売独占権(市場およびその地域での)の廃止と同時期である。

一七九二年(寛政四)六月、鹿沼宿の名主は、盆前市で商人が番人に渡す「市貫・市祝」の制限をする規定をつくった(「盆前市貫之覚」)。これがきっかけとなり、上石川村・茂呂村・深津村の百姓が鹿沼宿に竹皮を仕入れに行ったところ、長吏によって差し止められるという紛争が起こり、大事件となった。

「非人」の勧進

ところで、「非人」の勧進に対する支配者層の意識を考える場合、参考になるのが黒羽の事例である。黒羽藩内において長吏・「非人」を支配したのは、下町の長吏小頭・市三郎であった。

一七八八年(天明八)の藩の達しのなかに「極貧の者は是非に及ばず、相応にも暮し候百姓は、仁心の恵み致すべき儀に候」とあり、また「非人ども廻り場の儀は、穢れ候事の取り始末致させ、或いは悪人どもの下知盗賊の妨げも相勤め、猶又御仕置き者の儀は引き受け掛け合い候事に候得ば、村々無益に施し候筋にはこれ無く、礼儀の意味これ有る事に候」とある(『創垂可継』)。これは、単に無償で施しをする/受けるという関係ではなく、長吏・「非人」身分の人々も社会的な分業を担っているという考えによって書かれた文章である。この藩の達しには、先に藩政改革を行った七代藩主・大関増興や大目付・鈴木武助の事跡を継承した者たちの考えが反映されている。

(3) 長吏・「非人」が担う警備

近世社会では、長吏・「非人」以外の民間宗教者や芸能民なども、町や村々に旦那場・勧進場をもっていた。北関東では、虚無僧や浪人などが勧進や合力を求めた活動を活発化させ、村々との間にトラブルを起こしていた。近世後期には、特に浪人とのトラブルを避けるために、一部の浪人集団と村々が仕切場をつくる場合もあった。幕府や藩はこれらの活動を警戒したが、村々において取締を行う警察力を十分にもたなかったのである。

一七四三年(寛保三)四月、幕府は、天領・私領の村々に触れを出した(『御触書寛保集成』)。このなかで、幕府は村々に対して「穢多・非人共番ニ付置、神子・修験村内出入致させず候」としている。その背景には、利根川筋での飢饉の問題があり、村々へのさまざまな人々の出入りがあり、そうしたことへの村側の対応が示されている。しかしなぜ、長吏・「非人」による警備が可能なのだろうか。それは、旦那場・勧進場が地域社会と長吏・「非人」の間に成立していたからである。長吏・「非人」は、地域社会の力を背景にして警備を行っている。

一七六三年（宝暦一三）、下野国河内郡上吉田村以下一三ヵ村は、警備の問題は個々の村では対応できないため、組合村をつくり議定を行った。そこでは、浪人・諸勧進への合力等を拒否することが取り決められた（『南河内町史　史料編3近世』）。これは、一七六九年（明和六）の幕府の触れ以前に、すでに領主の相違を越えて組合村がつくられていたことを示す事例である。

一七六九年の幕府の触れとは、浪人への合力禁止と「其辺の穢多非人に召し捕せ」ることを、勘定奉行を通じて関東・伊豆・甲州に命じたものである（「明和六年令」）。翌一七七〇年（明和七）のいわゆる「明和七年令」では、勘定奉行が、①浪人が士分であることを認めないで、②「穢多非人に召し捕せ」ることを命じている。こうした幕府の方針は、身分制に関わるものであり、旦那場の範囲を越えるものであった。同時にこれは、村方との関係を越えて、長吏・「非人」を捕り物に動員する道を開くものであった。

(4) 長吏・「非人」と政治権力の関係

捕り物（警備）

『下野国太郎兵衛文書』や『下野国半右衛門文書』には、御尋者人相書の写しが多数掲載されている。長吏小頭だった家に、御尋者人相書の写しが残っているのは、長吏・「非人」の組織が幕府・藩の警察権力に利用されたことを示すものである。

「在方申渡　寅二月」は、弾左衛門が小山の長吏小頭に送った触書である。年不詳だが、一八四二年（天保一三）らしい。ここで弾左衛門は「召捕もの其外共御用等は「情々《ママ》大切に相勤むべし」としている。捕り物は、はじめ手伝いであったが、長吏小頭とその配下の当然の役割のようになった。しかし、支配系統を無視して役人の「手先同様の所業」と「心得違い」をする者もあるから、長吏小頭は組下・手下をしっかり把握せよと命じている。

「心得違い」の状況は、長吏・「非人」が捕り物に利用されたときから始まっていた。長吏・「非人」が村々との関係で村・町の警備を行うだけでなく、幕府末端の盗賊捕方役人が、長吏・「非人」をその「手先」として利用することもみられた。これは、長吏・「非人」と村々との関係を越えた、権力側と長吏・「非人」の新たな関係である。盗賊捕方の「手先」となって働く長吏・「非人」が登場すると、そのなかには百姓・町人から「不埒」「不礼がましき義」とみなされる行為をする者も現れてきた。

牢番

一六八二年（天和二）の「宇都宮志料」には、牢屋移転跡の下付について以下のように記されている。

牢屋移転跡の下付

天和戌二年、元牢屋今小路町西側北角日野町入口にこれ有るところ、御城内へ御引移り、跡屋敷表間口廿二間の地所、牢守権兵衛へこれを下せらる

松ケ峰門之内

この牢守について、「宇都宮町方取扱諸事覚帳」には、次のように記されている。

一　牢守之義、給金五両ニ五人扶持これを給し、御先々代宇都宮城主所替にても牢守は国附之事　但し牢者これある節は、黒米八合宛これを給す事　右置附諸道具（略）

「宇都宮町方書上帳」には、「牢守　権兵衛」と出ている。「給金五両ニ五人扶持給之」というように藩から扶持が与えられている。しかし、領主が国替えになっても一緒に移動していないこと、名字が書かれていないことからみて、武士身分ではないらしい。

一七一二年（正徳二）の「正徳二年七月壬生表町通略明細帳」によれば、壬生藩の牢番役は、次に示す三つの段階を経て、被差別民に課せられるようになった。

一、三浦氏時代　牢番役・牢舎扶持ともに領内村々の役目。

二、松平氏時代　牢番役・牢舎扶持ともに、牢に入っ

た者を出した村の役目。

三、加藤氏時代　牢番役は、□□。牢に入った者の扶持と牢番人扶持は当該の村の役目。

最初の段階では、牢番役・牢舎扶持ともに領内村々の役目であり、そのことが問題にもなっていなかった。宝永年間（一七〇四〜一一年）に「当□□ニ被　仰付候」ということになった。なぜ「被仰付」が可能になったのか。おそらく村々から牢番役を被差別民に請け負ってもらうという申し出があったと考えられる。旦那場の権利を村々に認められている限り、村々からの牢番役の肩代わりの申し出に対して断るわけにはいかなかったと思われる。

足利町の牢屋敷は、山下村半右衛門が支配する長吏の助左衛門・助右衛門の地にあった（「寛政十年五箇村大岩村山下村明細帳」）。牢屋敷の費用は、ここでも「郡中割合」（牢屋敷の利用に関わる足利町およびその周辺の村々の負担）で支払われた。

行刑役

行刑に関わる役（手伝いから行刑役まで）も、旦那場の権利を前提にしている。行刑に関わる役が長吏・「非人」に付きものなのではなく、旦那場である町や村々との関係で、長吏・「非人」に委ねられたのである。近世前期には、斬首の役割は武芸に秀でた武士の名誉ある行為であった。しかし、当初は行刑の手伝いであった役割が、徐々に行刑役にまで長吏・「非人」に委ねられるようになった。そこには、斬首の役割が名誉ではなくなったという行刑に対する意識の変化があったのである。

『宇都宮藩御用番日記』（奥平家）の一六九三年（元禄六）三月二九日の条には、乱心して母親を斬り殺した者の行刑の模様が記されている。ここでは、長吏が行刑の手伝いをしていることは分かるが、誰が処刑したかは分からない。はりつけの際、「えつたニ鑓を持せ」たとあるので、長吏が実際に鑓をついたのかもしれない。「先規は籠番突棒、さすまたこれを持ち出し候え共、籠番不足ニ付」とあり、以前は牢番が行っていたようである。宇都宮藩の処刑場は竹林村にあった。『豊郷村郷土史』には、「宇都宮氏ヨリ蒲生、本多奥平戸田氏ニ至リ罪人ヲ綜テ此ノ地ニテ処刑執行シタリ」とあり、その中世以来の歴史がうかがえる。

『寛延二己巳年　宇都宮町方取扱諸事覚帳』には、「仕置物これある節役にて罷り出で候、其節は玄米五合宛下され候」とある。行刑の仕事はあくまで「役にて罷り出で候」なのである。行刑の仕事への手当は町方から出され、行刑に必要な品々は各町々から差し出されている。

一　仕置者これ有り候節、役目ニて穢多共罷り出で候、引渡ニ成り候科人の儀、伝馬町より馬指し出し候、材木町より材木指し出し候、道具の儀は車屋細工仕り候て拵え申し候、鉄物の儀は大町鍛冶屋共より指し出し候、縄竹は上河原町より指し出し候事

以上のことから、犯罪者が町人・百姓であった場合、中世以来の自検断の仕組みによって、行刑役は町人・百姓が担っていたのでないかと思われる。

一七五三年（宝暦三）、藩主・松平忠祇のときに起きた籾摺り騒動（四万五千人余り参加）を指導した庄屋三名（御田長島村・上平出村・小左衛門新田）も、この地で処刑されている（『豊郷村郷土史』）。

死刑執行ハ獄屋ノ前ニテ準備シ馬ニ乗セ関係ノ役人先キニ紙幟又首股、スクンボウ鎗等ヲ担ヘ宇都宮各町を挽廻シ刑場ニ着シ暫時休憩執行セリ其ノ乗馬ハ伝馬池上両町ノ娼妓ノ負担タリ、柱ハ材木町、手桶檜杓ハ曲師町等ニテ負担火焚ノ火ハ小門町ノ飴屋ニテ出ダスノ例ナリシトカ

馬は「伝馬池上両町ノ娼妓ノ負担タリ」、火焚の火は「小門町ノ飴屋ニテ出ダス」とある。小門町は鉦打町ともいい、遊行派の行人一七軒があった［徳田 一九六〇］。行刑の際、馬の負担を「娼妓」（おそらくは「娼妓」屋のこと）がするといい、火焚の火を飴屋＝鉦打が出すといい、賤視された職業に対する一種の税のようである。

足利の『下野国半右衛門文書』や佐野の『下野国太郎兵衛文書』にも、長吏・「非人」が「仕置」に関与した記録があるが、小山でも同じである。

問題は、なぜ長吏・「非人」が「仕置」に関与したのか、ということである。中世以来の自検断の論理から、牢番も行刑役も地域の百姓・町人の役割であったが、近世では旦那場の関係上、百姓・町人が長吏・「非人」に請け

負ってもらったのではなかろうか。

(5) 長吏・非人と芸能民

『下野国半右衛門文書』に、足利の山下村役所（長吏小頭）宛ての「角兵衛獅子稼ぎ願」という文書がある。

一　右角兵衛獅子五人の者ども御当地にて稼ぎ仕りたく願に御座候あいだ何卒御檀中の程偏に仰せ付被下置候はば有り難く仕合に存じ奉り候願い上げ奉り候
以上
（願人五名略）
天保四巳三月二日　山下村
勇三郎　印
山下村　御役様

山下村の勇三郎は、他の文書から「非人」小屋頭と思われる。この史料によると、長吏小頭の旦那場内で、その長吏小頭の支配下にいない芸人が稼ぎをする場合、当地の「非人」小屋頭の承諾・紹介のうえ（保証人という形式か）長吏小頭に届け出がなされている。この「稼ぎ願」は、旦那場を所持する長吏小頭への「届け」「礼儀」「挨拶」であった。

一七七九年（安永八）、宇都宮において大神楽職菊地遠大夫と長吏小頭弥五兵衛が「職分」について争い、大神楽側が幕府に訴える事件が起きた（「百箇条調書」巻一五）。幕府は評定所において採決した。長吏小頭側には弾左衛門役所がついた。

長吏小頭弥五兵衛が宇都宮・今泉村の菊地遠大夫へ私的に「神楽勤」をしてくれるよう依頼した。菊地遠大夫は河内郡今泉村の大神楽職へ常州から入聟《いりむこ》したばかりで、過去のいきさつが分からなかったようで、これまで「穢多非人の家」で神楽勤をしたことはないと断った。反発した弥五兵衛は、自分の旦那場内で大神楽をするなら挨拶すべきだと言ったので、菊地遠大夫は、大神楽全体に関わる問題となるため訴訟を起こした、という。弥五兵衛は、自分は「弾左エ門手下にて小頭を勤め近在三百六拾ケ村程の内へ罷り在り候穢多非人を預」る者と述べて、大神楽が「三味線を弾き浄瑠璃小唄を以て乞胸非人の稼いたし候」ゆえ、自分は旦那場の権利を主張したと述べた。

幕府は、伊勢派の大神楽神職支配頭である佐藤斎宮の「顔を彩色の儀は勿論浄瑠璃小唄或は三味線弾き候家業にはこれなく」という証言と、弾左衛門代佐七の「非人物貰乞胸袖乞の類穢多小頭へ届の上村々徘徊いたし候儀は其所々仕来りを用い候迄にて弾左衛門方より急度申し付け置き候筋にもこれなく」という証言を得たうえで、大神楽はその「職分」を守れ、乞胸と紛らわしいことはするなと裁下した。逆にいえば、大神楽は本来の芸能を演じる限り、村々への出入りについて「穢多小頭」への「届」「礼儀」「挨拶」は必要がないと判決を出したのである。

(6) 差別と抵抗

佐野の長吏・弾右衛門は、一七二八(享保一三)年一〇月、「長吏称を用いるよう申立書」を書いて、自分たちを「穢多」ではなく「長吏」と呼んでほしいと領主に願い出た(『下野国太郎兵衛文書』)。その根拠として弾右衛門は次の二点を挙げている。すなわち、戦国期の佐野の支配者・佐野氏のために「陣役相勤屋敷畑共ニ頂戴仕」ったということと、「犬伏町市初より以来市神之祭礼仕り候事穢多にては罷り成るまじきと存じ奉り候」ということである。つまり、市神社の祭礼を主催することは、穢れが多い者であってはできないはずではないか、というのである。これは「穢多」と呼ばれることに対する言葉の切り返しである。市はその地域に欠くべからざる存在であり、これなくしてその地は成り立たない。したがって、地域の武士も百姓・町人も、この主張に論理的には反論はできなかったにちがいない。しかし、差別する側は、論理的に差別をしているわけではないのである。

一八五九年(安政六)、幕末の下野国を揺るがした大事件である野尻騒動が起きた(「野州都賀郡野尻村地芝居一件御裁許写」『栃木県史　史料編　近世三』)。

事の次第は次のとおりである。まず、村の若い衆が橋の流失に悩んで水神供養塔の再建のために地芝居の興行を計画した。その地芝居の計画が無許可であったため、関東取締出役が出動して取り締まろうとした。その際、反発した若い衆が捕方を打殺してしまった。また百姓一人が鉄砲を撃った。関東取締出役は寄場組合に命じて三〇〇人を動員し、宇都宮藩士五〇人が後詰となって鎮圧に当たった。その結果、捕縛された者は一三〇人余りとなり、関宿・下館・館林・笠間の仮牢で尋問を受けた。そのうち一〇二人が江戸送りとなり、死罪一人（野尻村名主多市）、遠島四人、重追放四人、中追放二五人と判決が出た。判決前には一七人が獄死した。

捕縛されたなかに「番非人」が五人いた。村の若い衆の一人伴吾（獄死）は「村内和十外二人倶々下沢村番非人直次郎外三人へ加勢致すべき旨差図に及び」、結果的に「番非人」五人（下沢村直次郎・下加園村吉五郎・同村留吉・南摩村金五郎・日名田村定次郎）が村の若い衆に味方して捕方と争った。「番非人」五人の最終的な判決は分からない。彼らは政治権力側ではなく、百姓の「差図」であったとしても百姓側についたのである。

これだけの大事件に発展したのは、百姓による捕方の殺害、鉄砲の発砲のためであった。百姓がこれだけの事件を引き起こしたのは、村芝居興行を知った関東取締役の道案内人が、関東取締役の権力を振りかざし強引に取り締まったことへの反発があった。

四　長吏・「非人」の信仰

一九一八年（大正七）の内務省「細民部落概要」によれば、栃木県の当時の現住戸数は二六一九戸、現住人口は一万二七一九人であった。宗派は、真宗が五二五戸（二〇％）、日蓮宗が一一八戸（四・五％）、その他二六八戸であった。その他には曹洞宗や時宗などがあり、多様であった。

白山神社は、栃木県で五〇ほど確認できる。被差別部落と直接関係する白山神社とそうでない白山神社がある。また、加賀の白山神社の末社となっている社もある。被差別部落の白山神社は、弾左衛門支配下の長吏小頭の屋敷神であったといわれることもあるが、その歴史が中世にまで遡ることができる社もある。また、日光領の長吏は、弾左衛門の支配を受けなかったが、『五街道分間延絵図』の一部である『日光道中分間延絵図』には、日光領の長吏の屋敷近くに白山社が描かれており（板橋宿・大沢宿・鉢石）、白山信仰をもっていたことが確認できる。

『下野国半右衛門文書』の「白山宮札写」（年不詳）に

は「正義直授御秡　家内安全　諸悪退散　祈処」とある。

同文書には、「嘉永二年六月　伊勢御師回状受取状」や、伊勢御師が「近年思し召しにて御参詣待ち入り候」と長吏小頭・半右衛門に宛てて参宮を促している文書（年不詳）もある。「嘉永三年一月　伊勢・金比羅参詣につき小頭暇願」によれば、半右衛門はかねてよりの「心願」だった伊勢参宮・金比羅参詣を実現している。

『下野国太郎兵衛文書』には、「文化十四年湯殿山等三山修業代参許状」がある。これをみると、伊勢の御師や出羽三山の御師は、百姓・町人だけでなく長吏へも信仰の勧めを積極的に行っていたようである。

五　近代の被差別部落

(1) 近代移行期の差別の実態

明治に入ると被差別部落をとりまく状況も大きく変わる。一八七一年（明治四）三月に「斃牛馬勝手処理令」が出され、同年八月二八日には「賤民廃止令」（いわゆる解放令）が出された。翌一八七二年五月二四日付『東京日日新聞』に、「差別の風習未だ止まず」との見出しで、次に示すように「賤民廃止令」後の栃木県の状況が報道されている。

偶々湯屋、剃頭店等へ来りし後は、之を忌み、其店へ再び余客の入るものなく、夫がため休業に至れる者往々これあり

曽て鹿沼宿辺に住せる元穢多某は、余程金満にて屋室も美なり、御布令の辱なきを歓び、村吏を招待して祝宴を開かんと屢々村吏に請ふ、村吏心に忌諱を含むといえども、辞するに術なく宴に連なりしに、彼頻りに自今の通情を頼み、殊の外慇懃に馳走しければ、大いに酒食に飽き、帰る半途にして、なお忌嫌の意を発し故らに嘔吐し、飲み清めんとて別に割烹店に入りていた。

このように、賤民廃止令後も一般平民が被差別部落の人々を「忌」み、「忌諱《きき》」の意識をもち、それを表出していた。

それから一四年後の一八八六年（明治一九）に、人類

学者の坪井正五郎が「足利近傍の賤民」を発表した［坪井 一八八六］。それによると、被差別部落の子と一緒に小学校で学ぶことを嫌がって被差別部落外の子が退学した（おそらく親が仕向けたものだろう）という。これは、公教育の理念に反する行為である。なぜ、これほどまでに従来の被差別民を差別・排除しようとするのだろうか。

単なる身分的差別であれば、いわゆる解放令後は、「人外」意識や「忌み」「忌諱」の感情はなくなるはずであるが、近代社会が要求する「平等」の機会が増えれば増えるほど、その差別意識がより反動的に、より鮮明になっていったと考えられる。つまり、「人外」意識や「忌み」「忌諱」の感情は、身分差別に還元できない心理であり、いわば一つの共同体（被差別部落）を排するもう一つの共同体（地域の村や町）の宗教的・共同規範的な排除意識であったからである。したがって、後者の意識が変革されなければならないのである。

一八七三年（明治六）六月、関東の被差別部落から提出された「斃牛馬革取扱会社設立願」を国は却下した。この願の別紙に、各県の牛馬皮・牛馬骨取交見積があり、そこには野州牛馬皮三〇〇〇枚・六〇〇〇貫とある。これによって、江戸末期頃の下野国における皮革生産のおおよその規模を想定できる。

(2) 明治期の被差別部落の生活と差別への抵抗

一八七八年（明治一一）、足利の被差別部落は、「非常消防組分けの不公平につき訴状」を栃木県令に願い出た（『下野国半右衛門文書』）。被差別部落側は五〇戸で一組、被差別部落外は二五〇戸で一組をつくるのは不公平である、このような仕打ちをするのは「御維新以前の穢多と相唱え候旧弊の沙汰今に内心に忌嫌仕る」という思いがあるからだとし、「旧弊を破り水魚の交際相互に実意を競い候よう仕りたく」と主張している。

一九〇九年（明治四二）六月二日付の『中外日報』には、「特殊部落の離檀騒ぎ」の記事が掲載された。この記事によると、安蘇郡田沼町曹洞宗寺院王林寺では、檀家八一名中、被差別部落は三九名を占めているが、同寺住職は被差別部落側に諮らず、被差別部落以外から檀徒総代を選んだため、被差別部落側が一名くらいは檀徒世話人にすべきだと住職に迫った。すると、被差別部落以外が「穢多との肩列べは御免蒙る」と離檀し、隣村葛生村同宗寺院万福寺へ入檀しようとした、というのである。この強烈な差別意識の根拠はどこにあるのだろうか。一九〇四年（明治三七）一月一七日付の『平民新聞』には、栃木県の軍隊が被差別部落に一泊する予定だったところ、被差別部落であることを知って転宿したという投書が載った。

後にて聞けば俄かの転宿は何んの為めにもあらず、ただ穢多村たることが知れし為めなりき……穢多村に宿泊することだに厭ふ軍隊が何故に穢多の子を兵隊にとる乎敢て問ふ、敢て問ふ（栃木塾和田生）

これは日露戦争直前の話である。「一君万民」の理念からすれば、軍隊が被差別部落を差別することはありえないし、軍隊内部に差別があることは許されないはずである。この投書の問いかけは、『平民新聞』だからこそ発表できたものである。

(3) 米騒動と被差別部落

富山県に端を発し、一九一八年（大正七）に米騒動が起きる。米の流通量の減少や米価の高騰は各地の被差別部落を直撃した。栃木県の被差別部落の困窮状況は、『東京日日新聞』栃木版一九一八年八月三〇日付に報道されている。

政府は、戒厳令を出してようやく「騒動」を鎮圧した。米騒動で検挙された八一八五名のうち、被差別部落民は八八七人で約一割を占め、部落民二名だけが死刑判決を受けた。

同年の米騒動後、内務省は被差別部落の調査を行い、「細民部落概要」をまとめている。

一九一九年（大正八）の選挙法改正（直接国税三円以上納める二五歳以上の男子）で、全国の衆議院議員選挙の有権者は三〇七万人（約五・五％）になるが、栃木県の被差別部落における有権者は、一五〇人／一万二七一九人（約一・二％）で格差は歴然であった。

「尋常小学校卒業者ノ動向ニ関スル調査」（文部省教育調査部、一九三八年三月）によると、全国における中学・実業学校への進学者は男子一九・五％、女子二二・五％であった。一方、栃木県の被差別部落における中等学校以上の進学者は、一九一八年（二〇年の開きがあるが）

で二〇人／一五八二人（一・三％）であり、教育格差も如実であった。

(4) 水平社の結成とその展開

一九二二年（大正一一）に全国水平社が結成された。田沼町の清水弥三郎は、一九二四年（大正一三）二月二三日の「関東水平社」設立に参加し、同年八月、全国水平社夏季大会を栃木町明治座で開催。そこで栃木県水平社の創立を宣言した。栃木県水平社の委員長には清水が就任し、会員は七〇名であった。水平社は、田沼町・栃木町・小山町・富山村などでも結成された。

太田町電気館で開催された一九二四年（大正一三）二月の関東水平社の創立大会では、議長に村岡静五郎（群馬）、副議長に清水弥三郎（栃木）がそれぞれ選出された。翌三月二三日に開催された第二回関東水平社大会（太田町電気館、約七〇〇名参加）では、副議長に成塚政之助（埼玉）が加わった。その後、全国水平社内の左派と右派の対立から、初代委員長であった南梅吉は全国水平社を脱退し、一九二七年（昭和二）に京都で右派の日本水平社を結成した。この日本水平社に関東水平社が加入したのである。したがって、関東では全国水平社系の水平社と関東水平社の二系列が存在することになった。しかし関東水平社は、遠山スパイ事件や世良田村事件（後述）に対する救援金の使途不明などで、一九三八年（昭和一三）三月に解散することになった。

一九二三年（大正一二）九月一日に発生した関東大震災で、各地に自警団が結成された。自警団はデマに扇動されて朝鮮人を襲撃・殺害した。一方、震災の混乱のなかで、軍・警察によって甘粕事件、亀戸事件が引き起こされた。そして水平社も自警団の敵とされたのである。それは、水平社が地域社会の秩序（名望家・地主中心の秩序）を侵すものと意識されたからである。

同年九月二〇日には、佐野犬伏町で富岡事件が発生した（「富岡事件予審調書写」）。同町の光徳寺において、阿蘇郡選出の県会議員候補・清水弥三郎の演説会のビラを見た者が「カーボー寺の演説か」と独言したのを、水平社関係者が聞きつけ、翌日、水平社社員九名が本人宅へ謝罪を求めに行った。すると、謝罪状について、仲裁に入った青年団支部長らと水平社員らが対立。その結果、水平社に対抗して自警団が結成されたのである。

同年一〇月八日、清水弥三郎は、自警団の結成は巡査の指示だとしたため、その場に集合していた水平社員と自警団の双方三〇〇名が対峙する事態に至った。警察は、警察官を殴った容疑で清水以下一二名を逮捕した。

一九二六年（大正一五）、東京控訴院において、清水弥三郎以下一二名は騒擾・傷害罪で懲役六ヵ月、執行猶予三年の有罪判決を受けた。こうして富岡事件は、水平社側が一方的に国家による弾圧を受けて終結したのである。

一九二五年（大正一四）年一一月八日、佐野にほど近い群馬県の世良田では、自警団が被差別部落を襲撃する事件が起こった（世良田事件）。先の富岡事件は、この世良田事件の前触れのような意味をもっている。水平社に対抗するために、地域全体で自警団（背後には国・県・警察がいる）を組織したのである。不当な差別に対する被差別部落の人々の立ち上がりに対して、地域社会全体は、自警団の露骨な暴力によって封じ込めようとしたのである。以後、栃木県では水平社運動は停滞することになった。

(5) 融和事業と地域社会

栃木県・茨城県・千葉県では、水平運動は一部の人たちに担われただけで、十分に発展しなかった。それは、被差別部落のなかで水平運動に対する消極的な考えがあったためだけでなく、融和運動が積極的に行われたためであった。一方、埼玉県や群馬県では、小作運動と水平運動が重なり、運動が盛り上がった。栃木県・茨城県・千葉県では、政府・県が、埼玉県や群馬県のように小作運動と水平運動が結びつくことを警戒し、融和事業を推進したようである。栃木県の融和事業推進係・萩原原人の「栃木県下の部落産業状況と其の改善意見」によれば、栃木県の被差別部落では農業が七割を占め、そのうち九割五分が小作農あるいは小作兼自作農であった［萩原一九三二］。

一九二七年（昭和二）年三月、被差別部落側の融和事業の受け入れ団体として「下野昭和会」が県の後押しを受けて結成された。会では当初、啓発活動をはじめ、懇談会、講演会、融和事業先進地への視察などが行われた。翌一九二八年（昭和三）から補助事業が二地区において開始され、一九二九年（昭和四）と一九三〇年（昭和五）にそれぞれ六地区で補助事業が行われた。一九三四年（昭和九）には「下野昭和会」の会員数は五〇〇人余となっている。

一九二九年（昭和四）に世界大恐慌が日本を襲い、翌年から昭和恐慌が始まった。満州事変が引き起こされた一九三一年（昭和六）二月、第二回全国融和団体連合大会で「部落経済更生運動」が採択された。以後、「部落経済更生運動」が融和運動の中心となった。一九三五年（昭和一〇）には、全国融和事業協会による「融和事業十ヶ年計画」が決定された。以上のような融和事業は具体的にどのような成果をもたらしたのだろうか。

関東融和聯盟の『経済更生事例』には、下都賀郡皆川村の事例が紹介されている。それによると、皆川村は戸数四六、人口二六三の被差別部落である。農業が中心で、自小作一七戸、小作二九戸、副業として製縄・製莚（従来は草履・草鞋作り）が営まれた。ここでは、一九三〇年（昭和五）に皆川昭和会が設立され、一九三三年（昭和八）には中央融和事業協会から経済更生地区指定（三ヵ年）を受けた。昭和会のもとに経済更生の実行機関として農家組合・製縄組合・貯金組合・公会堂が運営された。一戸当たり田畑五反八畝、裏作一反五畝の現状を、一戸当たり田畑一町歩、裏作八反に拡大することが農家組合の目標とされた。四～五名を一組として九組をつくり、集団耕作を行って農具も共同購入し、野菜・醤油・味噌等の自給をめざした。昭和八、九年に一戸当たりの耕作面積が一町三反八畝八歩となり、製縄組合も共同販売をして、昭和八年には四九〇一玉・二〇一〇円、昭和九年には三八一九玉・一七一八円を売り上げた。

一九三四年（昭和九）五月、『融和時報』九〇号に「経済更生指導地区を訪ねて」という皆川村への視察記事が掲載された。『融和事業年鑑』昭和一一年版では、経済更生指定地区・下都賀郡皆川村の被差別部落は「同村民に対し甚だしき低下を認めず」と書かれた。しかし、この地は栃木県内で唯一の「モデル地区」であるため、あらかじめ成功しそうな地域が選ばれていることも、この融和事業を評価する際には考慮しなければならない。

(6) 経済的向上から国策協力へ

一九三七年（昭和一二）、盧溝橋事件が勃発し、日中

戦争が本格化した。すると「融和事業十ヶ年計画」も、被差別部落の経済的向上より戦争・国策協力が重視されるようになった。一九三六年（昭和一一）、政府は「満州開拓移民推進計画」を決定し、「二十ヶ年百万戸送出計画」を打ち出した。一九三八年（昭和一三）から満蒙開拓青少年義勇軍入所募集が開始された。翌一九三九年の栃木県の被差別部落における満州移住者数は、満州農業移住者四人、青少年義勇軍一三人、その他一〇人であった（『融和事業年鑑』昭和一一年版）。下野昭和会は、満蒙開拓青少年義勇軍を送り出す仕事の下請けとなった。

一九四五年（昭和二〇）五月現在の都道府県別義勇軍・開拓団員数によると、栃木県は義勇軍数二八〇二人、開拓団員数一四二九人、計四二三一人（全国で二九位）であった（『融和事業年鑑』昭和一五年版）。全国的には、一九四五年（昭和二〇）の義勇軍・開拓団の団数は八〇〇以上、移住した義勇軍・開拓団員数は約二七万人となった。そのうち帰還者は、一九五六年（昭和三一）現在で一四万人であった。

一九四一年（昭和一六）に始まった太平洋・アジア戦争は、「融和事業十ヶ年計画」を空洞化させた。同年六月、中央融和事業協会は同和奉公会と改称し、その役割の重点は、被差別部落の経済的向上から、被差別部落をいかに戦争に協力させるかということに移った。

太平洋・アジア戦争の最中であっても、一九四二年（昭和一七）に寺院分離をめぐる差別事件が起きている（「寺院分離をめぐる差別事件（栃木県）」）。この事件のあらましは次のとおりである。

安蘇郡田沼町の曹洞宗善徳寺は、本寺である同町植徳院の住職が兼務していた。現住職は被差別部落が檀家である善徳寺を本寺と切り離す計画を立て、「本問題を承認せざれば、将来葬儀・法要等に参会せず」と被差別部落側を脅した。被差別部落側は、善徳寺の独立維持が困難であり、これを推進しようとするのは差別待遇であると、住職に対し反対運動を起こした。

解放令が出されてから七〇年以上が過ぎているこの段階でも、被差別部落への差別意識は払拭されなかった。解放への課題解決は、戦後の解放運動に持ち越されたのである。

参考史料

「弾左衛門上申書」（一八〇〇年（寛政一二））三好伊平次『同和問題の歴史的研究』同和奉公会、一九四三年。『部落問題資料文献叢書　第6巻（近代文芸資料複刻叢書　第7集）』（世界文庫、一九六八年）所収。

『明治初期各府県人員表』『統計集誌』八号、東京統計協会、一八八二年四月。『日本庶民生活史料集成』第二五巻、三一書房、一九八〇年。

「部落概観」（地方別、一九二一年（大正一〇））『日本庶民生活史料集成』第二五巻、三一書房、一九八〇年。

総理府『同和対策の現況』一九七七年。

「穢多非人ニ類し候もの取調之事」『徳川禁令考』前集第五、創文社、一九五九年。

高倉胤明『水府地理温古録』茨城県史編さん近世史第一部会編『茨城県史料　近世地誌編』茨城県、一九八九年。

『藩制一覧』大塚武松編、日本史籍協会、一九二九年。

「弾左衛門年始座席」（一八四八年（弘化五））『下野国太郎兵衛文書』群馬部落研東毛地区近世史学習会、一九九六年。

「鑁阿寺樺崎縁起幷仏事次第」栃木県史編さん委員会編『栃木県史　史料編　中世一』栃木県、一九七六年。

「宇都宮大明神代々奇瑞之事」『群書類従』第二輯、続群書類従完成会、一九五九年。

『沙石集』岩波文庫、一九八八年。

『続古事談』『群書類従』第一七輯、続群書類従完成会、一九八〇年。

「享保八年十二月由緒書」『下野国半右衛門文書』群馬部落研東毛地区近世史学習会、二〇〇六年。

「天正十四年十一月　館林長吏司安堵状」『下野国半右衛門文書』群馬部落研東毛地区近世史学習会、二〇〇六年。

「寛政十二年三月由緒書上」『下野国太郎兵衛文書』群馬部落研東毛地区近世史学習会、一九八七年。

『百箇条調書』巻一五『編年差別史資料集成』第九巻、三一書房、一九八三年。

『下野国太郎兵衛文書』群馬部落研東毛地区近世史学習会、一九八七年。

「潮田家文書」古河市史編さん委員会編『古河市史　資料　近世編』古河市、一九八二年。

「家来身分出入り赦免一札」（一七五三年（宝暦三）二月）『下野国半右衛門文書』群馬部落研東毛地区近世史学習会、二〇〇六年。

「在方申渡　寅二月」小山市史編さん委員会編『小山市史　史料編　近世I』小山市、一九八二年。

「弘化二年三月斃牛馬出方調帳」『下野国太郎兵衛文書』群馬部落研東毛地区近世史学習会、一九八七年。

「職場一件につき羽生田村訴訟人口上書」栃木県同和地区文化遺産調査委員会編『被差別部落の生活と文化』栃木県教

育委員会、一九八〇年。

「正徳二年破魔弓矢、小頭支配につき商許し請手形」『下野国太郎兵衛文書』群馬部落研東毛地区近世史学習会、一九八七年。

「結城小山出入」川根裕「下野国小山宿被差別民の生活」荒井貢次郎編『関東・東海被差別部落史研究』明石書店、一九八二年。

「竹皮他組合商売差留め願書」『下野国太郎兵衛文書』群馬部落研東毛地区近世史学習会、一九八七年。

「盆前市貰之覚」鹿沼市史編さん委員会編『鹿沼市史　資料編　近世二』鹿沼市、二〇〇二年。

「弾左衛門上申書」（一七九四年（寛政六））小林茂編『近世被差別部落関係法令集』明石書店、一九八一年。

「下野国茂木藩主・細川長門守の幕府への問い合わせ」（寛政六年三月二十三日）『謝例撰要』所収。小林茂編『近世被差別部落関係法令集』明石書店、一九八一年。

「延享元年　村差出帳　押原町」鹿沼市史編さん委員会編『鹿沼市史　資料編　近世二』鹿沼市、二〇〇二年。

「安政七年三月　年貢地除地書上帳」『下野国半右衛門文書』群馬部落研東毛地区近世史学習会、二〇〇六年。

「万延元年二月　田畑屋敷取調帳」『下野国太郎兵衛文書』群馬部落研東毛地区近世史学習会、一九八七年。

「文久二戌年　穢多一件書類扣」栃木県同和地区文化遺産調査委員会編『被差別部落の生活と文化』栃木県教育委員会、一九八〇年。

「貞享四年四月　砥石売買出入訴」『下野国半右衛門文書』群馬部落研東毛地区近世史学習会、二〇〇六年。

「太郎兵衛由緒書」（弘化四年）『下野国太郎兵衛文書』群馬部落研東毛地区近世史学習会、一九八七年。

鹿沼市史編さん委員会編『鹿沼町古記録』鹿沼市、一九九八年。

「仕候一札之事」『下野国太郎兵衛文書』群馬部落研東毛地区近世史学習会、一九八七年。

「寛政二年七月　市取締りにつき下知書」芳賀町史編さん委員会編『芳賀町史　史料編　近世』芳賀町、二〇〇〇年。

『創垂可継』那須郡黒羽町教育委員会編、柏書房、一九六八年。

『御触書寛保集成』高柳真三・石井良助編、岩波書店、一九五八年。

南河内町史編さん委員会編『南河内町史　史料編3　近世』南河内町、一九九二年。

「明和六年令」小林茂編『近世被差別部落関係法令集』明石書店、一九八一年。

「宇都宮志料」栃木県史編さん委員会編『栃木県史　史料編　近世一』栃木県、一九七四年。

「宇都宮町方取扱諸事覚帳」栃木県史編さん委員会編『栃木県史　史料編　近世一』栃木県、一九七四年。

「宇都宮町方書上帳」栃木県史編さん委員会編『栃木県史　史料編　近世一』栃木県、一九七四年。

「正徳二年七月壬生表町通略明細帳」栃木県史編さん委員会編『栃木県史　史料編　近世一』栃木県、一九七四年。

「寛政十年五箇村大岩村山下村明細帳」『近代足利市史　第三巻　史料編』足利市、一九七九年。

『宇都宮藩御用番日記』(奥平家)栃木県史編さん委員会編『栃木県史　史料編　近世一』栃木県、一九七四年。

『豊郷村郷土史』宇都宮市立図書館蔵。

『寛延二己巳年　宇都宮町方取扱諸事覚帳』宇都宮市立図書館蔵。

「角兵衛獅子稼ぎ願」『下野国半右衛門文書』群馬部落研東毛地区近世史学習会、二〇〇六年。

「長吏称を用いるよう申立書」『下野国太郎兵衛文書』群馬部落研東毛地区近世史学習会、一九八七年。

「野州都賀郡野尻村地芝居一件御裁許写」栃木県史編さん委員会編『栃木県史　史料編　近世三』栃木県、一九七四年。

内務省「細民部落概要」『日本社会事業年鑑』大正一一年版、一九二二年。

『日光道中分間延絵図』東京美術、一九八七年。

「白山宮札写」(年不詳)『下野国半右衛門文書』群馬部落研東毛地区近世史学習会、二〇〇六年。

「伊勢御師回状受取状」(一八四九年(嘉永二)六月)『下野国半右衛門文書』群馬部落研東毛地区近世史学習会、二〇〇六年。

「嘉永三年一月　伊勢・金比羅参詣につき小頭暇願」『下野国半右衛門文書』群馬部落研東毛地区近世史学習会、二〇〇六年。

「文化十四年湯殿山等三山修業代参許状」『下野国太郎兵衛文書』群馬部落研東毛地区近世史学習会、一九八七年。

「差別の風習未だ止まず」『東京日日新聞』一八七二年(明治五)五月二四日付。

「斃牛馬革取扱会社設立願」部落解放研究所編『史料集　明治初期被差別部落』部落解放研究所、一九九〇年。

「非常消防組分けの不公平につき訴状」『下野国半右衛門文書』群馬部落研東毛地区近世史学習会、二〇〇六年。

「特殊部落の離檀騒ぎ　特種平民の要求と一村檀徒の離檀」『中外日報』一九〇九年(明治四二)六月二日付。

「穢多村より」『平民新聞』一九〇四年(明治三七)一月一七日付。

「窮民救済状況上　下都賀郡各町村に於ける」『東京日日新聞』栃木版一九一八年(大正七)八月三〇日付。

文部省教育調査部「尋常小学校卒業者ノ動向ニ関スル調査」一九三八年三月。

「富岡事件予審調書写」(一九二三年(大正一二)一一月)栃木県同和地区文化遺産調査委員会編『被差別部落の生活と

文化』栃木県教育委員会、一九八〇年。

『経済更生事例』関東融和聯盟、一九三五年。

「経済更生指導地区を訪ねて」『融和時報』九〇号、中央融和事業協会、一九三四年。

『融和事業年鑑』昭和一一年版、中央融和事業協会、一九三六年。

『融和事業年鑑』昭和一五年版、中央融和事業協会、一九四〇年。

「寺院分離をめぐる差別事件（栃木県）」『特高月報』昭和一七年二月分（内務省警保局保安課、一九四二年）、渡部徹・秋定嘉和編『部落問題・水平運動資料集成』第三巻、三一書房、一九七四年。

参考文献

群馬部落研東毛地区近世史学習会（一九八七）「長吏身分内における「家来」階層の性格について」（文責・大熊哲雄）『部落問題研究』九三輯、部落問題研究所。

坪井正五郎（一八八六）「足利近傍の賤民」『東京人類学会報告』九号、東京人類学会。

徳田浩淳（一九六〇）『宇都宮郷土史』文化新報社。

萩原原人（一九三一）「栃木県下の部落産業状況と其の改善意見」『融和事業研究』一四輯、中央融和事業協会。

特論3　日光領の被差別民

竹末広美

はじめに

古代・中世以来の伝統を誇る日光山は、近世以降も引き続き日光権現を仰ぎ崇敬する山岳信仰の霊場であった。このような地に江戸幕府は、徳川家康を東照社（のちに東照宮）に、次いで徳川家光を大猷院《たいゆういん》に祭祀して、日光山を幕府最大の聖地とした。領知関係においては、家康以来、日光山に対して「日光領」とか「日光神領」と呼ばれる領知を寄進し、日光山祭祀集団とともに、天海にはじまり、のちに「輪王寺宮《りんのうじみや》」と呼ばれる門跡（日光山貫主《かんす》）に統括させた。基本的には幕府の法令・下知状によって統制され、門跡はじめ諸給人たちの配当・職責も幕府の規定したものを容認した。幕府は、常に日光山・日光領の運営・維持に意を注いだ。

この日光領にも被差別民の居住が見られた。ただ、彼らを支配するのは浅草の弾左衛門ではなく、日光横宿《よこじゆく》に住むえた頭の惣右衛門であった。本稿では、惣右衛門による支配と被差別民の生活について考察してみたい。

一　「横宿」の成立

日光領の被差別民の居住地は、日光道中沿いに散在し、「横宿」と呼ばれた。そのうち家数が三〇戸余と多かったのが日光横宿である。日光惣町（または日光東西町）の入口に位置し、「横宿」とか「日光横宿」、また「下町」と呼ばれた。えた頭の惣右衛門と配下の被差別民が住み、非人頭の茂左衛門も居住した。もとは下鉢石《はついし》町の北にあって「横宿」と称したが、寛永期の日光惣町の形成期に松原町下に移されたという。移転後は、家並みが街道に沿って向かい合い連なっていたが、旧来の名称で「横宿」と呼ばれた。鉢石町や七里村に属したともするが、惣右衛門の補佐役は、幕府に対して「名主惣右衛門肩替《かたがわり》役」とか「名主惣右衛門肩替庄九郎・吉左衛門」と書く仕来りがあり、惣右衛門は日光横宿の名主で、横宿は一つの町の扱いを受けたともとれる(「文化九年諸事日記之控帳」)。

日光道中大沢宿の入口にも被差別民の居住地があり、同じく「横宿」と呼ばれた。家数は五軒と少なく、惣右衛門によって支配され、道の向かい側には鉦打《かねうち》も住んだ。日光道中壬生《みぶ》通り(例幣使道《れいへいしみち》)の板橋宿の入口付近にも「横宿」があり、家数七軒で幕末に至った。戦国期の板橋将監の頃より居住したといわれ、惣右衛門によって支配され、木戸外には非人の居住も見られた。両宿とも日光横宿にならってか、「横宿」と称した(「安政四年大沢宿取締役用向控」)。

ほかに会津西街道沿いの倉ヶ崎新田に猿引金太夫の屋敷地があった。先祖の金作が一六一七年(元和三)の徳川家康の日光山改葬行列に先払いをしたことから拝領したとされ、「猿放し場」とか「猿屋敷」と呼ばれた(『二宮尊徳全集』第五巻、七〇一頁・一一二三頁)。金太夫は、弾左衛門や惣右衛門の支配をはずれ、関東の猿引たちを率いて日光祭礼に供奉し、神領民とは厩祈禱《うまやきとう》(厩祭)を通して関わった。

二　惣右衛門の支配

(1) 支配のしくみ

日光領の被差別民は、えた頭の惣右衛門によって支配された。しかし、惣右衛門の由緒や支配の背景を伝える史料は見あたらない。唯一、明治期の記述に「日光神領に就ては由緒ある由にて、穢多王団《ママ》左衛門輩の支配は受けざりしといへり」とあるのみである(『日光名所図会』九六頁)。先に述べた幕府と日光山・日光領との特殊な関係により惣右衛門の支配となった、というのである。

惣右衛門には、二人の補佐役がいた。「肩替役」とか「下役」と呼ばれ、一般のえたである「平の者」から選ばれ、文政期には、庄九郎と吉左衛門がこれを勤めた。また、大沢横宿と板橋横宿には、家数は少ないが「坪頭」一人が置かれた。一方、非人頭の茂左衛門は、「日光小屋《てか》主」と呼ばれ、家族とともに日光横宿に住んだ。手下の非人(抱《かかえ》非人)たちは、村々へ番人(番非人)として配置された。

惣右衛門配下の者たちは、「宿内の者《しゆくない》」と呼ばれ、「平役」と「宿内の役」を勤めた。「平役」は、職場廻り（斃《へい》牛馬・行倒人の処理）をすることであり、「宿内の役」は、日光奉行所（はじめ日光目代所）に対して「御仕置御用切役」「牢番役」「御役所様へ囚人上下の役」「御触書取次」「掃除役」の五役を勤めることである。

(2) 支配の実態

仕置権

惣右衛門には、弾左衛門と同様、被差別民に対する仕置権が与えられ、配下に対して「縄手鎖《なわてぐさり》」や「宿預け」を命じている。一八一四年（文化一一）、茂左衛門手下の番非人重蔵が七里村で衣類を盗み逃亡した。重蔵は、下総《しもうさ》結城で捕らえられ、日光奉行と惣右衛門の吟味を受けて茂左衛門へ引き渡された。その後、「小屋一同之仕置」を受け、片腕を折られ、片小鬢《かたこびん》と片眉毛を剃り落とされた。

灯心商売

一八一四年（文化一一）、下総国相馬郡猪野村の嘉惣治が、今市宿で灯心商売を行い、惣右衛門配下に取り押さえられた。嘉惣治は、日光領内での販売をしないと誓約し、稼ぎ賃を取られて許された。日光領内に弾左衛門の灯心独占権は及ばなかった。

大沢横宿と板橋横宿との対立

一八五八年（安政五）、惣右衛門の支配をめぐって大沢・板橋両横宿の訴訟に発展した。日光奉行所への訴状からは両横宿の人々の生活の様子が窺い知れる。

○履物類は宿方・最寄りの村々で自由に振売りできる　○履物類を今市宿・鹿沼宿の市場に出し大道見世で販売　○竹皮は領内から自由に購入　○太鼓の張替は自由　○猪鹿肉の買い入れは領内では自由、領外からは鹿沼宿の皮屋幸八を介す　○毎年正月元旦から二月初午《はつうま》までは祝貫い　○板橋横宿の職場は明神・長畑・小代・小倉・手岡・文挟・岩崎十ヵ村、馬皮・馬爪ともに自由に販売　○浜弓（破魔弓）・上野砥（上州産砥石）の販売　○縁組は領内・他領の区別なく自由。

しかし、こうした生活が、嘉永の頃から惣右衛門によって規制・抑圧されるようになった。

三　被差別民の負担

(1)「御仕置御用切役」と「御役所様へ囚人上下の役」

弾左衛門配下の者は、江戸伝馬町牢屋奉行に使役され、御仕置があれば、晒し者・磔《はりつけ》・火罪・獄門《ごくもん》等の「御仕置者御役」を勤めた。惣右衛門配下の「御仕置御用切役」はこの「御仕置者御役」に当たり、囚人に対して仕置を行うものである。実際、日光奉行所（日光御役所）には白洲と仮牢、日光横宿に牢屋（日光牢）、大谷川左岸の伊野久保（所野村）に刑場があり、入墨や引廻し・斬首・磔等を惣右衛門配下の者たちが執り行っている（『日光の司法』五五頁）。また、「御役所様へ囚人上下の役」は、取調べや申渡しの際に犯罪の嫌疑者や既決の囚人を日光奉行所の仮牢や日光横宿の牢屋から白洲に引き出したり戻したりするものである。

引廻しは、火罪・磔・獄門・死罪の属刑で、馬に乗せた罪人を日光惣町から野口村の入口付近まで引き廻し、大谷川河原を通って伊野久保にある刑場をめざした。惣右衛門配下の者三〇人ほどが、囚人の前後を先棒・鑓・捨札・紙幟《かみのぼり》・とび(鳶口)・棒・三ツ道具を持って隊列をつくった。大沢・板橋両横宿の者も「御刑罪御用」として動員された。

入墨は、盗犯に加えられる属刑で、正刑の敲《たたき》刑や追放刑の付加刑として行われた。日光領では、肘下に長さ一寸五分、幅二、三分の筋が十文字にかかるように彫られた。一八四七年（弘化四）、日光四軒町の政吉らは、白洲で「敲の上入墨」を申し渡され、牢屋に戻り、奉行衆立合のもと牢屋入口で惣右衛門配下により刑が執行された。

日光領における死刑人・牢死者・横死者は、一七九二年（寛政四）から一八六五年（慶応元）までに一一五人を数えた。毎年七月一七日が刑死人たちの施餓鬼《せがき》の日で、その前日には日光御殿役所裏門において被差別民に対しても施行《せぎょう》が行われた。一八五一年（嘉永四）、頭である惣右衛門に一斗、茂左衛門に四升、非人一七七人に一人八合九勺ずつ米が与えられた。

(2) 牢番役

牢屋の囚人を「牢者」といった。日光牢の場合、常には四、五人程度でそれを超えることはなかった。この牢屋番（牢屋掛）を勤めたのが、惣右衛門と配下の者たちである。牢屋の経費は、一ヵ年に一五両が江戸の御金蔵から支給された。ただし、これはまず咎人からの過料や欠所物などを使い、不足した場合に受け取るのが定めであった。牢扶持（牢者に対する賄い）は御金蔵からの支出金によらず、毎月、牢者の人数に応じて今市御蔵所（今市宿の幕府米蔵）から支給される米によった。一人に一日四合ほどの米が与えられた。この米の受取や炊事賄いを月ごとに交替で担当したのが牢屋番となった肩替役の庄九郎と吉左衛門である。牢番役の負担は大きく、宿内での対立の原因となった。

(3) 御触書取次

日光奉行所や日光御殿役所は、年貢・夫役・助郷などの用件や幕府のお触れを廻状（順達書）にして村々へ伝達した。これらの送達は、「日光宿《にっこうやど》」（公事宿）が関わったが、横宿が取次をした御触書というものがどのような性格のものであったかは不明である。

(4) 掃除役

日光惣町と横宿には、日光山内《さんない》や街道を清掃する掃除役が課せられた。このうち御宮・御霊屋《おたまや》・御仮殿のある山内は、日光山奉仕者や東町・西町の人々に担当させ、惣右衛門配下には「下馬前後の雪掃き」、茂左衛門手下には「松原町ヨリ横宿ノ間並木道路」を割り当てた。「下馬」は馬を降りる場所で、神橋と仮橋の手前、「下乗《げじょう》」の石柱の建つ付近である。古くは、手掛石（稲荷川寄にある大石）から山内付近の長坂（深砂《じんじゃ》王の社前から左へ登る坂道）・鳥居までを「河原者」に掃除させたという。

(5) 司役

茂左衛門手下の者たちは、日光奉行所の行刑の下役（御仕置）を勤めたり、犯罪捜査や召捕などの「司役」（下級警察役）に従事した。しかし、その具体的な活動はわからない。戊辰戦争下では、惣右衛門配下数人が日光奉行同心に同行している。

四　被差別民の経済

(1) 牢番給と遣物

牢者の賄いは、今市御蔵米（幕府詰米）が充てられたが、「牢番給」（牢番への手当）は日光領民が負担した。「牢番寄穀《よせこく》」とか「牢屋番寄穀」と呼ばれる穀類で、大体は大麦五合と大豆五合を納め、銭納することもあった。納入方法は、日光領の村々をいくつかの組に分け、各組に責任村を置いて皆納を図った。それぞれを小百《こびゃく》穀・芹沼穀・小来川《おころがわ》穀・七里穀・瀧穀・今市穀・大芦穀・大沢穀・長畑穀・栗山穀・足尾穀と呼んだ。牢番は、これを廻村して集め、代わりに遣物《つかいもの》として雪駄（皮を張り付けた竹皮草履）・裏附《うらつけ》（裏附草履）・がづ（屑や竹の皮で作った草履）を渡して帰った。

(2) 家職場

日光領では、被差別民の稼ぎ場（旦那場）を「家職場《かしょくば》」とか「職場」と呼んだ。日光横宿の家職場ははっきりしないが、大沢横宿は、大沢・水無・八日市（大沢村内）・森友・荊沢《おとろざわ》・針貝・大室・薄井沢・沢又・矢野口・塩野室・小林・沓掛《くつかけ》・嘉多蔵《かたくら》・根室・山口の一六ヵ村、板橋横宿は、板橋（上と下）・手岡《ちょうか》・岩崎（上と下）・文挟・小倉（南と北）・小代・板荷の一〇ヵ村を家職場とした。

家職場は、日光領の村々をいくつかに分け、一年を日割りにして被差別民たちに分配された。日光横宿では、それぞれの稼ぎ場を土沢場《どさわば》・下場・西場・中場・長畑場・小来川場などと呼んで区別した。家職場の範囲と寄穀の範囲との関連は見いだせない。被差別民たちは、各家職場を巡り（野廻り・職場廻り）、斃牛馬・行倒死人を処理した。村の野場や河原には、数ヵ所に馬捨場が設けられ、落馬《おちうま》（死馬）があれば解体されて、馬皮は各種皮製品・雪踏・鼻緒などに、馬爪は櫛・笄《こうがい》（女の髷《まげ》にさす飾り）などに加工された。収益を伴うだけに質入れ・横領も起こり、争いの原因になった。

(3) 貰物・大名下され物

茂左衛門手下の非人たちは、「ホマチ貰」として毎月各戸から米麦や銭を貰い、さらに冠婚葬祭の家や日光参詣者からも金銭を取った。たとえば、小来川村では村番人が置かれ、茂左衛門手下が来ると大麦を手渡した。今市宿の如来寺は、暮れに年頭・春秋の分を合わせて三〇〇文を遣わしている。普段は非人たちの訪問を嫌い、平日には一切与えない決まりであった。如来寺では、銭の代わりに手下から草履二足が渡された。

東照宮の春秋二度の祭礼（日光祭礼）は、幕府から御名代や御祭礼奉行が派遣されて執行された。この際、大名たちから宿場役人に対して「下され物」が与えられた。何文かの銭であったが、座頭・盲女・猿引金太夫とともに、日光横宿の頭たちにも賦与された。

(4) 農耕地・見捨地

被差別民たちは、田畑を所有し農業にも従事していた。日光横宿の場合、寛政期の検地帳に権四郎・次兵衛・庄九郎・惣三郎・藤八・鉦打《かねうち》の喜八らの田畑所持が記録されている（「寛政五年下野国都賀郡鉢石村検地帳」）。板橋横宿でも三人が田畑（かわた分）をもち、年貢・諸役銭を納め分地も許された。また大沢横宿でも土地の所持や分地・隠居面（隠居人の土地）が認められた。

日光領内の所野・瀬尾・唐風呂・栗原に、「穢多非人之類見捨地」「非人見捨地」「非人見捨場」と呼ばれる土地が見られる。検地の際、縄入れが免除されて無年貢地となった土地を見捨地《みすてち》というが、これらの土地は、日光領では被差別民の墓地となった。

(5) 庄九郎の経営

惣右衛門や庄九郎は、それぞれ屋号をもち、家職物を加工・販売しては収益を上げた。庄九郎の経営内容は次のとおりである（「天明七年諸色覚控帳」）。

①皮類の購入と加工　自分の家職場から入る皮ばかりでなく、仲間の家職場から上がる皮（職場荷）や山間で狩猟された動物の皮類も購入している。皮の種類は、家職場では馬皮、山間では鹿皮をはじめ熊・猪・猿の皮である。職場荷の相場は一枚一分四〇〇文、山間では鹿皮で一枚一分二〇〇文である。なお、雪踏・草履の材料である竹皮も購入している。

②雪踏類の商い　小雪踏・男雪踏・女雪踏・男板下駄などを販売した。

③太鼓や三味線の張替　東照宮宝物中に当地で張り替えられた太鼓が見られる。
④時貸《ときかし》（当座貸）　宿内に限らず手広く金を貸している。借り手からは鉄砲・小袖などの質草をとった。

五　被差別民への差別との闘い

日光領内でも被差別民に対する差別や抑圧、それに対する闘いがあった。以下、主な事件を概説する。

(1) 宝暦一三年藤堂家御用荷出入

一七六三年（宝暦一三）、藤堂和泉守（津藩主七代高朗）の御宮御修復手伝のための御用荷（皮草履・下駄など）を日光横宿が取り押さえる事件が発生した。請合方の申し出に、横宿側は酒代一五両を受け取り、以後、買上の際には横宿の品を買うよう確約させて和解した。家職を成り立たせるために、他所からの皮草履等の持込みは許さなかった。

(2) 安永八年八乙女職処罰一件

一七七九年（安永八）、御用木の中に日光横宿で入取した木が混入したとの風聞が立ち、御作事方の取り調べを受けた八乙女《やおとめ》職小野口権左衛門が手錠のうえ逼塞《ひっそく》、組合預けとなった。日光横宿を賤視する事件であった。

(3) 天明七年牢屋敷御修復事件

一七八七年（天明七）一〇月、前年の大風で被害を受けた下厩・御米蔵・御役宅・西火之番小屋・無量院などの普請と修復が行われた。その際、日光目代は請負側に入用費の減額を要求したが、牢屋敷の修復分については、「穢場所の儀故」として減額に応じなかった。牢屋敷の穢れを嫌い、請負側はあくまでも落札値段での工事を望んだのである。

(4) 弘化三年金銭ねだり取締り

一八四六年（弘化三）、日光奉行所は、日光領の座元的地位にあった今市宿の桔梗《ききょう》の一《いち》を糾して、座頭たちの「祝物参り」の際の祝儀は「志」の額とするよう命じた。また、渡《わたり》非人《ひにん》たちが「所番人」と偽って旅人から金銭をねだったり、「並木番」と称して提灯を持ち歩いたりしていた。奉行所は、惣右衛門・茂左衛門を糾すとともに、村役人へも取締りを指示している。

一八世紀後半、幕藩体制が動揺し、被差別民への支配が強化された。日光領でも取締りの触れがたびたび出され、被差別民の金銭ねだりや一般人との交わりが取り締られた。

六　幕末維新期の動向

幕末、被差別民のなかには、大名や幕府の軍に加わり、差別からの解放を期待して戦う人々がいた。しかし、日光領の被差別民にそうした行動は確認できない。むしろ、戊辰戦争の混乱のなかで人々は困窮していた。日光方面への旧幕府軍の攻撃に対し、老人や女性・子どもたちは戦火をのがれて山中に避難した。男たちは、ある者は新政府軍の手先として危険に身を置き、ある者は新政府軍から内通の疑いをかけられ処罰されそうになった。

一八六九年（明治二）二月、日光県が成立し、治安・授産（就業）の立場から野非人たちの徒場《とじょう》（のちの懲役場）使役が検討された。一八七一年（明治四）八月、旧日光領にも「解放令」が布告され、形式的ながらも被差別民の身分・職業は平民と同じくなった。同年、日光横宿では、町の名称変更問題が浮上し、日光県に改称の願いが出された。しかし、日光県は決定を出さず、翌明治五年六月になって栃木県によって許可された。同時に、日光横宿は見捨地から年貢地（租税地）となった。

解放令によって、「御一新以来世界開けて、一般に同じく交わりこれしかるべし」（『いまいち市史　史料編　近世Ⅶ』、六三六頁）などと、人々の身分意識にも変化が見られたが、実際上の差別や偏見は解消されず、婚姻や教育・祭礼・名誉職などに厳しい差別が続いた。

参考史料

肩替役文書（日光市）「文化九年諸事日記之控帳」。

関根家文書（日光市）「安政四年大沢宿取締役役用向控」。

佐々井信太郎ほか編『二宮尊徳全集』第五巻（復刻版）七〇一・一一二三頁、龍溪書舎、一九七七年。

石倉重継『日光名所図会』九六頁、博文館、一九〇二年。

観音寺所蔵文書（日光市）「寛政五年下野国都賀郡鉢石村検地帳」。

肩替役文書（日光市）「天明七年諸色覚控帳」。

今市市史編さん委員会編『いまいち市史　史料編　近世Ⅶ』六三六頁、今市市、二〇〇〇年。

参考文献

竹末広美（二〇〇一）『日光の司法――御仕置と公事宿』五五頁、随想舎。

竹末広美（二〇〇四）「マイノリティーの生活」今市市史編さん委員会編『いまいち市史　通史編Ⅳ』四五九頁、今市市。

竹末広美（二〇一四）「近世日光領とえた頭惣右衛門」『解放研究』二八号、東日本部落解放研究所。

群馬

大熊哲雄

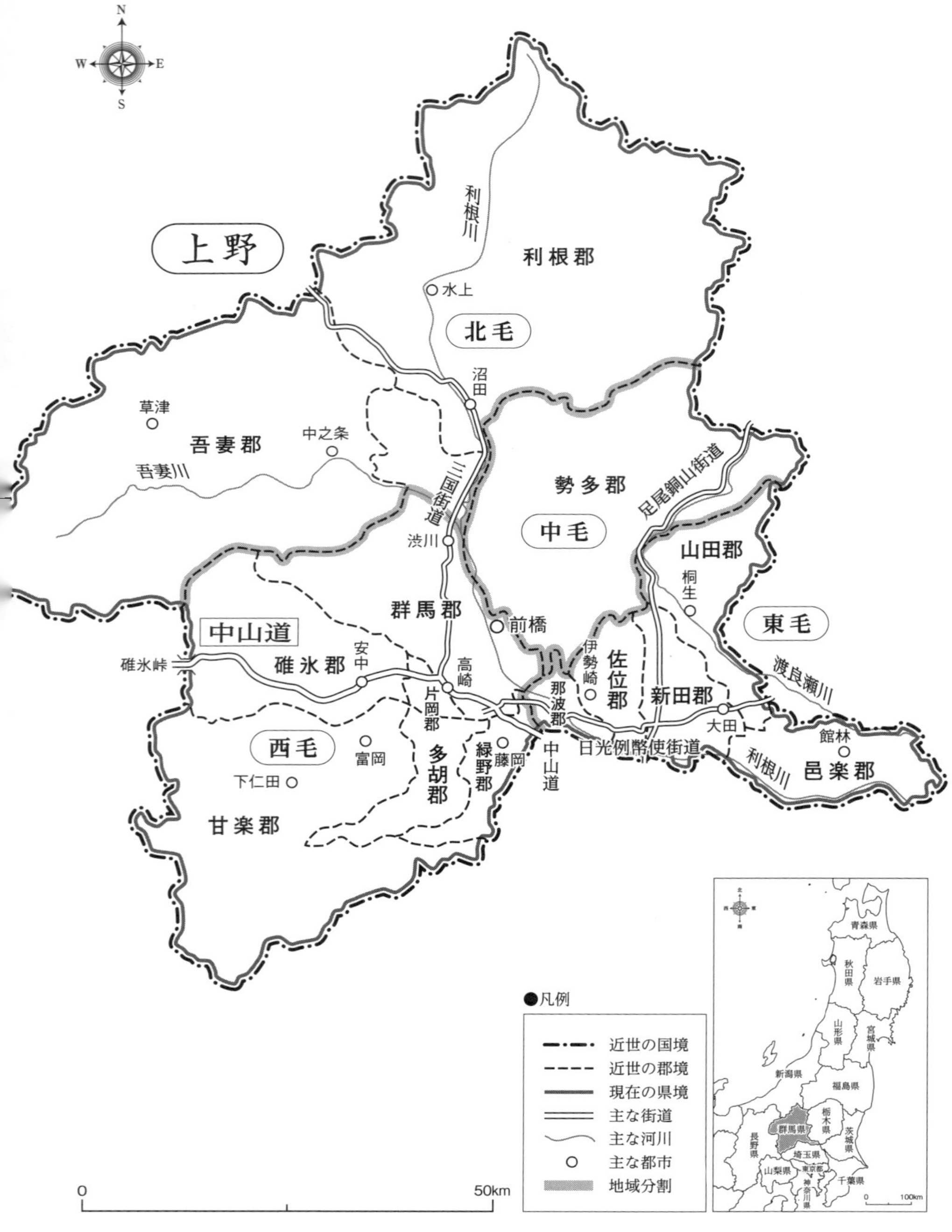
N
W
E
S
上野
利根川
利根郡
水上
北毛
沼田
草津
吾妻郡
中之条
吾妻川
三国街道
勢多郡
足尾銅山街道
中毛
渋川
山田郡
桐生
群馬郡
前橋
東毛
中山道
碓氷峠
安中
碓氷郡
高崎
伊勢崎
佐位郡
那波郡
新田郡
渡良瀬川
片岡郡
大田
館林
西毛
富岡
多胡郡
緑野郡
藤岡
中山道
日光例幣使街道
利根川
邑楽郡
下仁田
甘楽郡
凡例
近世の国境
近世の郡境
現在の県境
主な街道
主な河川
主な都市
地域分割
0
50km
青森県
秋田県
岩手県
山形県
宮城県
新潟県
福島県
栃木県
群馬県
茨城県
長野県
埼玉県
山梨県
東京都
千葉県
神奈川県
0
100km

はじめに

群馬県の範囲は、前近代の上野国（上毛とか上州とも呼ばれてきた）の範囲をほぼ継承している。そして地域は、北部（北毛）・西部（西毛）・中部（中毛）・東部（東毛）の四つに区分されるのが通例である。

被差別部落に関しては、現在のところ中世時期（鎌倉・室町時代）の史料は全く見いだせていない。そこで本稿では、右の地域区分を念頭に置きつつ、戦国末期の状況から述べていくこととする。

なお、一九二一年（大正一〇）の内務省資料［秋定一九八〇］によれば、群馬県の被差別部落数は二三五ヵ所で関東では埼玉県に次ぐ数である。この数字は、近世史料の検討からは実態よりもやや少ないように思われるが、概況を知るに足りるものとみてよいだろう。

一　戦国末期から江戸時代前期の状況

(1) 長吏の存在状況と役割

北毛地域

戦国末期以来、沼田城を拠点に利根・吾妻二郡の北毛を支配していた真田氏は、強引な検地が原因で一六八一年（天和元）改易《かいえき》された。その際、領分引き渡しのために作成されたと思われる『上野国沼田領品々覚書』と題された文書が伝えられている。

その記述のなかに、①沼田町に牢屋があり、その牢番を勤める長吏に屋敷地を一町二反四畝一一歩、畑一町四反七畝二歩を無年貢地として与えていること、②原町に牢屋があり、その牢番を勤める長吏に給分として籾一一俵三斗六升七合を与えていること、③草津町に温泉があり、その湯掃除を勤める長吏に畑高十石四斗三升分を無年貢地として与えていることがみられる。

この文書は天和期（一七世紀後半）のものではあるが、いずれも戦国末期にさかのぼる歴史事実をかなり伝えていると評価されている。のちに触れるが、①の沼田町長吏小頭伝蔵と③の草津町長吏小頭三右衛門は、幕末に至るまで弾左衛門体制下にあって有力な地位を占めていた小頭であった。また、②の原町長吏小頭に関わるとみられる記述が、やはり沼田真田家改易に際して著された『加沢記』という文書にみられる。これによれば、一五七三年（天正元）頃、吾妻の一城塞であった柏原城をめぐる真田氏対北条氏の攻防戦において、夜襲による勝利を得た真田側大将が長吏八右衛門を功績第一、「名誉の忍び」と賞賛し、「吾妻一郡の長吏頭」に任じたとある。

西毛地域

徳川氏の関東入部にあたって西上州の要衝である箕輪城に入った井伊氏は、一五九八年（慶長三）、拠点を高崎城に移した。その城下町の牢屋に関して、江戸時代の地誌『高崎志』は、①牢屋地内に牢番の小屋が五軒あり、②彼らの先祖は箕輪から来た、③彼らの家には弘治・元亀以来小田原・甲州からの文書数通があり、④彼らは今も近郷の長吏を支配していること等を述べている。

また、『高崎寿奈子』という地誌も牢屋に関する記述のなかで、①五軒の牢番とは郷左衛門・甚蔵・外左衛門・加左衛門・巳左衛門であり、②彼らは古き者で井伊氏より安藤氏までの文書数通をもち、③彼らは従来から西上州七郡の長吏たちの頭であると述べている。

のち、①の牢番五人は高崎を中心とする西上州長吏・非人の大半を支配下に置き、「高崎小頭五人衆」と呼ばれる存在となった。

中毛地域

藤沢靖介は、戦国末期の北条氏の北関東進出に伴い、武州深谷の長吏太郎左衛門と上州平井の長吏九郎左衛門や長吏源左衛門との対立が厩橋（前橋）や沼田を舞台に展開していたことに触れている［藤沢 二〇〇六］。この状況は「弾左衛門由緒書」所収文書や「深谷平井家文書」によって述べられているが、そこに登場する厩橋の「長吏所」は中毛地域において重要な存在だったようだ。確証はないが、この「長吏所」は後世、前橋藩の頭村的存在となった清王子村長吏集落に該当するかもしれない。

群馬郡植野村長吏小頭三郎右衛門は、武州深谷の土豪であった秋元氏に従ってこの地に来たと伝えている［東京部落解放研究会・古文書を読む会　一九九三］。一六〇一年（慶長六）総社勝山城に一万石の大名として入部した秋元氏は、直ちに城下町・領内村々の水資源確保のため、いわゆる天狗岩用水の建設を進めた。植野村長吏集団はその建設に寄与したと伝えられ、以後近代に至るまで水番・堰番としてこの用水の管理・運営に関わってきた。

　勢多郡込皆戸村長吏小頭孫三郎は、戦国期の大胡領地域を支配しているところから大胡《おおご》小頭《こがしら》と呼ばれたり、自らも称していた。彼の率いる長吏集団・長吏集落の形成に関わってはいくつかの伝承と歴史事実が明らかにされている［東日本部落解放研究所　一九九四］が、ここでは特に注目される二つの点に絞って触れておく。

　一つには、一五九〇年（天正一八）に大胡城二万石の大名として入部した「牧野氏にはライを病んだ鶴姫という娘がおり、城を出て現込皆戸に移住して、治療にあたったとされる。この時、鶴姫に従ってきたのが牧野氏家臣の弾兵衛・弾衛門兄弟らで、やがて弾衛門は浅草弾左衛門の支配下に入り、小頭孫三郎をなのるようになった」とする点である。そのまま鵜呑みにはできない話ではあるが、関東各地にみられる同様な被差別部落形成譚の典型的事例として注目しておきたい。

　二つには、込皆戸村の長吏集落が岡と呼ばれる飛び地に存在していた点である。これは、近世の「村切りにあたって、女淵郷の西端に位置する岡組が、隣接する新屋村や女淵村の枝村ではなく、新屋村を挟んで空間的に数ＫＭも離れた込皆戸村の枝村となった」（傍点原文）ということである。東日本における長吏集落は一村を形成することは大変珍しく、近世村落の一隅に枝村として存在するのが普通であった。しかし、近年の研究が進むなかで、単なる枝村でなく右込皆戸村のように村切りの段階から飛び地として形成された（空間的に離れたある村に付属させられた）地区がいくつも「発見」されており、その意味するところも検討課題として浮上してきている。

東毛地域

　邑楽郡の館林城下西に隣接する成島村居住の長吏小頭半左衛門は、戦国期以来の由緒を伝える存在である。同様に、新田郡の村田村居住の長吏小頭三郎左衛門も金山城を拠点とする戦国領主由良氏に仕えた由緒を伝える存在であり、両者は江戸時代を通じて強い結びつきを維持していた。その詳細はすでに池田秀一によって明らかにされている［池田 一九九〇］が、主たる内容を六点に分けて以下に述べる。

一つには、半左衛門は越後の出身で足利長尾氏に仕えた。一五六二年（永禄五）、長尾但馬守の館林入部に従った半左衛門は、三年後（永禄八）に佐貫（館林地域の旧称）の長吏司と礫役を任すという証文を与えられた。

二つには、一五八六年（天正一四）、館林・足利・太田地域を掌握した北条氏直から半左衛門はあらためて長吏司と陣番役・皮役を命じられ、同時に、赤生田村にて畑地を支給するとの証文を与えられた。

三つには、半左衛門は前述の村田村居住長吏頭三郎左衛門と共同で、太田地域および桐生（山田郡）仁田山までの長吏に対する支配権を得た。

四つには、一五九〇年（天正一八）、徳川氏の関東入部で成立した館林藩榊原氏の支配下、半左衛門はその地位・役儀・給田（赤生田村に除地畑一一町三反三畝九歩、石高にして二六石五斗六升九合）の継承を認められた。新たな城下町の形成に伴い居住地は土橋村から成島村に移転したが、その広さは百間四方（約一万坪）であった。役儀の内容は、陣番役・皮役・掃除役（城内大手門から瓦御門まで）・仕置役（拷問手伝い）等であった。

五つには、半左衛門の太田進出によって「太田裏十三ヵ郷」の「長吏職」を奪われたとして、山田郡安良岡村の長吏新三郎倅十郎左衛門が一六四五年（正保二）、榊原氏の転封・新領主松平氏の入部直後、その返還を求めて提訴した。半左衛門は江戸の「弾左衛門殿」へ訴え「勝状」を得た（十郎左衛門は江戸へ出頭せず）が、実効力が無かったのか領主に再提訴した。争論の結果は不明だが、江戸時代中後期の半左衛門支配地域は邑楽郡域に限られており、太田地域には及んでいない。この争論が注目されるのは、当時（一七世紀半ば）、江戸の弾左衛門が関東地域の長吏頭間の紛争において調停者あるいは裁定者として登場してきてはいるが、この段階ではまだその決定に従わせる権力を確立してはいなかったという点である。[1]

六つには、右に触れた長吏小頭三郎左衛門は、江戸時代にもその地位・役儀・屋敷地（伝承によれば二町二反）の継承を認められた。三郎左衛門が館林半左衛門と結んで金山城周辺の長吏集団と激しい抗争を展開したことは、いくつかの伝承によって伝えられている。三郎左衛門家は、足利の長吏小頭半右衛門家（館林長吏小頭半左衛門家の分家）とも親密な関係にあったので、本来三郎左衛門家に伝存したと思われる文書がいくつか半右衛門家文書（『下野国半右衛門文書』）中にみられる。なかでも注目されるのは、一六八七年（貞享四）、弾左衛門から発給された、一〇ヵ村の長吏集団（新田郡の大部分）に対する三郎左衛門の支配権を安堵する支配証文（同前）である。この文書は弾左衛門の印を有する本文書であり、こうした文書発給方式がこの時期には整っていたと感じさせる点で、関八州の弾左衛門支配が元禄期以前に確立していたことを窺わせる。

戦国末期から江戸時代初期にかけて上州（群馬県地域）に姿を現してきた長吏頭・長吏集団・長吏集落について、右のとおり四つの地域区分にそって概容を述べた。しかし、その根拠となるものは多くが戦国期文書の写しおよび後世の記録や伝承である。これでは確かな歴史像を描けているとは言えない感がある。とはいえ、池田論文のなかではそうした記述に関わるさまざまな関係史料を挙げて、その信憑性を裏付ける努力をおこなっている。ここでも、東毛地域に限定されるが、池田論文発表後に見いだされた史料を三点紹介することによって、右に述べた概容の裏付けの一端としたい。

一つには、「享保二十年卯二月　太田備中守様より池田新兵衛様へ御引渡の書付写」と題する史料（塩谷正久家文書）である。この史料の末尾に「長尾但馬守殿・北条氏直公より半左衛門先祖へ下し置かれ候御書付の写し二通、半左衛門口上書一通」という記述がある。これは池田論文が主軸の史料とした、一八四五年（弘化二）の前領主井上氏から新領主秋元氏へ渡された「領分引渡書」中の「長吏書付」の内容と一致する。池田論文執筆時には井上氏の領分引渡書しか見いだせず、半左衛門はこうした「長吏書付」を領主交替のたびに提出したのだろうと推測するにとどまった。しかし、ここに掲げた一七三五年（享保二〇）の「御引渡の書付写」が明らかになったことで、右の推測は裏付けられた。

二つには、「延享三年寅一一月　上州邑楽郡赤生田村指出シ」と題された史料（山田幸八家文書）である。この史料の冒頭に「高千四百廿六石五斗五升八合（略）内、廿六石五斗六升九合　館林長吏給高　諸役免除」とあって、半左衛門提出「長吏書付」にあった畑地支給が裏付けられた。
三つには、「文政五年　村田村検地帳」と題された史料である。この史料は全九冊だが、第九冊目の末尾に長吏の屋敷地が五ヵ所記されている。その一つに「長さ百拾間　横六拾間　穢多屋敷」とあり、計算すると二町二反となる。そして、明治になって編纂された『生品村郷土誌』（一八九六年）に収録された右史料の写し（ただし屋敷等の部分のみ）の該当箇所に「三郎左衛門屋敷」と注記がなされている。つまり、右二つの史料は村田村長吏小頭三郎左衛門の屋敷地が江戸時代後期ないし明治初期において二町二反（六六〇〇坪）であったことを物語っており、池田論文執筆の段階では伝承とされてきたものがほぼ歴史的事実として裏付けられたということである。

(2) 初期検地帳等から窺われる状況

一五九一年（天正一九）山田郡下小林村検地帳（『休泊村誌』）から

この検地は前年館林に入部した榊原氏が翌年実施したものだが、そのなかに、ちやうり六郎三郎・同四郎五郎が屋敷地をそれぞれ二畝六歩・一畝二四歩、田畑をそれぞれ二反七畝一六歩・七反一畝一六歩名請けしていた記載がみられる。記載の状況は、屋敷地・田畑とも百姓と混在しており、別段の扱いを受けていた様子は窺われない。

ここでは、「長吏」と漢字で表記されず平仮名で記された点が注目される。なお、江戸時代中後期には下小林村に長吏の存在は確認できず、隣村竜舞村にかなり大きな規模の長吏集団が存在していたので、後者に吸収されたのかもしれないが定かでない。

一六三八（寛永一五）佐位郡伊勢崎町検地帳から

この検地は伊勢崎も領していた前橋藩が実施したものであるが、そのなかに、長吏が田畑・屋敷を名請けしていた記述がみられる。これから読み取れることを三点記す。

一つには、長吏の名請けした田畑は三六筆、四町九反九畝七歩となり、ほぼ五町歩である。

そのうち、田は一筆、下々田三畝二一歩のみであり、ほとんどが畑である。等級別では中畑四畝一三歩、下畑三町三反九畝四歩、下々畑一町五反一畝二三歩という割合で、下畑が約七〇％を占めている。

二つには、長吏の名請け人は六人であるが、最大は善兵衛で下畑三町三反七畝二六歩を所持しており、全体の六七％を占めている。しかも、その大部分三町二二歩は「ちやうり本屋敷」という地字に一筆で記されている。事情は判明しないが、これほど大きな畑が一筆で記される例はめったになく、何か特別な土地であったことを窺わせる。その他の名請け人は、善十郎七反六畝一五歩、藤十郎四反二畝二三歩、外右衛門三反二歩、小八郎一反四畝一一歩、吉十郎五畝一五歩と続くが、その所持地は圧倒的に下々畑である。

三つには、長吏が名請けした田畑の地字は、三六筆のうち二一筆が「中島」に集中している（ほかは諸地字に分散）。この点が長吏集落の位置との親近性を窺わせる。長吏が名請けしている屋敷は二筆であり、一つは藤十郎の二畝二〇歩、もう一つは外右衛門・小八郎・惣十郎と三人連名の九畝二〇歩である。ところで、最有力の善兵衛・善十郎の名前がみえないのが不審である。もしかすると、善兵衛名義の「ちやうり本屋敷」にある下畑三町三反余の土地が関係しているのかもしれないが、定かではない。

ここまで長吏と呼んできたが、右検地帳のなかでの実際の表現は「町離」三筆、「てうり」三二筆、「ちやうり」三筆であり、圧倒的に「てうり」が用いられている。

一六五〇年（慶安三）新田郡細谷村御縄打水帳（金谷健之助家文書）から

この検地は幕府代官の手によっておこなわれたものだが、田畑の部には長吏の名請け人はみられない。しかし、屋敷の部の末尾に「外除」と括って「屋敷一反五せ一歩　かわた多左衛門、同一反一せ二二歩　与惣、同六畝歩　茂右衛門」という記載があり、三人の長吏が年貢・諸役を免除された除地として屋敷地を所有していたことがわかる。

この史料では「かわた」という呼称が用いられている点が注目される。前節で安良岡村新三郎に触れたが、彼の肩書きも「かわた」であった。このように「かわた」という呼称も、上州における戦国末・江戸時代初期の史料ではしばしばみられるのである。

一六四八〜六四年（慶安元〜寛文四）新田郡世良田村年貢割付状（高橋富雄家文書）から

この史料のうち、一六四八年（慶安元）・一六五〇年（同三）・一六五二年（承応元）・一六五七年（明暦三）の四つには下田の項に七畝一七歩（一六五〇年以後は八畝）を「ゑツた分ニ引」と注記し、一六五八年（万治元）・一六五九年（同二）・一六六一年（寛文元）・一六六四年（同四）の四つには同じく下田の項に八畝を「穢多分見すて」と注記している。これは、幕領であった世良田村には代官から年貢が割り付けられており、そのなかで長吏の所有地と思われる下田七畝一七歩（のち八畝）が何らかの理由（役儀への対価か）で年貢・諸役を免除されていたことを示している。ここで最も注目されるのは、長吏を示す呼称が一六五七年までは「ゑツた」であったのに対し、翌五八年以後は「穢多」という漢字表記に変化した点である。「ゑツた」という呼称自体が関東ではきわめて珍しい事例と思われるが、なぜこれが上州に出現したかは不明である。それはともかくとして、一六五八年から漢字の「穢多」に変化したことは、のちの「穢多・非人」を中核とする幕府の「賤民制」形成に連なる動きの一つに思われてならない。

以上のようなわずかな検地帳・年貢割付状からでは長吏集団・長吏集落の形成状況や生業・役儀等の実態を知ることはほとんどできないが、長吏の呼称・表記が相当に多様であったことは確認できよう。この多様さがもつ意味の解明は、前述の戦国領主等との関わりからみた長吏のあり方も含め、群馬県域にとどまらず関東・東日本全体の関係史料を総合して取り組むべき課題であろう。

二　江戸時代中期の状況

(1) 領主への役儀と給分・扶持および差別の顕在化

沼田藩における牢番役

沼田城下の長吏小頭が牢守伝蔵と名乗っていたことは諸種の資料から知られる。通常、城下町の一隅に設けられる藩の牢屋は沼田城下にはみられず、城下木戸外の長吏集落内のみに存在した。つまり、沼田藩では牢屋を全面的に長吏集団に預けるという体制をとっていたということである。おそらくこうした体制は江戸時代前期真田氏以来のものであり、戦国時代にさかのぼる可能性も考えられる。しかし、沼田における牢屋および牢屋番の実態が知られる史料は現在のところ皆無であり、伝蔵が自らを「御牢守」と誇示している点からそれを推測するにすぎない。

高崎藩における牢番等の役割・活動

高崎地域における長吏の存在は、すでに触れたように戦国期の箕輪城（長野氏）との関わりに由来するが、非人も含めてその具体的な姿が知れるのは「高崎町奉行日記」（『高崎史料集　藩記録（大河内）2』）の記述である。一七九二年（寛政四）と一七九七年（同九）のわずか二ヵ年分しか残されていないが、その詳細な記述は多くの情報を与えてくれる。これらから読み取れる長吏・非人の役割・活動について六点に分けて記す。

一つには、高崎地域の長吏小頭は五人おり、彼らが藩から牢番と呼ばれ（位置づけられ）ていたことはすでに触れた。特徴的な点は、彼らが前菜町の一隅に設けられた牢屋の傍らに小屋を構えて居住していた点である。前菜町は高崎城下町（高崎宿）を構成する町の一つであり、江戸口に近い位置にあった。したがって、頭分とはいえ長吏身分の者が城下町内に定住していたということであり、これは珍しいケースにあたる。なお、牢番直属の長吏・非人は江戸口の外の植竹に居住していた。

二つには、牢屋における牢番の役割としては、入牢者の賄い（藩からの手当と入牢者の家族・居住村からの差し入れ等の扱い）や、敲刑・晒刑の執行、牢死者の片づけ等があった。斬首役は牢屋同心が勤めた。その片づけは、城下町外江木新田所在の無縁堂への仮埋めという方式だった。獄門は植竹の西、烏川の対岸で行われた事例が一件記されているが、昼夜の番を長吏・非人に命じたとある。おそらく牢死者・刑死者の片づけや獄門の番には、牢番（小頭）の指揮のもとに植竹の配下長吏・非人が動員されたものと思われる。

三つには、牢番のもう一つ大きな役割として警吏役があった。具体的には城下町の警備、不審者の取調べ、領外追払い（場合によっては召捕）、領内外におけるお尋《たずね》者の捜索・召捕等である。彼らは、城下町からの追払いを独自の判断で実行し、召し捕った不審者を植竹の牢屋に収容し取調べをしたのち町奉行所へ差し出すこともあり、その権限はかなり大きかった。お尋者等の捜索・召捕にあたっては、同心の引率のもとに牢番・組下長吏・非人が派遣されるケースや長吏独自で動いたケース（他領とある上州山名村・武州深谷宿等への出張）がみられる。また、無宿佐七（百姓）が「所々広く存じ候もの」と牢屋同心に認められて、牢番の手先とされた記事もみられる。さらに注目されるのは、上州境町（伊勢崎藩領）の番人惣七（長吏）が牢番に情報を入れたことにより、武州本庄宿でお尋者の身柄拘束を実現したという記事がある。この件からは、領分を超えた長吏・非人の追捕に関わるネットワークの存在が窺われる。

四つには、牢番に対する手当として年々麦一五俵支給との記述がみられるが、五人の分とすれば一人あたり三俵にすぎない。領分の村記録に「牢番穀」の記載が散見されるが、この手当を賄うものにあたるかは定かでない。「町奉行所日記」には捜索・召捕の際に手当が支給されたこと、日頃の勤務精励に対し褒美が支給されたこと等が記述されているので、麦による定額の扶持と諸役への臨時手当の二本立てだったのかもしれない。

五つには、一七九七年（寛政九）牢内の取締りが不埒との罪状で、牢番五人が処罰された記事がある。牢番のうち三人は五〇日の押込め、吟味中脱牢を図った一人は牢番役罷免（植竹の長吏組頭が牢番代となる）、残る一人は判決前に牢内で自死したので処罰せず死骸を引き取らせた。この件は相当根深い問題をはらんでいたようで、すでに三年前の一七九四年（寛政六）に藩から幕府へ処理の仕方が問い合わせられている（「幕制彙纂」）。問い合わせの要点は、弾左衛門への断りなしに藩独自で牢番（長吏）の処罰を執行してよいか、彼らの預け先や後任を非人頭としてよいかというものだった。幕府（町奉行所）の回答は、処罰の執行については前例どおりであれば藩の判断に任せるとしつつ、その決定を通知するとともに預け先・後任については弾左衛門へ依頼せよというものだった。これは、長吏が非人を支配するという弾左衛門体制を幕府が容認・支持することを示すものだった。

なお、牢番の処罰とともに平人とみられる入牢者二人と城下町の質屋三人が処罰されている点から考えると、牢内外にわたるかなり大規模な不正・構造的な問題が存在していたようである。しかし、のちに触れる川越藩の前橋領分長吏・非人への処罰が、差別政策に対する彼らの抵抗（仕置役拒否闘争）への弾圧であったことを念頭に置くと、高崎藩牢番処罰の問題にもそうした要素が潜んでいないか検討の余地があると思われる。つまり、長吏側の主張が全く窺い知れない町奉行日記という史料の限界にも注意を払う必要がある。

六つには、すでに無縁堂については牢死者・刑死者の埋葬場所であったことに触れたが、その他行倒れ者が埋葬されたこと、刑死人を対象とする様切《ためしぎ》りもおこなわれたこと、火葬場でもあったこと（その業務は非人が担った）を付け加えておく。

「高崎町奉行日記」から読み取れることは以上だが、一七八一年（天明元）に起こった上州絹一揆における高崎藩と前橋藩の長吏・非人の動員方式の相違を、椙山聖子が論じている［椙山 一九九〇］ので、これに関して一言しておく（絹一揆の内容はすべて略す）。

椙山は、高崎藩が牢番を中心とする長吏・非人の部隊を独自に動員したのに対し、前橋藩は一揆に対決する村々百姓の部隊に付属させる形で長吏・非人を動員したという点の相違を指摘した。この相違の要因は、右にみてきたとおり高崎藩では日常的に牢番を中心とする長吏・非人の出動体制が形成されていたのに対し、前橋藩ではそうした体制は整備されていなかった点にあると思われる。前橋藩領の長吏・非人のあり方はほとんど未解明なので断定はし難いが、利根川洪水による城郭破壊と一七六七年（明和四）以降の川越移城により、前橋は陣屋支配のもとにあって衰微したことが関係しているかもしれない。

伊勢崎藩における牢屋番役

伊勢崎藩の牢屋は陣屋を囲む堀中に設けられていたため、中島牢とも呼ばれた。大手門の内にあり周囲は役所・侍屋敷・足軽長屋等で固められていたので、国定忠治を召捕った関東取締出役がその奪還を恐れてここに一時預けるほどだった。しかし、この牢屋がどのように運営されていたかは定かでなく、長吏・非人の関わりが想定されるものの実態は不明である。むしろ、諸史料（「伊勢崎新古日記」「藩重役手控」ほか）からは、①伊勢崎藩御用を勤めた長吏集団の居住地中島地域にも牢屋があったこと、②この牢屋には長吏・非人・野非人・吟味前の召捕人等が収容されたこと、③藩の牢屋修復に際し囚人をこの牢屋に預かり修復後戻したこと等が知れる。吟味前の召捕人や藩牢屋の囚人預かりからは、藩牢屋と長吏牢屋が有機的な関係にあったことがわかる。困ったことは、この長吏牢屋も地名をもとに中島牢と呼ばれたため、藩の中島牢と判断がつかないケースがあることである（藩では穢多頭牢屋と呼んで区別した）。

館林藩における牢屋番役・仕置役

『館林市誌　歴史篇』によれば、牢屋は城下鞘町にあって、管理にあたったのは二人の武士格の牢守であった。彼らは城附侍で藩の家中ではなかった。彼らの指揮の下に牢屋下男と呼ばれた者が、牢内の雑用および仕置の手伝いに従事していた。この点を前出の『館林藩史料』と突き合わせてみると、牢屋下男の仕事の多くは小頭半左衛門を中心とする長吏・非人が担っていたことが明らかである。斬首刑は牢屋内でおこなわれたが、その切役はいつの頃からか牢屋同心から長吏に転嫁されたようで、半左衛門に支給された処刑費目のなかに「研ぎ代　金二分」がみられる。斬首者の死骸は浄土宗護念寺に葬られ、牢死者は時宗応声寺に葬られた。獄門や磔は城下南方の青柳村の刑場でおこなわれた。これらの仕事も長吏半左衛門が担ったと説明されている。

太田金山における松茸番人役と土地所有

北条氏滅亡後、金山城は廃城となり、館林藩榊原氏の領分となった。『太田市史』（以下『市史』）によれば、一六二九年（寛永六）、榊原氏によって江戸城への松茸献上が始まり、やがて年中行事となった。そして、一六八八年（元禄元）、金山城址一帯は幕府御料林となり、太田町有力商人二、三人を御林守とし、城址の要所に目代・番人を配置して松茸の生産・管理・献上の体制を整えた。翌年の記録（「太田金山見取田畑屋敷検地帳」）には、目代（百姓）五〇人、番人（長吏）四〇人、その他四人が御料林内に田畑四町八反五畝七歩・屋敷地九反九畝二二歩を所有していたとあるが、『市史』はこの点に全く触れていない。目代・番人の活動についてみると、一九世紀末（寛政年間頃）、目代は二三人、番人は五四人と定まっていて、「例年松茸採取の時期になると、目代と番人は御林の風倒木や枯木などの払い下げ木材、それに御用地村からの菰や縄などの資材提供などを受けて、御林の入口や松茸出生地に近接した場所、合わせて八二か所にも及ぶ多数の松茸番小屋を設置した。そのうち三七か所を本番小屋と唱え、御用中は目代たちが昼夜を分かたず詰めることになっていた。それ以外に仮番所二四か所と遠見番所二一か所が設けられ、そこには番人が目代と同じく四六時中常駐し監視の目を光らせていた」とある。

しかし、番人に関する『市史』の記述はここまでで、以下「御林守の特性その職務」「目代の職務」に関する詳細な説明はあっても番人の説明は皆無である。この欠落を埋める作業をおこなったのが松島らの論文〔松島・川田 一九九六〕である。彼らは他史料を博捜するとともに現地の聞き取りをして、大略次のようなことを明らかにしたので、以下、三点に分けて紹介する。

一つには、手当は目代二三人に扶持米が一年に八〇俵（および通勤者には鐚四貫文、屋敷持には鐚二貫文）、番人五四人には一日米五合ずつと鐚二貫文が支給された。これは、目代がやや優位だがさほど大きな差にはみえない。しかし、目代の仕事が松茸の出生時（秋）から暮れの献上時までなのに対し、番人の仕事は一年中なので、その負担ははるかに重いのが実態である。

二つには、番人は猪・鹿・猿などの駆逐から、「近隣百姓が落葉掻きを行った後、さらにきれいに掻き清め、そこに生えている篠や笹、さらには雑草に至るまで刈り取り、次期松茸発生のためのシロの確保を行う。激しい風雨等によって荒れた山の復旧に努め、松茸発生の環境を整えるのも番人の役割であった」ということである。

三つには、江戸城台所への松茸献上行列は、五万石の格式によったと伝えられる。しかし、この段階だけは番人の関わりが見いだせず、むしろ、長吏は松茸献上には一切関わっていないとする御林守の代官への報告書すら見いだされる。つまり、松茸生産・管理・献上を遂行するうえで番人（長吏）が実質的には最も多くの労苦を重ねながら、公式的にはその存在と労苦が否定されていたのである。このような扱いのなかに、松島らは権力者およびそれに追従する者たちの長吏に対する差別感と穢れ観念を見いだしている。そして、太田金山における長吏たちの松茸生産・管理・献上に最も尽力した歴史を正当に評価することを求めている。

長吏に対する取り締まりの顕在化

一七七八年（安永七）のいわゆる「穢多非人取締令」は、長吏・非人に対する風俗規制・取締《とりしまり》を幕府が初めて全国に触れたものとして著名であるが、その趣旨を一六年前に村組合の議定に盛込んだ史料（青木茂家文書）がある。これは一七六二年（宝暦一二）、山田郡丸山村を中心に同郡の六ヵ村が、地域内の無尽や奉公人のあり方・地域外からの勧化・浪人・餌差への対応の仕方を議定したものである。最後の一条に「先年と違い、近年は穢多共が村方百姓同様に心得、腰物を帯び、百姓へ対し身分不相応の態度を取るようになっているが、これは不埒なことだから無礼がないようしっかりと申渡し、反抗する穢多がいる場合は出訴し、その費用はこの村組合で負担する」とあって、明らかに右の幕令を先取りした内容である。

寺木伸明は、このような「穢多非人取締令」に先立つ事例として、長州藩・小諸藩・上田藩・岡山藩・鳥取藩について挙げ、それらが右の法令発布の背景となったことを指摘している［寺木 一九八八］。前述の村組合議定は、そうした事例が幕府の膝元である関東、上州にもみられることを示している。

(2) 地域社会での長吏の役割と権利

長吏番人の設置と長吏集落の増加

一七三三年（享保一八）に勢多郡西大室村名主と佐位郡茂呂村の長吏小頭が結んだ契約書（「山番請合証文」）がある。これは西大室村を中心とする村組合が秣場（入会山林）管理のため、茂呂村の長吏集団から番人を派遣してもらい、下触村（右の村組合に所属していたと考えられるが、村組合の全容は不明）に配置したときのものである。契約の内容は、長吏側が下枝・下草の管理や入会百姓との対応を適切におこない、百姓側は住居（桁行五間半・張間二間半）と番給（麦一斗二三升蒔きの畑）を提供するというものだった。その後の経過は不明だが、この下触村には幕末に至るまで小規模の長吏集落が存続したことが確認される。このように新田開発とそれに伴う秣場管理のための山番設置が各地で進むなか、そうした役割を担って長吏集落が新たに形成されるという事例がいくつか見いだされるのである。

境町の番人惣七については「高崎藩における牢番等の役割・活動」の項で触れたが、そのあり方について紹介した文章もある［大熊 一九八七b］。詳細は略すが、一点だけここで触れておく。一七八二年（天明二）、伊勢崎町長吏小頭弟の惣八（惣七先祖）が境町の番人として初めて居住する際、「戸数を決して増やさない」と町役人に誓約した。村方と町方との状況の相違という要素も考えられるが、時代の変化とともに長吏集落・長吏集団の増加を阻もうとする傾向も現れてきているのではないか。

番人役の設定と旦那場支配権の変動

これら二つの出来事についてはすでに紹介してある［大熊 一九九六］ので、経緯は簡略に述べる。

一つは、一七四三年（寛保三）に牢守伝蔵が利根郡の東入二三ヵ村と新規番役の契約を結んだ出来事であり、その内容は次のとおりである。伝蔵側は長吏二人・非人二人を日々この地域に巡回させることを約し、村々側は①伝蔵に世話賃として麦粟二三俵（四斗二升入り）を年々与える、②長吏二人の給分として麦粟二〇俵（同前）を年々与える、③非人二人の給分として各村石高一〇〇石につき銭一〇〇文ずつ年々与える、④番人四人の扶持として百姓家一軒につき一ヵ月に一度有り合わせの物一合ずつ年々与える、⑤白山勧進として秋一度村々百姓より志次第に年々与える、⑥祝儀・悔やみのときは施主の志次第に与えることを約した。麦粟を中心とするものではあるが（山間部では当然なのだが）、伝蔵側の取得内容はかなり盛りだくさんの感がある。それはともかくとして、この地域における契約以前の伝蔵らの勧進はどうなっていたのか、過去に勧進がおこなわれていたとしたら、この契約内容とその勧進内容はどう関わりどう調整されたのか知りたいところである。

もう一つの出来事は、一七七〇年（明和七）に吾妻郡の村々（全体像は不明、おそらく利根郡寄りの地域）が沼田牢守伝蔵の旦那場を抜けて中之条小頭伝九郎の旦那場に入りたいと運動を起こした問題である。その結果は、村々が領主を通じて弾左衛門に掛け合い、翌年実現をみたのである。村々が旦那場支配の変更を求めた理由や領主を動かし弾左衛門と掛け合ったという経緯も興味深い問題であるが、最も大きな問題は、この旦那場支配の変更が村々の意向で実現した点である。通常、長吏集団間の取り決めによって形成される長吏旦那場の境界は、村々百姓や領主が口を挟む性格のものではないと解されている。それにもかかわらず、この一件ではなぜこうした変更が可能だったのかまだ研究の余地がある。

長吏所有の田畑に関わる助郷役の問題

山田郡丸山村の史料（青木茂家文書）によれば、同村の村高は六三〇余石であるが、そのうち長吏の所有高が一四〇余石を占めている（約二二％）。助郷役は村高に応じて賦課されるが、長吏は助郷役を免除される。その分百姓の負担が割高になるという問題である。そこで、丸山村では助郷役を減免してほしいと道中奉行へ歎願したのがこの史料である。この史料は年不詳だが、助郷役そのものの増大に伴い、長吏の百姓役免除が百姓側から次第に重荷と意識される状況が窺われる。

新田郡細谷村の事例（金谷健之助家文書）では、一八六三年（文久三）、丸山村と同じく長吏の負担免除による百姓負担の割高を訴え助郷役の減免を歎願している。この村の場合は村高一五六〇石余のうち長吏所持高は八五石余（約五％）と、割合はかなり低いにもかかわらず、他の諸々の事情も挙げつつ百姓の困窮を主張している。そのなかで特に注目される点は、①長吏分の負担が「昔から余計な負担となっているが、何故そうなっているのか分からない」と疑問を呈している点と、②「国役はもちろん全ての高掛かり物についても余計な負担となっている」という認識を示している点である。これらの発想は、長吏集団に対する蔑み（彼らは自分たちが養ってやっているとする優越意識）や敵意に直結したり、長吏集団に応分の負担を求めようとする動きに発展したりするものと思われる。

(3) 長吏社会の内部構造と旦那場の再編

植野村長吏集団の内部構造

この問題を取り上げた論考［大熊 一九九〇a］の概容は次のとおりである。

一七四一年（寛保元）、入用銭（弾左衛門役所出頭経費）の増額を求めた小頭三郎右衛門に対し配下長吏が強力に反対したので、三郎右衛門は弾左衛門役所に訴え出て勝利を収めた。三郎右衛門勝利の要因は、彼が当地域長吏集団が秘匿していた秘密（旦那村数が一三ヵ村なのに弾左衛門役所へは五ヵ村と届けていたこと）を暴露した点にあった。三郎右衛門は勝利を得たが、旦那場への賦課（絆綱銭）は年二貫文に倍増した。しかも、二五年分の追徴銭も課された。他方、この争論のなかで配下長吏の先頭に立って入用銭の増額に反対した相役の二人の小頭は解任され、三郎右衛門の単独小頭体制が確立した。

ここで長吏組織の問題に焦点を当てると、解任された小頭太郎右衛門は総社村居住、同宗右衛門は元総社村居住であって各村長吏集団の代表格であった。したがって、三郎右衛門居住の植野村の長吏集団を合わせると、当地域では三ヵ村の長吏集団によって組織が構成されていたことがわかる。つまり、この地域では近隣三ヵ村の長吏集団が一つの組・一つの旦那場を形成するという構造になっており、それぞれの長吏集団を代表する者が対等の小頭（相役《あいやく》として弾左衛門役所へは輪番で勤める関係）であった。右紛争のような出来事を通して複数小頭体制から単独小頭体制へと変化することもあった。つまり、長吏社会の内部構造には多様なタイプが存在するとともに、その間の移行・変動もみられたのである。

桐生・渡良瀬川上流域における旦那場の再編

この出来事を紹介した論考［大熊 一九九〇b］によって概容を記す。

一七九九年（寛政一一）、勢多郡新川村長吏が桐生小谷原村長吏小頭と村松村長吏小頭を相手取って弾左衛門役所へ訴え出た。訴えの要点は、新川村長吏は竹皮草履の販売や竹皮の購入のため花輪宿・荻原宿の市場に出入りしてきたが、小谷原村長吏と村松村長吏がこれを差し止めてきたので、従来どおり自由に商いができるように裁定してほしいというものだった。二つの市場は渡良瀬川に沿って足尾に至る街道にあり、荻原村長吏の旦那場のなかにあった。他方、小谷原村長吏（いくつもの他村長吏を配下にもつ大きな組を形成）と村松村長吏の旦那場は、桐生地域にあってそれぞれ荻原村長吏の旦那場と隣接する関係にあった。ここで問題となるのは、新川村長吏が荻原村旦那場の市へ出入りすることを、他旦那場の小谷原村長吏（こちらが主導）や村松村長吏がなぜ介入できたのかという点である。紛争の結果は知れないが、この出来事は、どうやら大きな組織と旦那場を有する小谷原村長吏が隣接の村松村長吏を語らいながら、弱小の荻原村長吏の組織と旦那場をその支配下に置きつつあったという状況を示すものとみられる。つまり、この動きは旦那場の再編という状況を示すものだったと考えられる。そして、近隣の新川村長吏の市場出入りが規制されたように、竹皮草履等の製造・販売活動が活発になるにつれ、長吏集団間の他旦那場・市場への出入りをめぐる規制や紛争も増加し、時には旦那場の再編にまで及んだのではないか。

三　江戸時代後期から明治初期の状況

(1) 長吏・非人の諸相

長吏の生業をめぐる動き

植野村長吏の姿をまとめた冊子［東京部落解放研究会・古文書を読む会　一九九三］では、水番・堰番の仕事の様子とともに斃牛馬の処理や地域役分担の様子が述べられている。斃牛馬の処理は旦那場の皮取場としての側面に基づいているが、その処理権は日割りという方式で分割されていた。どの月にも当てはまるものだが、「一日から十五日まで太郎左衛門・弥市、十六日から二十五日まで惣右衛門、二十六日から月末まで三郎右衛門・藤兵衛・瀬左衛門・三代七」となっていたことが知られる。また、地域役の分担は旦那場の勧進場としての側面に基づいているが、一三ヵ村の旦那村は「植野村　太郎兵衛、立石村　長兵衛、高井村　七郎次・善兵衛・三右衛門」という具合に、村割りの方式で分割されていたことがわかる。このように長吏旦那場が、①皮取場と勧進場との二重構造であったこと、②その権利が長吏集団によって分割・所有されていたことが明白になるのは、群馬県ではこの旦那場（植野場あるいは植野職場と呼ぶ）だけであり貴重な事例である。しかし、この地域では、原皮取得・鞣《なめ》し・加工（太鼓や雪踏の製造・販売）・流通等の皮革業の実態を伝える史料はほとんど残存せず、わずかに年不詳の「牛馬皮口銀請取」という弾左衛門役所からの領収書三点（『群馬県被差別部落史料』）を通じて、子年に一〇枚、酉年に一八枚、寅年に一〇枚の馬皮の取得があったことを知るにすぎない。

この点に関して、幕末・明治初期という遅い時期、流通（しかも傍流）の面に限られるという制約はあるが、上州一円に活動を展開した仲買商人の事例［山藤・大熊 一九八六］がある。この商人林屋は群馬郡倉賀野町長吏集団の有力者（小頭家ではない）であったが、弾左衛門家とも交際があったという伝承もある。林屋は、皮類の集荷では馬皮・鹿皮を中心に猪皮《いのがわ》・狢皮《むじながわ》なども買い集めている。価格のうえで皮類に匹敵する付属物として尾・毛・角・爪・骨なども買い集めている。また、竹皮・雪踏も有力な取扱品だった。林屋の活動範囲は上州とその周辺にも及ぶものだったが、彼の買付先にはその活動を常時手助けする存在、つまりネットワークが形成されていた。そして林屋は、そのなかでも有望な存在に対しては手金を打つという前貸し商法もおこなっていた。また、林屋は旦那場の制約や規制を乗り越えて活発な仲買活動を展開していたことがわかる。なお、皮類（特に牛馬皮）に限られることかもしれないが、皮類の基本的な（主流の）流通は各地小頭・それに次ぐ有力階層から浅草新町（弾左衛門囲い地）の皮問屋へというものであり、林屋が集荷するものはその流れから外れた傍流のものという限界があることを見落としてはならないであろう。

江戸時代後期から明治期にかけて上州が養蚕・製糸・織物業の盛んな地域であったことは周知のことであろうが、それに伴い織機の重要部品である筬（大正頃になって金筬が取って代わるまで竹製だったので、以下、竹筬と記す）の需要が増した。この竹筬の製造・販売を担ってきたのが長吏集団・近代の被差別部落である。この点を早くから指摘し重要性を訴えていたのが松島一心である。彼の論考［松島 一九九三］によれば、著名な機業地である桐生・伊勢崎・前橋近辺はもちろんのこと、群馬県下の多くの被差別部落に筬屋が存在し、少なからぬ地域でその歴史は江戸時代にさかのぼる。松島は、蚕種・生糸・絹織物が近代日本の発展を支える重要な産品であった事実をふまえるなら、そのなかで近世長吏・近代の被差別部落の果たした役割を正当に評価すべきことを訴えているのである。

斃牛馬処理の技術や知識との関わりからか、植野村長吏の八兵衛は村方百姓に馬の目利きとして頼られていた。一八〇〇年（寛政一二）、彼が村方の依頼を受けて渋川の馬問屋で馬を購入しようとしたところ、長吏に売ることはできないと差別される事件が起こった［東京部落解放研究会・古文書を読む会 一九九三］。困った村方の後押しのもと、八兵衛は小頭連名で弾左衛門役所の後援を得て町奉行所へ訴え出た。植野村に残された史料は訴状だけなので結果は不明だった。ところが、渋川地域の長吏集落にこの件の結末を伝える史料が見いだされ、その詳細を知ることができた［大熊 二〇〇三］。それによれば、この闘いは長吏側の全面的勝利となり、長吏の馬買付の権利が認められたのである。なお、渋川の長吏がこの一件の史料（示談書の写し）を所持していたのは、植野村と同様に博労をしていたためと推測されるが、さらに馬医者として活動していたことも確認されている。このように、江戸時代後期には、長吏の仕事が斃牛馬処理の活動から博労や馬医者の活動へと発展していたことも見逃せない。

田畑所有・農業活動をめぐる動き

先にも触れた「文政五年　村田村検地帳」の分析を試みた論文［北爪 一九九二］によれば、新田郡村田村で一八二二年（文政五）に実施された一村検地の結果は次のとおりであった。

「村田村の農業構造はすでに見たごとく、田畑相半ばする一五四町二反八畝歩の土地に、一八八人の者が名請け人としてあって、その中四七人（二五％）の穢多と肩書きされた者が存在する。農地所持の状況をみると、二五町八反余歩という断然突出の武左衛門がいて、第二位は喜左衛門の九町一反歩とぐんと下るが、五町歩以上の者四人、一町歩以上五町歩未満の者二八人、五反以上一町歩未満の者二七人、三反歩以上五反歩未満の者三二人、一反歩以上三反歩未満の者五一人、一反歩以下の者四七人となっていて、その中穢多の者だけ取り出してみると、一町歩以上五町歩未満の者四人、五反歩以上一町歩未満の者二人、三反歩以上五反歩未満の者五人、一反歩以上三反歩未満の者二二人、一反歩以下の者一四人である。五町歩以上層こそ認められないが、一町歩以上が四人もあり、一〜三反歩の層の比率が高く零細な傾向は否めないものの、広範に農地を所持していることがわかり、一般の百姓との格差もさほどではない」としている。そして、「従来ややもすれば部落は農地も持たないものと聞かされてきたわれわれの誤った常識からすれば、信じ難いほど農地保有が広範にみられる」と驚きの感を表明している。

また、他の史料を引用して「新田郡江田村由良村赤堀村木崎宿下田島村右五ヵ村の長吏共都合弐十九軒これあり、田畑凡そ弐十五町三反余所持罷りあり」という記述も挙げて、当地域の長吏集団が相当の田畑を所有し、農業を活発におこなっていた状況を紹介している。上州でも山間部や都市部ではほとんど田畑を所有していない長吏集団が存在したことも事実なので、前述の状況を全般的傾向とはいえない。しかし、北爪壹が指摘しているように、長吏集団が相当に田畑獲得・農業への進出を果たしていた点が確認でき、従来の認識を改める必要があるのは確かであろう。

長吏集団の農業への進出は、田畑をあまりもたない者が他村への出作や自村・他村での小作として関わるケースを増大させ、それに伴い年貢諸夫銭・小作料の滞納問題を惹起するようにもなった。この問題に触れた報告［大熊二〇〇〇］では、山田郡丸山村の名主が一八四三年（天保一四）から一八四七年（弘化四）の間の年貢諸夫銭の滞納に困り、隣村の古氷村長吏四人を訴えた事例を取り上げている。この一件では、自村の領主（旗本）や相手長吏集団の小頭との交渉では埒があかないとみて、名主が弾左衛門役所へ直に訴えたのである。似たような出来事が新田郡細谷村でも確認されるから、全く特殊なケースともいえない。もちろん、領主（旗本・大名等）や代官（幕領）からの年貢諸夫銭や小作料の督促史料も散見されるので、こうした長吏の農業への関わりは相当広範に展開していたものと思われる。

一八三一年（天保二）八月、佐位郡上武士村の長吏たちが小作地をめぐって訴訟に立ち上がったことを伝える史料（「差出申一札之事」）が残されている。それによれば、前年の夏から秋にかけて不順な天候が続き凶作となったので、地主に小作料の減免を願い出た。ところが、名主からいきなり小作地を取り上げられてしまった。これでは生活ができないとして、次右衛門を先頭に一一名の長吏が二人の小頭に江戸役所へ訴え出るよう願ったのである。これはわずか半紙一枚の簡単な願書であるが、多くのことを推測し得る史料である。いきなり小作地を取り上げた地主と村役人の理不尽さ、不利な小作でも生活の糧として大事にしていた長吏たちの弱い立場、などはすぐに想像がつく。だがそればかりでなく、おそらく事前に双方のさまざまなやりとりがあり、小頭は村方と事を構えるのに消極的だったのではないか。そこで、翌年八月、長吏大衆が小頭に立ち上がるよう求めた。それがこの願書だと思われる。次右衛門たちが願書のなかで「右件につき、諸入用（訴訟経費）何ほど相掛かり候とも、差し支えこれ無く差し出し申すべく候」と述べている点に、予想される多大な費用負担を覚悟のうえ、小頭を突き上げ、弾左衛門役所を動かし、町奉行所で村方地主・村役人たちと対峙して、その不当性・理不尽さを追及しようとする彼らの意気込みが想像されるのである。

長吏・非人の勧進活動と文化的活動

高崎に豊岡という地区がある（江戸時代には上・中・下と三つの豊岡村に分かれていた）が、一八五五年（安政二）、この地に非人小屋の設置と番非人の配置を約す議定書（峯岸正男家文書）が残されている。その経緯は、当地域を旦那場とする長吏が三豊岡村の村役人に要望し、村役人が了承して実現したものだろう。議定の内容は、百姓側が番非人への手当として①扶持米百姓一軒につき毎月挽割二合五勺ずつ与える、②五節句の勧進、③祝儀の勧進を保証する、番非人側は①毎日三ヵ村を巡回する、②そのなかで火の用心・野荒らし防止・野非人排除に努める、というものである。この議定書で注目されるのは、番非人当人と彼を直接監督する立場の非人小屋頭が連署・捺印をしているのに加え、場主惣代として三名の長吏が奥書・奥印をしている点である。通常、小頭が連署・捺印か奥書・奥印をしていると思われるが、この地域ではそれがない。この問題は、旦那場のあり方の複雑さを垣間見せ、より多くの研究が必要なことを感じさせるものである。

桐生では六斎市《ろくさいいち》の見回り役を長吏と非人が組んで担っていたが、一八一四年（文化一一）に手当（貰い）の増額を求めた町役人宛の願書（書上家文書A）が残されている。それによれば、従来、①六月二三日祇園酒手貰い、②七月七日津料貰い、③極月《ごくげつ》（一二月）二三日津料貰い、④同二七日歳暮貰いと年に四回貰っていた。しかし近年、生活に困窮しているので貰いの回数を増してほしいと願ったのである。具体的には、①三月二日・五月三日・七月二七日節句貰い、②六月二三日祇園酒手貰い、③七月七日津料貰い、④同一三日盆貰い、⑤八月一三日月見貰い、⑥一〇月一七日夷講貰い、⑦極月七日事八日貰い、

⑧同二三日津料貰い、⑨同二七日歳暮貰い、⑩同晦日三五文ずつの酒手貰いということで、金額は不明ながら実に従来の三倍の貰い回数を願ったのである。これだけの大幅増額が容易に認められたとは考えられないが、長吏・非人側の強気の背景に何があったのか知りたいところである。しかし、ほかに関係史料は見いだせず、そうした事情や結末は不明である。

境町の番人惣七についてはすでに触れてきているが、手当に関してのみここでも述べておきたい。それは、年に一度だけ彼が主催する芝居興行があり、その収入が彼の重要な収入源だったとみられる件である。その芝居は「惣七の芝居」とか「新土場芝居」と呼ばれていた。新土場とは彼の居宅近辺を指す地名らしい。その芝居で誰が演じたのか、どんな演目だったのか、どの程度の収入が得られたのか、すべて不明である。しかし、境町の有力商家で記録された年中行事に「惣七の芝居」および「花(包み銭)」の記事が散見されるので、このような風変りな手当および芸能と長吏との関わりにも気をつけてみていく必要があろう。

長吏集落に寺小屋が設けられ手習い師匠が存在したことは以前報告した[大熊 一九八七a]が、新田郡村田村共同墓地には筆子塚が現存する。これには正面に「一翁学齊居士」とあり、左側面には「勢多郡小林村　通称一鳥齊光龍　行年八十一才」とある。そして右側面には「明治二年巳一月十五日卒」とある。これらの記述から、村田村の北西、赤城山麓の小林村(ここには長吏集落は存在せず)から一鳥齊光龍と名乗る人物が幕末期に来て、この地で手習い師匠を勤め、この地で亡くなって鄭重に葬られ(筆子塚が建てられ)たことがわかる。

同様な事例は倉賀野町にもあり、幕末期に越後長岡藩浪人・市村栄泉という人物がこの地の長吏集落に居つき、手習い師匠として集落内外に多くの弟子を育てた。その一人堰口寛治もその事業を継承し、倉賀野近辺はもちろん、埼玉県児玉郡や栃木県西部で「部落民」対象の巡回塾を催したことで知られる。二人の業績を伝える石碑がそれぞれ今も倉賀野隣保館(現・たかさき人権プラザ)にある。

一八〇三年(享和三)、元総社村の釈迦尊寺が「祠堂料」金一五〇両を確保するにあたって、檀家であった植野村長吏集団は奮発して三八両を寄付した。同寺世話人は、その見返りとして彼らには子々孫々「禅定門」という戒名を与えるとした文書を交付した。村方・僧侶側としてはより低い「禅門」「禅尼」よりも上位の戒名であるとして多額の寄付に報いたつもりだったのかもしれないが、「信士」「居士」が一般化した江戸時代後期にあってはやはり長吏・非人は格下にあって当然とする村方・僧侶側の意識が窺われるのである。

(2) 差別政策・差別事件と長吏の闘い

長吏・非人による仕置役拒否の抵抗

一八四六年(弘化三)、川越藩の家来が前橋領分の長吏・非人の取扱いにつき幕府へ問い合わせ、町奉行所から回答を受けた記録(「嘉永撰要類集」)がある。それによれば、彼らは年始の際には羽織袴を着し、雨天の際は下駄・傘を用い、仕置きの際は大小を帯び、平日も十手を持ち歩き、民家に立入り買物・酒飲みなど平人同様に振る舞っている。こうした長吏・非人の振舞いを正そうと藩が規制を強化したところ、彼らは仕置役を拒否する挙に出た。そこで、長吏たちに仕置役を命じることは当然であるか、従わなければ処罰してもよいかと幕府に問い合わせたのである。これに対する町奉行所の回答は、長吏と非人では身分差があり、斬首役・火罪磔等の取扱いは長吏の役ともいえない。長吏が納得しないのであれば、非人に命じておこなわせればよい。しかし、長吏が従来の業務を拒否するというのであれば、処罰しても構わない。ただし、長吏・非人は弾左衛門に引き渡して処罰させるようにというのだが、結果は不明である。ここには、前橋領分の長吏・非人たちが相当強力に差別政策に抵抗し、藩当局がもてあましていた様子が窺われる。

年貢金納化と農業からの排除

一八一四年(文化一一)、出羽松山藩郡奉行は桐生新町をはじめとする上州領一三ヵ町村に対し、①長吏の納める年貢は金納にすること、②百姓の田畑を長吏に質入れしてはならない、③長吏を小作人にしてはならないという触書を発した(書上家文書A)。①は一七二〇年(享保五)に発せられた周知の幕府令と同じものである。しかし、これはわずか二年後に撤回された差別政策である。②は関東各地で見いだされる長吏の質地集積の事態が背景にあって、それを阻止しようとする領主的対応である。

③について郡奉行は、村方で小作人が確保できない場合「穢多共へ申し付け、荒れ地に成らざるよう作付け致させ」るのは結構だが、彼らが「小作と心得る」ことがないようにせよと命じている。大変得手勝手な言い分だが、全体として長吏の農業への目覚ましい進出に領主や村方が脅威を感じていた様子が窺える。

長吏の田畑をめぐっては、先に紹介した報告書［東日本部落解放研究所 一九九四］に次のようなケースがあるので以下に引用しておく。

「幕末の一八六一年（万延二）、本田・久保田の両領主がそれぞれの上・下の「込皆戸村」の村役人を呼び寄せて新法を申し渡した。その内容は、岡組の者たちに対し「田畑等持たせ置き百姓業躰を致させ候儀は難渋の筋にこれあるにつき」というもので、長吏に田畑を所持させ百姓をさせることは罷《まか》りならず、長吏業専一にさせよとするものであった。

これに対し「込皆戸村」の村役人は、すでに一七一三年（正徳三）、前橋藩での検地の際に、長吏の者にも居屋敷をはじめ田畑を割り付けられて百姓並みに取り扱うように、「しかし穢多百姓の儀故穢多業をも致し居り候につき右業躰の儀については弾左衛門方にて支配仕りその余は村役人にて支配致すべき趣」を仰せつかって今日まで平和に暮らしてきた。しかるに今回の新法では到底村内の平和は保つことはできない、どうか従来のとおり長吏の農業を認めてほしいと強く訴えている。

このように村役人たちは、旧慣を維持し、「穢多」身分である岡組の人々の農業経営を、仕法替えから守るために積極的に行動したのである。当時の「本村」の人口は減少傾向にあったから、岡組の者たちに農業をやめさせれば年貢の完納もおぼつかなくなるおそれがあり、そうなれば年貢徴収の責任者としての追及も、村役人たちは受けなければならなかったであろう。またこの結末がどのようにつけられたのかは、史料がないので詳らかでないが、結果としては、岡組の農業と土地保有（年貢負担）のその後も変化がなかったから、仕法替えはなされなかったということができる。

村役人の対応は右に述べられているとおりの理由によると思われるが、さらにその背後には岡組長吏たちの田畑取上げを決して許さぬ強い意志と実力があったのではないか。

上州における「七分の一の命事件」

一八三九年（天保一〇）の暮れから翌年にかけて邑楽郡吉田村で起こった差別事件については、次のとおりである［大熊 一九八五］。

事件の経過を要約すると、暮れも押しつまった一二月二六日夜、吉田村の長吏利八は古海村の百姓弥七らと市場で酒を飲み、連れ立って帰路についた。吉田村地内に差しかかった場所で弥七が利八に差別発言をした。抗議する利八を弥七らは袋叩きにした。この騒ぎに吉田村の長吏仲間が駆けつけ殴り合いとなり、双方に怪我人が出た。二日後の二八日、長吏側は近村居住の小頭連署で吉田村名主に提訴した。これを受けて吉田村名主は早速古海村に足を運び、村役人・関係百姓と交渉した。ところが、古海村側は領主に訴えるとの一点張りで埒があかず、結局、双方が領主（旗本四家）に訴え出た。領主は共同で検使を現地に派遣し、内済《ないさい》（示談）に導いて事件を決着させた。

この事件には興味深い点がいくつも見いだされるので、以下、三点に分けて述べていく。

一つには、百姓弥七が長吏利八に吐いた差別発言とは、「長吏を七人打ち殺したって、下手人として白犬一匹を差し出せばいい」というものだった。大変な差別意識・差別発言であって利八が怒ったのは当然であり、抗議する利八を袋叩きにしたという事態に、このような差別意識が百姓の間で広がっていたことが指摘される。さらに、ここで似たような事件が想起される。それは、一八五九年（安政六）に起こったとされる著名な江戸浅草の真崎稲荷神社における「七分の一の命事件」である。この事件の実在性や他地域の「七分の一の命事件」との比較検討と整理結果は、別途解説してある［大熊 一九九三］。そこで、ここでは右の結論のみ述べておく。

この事件は、下手人を出すのに「ひと一人」と「犬一匹」の違いはあるものの、長吏の命（価値）は平人の七分の一しかないとする差別観念が流布していたことを実証するものであった。なお、「白犬」が文字どおりの犬を意味しているのか、何かを象徴的に示しているのか、未解明の問題として残っている。

二つには、差別発言に端を発して対立することにはなったが、それ以前、吉田村長吏利八と古海村百姓弥七らは市場で酒を飲み、連れ立って帰路につくという仲であった。こうした日常的な交流がみられる点に、「意外」の感を受ける。事件の処理にあたって、長吏側は近隣の坂田村小頭茂右衛門と利八の甥沖右衛門（吉田村長吏はすべて坂田村小頭の配下）とが連名し、長吏組織として吉田村名主嘉七に訴状を提出した。いきなり江戸の弾左衛門役所に持ち込んではいない点が注目される。

また、名主嘉七は長吏側からの訴えを受けるや、直ちに相手方古海村の村役人と交渉し、怪我を負ったと主張する相手百姓の状態を確認しようと努めた。そして、相手方が話し合いに応じる気配がないとみるや、翌年の元日には自村の領主（旗本三家）に訴状を提出した。長吏側の強い要請があったにしても、暮れから正月にかけてのこの時期に名主として精力的に動いたと評価できよう。この動き方の背景には、長吏であっても村の一員として扱うべきとする意識が働いていたのであろうか。

三つには、訴えを受けた双方の領主（旗本四家）は共同で検使を現地に派遣し、内済（示談）を主導して事件の解決を図ったわけだが、このように弾左衛門役所・町奉行所とか代官所・勘定奉行所などの手を経ずに、複数の旗本が共同で紛争の処理を図ったという方式は珍しい事例ではないか。決着の中身は、差別発言そのものは論外に扱われてしまい、双方の殴り合いと怪我人の存在が確認されたが、すでに双方の傷も癒えたのでこれ以上双方とも申し立てはしない、したがって処罰者も出さない、ただし、身分が違うのに対等に殴り合いをしたことはよろしくないので、長吏側から百姓側に詫び状を出すというものだった。事件の原因である差別発言が不問に付され、詫び状を出させられたという点では、長吏にとって不利・不当な決着にも思われるが、百姓側に怪我人が出たのも事実であったようだし、詫び状の文面はあまり詫びているようにはみえないものなので、当時としてはこの辺が落とし所だったのであろうか。いずれにしても、巷間に伝えられる真崎稲荷神社の「七分の一の命事件」のイメージとは大きく異なる結果であることは確かである。

小金井村長吏の伊勢参宮をめぐる紛争

この事件もすでに詳細な報告がなされている［北爪一九九二］が、経緯の概略は以下のとおりである。

事件は一八六四年（元治元）一月五日、小金井村長吏小頭九郎左衛門倅和吉ら六名が名主銀之助宅に呼び出されたことに始まる。そこで名主から言い渡されたことは、彼らが前年伊勢神宮を参詣した際、百姓のふりをしたり苗字を名乗ったりしたことが不届きだから、過怠役として、①金三〇両を差し出すこと、②毎年九月朔日より翌年三月朔日まで毎日六度夜回りをすること、③村内の土橋三ヵ所の掛け替えを長吏の負担でおこなうことを課するというものだった。いきなりの理不尽な申渡しに驚いた長吏側はあれこれと抵抗し、隣村百姓の仲裁も入って複雑な交渉経過となった。そのなかで①と③の要求は撤回されたが、②の夜回りだけは、期間・回数は減じられながらも何としても長吏にさせようとした。

これに容易に従わぬとみた村方が領主（館林藩）役人へ訴え出て、五人の長吏は捕らえられ拷問を受けるに至った。残る一人勇吉は村の長老与次平とともに江戸へ逃れ、弾左衛門役所の奥書を得て町奉行所へ同年三月二七日に出訴した（この間に小頭九郎左衛門も駆けつけたとみられる）。

訴状は、①伊勢参りでは身分・村名・名前をありのまま伝えた、②以前から伊勢参りに出かけており何の問題もなかった、③藩役人の出動以前に、名主銀之助の一存で五人の者に腰縄をかけさせた、④お救い米の配分にあたって、銀之助は百姓には七升ずつ配ったのに、長吏には二升五合ずつしか配らないという不公平な扱いをした、⑤領主への御用金上納にあたって、長吏の分は所有石高に応じた金子《きんす》を徴収したのに、百姓の分は村有林の立木売り払い代金で賄うという不公平な扱いをした、⑥村の雨乞い行事を百姓と同じにおこない負担金も納めたのに、長吏側には一切手当を出さなかった、⑦長吏による質地預かりの際、銀之助は質地証文への名主奥印《おくいん》をしないという不当な扱いをしたという盛りだくさんの箇条を連ねたものだった。③以下はすべて名主銀之助の不当・非道な扱いを訴えるもので、勇吉たちが銀之助に的を絞った糾弾作戦を展開したことがわかる。

町奉行所から双方の関係者に呼び出しがかかったため、藩役人は五人の長吏を釈放せざるを得なかった。町奉行所の指導のもとで両者の話し合いが進められ、六月朔日に内済書（示談書）が町奉行所へ提出された。その内容は、①長吏側は苗字を名乗ったわけではないが、日頃唱えている「霊名」を苗字のように書き記した点に心得違いがあるので詫び状を入れる、②伊勢御師宅で長吏たちが百姓のふりをしたことはなく、したがって村役人は過怠役など申し付けてはならない、③お救い米割渡しの際、百姓と長吏に差別を付けたことはよろしくない、今回は済んだことなのでそのままとするが、以後はすべてそれぞれの持高《もちだか》の割合により公平な取り扱いをすること、④諸入用銭なども惣高割でおこなうこと、⑤領主の年貢や地元に関わることは名主支配だが、長吏身分に関わることは弾左衛門支配だから、以後、問題があれば村役人の判断で事を処理せず、領主役場を通じて弾左衛門方へ通達すること、というものであった。

一見して、ほぼ長吏側の全面的勝利といえるのではないか。詫び状なるものも、苗字様のものを記した点が紛らわしかったとして詫びたにすぎず、その後に悪影響を残すものではなかった。むしろ、現地共同墓地の江戸期墓石をみると、苗字付きのものが少なからず現存しており、六人の長吏が御師宅で苗字付の名前を書き記したのが真相だったと思われる。御師が不用意にそのまま札に書き付けて、伊勢参宮のお礼にと前年暮れに名主宅へ届けてしまったことが紛争の契機となったようだ。それにしても「霊名」とは、誰が出した知恵かわからないが、事態を丸く収めるための傑作といえよう。

ところで、筆者は関係史料二二点全体に目を通すなか、最後の⑤こそ、差別的な村方支配を大きく制約する点において、長吏側の最大成果だと感じ入ったものである。ところが、一九九一年の暮れ、現地被差別部落での五夜にわたるこの件の学習会において参加者が最も感動したことは、六人もの長吏が伊勢参宮に出かけたり争論のため江戸に長期の滞在をして多額の費用を負担したりと、大きな経済力をこの長吏集落が有していたという点だった。このとき、それまでの部落史像や同和教育のあり方を見直すべきだと筆者は痛感させられたことが鮮明に思い出される。

岩鼻陣屋の強化と牢屋番人役拡大への抵抗

一八六六年（慶応二）六月、武州から上州を駆けめぐったいわゆる武州世直し一揆は周知のことであろう。そして、この一揆弾圧の拠点となったのが、関東郡代木村甲斐守が在陣した岩鼻陣屋であった。一揆鎮圧後直ちに陣屋の機能強化、その一環として牢屋の規模拡大・番人役の新規賦課が目論まれたとみられる。この点について三つの史料を紹介したことがある［大熊 一九八四］が、二つはほぼ同文のもので、一揆鎮圧約三ヵ月後の同年九月、佐位郡上武士村・同下武士村からそれぞれ提出されたとみられる願書である。

内容は、両村の長吏に岩鼻陣屋の牢番役が課されてきたが、日頃から日光例幣使道《れいへいしどう》の清め役に努めており、二重負担となるので免除を願うというものである。差出人は各村の名主たちだが、宛名は新町御役所御役人中とあるから弾左衛門役所へ出したわけである。おそらく牢番役新規賦課は弾左衛門役所を通して達せられたのであろう。これに対し、該当の長吏集団は相互に連絡を取りながら牢番役拒否の運動に立ち上がり、自村の村役人を動かす作戦をとったのであろう。

もう一つの史料は、新田郡世良田村の名主から提出された「道法覚」という文書で宛先を欠いている。文面をみると、「世良田村から岩鼻役所までの道のりを小頭藤十郎は五里内と申し上げたが、実際は六里余に間違いありません」というものである。これに、日付が慶応二年九月とあり、村名の肩書に「関東郡代岩鼻附御料所」とあることを加味して考えると、この文書も世良田村長吏への牢番役賦課に関わるもので、距離の遠さを強調して婉曲に牢番役拒否を表明したものと思われる。ここでは小頭は協力的であったが、配下長吏たちが反対に立ち上がって名主を動かした状況が想定される。

さらに、この岩鼻陣屋が置かれていた群馬郡岩鼻村の長吏集団を含む当地域の長吏組織が、同様に牢番役の免除を求めて弾左衛門役所へ乗り込んでいたことを伝える史料（久左衛門文書）がある。この組織はおおよそ、北および東は利根川、西は井野川右岸の崖線、南は烏川を境とする旦那場を形成し、後箇村と下新田村に小頭がおり、下斎田村・中斎田村・上茂木村・角渕村・八幡原村・岩鼻村の計八ヵ村に配下長吏がいるというものだった。この組織を挙げて、一八六六年（慶応二）八月三〇日付で次のような願書を弾左衛門役所へ提出したのである。

それは「今般、岩鼻郡代木村甲斐守様より牢番を勤めるよう命じられましたが、組下のうち上茂木村は御領主松平弾正大弼様の牢番、角渕村は松平右京亮様の牢番を勤めるなどしており、大変に困窮の者たちなので何とぞ御賢察のほどお願い申し上げます」というものである。わざとぼかした表現ながら、要は牢番役を免除してくれといっていることに間違いはあるまい。

ここで注意を要するのは、岩鼻村の長吏も名を連ねている点である。岩鼻陣屋が関東在方支配強化のため代官常駐の陣屋として一七九三年（寛政五）に設立された際、すでに地元岩鼻村の長吏が牢番を勤めることが規定された（『群馬県史　資料編一一　近世三』）のである。その後、他村長吏や非人に拡大されたかどうか不明だが、岩鼻村長吏が牢番役を一貫して勤めてきたことは間違いなかろう。そうした経緯のもとでの今回の願いは、文字どおりにとれば岩鼻陣屋牢番役の全面的解除ということになる。陣屋側が受け容れるとは到底考えられないし、長州戦争に五〇〇人の軍夫を派遣し、次いで銃隊編成によって幕府に恩を売ろうとしている弾左衛門側も簡単に応じることはなかろう。現地長吏組織も厳しく長い交渉を想定していたのか、右の史料には代表として新町公事宿石坂屋で待機している八幡原村小組頭久左衛門に対して、ねぎらいの言葉とともに、交代者が遅れていることを詫び、留守中の農作業の助力に万全を尽くすことを約し、とりあえずの滞在費として五両二分を同封したことが書かれている。事の成否は不明だが、長吏たちの牢番役拒否運動は、約一年四ヵ月後、迫り来る官軍と農兵銃隊編成に抗する農民の圧力に屈した岩鼻陣屋が崩壊する序曲をなしたと評価してよいのではないか。

四　近代社会への移行と解放への取り組み

(1)「解放令」後の地域社会と生業

地域社会の受け止めをめぐって

いわゆる解放令の性格・意義・呼称などをめぐってはさまざまな議論があるが、筆者としてはこれはきわめて重要な変革をもたらしたものと考えている。しかし、ここではこの問題の検討は棚上げにして、とりあえず「解放令」と表記しておく。

上州でも「解放令」が伝達され、百姓と同様に五人組に編入することを迫られた村方の様子を記した日記（「高橋景作日記」）が残されている。吾妻郡横尾村の医師・高橋景作が記したこの日記によれば、一八七一年（明治四）

九月二六日に「解放令」が伝えられ、翌年三月一二日の記録では、元長吏の五人組加入につき村中寄合が難渋して落着せず、同月一六日の寄合でも落着しないという記述がある。他方、群馬郡白井村の元長吏側からは、番地の付け方につき本村と連番になるようにという願書(「恐乍以書付奉申上候」)が出されたが、文中に「何事によらず別段の趣旨これなきよう御尊慮を伏して願う」という文言があり、地域社会の受け入れ拒絶の姿勢は強固であっても、あくまでも平等な扱いを求める強い意志が表明されている。新田郡細谷村では一八七二年(明治五)四月八日に実施されたとみられる村役人の入札(選挙)に、早くも元長吏集団も参加していたことが確認される。そのときの投票用紙(投票者の記名・捺印あり)が名主家に残されており(金谷健之助家文書)、投票内容をみるとかなり自由に投票をしていたことが分かる。

村鎮守への氏子加入や白山神社の合祀問題、あるいは祭礼参加をめぐっても地域社会の拒否的姿勢は牢固としたものがあり、長期の闘いが必要であった。一八七五年(明治八)に起こされた那波郡玉村地域の八幡神社氏子加入をめぐる争論は、大審院で手続き問題を口実に門前払いを受けて敗れた事件だが、この種の闘いとしては最も早い事例である[井ヶ田 一九八四]。そうしたなかでも、一八七二年(明治五)に編成された丸山村の戸籍表(いわゆる壬申戸籍の下書)には、番地が本村と連番で付けられたことや鎮守賀茂神社の氏子として記載されたことが確認される(青木茂家文書)。細谷村の入札や丸山村の戸籍のような事例は、まだ他地域で見いだすことができるかもしれないが、全体としては、地域社会・共同体への融合は困難を極めたように思われる。

生業をめぐる困難の増大

江戸時代を通じて長吏の生業に占める履物業の比率の高さについてはこれまでも触れてきたが、特に竹皮草履・雪踏の製造・販売は長吏独自の職分という権利を築いてきた点によるところ大であると思われる。「解放令」布告の前年一八七〇年(明治三)一〇月、丸山村が岩鼻県役所に提出した「産物取調書上帳」(青木茂家文書)によれば、長吏たちの草類(草鞋)売り高が一年で三五〇両余とある。当時、村内長吏は三九軒であったから、一軒平均一〇両近い金額に達しており、草類(草鞋)とはあるが、これは単価の高い竹皮草履・雪踏を意味しているとみてほぼ間違いないと思われる。上州各地で竹皮草履や雪踏の生産・販売がどう展開していたか未解明だが、「解放令」布告後、自由競争にさらされて急速にその独占的地位を失ったことは各地で耳にする事態である。

江戸時代後期、芸能関係や生活用品関係で民需が増大した皮革業分野も、長吏にとって重要な収入源であったとみられるが、「解放令」に先立つ一八七一年（明治四）三月のいわゆる「斃牛馬勝手処理令」発布により原皮入手が困難となった。こうした事態を乗り越えようと、次のような歎願がおこなわれたことを伝える史料（青木茂家文書）が残されている。これによれば、山田郡安良岡村の□場治市郎と同郡台之郷村の□島弥五郎は東京亀岡町の□口枚之助と提携して斃牛馬を一手に取り扱いたいと願ったのである。その範囲は上州山田・新田・邑楽の三郡と野州足利・梁田の二郡の合計五郡であり、願った先は栃木県庁であった。彼らは牛馬の持主に代価を支払うこと、牛皮一枚につき銀五匁・馬皮一枚につき銀三匁の冥加銀を上納すること等も書き添え、地元五七区の戸長の裏書も得て出願したが、結局、経済の自由原理を確立しようとする政府の方針を覆せなかったことは周知の事実である。この歎願は近代に入って失われていく専業・生活基盤の崩壊を食い止めようとする被差別民衆の努力の跡とみることができよう。

(2) 水平社運動の流れ

一つの運動史（『群馬県部落解放60年史』）に従って時期区分をおこなうとともに、数点の他の文献[2]をも参照して以下に概容を記す。

組織の結成と運動の高揚（一九二三～二五年）

群馬県に水平社の組織が結成されたのは一九二三年（大正一二）三月二三日のことで、関東では前年の埼玉に次ぐ二番目の早さだった。東毛の太田町の電気館が会場であったが、ここでまず結成されたのは関東水平社であった。全国水平社本部からは栗須七郎、平野小剣、泉野利喜蔵らが出席し、関東各県と、長野・山梨・静岡の代表も参加した。当日の参加者は約五〇〇〇名という。前年の全国水平社結成後、平野・栗須らの応援を得ながら、山田郡の沢口忠藏・村岡静五郎、新田郡の山口静・

松島恒五郎、邑楽郡の川島米治・植松丑五郎らが県内外に猛然と働きかけてきた結果であった。

当日は議長に村岡静五郎、副議長に栃木県田沼町の清水弥三郎を選び、綱領と決議を満場一致、万雷の拍手にて採択した。決議の第一に「吾等に対し旧来の名称並に新たなる附号を以て侮辱的意志を表示したる時は徹底的糺弾をなす」とあって、差別・侮辱を示す言辞・態度を絶対に許さない、根絶するという点に運動の力点が置かれた。

このようにして関東水平社は結成され、執行委員長に村岡静五郎が就任し、本部は山田郡韮川村の沢口忠蔵宅に置かれた。同時に群馬県水平社も結成され、邑楽郡大川村の坂本清作が委員長に選ばれた。同日とはいえ、県水平社に先立って関東水平社が結成された点に群馬県の特徴があった。両者がどのような関係にあって、時には役割分担を果たしたり対立をしたりすることもあったのか、記録類をみていても判然としない。むしろ混然とした関係のまま推移したとみるべきかもしれないが、概して関東水平社の動きが群馬の水平社運動を主導していた感がある。

なお、県内では関東水平社結成と同日に西上州水平社・碓氷水平社・北甘楽水平社・山田郡水平社など、郡単位あるいはそれに近い規模の組織が結成され、さらに短時日のうちに町村単位の水平社が各地に結成された。それはまさに燎原《りょうげん》の火の如くと表現される状況であった。それには一年間にわたる各地への働きかけ・準備が大きな力となったが、決議の第一に示した呼びかけが、部落の人々の心を強くとらえ立ち上がらせたことも見逃せない。したがって、これまで放置され押し通りがちだった差別を問題視し糾弾する動き、結果として事件化する動きが活発となったのは必然だった。

他方、群馬県当局は、政府の方針に沿って一九二二年（大正一一）に「部落改善」に乗り出すとともに、糺弾活動に対しては厳しく取り締まる体制を固めていた。県の調査によると、翌二三年には八九件の差別糺弾事件があったとされる。なかでも「烏淵村役場事件」や「高崎区裁判所事件」では水平社員が多数検挙され、その身柄の釈放を迫る水平社側と官憲側が鋭く対立し、それぞれ「襲撃事件」と伝えられて社会的不安を高めた。

そうした風潮のなかで、一九二四年（大正一三）の末から二五年に起こったのが世良田事件であった。事件の発端は、一九二四年一二月、近隣の境町において世良田村の一般民が差別発言をなし、一旦は謝罪の講演会開催を約束しながら自衛団の働きかけでそれを撤回したことにあった。自衛団とは、世良田村の有力者が水平社に対抗するために組織したもので、部落を除く全一二大字から各二人の交渉委員を選出し、その指揮のもとに事あれば寺の鐘を合図に各戸から人員を出す仕組みになっていた。そして翌二五年一月一八日夜、水平社員が来襲したとの誤報をきっかけに寺の鐘が乱打され、千人余の村民による部落襲撃がなされた。二十数戸の過半が破壊され、多数の怪我人が続出した。この報に接し、近隣の部落はもとより全国各地から支援の人員と物資・金円が現地に届けられた。水平社幹部による連日の会議と対策協議がなされたが、当局による抑圧も強硬なものだった。事件の結末は、一般民側から最終的に懲役三〜六ヵ月の者が一九人(ほかに罰金二二人)出たが、執行猶予付きが多く実際に服役したのは三人にすぎなかった。他方、部落側からも糺弾が脅迫・監禁罪にあたるとして三人が五〜六ヵ月の懲役となり全員服役した。こうして事件は水平社退治の感が深い結果に終わり、以後、東日本における水平社運動の分裂と停滞に大きな影響を及ぼした。

組織の分裂と運動の混乱(一九二五〜三〇年)

世良田事件以前、スパイ問題で全国水平社には亀裂が生じ、この問題に連座して除名された平野小剣を関東水平社は支持表明していた。しかし、世良田事件を通じて融和主義的傾向を強めた関東水平社・群馬県水平社の幹部主流は、平野の政治的傾向を嫌って「純粋水平運動」なるものを提唱し、次第に県当局の進める融和団体に接近した。その象徴的な出来事が、一九二六年(大正一五)二月の、知事を会長とする群馬県融和会の発足と、関東水平社創立の中心人物である沢口忠藏の融和会主事への就任であった。また、この会の理事には右両水平社幹部や各地部落の有力者が選任され、「官民合同」を表看板とする融和運動が本格的に推進されていった。

こうした両水平社幹部の動きに対し、地域水平社のなかからはさまざまな批判と新たな運動のあり方を模索する活動がみられた。

一つには、世良田事件に際し全国各地から寄せられた多額の義援金の使途をめぐって、その会計の不明朗さを指摘したり、幹部の腐敗・堕落を追及したりするものだった。義援金を寄せたのは、個人もあるが圧倒的な部分は郡単位・町村単位の水平社組織であった。特に多かったのは埼玉県の一二〇件、群馬県の一〇六件で、人々の関心は深かったが、必ずしも明快な説明がなされるには至らず、疑惑と不信・失望を残す結果となってしまった。

　二つには、普選運動と結んで労農党支持連盟を結成し、両水平社の運動路線に対抗しようとする動きが高崎の水平社員を中心に取り組まれたが、県内に広げていくことはできなかった。そして、一九二九年（昭和四）には四・一六事件によって中心人物の清塚嘉信などが捕らえられ、この方向性は抑圧されてしまった。

戦時体制への統合と抵抗（一九三一～四五年）

　さまざまな潮流に分裂し対立を続けるに至った県内の水平運動であったが、一九二五年（大正一四）の普通選挙法の実施に向けて地方議会へ進出し、「生活改善」を地道に取り組む動きもあった。また、個人的差別言動以外にも神社合祀や祭礼参加などをめぐる差別問題に対し、いくつにも分裂した水平社運動および融和運動というさまざまな潮流の別を超えて取り組む活動もみられた。県融和会から改組した県社会事業協会にあって沢口忠蔵の後を継いだ石原秀雄主事は、一九三二年（昭和七）、「群馬県下に於ける最近の差別事相（各種代表的のもの）」と題して「一、新田郡綿打村駐在巡査の結婚悲話」をはじめとする三二件に及ぶ取り組み課題を提起せざるを得なかった。

　したがって、この時期も県内各地ではさまざまな差別問題の取り組みがおこなわれたが、それらは個別・分散的な動きにとどまり、全体的な傾向としては融和的な問題処理に終始した。県内水平社運動の主流も全国水平社と対立する日本水平社に属し、しかもその内部では関東水平社本部派と関東水平社甦生派などに分裂・対立するという傾向はさらに深まった。そして、前年の盧溝橋事件に端を発する日中戦争の始まりとともに戦時体制への傾斜が強まるなか、一九三八年（昭和一三）三月二三日、太田町大光院において関係者多数の参加のもと、関東水平社の解散が宣言され荊冠旗《けいかんき》が焼かれたのである。

　こうして、戦前における解放運動はほぼ終止符を打つことになったが、水平社運動や融和主義運動によって蒔かれた種が、戦後の新たな解放運動のなかで芽吹いていった点も見逃せない事実と思われる。

注

（1）一五八五年（天正一三）年紀の長吏新三郎宛ての北条氏印判状が山田郡教育会編『山田郡誌』（一九三九年）に掲載されており、この文書は「休泊村大字龍舞武藤幸介氏蔵」としながら、備考欄に「この本文書は安良岡村穢多頭弥右衛門方にあり」と注記している。

（2）部落問題研究所編『水平運動史の研究　第五巻』（部落問題研究所、一九七二年）所収の「関東地方水平運動史　群馬県における水平運動」、『人権のまちづくりをめざして——世良田事件と私たちの課題』（尾島町教育委員会、二〇〇四年）、群馬県歴史教育者協議会編『史料で読みとく群馬の歴史』（山川出版社、二〇〇七年）所収の「第四章　近代・現代42　世良田事件——部落差別が生んだ悲劇」。

参考史料

『上野国沼田領品々覚書』萩原進編、いずみ書房、一九六二年。

『加澤記　全』豊國義孝編、上毛郷土研究會、一九二五年。

川野辺寛「高崎志」高崎市史編纂委員会編『高崎市史　第三巻』高崎市、一九六八年。

西田美英「高崎寿奈子」、土屋老平「更正高崎旧事記」高崎市史編纂委員会編『高崎市史　第三巻』高崎市、一九六八年。

『下野国半右衛門文書』群馬部落研東毛地区近世史学習会編、一九九六年。

塩谷正久家文書（明和町川俣）。

山田幸八家文書（館林市赤生田）小林邦夫氏提供。

「文政五年　村田村検地帳」（旧新田町生品）生品公民館蔵。

生品村郷土史編纂委員会編『生品村郷土誌』、一八九六年。

休泊村誌編纂委員会編『休泊村誌』、一九五九年。

「寛永十五年　佐位郡伊勢崎町検地帳」（伊勢崎市三光町）相川考古館蔵。

金谷健之助家文書（太田市細谷町）。

高橋富雄家文書（旧尾島町世良田）。

高崎市教育委員会編『高崎史料集　藩記録（大河内）2』高崎市、一九八九年。近藤章氏より校正原稿の提供を受け参照した。

「幕制彙纂」小林茂編『近世被差別部落関係法令集』明石書店、一九八一年。

「伊勢崎新古日記」（伊勢崎市三光町）相川考古館蔵。

「藩重役手控」（伊勢崎市三光町）相川考古館蔵。

館林市誌編集委員会編『館林市誌　歴史篇』館林市、一九六九年。

『太田市史　通史編　近世』太田市、一九九二年。

「元禄弐年三月　太田金山見取田畑屋敷検地帳」太田市学習センター蔵。

青木茂家文書（太田市丸山町）。

「享保十八年　山番請合証文」井田晃作氏提供。

東日本部落解放研究所編『群馬県被差別部落史料』岩田書院、二〇〇七年。

「差出申一札之事」（伊勢崎市三光町）相川考古館蔵。

峯岸正男家文書（高崎市中豊岡町）群馬県史収集複製資料。

書上家文書A　桐生市立図書館蔵。

「嘉永撰要類集」中尾健次編『弾左衛門関係史料集　旧幕府引継書』第一巻、部落解放研究所、一九九五年。

書上家文書二　群馬県史収集複製資料。

「乍恐以書付奉願上候」（高崎市八幡原町）久左衛門文書一番。

群馬県史編さん委員会編『群馬県史　資料編一一　近世三』群馬県、一九八〇年。

「高橋景作日記」俳文亭文庫蔵。

「恐乍以書付奉申上候」俳文亭文庫蔵。

本田豊編『群馬県部落解放運動60年史』部落解放同盟群馬県連合会、一九八二年。

参考文献

秋定嘉和（一九八〇）解題「部落に関する諸統計他」『日本庶民生活史料集成　第二五巻』三一書房。

池田秀一（一九九〇）「上州館林長吏半左衛門の由緒書をめぐって」『群馬文化』二二四号、群馬県地域文化研究協議会。

井ケ田良治（一九八四）「明治前期における部落差別と裁判——『大審院民事判決録』に見る」部落問題研究所編『部落史の研究　近代編』部落問題研究所。

大熊哲雄（一九八四）「近世賤民の下級警備役・行刑役に関する一考察——上州に於ける二・三の事例から」『歴史部会紀要』一四号、群馬県高等学校教育研究会歴史部会。

大熊哲雄（一九八五）「「七分の一の命事件」と差別の実相——幕末、東上州農村における差別事件から」群馬県立新田高等学校校内研究誌『朝雲』六号。

大熊哲雄（一九八七ａ）「「部落」の師匠」『部落』四七九号、部落問題研究所。部落問題研究所編『部落の生活史』（部落問題研究所、一九八八年）に所収。

大熊哲雄（一九八七ｂ）「惣七の芝居」『部落』四八〇号、部落問題研究所。部落問題研究所編『部落の生活史』（部落問題研究所、一九八八年）に所収。増補して『境町歴史資料』一九二号（境町地方史研究会、一九九五年）に掲載。

大熊哲雄（一九九〇ａ）「上州植野職場の入用銭紛争に見ら

れる諸問題――『上州小頭三郎右衛門文書』(一)を読んで」『東京部落解放研究』六七号、東日本部落解放研究所。東日本部落解放研究所編『東日本の近世部落の生業と役割』(明石書店、一九九四年)に所収。

大熊哲雄(一九九〇b)「長吏と市の関わりについて」『解放研究』四号、東日本部落解放研究所。東日本部落解放研究所編『東日本の近世部落の生業と役割』(明石書店、一九九四年)に所収。

大熊哲雄(一九九三)「七分の一の命」部落解放・人権研究所編『部落問題・人権事典』解放出版社。

大熊哲雄(一九九六)「関東における旦那場」全国部落史研究交流会編『部落史における東西――食肉と皮革』解放出版社。

大熊哲雄(二〇〇〇)「弾左衛門支配の構造と性格――在方の実態を踏まえて」全国部落史研究交流会編『弾左衛門体制と頭支配(部落史研究4)』解放出版社。

大熊哲雄(二〇〇三)「上州馬市差別事件を通して見えてきた研究課題」『解放研究』一六号、東日本部落解放研究所。

北爪壹(一九九二)「上州新田郡村田村・小金井村の被差別部落の実像――村田村検地帳と「伊勢参宮にまつわる長吏・村方騒動」の分析から」東日本部落解放研究所編『東日本の近世部落の具体像』明石書店。

椙山聖子(一九九〇)「一揆警備についての一考察――上州絹一揆の場合」『民衆史研究』三五号、民衆史研究会。東日本部落解放研究所編『東日本の近世部落の生業と役割』(明石書店、一九九四年)に所収。

寺木伸明(一九八八)「安永7年10月の「賤民」取締令についての小考察」『同和問題研究』一一号、大阪市立大学。「安永七年の「賤民」取締令について」として同『近世身分と被差別民の諸相――〈部落史の見直し〉の途上から』(解放出版社、二〇〇〇年)に所収。

東京部落解放研究会・古文書を読む会編(一九九三)「植野村の人々の生活と闘い」『東京部落解放研究』八一号、東日本部落解放研究所。

東日本部落解放研究所編(一九九四)『込皆戸の歴史と生活――粕川村込皆戸地区・歴史調査報告書』東日本部落解放研究所。

藤沢靖介(二〇〇六)「中世戦国期、東日本の長吏・かわた――戦国大名の文書を中心に」『明日を拓く』六六号、東日本部落解放研究所。

松島一心(一九九三)「被差別部落と筬――桐生・伊勢崎を中心に」『解放研究』六号、東日本部落解放研究所。東日本部落解放研究所編『東日本の近世部落の生業と役割』(明石書店、一九九四年)に所収。

松島一心・川田晃三(一九九六)「太田・献上松茸を育てた長吏集団」『明日を拓く』一五号、東日本部落解放研究所。

山藤修一・大熊哲雄（一九八六）「北関東における皮革を中心とする一仲買商人の活動について――幕末・明治初期の『万覚帳』の分析から」『群馬文化』二〇七号、群馬県地域文化研究協議会。東日本部落解放研究所編『東日本の近世部落の生業と役割』（明石書店、一九九四年）に所収。

埼玉

吉田勉

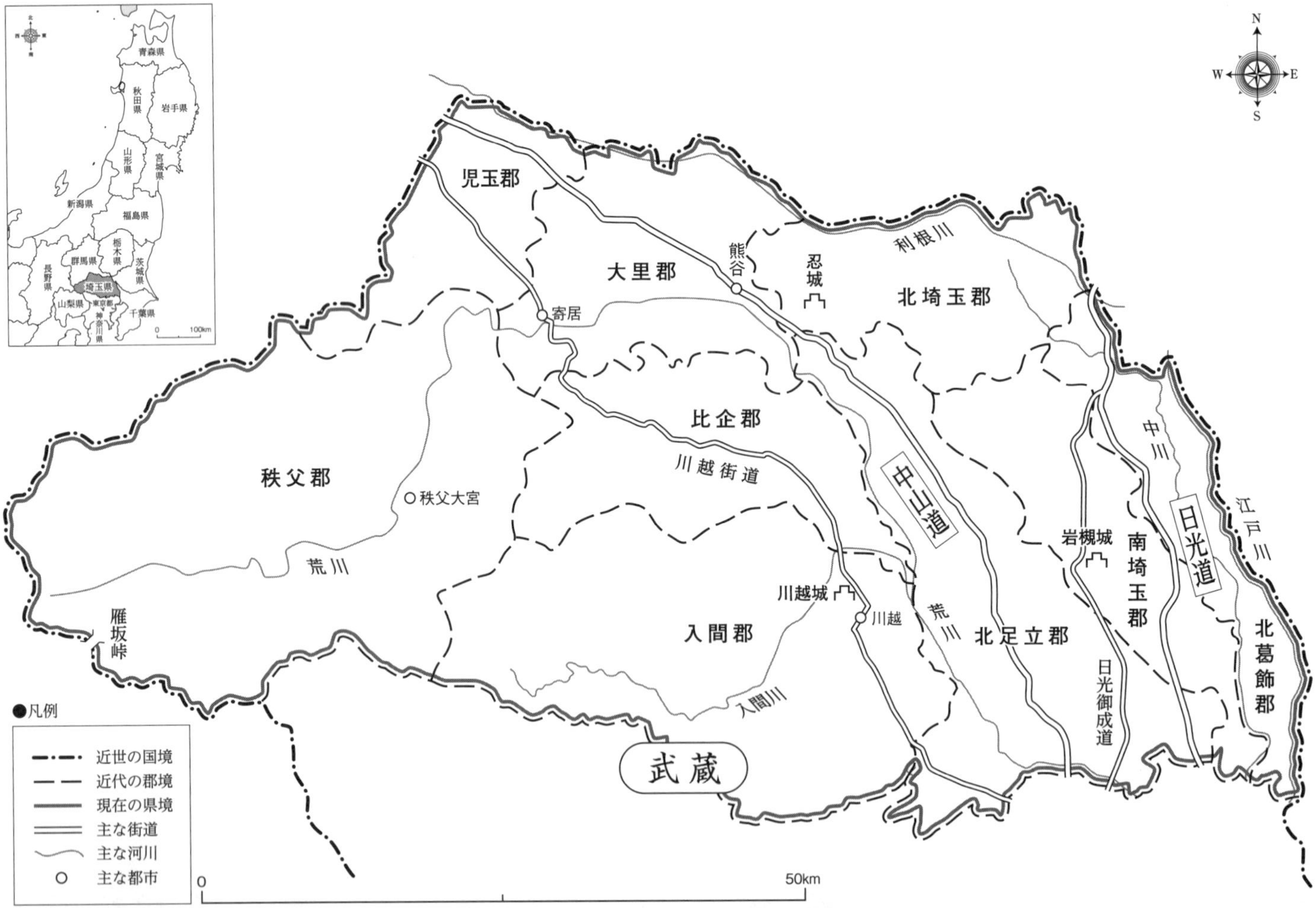
青森県
秋田県
岩手県
山形県
宮城県
新潟県
福島県
群馬県
栃木県
茨城県
長野県
埼玉県
山梨県
東京都
神奈川県
千葉県
100km
N
W
E
S
児玉郡
熊谷
忍城
利根川
大里郡
北埼玉郡
寄居
比企郡
中山道
秩父郡
川越街道
○秩父大宮
岩槻城
南埼玉郡
日光道
江戸川
荒川
川越城
川越
入間郡
北足立郡
北葛飾郡
雁坂峠
日光御成道
中川
入間川
武蔵
●凡例
近世の国境
近代の郡境
現在の県境
主な街道
主な河川
主な都市
0
50km

はじめに

埼玉県エリアは、児玉・小川《おがわ》・飯能《はんのう》を走る八王子構造線によって、東半分の平地部と西半分の山岳部に区分けされる。東側の平地部は古来、利根川や荒川、入間《いるま》川などの流域で、平地や台地が広がるとともに、一部に丘陵も見られる。西側の山岳部の中央には秩父盆地がある。近代以降、武蔵国は東京・埼玉・神奈川の一部に三分割される。埼玉エリアは武蔵国のほぼ北半分を占めており、武蔵《むさし》国という行政区が形成されたのは六世紀ごろで、近代以前には、北武蔵と呼ばれるエリアであった。

北武蔵は古代以来開発の進んだエリアで、埼玉古墳群をはじめとする六世紀段階の巨大古墳があり、また古代末期には武蔵武士の発祥の地であり、鎌倉期を経て、室町・戦国期には上杉・武田・後北条などの戦国大名がせめぎ合う戦略的な要衝地帯となった。江戸時代に入ると、幕府直轄領・旗本領がおよそ八〇%を占め、川越《かわごえ》藩・岩槻《いわつき》藩・忍《おし》藩などの大名領はおよそ二〇%であり、その他、わずかに寺社領があった。

埼玉エリアの長吏などの被差別民は、史料で確認される限りでは、戦国時代後半の一六世紀半ばに登場する。江戸時代も後期の一八〇〇年（寛政一二）の「穢多頭弾左衛門手下之もの家数小屋数書付」（『弾左衛門史料集成』第一巻）によれば、弾左衛門囲内（江戸府中）を除いて、武蔵国には二三〇五軒の長吏身分、二二〇軒の非人身分、七軒の猿飼《さるかい》身分が存在していた。一九三五年（昭和一〇）の政府統計によれば、埼玉県内の被差別部落数は二六三地区・五四〇二戸・三万二八七五人で、地区数・戸数・人口いずれも関東地方では最も多かった。被差別部落数を郡単位に見ていくと、上位から、大里郡八九、児玉郡五七、北埼玉郡四八、北足立郡二四、入間郡一八、比企郡一二、南埼玉郡七、北葛飾郡五、秩父郡三となり、上位三郡でおよそ七五%を占めており、埼玉県北部に集中している。

一　戦国末期から近世初期の被差別民

(1) 北武蔵に割拠する長吏・鉦打集団

戦国後期から近世初期の関東エリアには、後北条・今川・武田・成田・徳川などの戦国大名らが長吏・鉦打《かねうち》などに発給した文書が残されており、その数はおよそ七五点に及ぶ。これらの史料のうち、埼玉エリアに限ると一三点であり、一六世紀後半以降に集中している。この時期、北条氏康《うじやす》によって上州平井城（群馬県藤岡市）が攻め落とされ、平井城主の関東管領上杉憲政《のりまさ》は越後国の長尾景虎《かげとら》（のちの上杉謙信《けんしん》）のもとに逃れ、その後上杉謙信の越山・関東支配の動きや、武田氏・古河公方勢力の動きがあり、次第に後北条氏が北関東を掌握していく形勢となり、長吏集団の再編成に着手し始める［藤沢一九九五、二〇〇六］。

戦国期の北武蔵の長吏集団

一五五五年（天文二四）、後北条氏は上杉氏と結んでいた平井の長吏源左衛門を国払いとし、当時、榛沢《はんざわ》郡の人見《ひとみ》（現・深谷市）にいた長吏太郎左衛門を跡目にすえ、長吏集団の再編成に着手している（「天文24・6・12　北條幻庵印判状」「天文24・6・12　天文北条氏堯印判状」『新編武州古文書（下）』）。さらに、一五六五年（永禄八）には、「砥商之義」にかかわって、長吏太郎左衛門に「盗商」への対応を命ずる印判状を与えている（「永禄8・2・11　北條氏邦印判状」『新編武州古文書（下）』）。

一五七七年（天正五）になると、西上州産出の砥石について、仁（人）見の長吏太郎左衛門の手判なしに売買してはならないとしつつ、榛沢郡の末野《すえの》（現・寄居町）の長吏惣衛門にも「一ケ月に廿疋宛」の砥石の売買を認めている（「天正5・4・29　北條氏邦印判状」『新編武州古文書（下）』）。砥石をめぐる長吏太郎左衛門の権益の一部が長吏惣衛門に分割されたのである。一五七八年（天正六）、後北条氏は末野の長吏惣衛門に印判状を発給し、「一ケ月に廿疋分」の砥石の売買を認めるとともに、人見の長吏太郎左衛門の「横合」「非義」を禁止している（「天正6・4・15　北條氏邦印判状」『新編武州古文書（上）』）。人見の長吏太郎左衛門と末野の長吏惣衛門とのあいだに紛争があったのだろう。

さらに、長吏惣右衛門（惣衛門か）宛ての「天正6・5・9　北條氏邦印判状」では、砥役をめぐる先年の紛争については、鉢形城への帰城のうえ、糾明をすることとし、それまでのあいだは、かの印判（「天正5・4・29　北條氏邦印判状」）を先例として、藤田領中（用土城を中心とするエリア）の砥役を行うものとし、帰城のうえ、先年の筋目を申し付けるとしている。同年、長吏惣衛門は後北条氏から富士道者への通行税の徴収権を認められている（「天正6・4・15　北條氏邦印判状」『新編武州古文書（上）』）。

『新編武蔵風土記稿』には、入間郡の安生老村《あぶろう》（現・川越市）には「彼等が先祖へ、甲州武田家より出せし天正四年八月四日跡部大炊助の文書あり。其の文をもって見れば、天正の頃は上州に住し、砥石売買をなせしこともしらる云々」と記されている。『新編武州古文書（下）』所収の同文書によれば、一五七六年（天正四）、武田氏は西上州長吏助左衛門に「西上州長吏職幷砥坂（役か）」を追認している。西上州の長吏が安生老村へ移動してきたのか、安生老村長吏が自らの砥石売買権をオーソライズするために上記史料を入手したかは不明である。また、一七三〇年（享保一五）、弾左衛門は秩父領大宮郷穢多代右衛門が上野産出の砥石を専業的に商いしている由緒を問いただし、代右衛門は由緒を証明する書付はないと答えている（『秩父市史　資料編　第二巻』）。このように、近世の北武蔵には、砥石の販売権を有する長吏集団が各地に散在していたようである。坂戸村（現・坂戸市）には、「天正5・6・21　傳武田氏印判状」（『新編武州古文書（上）』）が残されている。同文書によれば、武田氏は長吏六右衛門宛てに、「細工の奉公」と引き換えに「郷次」の御普請役を赦免している。この「細工」とは皮革の細工のことと推定される。

戦国期の北武蔵の長吏集団は、後北条氏・武田氏などの戦国大名によって、砥役・皮役などを賦課され、職人集団として編成されていったものと思われる。

戦国期の鉦打集団

次に、戦国期の鉦打集団について見てみよう。

一五七三年（天正元）、北条氏邦《うじくに》は「末野　鐘打中　鐘阿弥」宛てに印判状を発給し、鐘阿弥を「鐘打つかさ（鐘打司)」に任ずるとともに、「飛脚一ヶ月五度」の役を命じ、屋敷地を下げ渡している(「天正1・10・23 北條氏邦印判状」『新編武州古文書(上)』)。また、一五七七年(天正五)、北条氏邦は「末牧(野カ)之かね打」宛てに印判状を発給し、「廿人の飛脚かね打共」に屋敷地を下げ渡すとともに、「山」および「花園山」を守ることを仰せつけている(同前)。

同文書には「廿人の飛脚かね打共ハ踞まり候あいだ、只今ちやうり踞候屋敷共に下げられ候」とあるから、長吏集団に屋敷地を下げ渡したのと同様に、鉦打(鐘打)集団にも屋敷地を下げ渡したのであろう。戦国末期の末野には、長吏集団だけでなく、鉦打集団も居住していたのである(近世以降の末野村では、長吏集落と鉦打集落が隣接している)。また、一八二一年(文政四)の「百姓ト磬打出入一件済方以後定書」(『武蔵国村明細帳集成』)などによれば、近世期には、埼玉エリアの三六宿町村に鉦打集団[1]の存在が確認される。これらのことから推定して、戦国期の北武蔵にも、鉦打集団が広く存在していたものと思われる。

ここまで見てきたように、戦国末期の北武蔵の在地社会では、人見の長吏太郎左衛門、末野の長吏惣衛門などの長吏集団のリーダーたちが割拠し、戦国大名とかかわって、勢力争いを展開していたものと思われる。また、長吏集団とは別に、末野の鉦打集団のように、戦国大名とかかわって、飛脚役(軍事的な通信)などを担う集団も存在していた。

(2) 兵農・農商分離以前の職能民

三ヶ尻郷の職能民

一五九〇年(天正一八)、後北条氏は豊臣秀吉によって滅ぼされ、秀吉の命を受けて、徳川家康が関東に入封する。関東においても、戦国時代が終わりを告げ、近世社会が幕を明けようとしていた。

同年、家康は関東入封とともに、家臣団を関東各地に配置する。そうした家臣団の配置の一環として、幡羅《はら》郡三ヶ尻《みかじり》郷(現・熊谷市)に、徳川家康譜代の家臣である三宅惣右衛門康貞が移封されてきた。康貞の知行高は五〇〇〇石、三ヶ尻郷に居館を構え、一六〇四年(慶長九)に三河《みかわ》国挙母《ころも》へ転封するまで、一五年間にわたって知行地(近世の三ヶ尻村と周辺村々)の経営にあたった「大舘一九八七」。

康貞時代の三ヶ尻郷には、一五九〇・一五九一年（天正一八・一九）の検地帳が残されている（「武州原郡三ヶ尻郷田方本帳」「同畑方帳」）。同史料に拠りながら、名請人の身分と職能を見てみたい。なお、関ヶ原の戦いが終わる一六〇〇年（慶長五）までは、徳川家臣団は軍役負担を負うなど戦時体制を維持しており、この時期の上級旗本の陣屋所在地は小規模な城下町の様相をもっていた。三ヶ尻郷も、三宅居館に接して馬場があり、その周辺に上宿・中宿・下宿・横町があるなど、さながら小規模な城下町を形成していた（渡辺崋山「訪瓺録《ほうへいろく》」(2)）。

天正期検地帳には、三宅氏の家臣団や長吏を含めて、さまざまな宗教者・商工民が名請人として登場してくる。この時期の三ヶ尻郷は、近世社会を特徴づける兵農・農商の分離がいまだなされておらず、戦国から近世への移行期の段階にあった。

兵農・農商分離以前の三ヶ尻郷には、鷹匠・鷹屋・餌差・催促・紺屋・鍛冶・馬喰・長吏など、さまざまな職能民集団が居住していた。これらの職能民集団には、三宅氏の入封に際して、三河の地から三ヶ尻郷に移動してきたものや、もともと三ヶ尻に居住していたものが混在していたと思われる。

鷹匠・鷹屋・餌差は領主三宅氏の鷹狩に、催促は領主の示達や督促などにかかわる職能である。紺屋・鍛冶は手工業者で、それぞれ領主・家臣の衣類・軍装備や百姓の衣類などの染色・縫製や、武器や農工具の製作を職能とした。馬喰《ばくろう》は各地の牧から兵馬や耕作馬を知行地へと補給することがその職能であった。いずれも、三ヶ尻郷の城下町的機能を担う職能民たちであった。

三ヶ尻郷の長吏集団の土地所有

三ヶ尻村の天正検地帳には、「てうり（長吏）五郎左衛門」「てうり彦二郎」の名請人が見られる。天正検地では、五郎左衛門は二反二畝一二歩を、彦二郎は八反九畝一九歩を名請けしており、合計で一町一反二畝歩となる。この段階では、名請した耕地は「てうり前」六筆、「大道はた」五筆、「代」四筆、「八幡前」二筆、「うしろ」二筆、「大さかい」一筆、「十六間大境」一筆で、居住地の周辺にも見られるが、他の名請人耕地と混在しており、一地域に集中していないのが特徴である。

それに対して、天正検地からおよそ一〇年後の一六〇二年（慶長七）の検地帳によると、このおよそ一〇年のあいだに、①長吏の名請人が七人と増加し、②長吏名請地は二町一反四畝一九歩とほぼ倍増するとともに、③天正期には散在していた長吏名請地二二筆は、「八幡前」一四筆、「やしきまへ」四筆、「てうり前」四筆、「代」五筆、「うしろ」二筆、「法蓮かいと」二筆、「窪境」一筆、「窪」一筆、「森」一筆、「貫かいと」一筆となり、「八幡前」に集中する傾向を示す。(3) その二年後の一六〇四年（慶長九）、三宅氏は転封となり、三ヶ尻村は天野彦右衛門尉忠重・小栗忠七郎正勝の両名が知行することとなり、天野氏知行地に属する長吏名請人は「てうり孫左衛門」一名となっている。寛永一四年（一六三七）の「三ヶ尻百姓田畠名寄帳」によれば、孫左衛門の名請地は「八幡前」一四筆、「てうり前」四筆、「やしきまへ」四筆となり、名請地の七七％が「八幡前」に集中する。長吏名請地の集中化が展開したのである。

一六六〇年（万治三）になると、天野彦右衛門尉忠重の孫彦右衛門忠顕が父忠詣の遺領を継嗣するにあたり、弟善八郎忠勝に一〇〇石を分知した。その折、中田の分知をめぐって、「壱反九歩ハ森組・清水組之作田之内ニ而渡ル、是ハ只今てうり孫左衛門に組より預置候由、金右衛門申候」「善八様ニ渡ル、是ハ作田ノ内、孫左衛門名田之外抱候ヲ渡す」などの記録がある。孫左衛門に組より預け置いた土地や、孫左衛門の名田（名請地）や、孫左衛門が抱えていた土地が、善八郎忠勝への分知のターゲットになっていることが分かる。

これら三ヶ尻郷の史料は天正期から万治期の長吏の土地所有の変化を示す貴重なものである。こうした長吏の土地所有の変化を促す要因はどこにあるのか。今後の課題としたい。

慶長期以降、名請人から領主家臣団が消え、領主の役を負う鷹匠なども名請地の大半を失って家臣としての比重を強め、紺屋・鍛冶などは名請地を増やすなど在村手工業者の性格を強めていく。兵農と農商の分離が進み、いよいよ近世社会への移行が本格化し始める。

二　近世埼玉の被差別民

さて、近世の埼玉エリアでは、約八〇％の幕府直轄領・

旗本領と、約二〇%の川越藩・岩槻藩・忍藩などの大名領において、長吏・非人などの被差別身分の人々が集落と地方組織を形成し、さまざまな領主や村の役を勤め、さまざまな生業に携わり、生活や文化を営んでいた。まず、近世における長吏・非人集落と地方組織を見ておこう。

(1) 近世における長吏・非人集落と地方組織

前節では、三宅氏の移封に伴って、知行地である三ヶ尻郷の名請状況の変化を見てきた。家康の関東入国以降に実施された検地は、天正期を始期として、埼玉各地で実施されていく。この時期、三ヶ尻郷ばかりではなく、各地の検地帳に「長吏」の名請が確認できる。武蔵国榛沢郡牧西村天正検地帳、賀美郡黛村文禄検地帳、児玉郡下浅見村元和以前の検地帳、北足立郡中丸村天正検地帳などである。

ここでは、北足立郡中丸村(現・さいたま市見沼区)における長吏・非人集落と地方組織を見てみよう。同村の天正検地帳には、「ちょうり分」として二筆の名請地がある。内訳は中田一反八畝一〇歩、下畑一反四畝、合計は三反二畝一〇歩となる。戦国期の中丸村は岩槻太田氏の家臣である春日氏の支配地であり、同氏の居館があった。中丸村の長吏は春日氏居館の周辺に居住し、零細とはいえ名請地を所有していたのである。長吏集団の同地への定着は遅くとも戦国末期にさかのぼるものと思われる。

家康入封後、春日氏は徳川家の旗本となり、近世期を通じて中丸村を知行地とする。天正期以降の中丸村の長吏集団の動向を示す近世前期の文書史料はないが、同村共同墓地には、寛文期以降の長吏の墓石が確認できる。春日氏居館の周辺に居住していた戦国期の長吏集団は、近世になっても、中丸村の村落空間のなかに集落を形成していたものと思われる。なお、近世初期の中丸村には、非人の存在は確認できない。

同村小頭家文書(『大宮市域文書』)には、文化・文政期から天保期にかけての長吏・非人の宗門人別帳が残されている。一八三四年(天保五)の宗門人別帳によれば、長吏家数が一二軒、総人数は六六人である。非人は非人小屋頭が一軒、家族数は五人、一代限りの抱え非人が五人、合計一〇人である。なお、天保期の中丸村には、およそ三五軒の百姓集団が居住していた。近世行政村である中丸村は、「本村」である百姓集落と、「枝村」である長吏集落によって構成され、「本村」による「枝村」の支配が貫徹することになる（後述）。また、長吏集落には、百姓集落と同様に、氏子中・若者中・子供中や念仏講・普門品講などの村内集団があり、集落内行事などの執行にあたっていた。

長吏集落の規模は数軒から数十軒までまちまちで、埼玉県南の最大の部落といわれる原市（現・上尾市）の場合、元禄期には十数軒、近世期を通じて増加し、幕末維新期には七十余軒であった。

なお、長吏集落は、単独の集落を形成しつつ、斃牛馬《へいぎゅうば》処理などの権域である旦那場《だんなば》を基盤として（後述）、複数の長吏集落で構成される組（地方組織）に所属していた。中丸村の長吏集落の場合、他の一一の長吏集落とともに、野田村小頭瀬兵衛（現・白岡町）が率いる組に所属していた。それぞれの組（地方組織）には小頭と呼ばれるリーダーがおり、これら関東エリアの小頭たちを統括するのが江戸浅草の長吏頭である弾左衛門であった。

(2) 弾左衛門の役割と長吏の職分・生業

江戸城に入った徳川氏は、皮革調達を目的として、「太郎左衛門（小田原）」「太郎右衛門（下古沢村）」宛てに「竹内助兵衛手形」（天正二〇年、『改訂新編相州古文書』）、「在々皮作衆」宛てに「忠内又兵衛奈良八郎左衛門連署手形」（慶長元年、同前）を発給している。徳川氏は皮役を賦課し、長吏集団の掌握を進めていったのである。慶長・元和期になると、弾左衛門から太郎右衛門宛てに「御馬はつな（絆綱）」調達の指示文書が出されるようになる（「矢野弾左衛門書状」年不詳、同前）。

また、弾左衛門は一六四三年（寛永二〇）に千住の処刑場（小塚原、現在の東京都荒川区）での吊し刑に携わり（「榎本弥左衛門覚書」『川越市史　史料編　近世Ⅱ』）、万治元、二年ごろ（一六五八、五九）には鴻巣宿（現・鴻巣市）での磔刑に携わっていた（『弾左衛門由緒書』）。

弾左衛門は徳川権力とかかわって、近世初期から一七世紀後半にかけて、皮革調達や仕置執行などにおいて枢要な役割をもち始め、やがて一七世紀後半には弾左衛門が関八州ほかの長吏頭となっていく。

長吏集団が担うさまざまな役

弾左衛門配下の長吏集団は、仕置役・牢番役・囚人護送などを担った。

一七世紀中葉の川越城下において、打首の刑場づくりの担い手をめぐって、町人と長吏の紛争が起きている(「榎本弥左衛門覚書」『川越市史　資料編　近世Ⅱ』)。一六五七年(明暦三)、川越城主・松平信綱はすり二人を処刑する「土段(刑場)」づくりを「あぶろう(安生老)かわた」に命じたが、「かわた(長吏)」は、これまでも刑場づくりをしたことがないと拒否した。そこで領主は町人に命じたが、町の使い走りである定使《じょうし》もこれを断ったところ、定使はひどく叩かれた。そこで、町年寄らが乗り出し、「かわた」に対して川越の市への出入りを禁ずると脅したため、「かわた」はやむをえず仕置役を受け入れた。長吏集団による仕置役の受容には、領主権力のみならず、町共同体も大きく関与していたことが分かる。

忍藩の牢番をめぐっては、箕田村(現・鴻巣市)と小見村(現・行田市)・熊谷宿(現・熊谷市)の長吏たちの争論が起きている(『鈴木家文書』第一巻)。一八二三年(文政六)、忍藩主・阿部正権は転封され、松平忠堯が入封する。この領主交代を契機として、忍領内の小見村と熊谷宿の長吏たちは、それまで箕田村の長吏が行っていた牢番を自分たちが勤めたいと願い出た。これに対して、箕田村は従来どおりを主張して、弾左衛門への出訴に及び、結局のところ、箕田村の主張が認められる。というのは、箕田村の長吏が忍藩領外に居住するにもかかわらず忍藩の牢番を勤めていたのは、忍城が箕田村長吏の旦那場エリア内に位置するからである。したがって、この争論から、領主の支配エリアと長吏集団の旦那場エリアが一致しない場合、牢番役の賦課において、長吏集団の旦那場エリアが優越することが確認できよう。

同じ文政六年の「瀬兵衛(野田村小頭)一件」(『大宮市域文書』)によれば、旗本領に居住する中丸村の長吏は、召し捕られた栢原村長吏組下と中舘村長吏組下を弾左衛門役所へ護送する際、送り継がれてきた囚人と人足たちの昼食代賄いの入用銭を負担している。

このように、埼玉エリアの長吏集団は、藩領と旗本領を問わず、領主や弾左衛門によって、仕置役・牢番役・

警吏役などを賦課されていた。

長吏集団の職分と生業

近世の各身分には、それぞれ固有の職分があった。百姓が農業などを固有の職分とし、農地を所有するように、長吏は斃牛馬処理や草履づくりなどを固有の職分とし、旦那場と呼ばれる権域（テリトリー）をもっていた。また、所有する農地が売買・質入れの対象となったように、旦那場の権利も一日もしくは半日を単位に質入れ・売買されていた。

中丸村長吏が所属する組（地方組織）がもつ旦那場の場合、この組のリーダーは野田村小頭瀬兵衛で、同組には一二の長吏集落が所属しており、旦那場（以下、野田場）の範囲は周辺一七九村に及んでいた。一二の長吏集団は野田場という権域において、斃牛馬の処理権や勧進権を分有していた。なお、斃牛馬処理権の圏域を職場（下場）、勧進権の圏域を勧進場（上場）と呼ぶこともある。

野田場の「惣職場本高（場日）」は一八〇日で、これが瀬兵衛傘下の長吏集落に振り分けられていた。中丸村の長吏集落（一二軒）の職場は三〇村から成り立っており、場日は三〇日であった。

中丸村の「歳中馬有覚帳」によれば、一年あたりの馬皮取得総数（取得者数）は、一八五四年（安政元）が一二枚（九名）、一八五五年（安政二）が一三枚（七名）であった。「和名場馬皮取得数表」［岡田 二〇〇三］によれば、一八五四年から一八七〇年（明治三）までの一七年間において、和名村長吏の年間の馬皮取揚総数が最も多かったのは、一八七〇年の三八枚（取得者数は一〇名）、最も少なかったのは一八五五年の一三枚（取得者数は六名）であった。中丸村・和名村とも、年間平均取得数は二枚に満たないが、一八五五年の中丸村亀次郎の年間取得数は四枚、一八七〇年の和名村甚右衛門の年間取得数は一八枚にのぼる。ちなみに、文政年間の馬皮一枚の取引値段は銀約二五匁（『鈴木家文書』第四巻）で、これを基準にすると、亀次郎の収入は銀一〇〇匁、甚右衛門の収入は銀四五〇匁であり、天保期の金銀銅の換算率である金一両＝銀六〇匁＝銭六貫文をもとに、金に換算すると、それぞれ一両二分三朱弱、七両二分となり、有力長吏層にとって、斃牛馬処理は大きな収入をもたらすものであった。

関東各地の地域社会では、死んだ馬ばかりではなく、老馬・病馬を闇で取引する慣行も常態化していたようである［吉田 一九九〇］。処理した斃牛馬は、馬皮だけでなく、爪・尾・毛・骨なども製品化され、売買されている［川東・大熊 一九八五］。

長吏集団は、旦那場村々の百姓家を廻り、年始・歳末・五節句や婚礼・葬式などに際して、祝・悔みなどの宗教的な行為を行い、夏秋の収穫時に合わせて、三穀や銭を貰い請ける権利も有していた。これを勧進権という。また、旦那場内の神事・祭礼、寺院の開帳・法事、芝居などの「賑イ」において、長吏集団は番人を勤め、食事を給され、酒などを謝礼として受け取った。また、下吉見領の和名村長吏は、和名村と久米田村の両村の持ち合いの溜池である和名沼の圦《いりひ》桶番を依頼され、組下の長吏を派遣し、水番を勤めている。旦那場村々からの依頼によって、水番という役割が成立しているとすれば、水番もまた旦那場という権域と深くかかわっているものと考えられる。

旦那場にかかわる斃牛馬処理とは別に、長吏集団には草履づくりという職分があった。長吏集団は、竹皮草履の独占的な製造・販売権を有していた。材料である竹皮を近在の百姓家から買い付け、これを草履にして販売したのである。竹皮草履の裏に牛皮・馬皮を張った履物が雪駄・雪踏で、高級品として売買された。ちなみに、大里郡和田村長吏である長蔵・清蔵の親子は、近郷の仲間から「中抜草履」を買い集め、江戸表で販売していたようである。一八三三年（天保四）、清蔵は父である長蔵から「中抜草履」の買い出しを指示され、「金子弐拾両」を持って南河原村穢多頭長兵衛方に出かけている（「大里郡和田村長蔵倅清蔵埼玉郡於南河原村変死ニ付御見分之砌諸書類写」『野中家文書』）。長蔵・清蔵家は「金子弐拾両」という巨額の草履商いを行っていたのである。

旦那場と草履渡世の関係を示す史料を見てみよう。一八四五年（弘化二）の「石坂村一件済口證文」（『宮根家文書』）によれば、草履の製造・販売の権域をめぐって紛争が起きている。小坂村・小堤村・広谷村の長吏たちは、百姓家からの竹皮および莞筵草《かんえんぐさ》（藺草《いぐさ》）の買い付けに際して、往古より一昨年までは、持場（旦那場の持分か）であろうとなかろうと自由に立ち入り、馬に積んだり、（二人以上でかつぐ）舁《かつ》ぎ荷物に入れて取引してきた。ところが、石坂村小頭半左衛門と引野村行事利八は、自分たちの持場（旦那場）においては今後、竹皮および莞筵草の買い入れは「（一人で背負う）背負荷物の外は相成らず」と主張してきた。仲介人を立てて交渉するも折り合わず、弾左衛門役所で裁判となり、内済（示談）の結果、小坂村・小堤村・広谷村の長吏たちが石坂村の旦那場に立ち入って竹皮を買い入れるときは、馬に積んで買い取ってよいが、莞筵草については舁ぎ荷物に限るとし、引野村の旦那場に立ち入るときは、竹皮の買い入れは舁ぎ荷物に限ることと変更になっている。斃牛馬処理権のみならず、草履づくりの材料である竹皮などの買い付けに際しても、よその旦那場に立ち入るときには一定の制限を受けたものと思われる。

こうした草履渡世とは別に、多くの長吏集落では竹筬《たけおさ》の製造権・販売権も有していたようである。竹筬とは機織を行う際に、経糸に通された緯糸の目を詰める作業に使用する櫛状の道具のことである。和名村長吏小頭の甚右衛門家では、薬の製造・販売を行っていた。ほかにも、医業、助産、馬医者などに携わるケースもあった。

長吏は生業として農業にも従事した。寛政年間の弾左衛門の「破魔弓矢に付穢多頭弾左衛門答申」（『法曹後鑑』中）では、弾左衛門配下の長吏は「革類」「草履渡世」のほかに、「暮方相応之者」は「田地等も少々づつ」所有しているとしている。万延期の町奉行所は、関八州では「長吏とも田地所持之儀珍しからず」（『鈴木家文書』第五巻）としている。

江戸時代を通して見ると、初期の長吏名請地は零細で、中後期から幕末期にかけて、百姓身分のものが手放す農地を集積していく。実際、幕末期の和名村長吏二三軒の耕作面積（名請地・質流地・小作地）の平均は、一軒あたり五反歩強となっている。同時期の旧大宮市域の百姓身分の耕作面積の平均は六反歩強であった。天保期の荒木村（現・行田市）長吏は「多分の町数」（『大宮市域文書』）の田地を所持し、明治二年の石坂村（現・鳩山町）長吏も「御田地数多所持」（『宮島家文書』）している［吉田二〇〇九、大熊二〇一二］。

長吏が農地を取得する資金は、職分としての斃牛馬処理や竹皮草履渡世で蓄積したものと思われる。

(3) 非人小屋の設置と非人の役

先に見たように、近世初期の中丸村では、長吏集団は戦国期から引き続き集落を形成していたが、非人の存在は確認されていない。時期は不明であるが、やがて、中丸村の長吏集落にも、非人小屋頭と抱え非人が定住するようになる。

一七九六年（寛政八）の「非人小屋由緒記録」（『鈴木家文書』第三巻）は、和名場に非人小屋が設置された経緯を示す貴重な史料である。同史料によれば、和名場には宝永期まで非人小屋がなかった。和名場の村々は、野非人の悪ねだりを防止するために非人小屋の設置を望んだ。その際、松山場の非人小屋頭八兵衛は和名場非人小屋を自らの差配下に置こうとしたが、和名村長吏はこれを拒否し、当時吉見百穴に住んでいた角兵衛を非人小屋頭とし、長吏がもつ勧進権の一部（勧進の対価として村方から三穀を給される）を譲ることとした。なお、角兵衛は六道《りくどう》と呼ばれる野非人で、遍歴する宗教者の一種だったと思われる。

この史料から、宝永期の和名場に初めて非人小屋頭が設置された経緯や、それ以前から松山場には八兵衛という非人小屋頭がいたことが確認できる。非人に関連する史料が少ないため詳細は不明だが、近世初期以降、各旦那場に徐々に非人小屋が設置されていったものと思われる。

和名場の非人の役としては、野非人の番役、囲堤番役、場役、火の番役などがある。野田場の中丸村の非人の場合、場役・勧進・火番などがある。場役とは旦那場内の馬捨場を見廻り、斃牛馬があれば、その皮を剝ぐ役目である。勧進とは年末年始・節句などに吉凶にかかわる宗教的行為を行い、米麦や金銭を給されることである。

三　長吏・非人の文化と教育

江戸時代の在地社会では、とりわけ江戸後期に向けて商品経済が発達し、文化・教育活動が盛んになっていく。百姓村落のみならず、長吏村落においても、祭礼・参詣などの村落をあげての文化活動や、有力長吏層を中心に、読み書き・そろばんや和歌・俳諧・華道などの教育・文化活動が展開していった。長吏村落における文化・教育活動の展開の背景には、斃牛馬処理・草履づくり・農業などで育まれた経済的・社会的実力があったことは言うまでもない。

(1) 長吏集落の祭礼と参詣の旅

一七九〇年(寛政二)、箕田(現・鴻巣市)の長吏集落では、夏祭りに際して、芝居興行を開催している。在地社会の芝居興行には、自らが演じる地芝居と、プロの芝居一座を呼ぶ買芝居があったが、箕田の場合、「今晩より稽古初め候」(「芝居開催ニ付案内口上」『鈴木家文書』第五巻)とあるから、地芝居であった可能性が高い。箕田の長吏長蔵・時蔵は、和名の小頭甚右衛門に手紙を送り、稽古段階での若者衆の派遣や、村をあげての祭礼時の参集を要請している。これらの史料から、当時の長吏には村祭りに芝居をかけるだけの社会的実力と、当時の有力長吏層には手紙をやりとりするだけの高度なリテラシーがあったことが分かる。

文化期の和名の長吏村落では、白山社の再建立に際して、祭礼を開催した。この祭礼には、和名村や周辺村々の百姓たちからも寄付が寄せられ、江戸から品玉遣い(曲芸師の一種)を呼ぶとともに、香具師・商人ら四〇人が出店している(「白山大権現御神宮御祭礼覚帳」『鈴木家文書』第五巻)。祭礼の場とはいえ、長吏と百姓・商人らとの身分を超えた「交流」が実現していたことにも注目したい[西木 一九七五]。

寛政期の和名村の長吏集落では、「伊勢代参講」が組織されていた。この代参講には、長吏とともに非人の角兵衛ら一六名が参加している。毎年二名ずつ伊勢参りに出かけ、八年がかりですべての講員が参詣を果たす計画だった(「伊勢代参講中取立帳」『鈴木家文書』第五巻)。同時期の榛沢村(現・岡部町)・鉢形町(現・寄居町)・本田村(現・川本町)・中丸村(現・さいたま市)などの長吏も、伊勢・秩父・大山・妙義・富士・月山などへの参詣の旅に出かけている。参詣の旅は宗教的な行為であるとともに、物見遊山の旅でもあり、長吏たちの経済的・文化的な力量を示しているといえよう。

(2) 長吏集落の文化・教育活動

和名村の小頭を勤めていた甚右衛門家には、一三〇冊余の典籍が残されている。その種類は、漢籍、手習塾教科書、歴史・文学関係、戦記物、俳諧関係、暦関係、明治期小学校教科書、道中記、医学・薬の処方本など、多岐に及ぶ（『鈴木家文書』目録・典籍）。幕末の甚右衛門は正風遠州流の師匠免許を得ている（「正風流挿花免許」『鈴木家文書』第五巻）。当時、正風遠州流は人気のある華道の流派の一つで、武家・百姓のみならず、有力長吏も師事し、免許を得ていたことが分かる。幕末の甚右衛門家には、青梅村の乙次郎から「浄瑠璃名弘メ披露」（同前）の招待状が届いている。乙次郎は年来浄瑠璃に凝っており、上方（大阪）に行って修業をして「職札」を得たので、浄瑠璃名の披露とともに、浚会《さらい》を催すこととなったのである。

これらの事実から、関東の有力長吏層のあいだでは、華道・浄瑠璃などの文化活動が流行し、相互に交流しあう文化サロンが出来上がっていたのである。

中丸村の長吏村落の共同墓地には、「智恵信士」なる戒名をもつ弘化四年（一八四七）の墓石が残されている。施主は同村の小頭家で、被葬者は「出所〇（不）知手習師匠」と記されている。幕末の中丸村の長吏村落には、小頭家が主宰する手習塾が開かれ、出所不明の手習師匠が長吏の子弟に読み書き・そろばんを教授していたのである。こうした長吏集落の手習塾は、立が瀬（現・寄居町）や猪俣（現・美里町）でも確認されている［石田 一九九六］（『碑をたずねて――児玉の文化を支えた師匠たち』）。斃牛馬処理や草履販売などの経済活動を展開するためにも、読み書き・そろばんを学ぶことは必須の課題であった。なお、在地社会における手習塾は基本的に身分別学校で、百姓の子が学ぶ手習塾では長吏の子は学ぶことができなかった。

四　在地社会における長吏・非人・百姓

埼玉エリアの長吏集団は、斃牛馬処理・草履づくり・農業などの経済活動や、さまざまな文化・教育活動を通して、百姓たちと遜色のない村落文化を展開するようになっていった。身分は異なっているにもかかわらず、その経済的・社会的・文化的実力は拮抗するようになっていったのである。幕末期に向けて、在地社会における長吏と百姓は、生産・生活のさまざまな局面で対立を深めていく。また、同じ被差別身分である長吏と非人のあいだにもさまざまな矛盾と葛藤が生まれていく。

(1) 身分間に生じる矛盾と葛藤

頻発する農地紛争

一八一二年(文化九)、和田村(現・熊谷市)で農地紛争が起きている。同村の名主らは、長吏たちが集積した質流地六町歩余を村役人の持分として返還させ、長吏の入作(小作)とするとの不当な要求を突きつけてきた。そこで、長吏たち三三人が同村長蔵・善兵衛を惣代として領主・松平大和守へ門訴に及ぶ[沼 一九六二]。この紛争の結末は不明であるが、この紛争で惣代を勤めた和田村長蔵は、組下であるにもかかわらず、その後も埼玉各地の紛争の調停者として活躍することとなる(後述)。

一八三六年(天保七)、荒木村(現・行田市)でも農地紛争が起きている(『大宮市域文書』)。同村の長吏弥助・平右衛門ら六人は、昔から所持している名請地と、百姓からの取得した質流地や譲請地、小作地などの耕作など、活発な農業活動を展開していた。同年、荒木村の名主菊次郎ら村方三役から、長吏が農業を営むのは心得違いであるとして、長吏の農業活動の差し止めを一方的に申し渡される。百姓側の言い分は、長吏が集積する農地が「多分の町数」となり、百姓所持の土地が減って迷惑をしている、そもそも長吏には斃牛馬処理・草履づくりなどの職分があり、百姓の職分である農業から手を引けというものであった。村内の交渉では埒があかず、長吏側は町奉行所へ訴訟を起こし、全面的な勝利をおさめた。長吏側の言い分は、私どもは年貢・役金・夫銭・小作年貢などを恙《つつが》なく納入し、農業専一に営んできたにもかかわらず、今さら突然に農業を差し止めるのは、「下賤の私どもと侮り見掠め」るものだと厳しく反論するものであった[吉田 一九九〇]。

万延期の和名村でも、農地紛争が起きている。和名村の場合、同村領主旗本大島氏の「壱村の改革」の一環として、百姓側から長吏に対して質流地の返還要求が出された。領主・百姓が一体となって、長吏が集積した質流地の返還要求を突きつけたのである。この農地紛争においても、町奉行所は、最初の裁定では、長吏が数年来耕作していた質地に対して、今さら急に請戻しを要求するには心得違いであるとし、まして関八州では長吏どもが田地を所持するのは珍しくなく、長吏の名前において領主に年貢を納入している実態があるとして、質流地を手作りする既得権を擁護している。しかし、村役人側の抵抗や、領主大島氏の意向を受けて、町奉行所は裁定を変更し、長吏側は後退を余儀なくされた［峯岸 一九八三］。こうした百姓側からの農地返還運動は、幕末期に向けて、石坂村など埼玉各地で起こっている。

傘出入り一件

一八五一年（嘉永四）、石戸宿村（現・北本市）では、「傘出入り一件」と呼ばれる紛争が起きている。同村百姓重治郎は長吏たちに対して、農作業中に笠をかぶることや、外出時に傘をさすことを禁ずる旨を言いかけてきた。重治郎は日頃より評判のよくない人物で、長吏たちも取り合わないようにしていた。ところが、重治郎の不法な行動はさらにつのり、石戸宿村の市場で、長吏松五郎の傘を壊し、乱暴に及んだため、松五郎は逃げ帰るという事件が起こる。しかも、重治郎は長吏たちが傘・羽織・脇差など着用しているのを見つけたら、松五郎と同様に、それらを取り上げ、乱暴してやると言って、長吏村落の近辺を見廻る始末であった。

やがて、事件は重治郎と長吏たちの争いから、村の百姓たちとの争いになっていく。長吏たちは、重治郎の兄である仲治郎や村の組頭とかけあったが埒があかず、名主の善右衛門とかけあうこととなる。名主の善右衛門は、重治郎が乱暴をはたらいたことはよろしくないが、村からの正式な命令として、長吏身分の傘使用禁止を申し渡した。長吏たちは村内での解決が難しくなったため、町奉行所に訴え出る。この訴訟において、長吏たちは、村の百姓たちが長吏身分の掟に口を出すのは筋違いであり、これは「身低の私どもと見掠める（身分の低いものだと差別する）」ものだと訴え、勝訴している［吉田 一九九〇］。

菩提寺との紛争

安政の忍領小針村（現・行田市）では、同村長吏と菩提寺である神仙寺とのあいだで紛争が起きている。一八五五年（安政二）、長吏五郎七と五兵衛は昨年正月元旦に年頭のお礼に神仙寺に登山した際、酒狂のうえ、台所に立ち入り、雑言を吐いて菩提寺を軽蔑したことについて、複数の詫び人を立てて、詫び状を提出している（「差上申御詫一札之事」「小針村穢多文書」）。同詫状では、今後、長吏たちは年頭・節句・法事などでは台所には一切立ち入らず、同寺のはからいにて、葬儀の折のみ台所に立ち入るものとし、それ以外は雨落の外で申し上げることを誓約させられている。一方、長吏たちが詫状を入れたにもかかわらず、菩提寺の住職は長吏の葬式には来ず、代理の風来僧を派遣するなどの対応を続けた。そこで、長吏たちは「離檀（菩提寺を変えること）」も辞さずとして、弾左衛門役所に訴え出ているが、その結果は不明である［松浦 二〇一七］。

(2) 差別に抗する闘いと情報ネットワーク

このように幕末期に向けて、長吏と百姓、長吏と菩提寺などとの関係をめぐって、差別が強まっていった。一方、長吏たちは村内でかけあい、必要があれば町奉行所に訴え出るなど、差別に抗する闘いを強めていく。

長吏たちの差別に抗する闘いは、どのような闘いの論理をもっていたのか。先に見た荒木村の農地紛争の訴訟文書には「下賤の私どもと侮り見掠める」との文言があり、石戸宿村の傘出入り一件の訴訟文書にも「身低の私どもと見掠める」との文言がある。「見掠める」という共通の文言があるのは偶然の一致だろうか。

近世期の訴訟では、公事宿にいる公事師（近代以降の弁護士）の指揮を受けて、訴訟人は領主や奉行所などに出訴する。長吏たちの訴訟指揮にあたるのは、浅草新町に複数ある公事宿の公事師たちである。とすれば、各地の長吏たちの闘いは、浅草新町の公事宿・公事師を介してネットワークされ、「見掠める」こと、すなわち差別を許さない闘いの論理を共有化していったものと思われる［吉田 二〇〇〇］。

また、嘉永期の石戸宿村の傘出入り一件の史料は、鈴木家文書や、中丸村の小頭家文書にも残されている。中丸村小頭家の同史料の末尾を見ると、これを求めた持主が万助、これを写し置いたのが中丸村長吏小頭の亀次郎であり、その亀次郎が「見る人へ恥じ入り申し候」と記している。石戸宿村の訴訟文書を万助が求め、これを亀次郎が写し、その亀次郎が「見る人へ恥じ入り申し候」と記しているのだから、亀次郎が写し置いた文書を別の人物に回覧し、次々と回覧されていったものと推定できる。

実際、弾左衛門配下の長吏たちは、弾左衛門からの廻状を村々小頭へ回覧するネットワークをもっていた。こうした情報ネットワークを通じて、関八州の長吏たちは闘いの経験や、闘いの論理の共有化を図っていたものと思われる。後に見るように、武州鼻緒騒動の前年（一八四二年）の天水鉢の奉納に際して、長吏たちは「如何やうの六ケ敷儀、出來致共、一連可致旨」（『穢多駈騒動記』）を議定していたという。幕末の長吏たちは、さまざまなネットワークや仲間組織を通じて、闘う仲間意識を強め、共通の闘いの論理を紡いでいたのである［吉田二〇〇八］。

(3) 小頭と長吏のあいだに生じた矛盾と葛藤

一七九六年（寛政八）、弾左衛門役所は武州村々二八ヵ村の長吏代表を和田村に呼び寄せ、新組合の結成を仰せ渡した（「浅草御出役并新組合取極」『鈴木家文書』第三巻）。上記の二八ヵ村とは別に、武州村々二一ヵ村の長吏代表を足立郡野田村にも呼び寄せている。この仰せ渡しを受けて、上記二グループに属する石戸村・安生老村・和名村・加納村・桶川村・畔吉村の六ヵ村では、新組合の取り決めを議定することになる。しかし、紆余曲折を経て、新組合は解体に至る。新組合の結成と解体の経緯から、この時期の「小頭・長吏」に生じた矛盾と葛藤を見てみよう［松本一九九二］。なお、これらの仰せ渡しは武州を対象としたものだが、同様の内容のものが武州以外の弾左衛門支配エリアに出されていたかどうかは不明である。

新組合結成の仰せ渡しの背景には、「御頭様御勝手近年段々不如意」、すなわち弾左衛門役所の財政危機があった［幸田一九二八］。弾役所では、一七九一年（寛政三）から一八〇二年（享和二）のあいだに、絆綱銭の増額や、職場割付銀と呼ばれる臨時課税などで対処してきたが、長吏村々の負担が荷重となったため、絆綱銭も旧に復さざるを得なくなる。そこであらたに打ち出されたのが新組合結成の仰せ渡しである。各地の小頭のうち、小組のところは、弾左衛門役所への年頭礼のための出府費用（路用銀）の不足に悩まされており、大組とても、組下たちは出府費用の負担に難渋している。こうした村々の出府費用の軽減を図るために、「最寄村々五ツ組宛、合わせて一組」として「新組合」を結成し、従来村ごとに負担してきた出府費用などを、複数の村でシェアすることを目論んだのである。

弾役所の新組合結成の仰せ渡しを受けて、一七九六年(寛政八)八月一一日、石戸村・安生老村・和名村・加納村・桶川宿・畔吉村の六宿村の小頭・組惣代・非人手下が石戸村で寄り合い、出府や会合の当番村を定めるなど、新組合の概要を取り決めた。翌一七九七年(寛政九)の四月二七日には「新組六ケ村取極連印証文」が作成されることになるが、実際に寄合に集まり、取り決めに連印したのは石戸村・和名村・加納村の三ヵ村であった。なお、議定書には、三ヵ村の小頭のみならず、長吏組下全員が名前を連ね印形を捺している。一方、安生老村・和名村・畔吉村は議定しなかった。

六村の対応は、議定した石戸村・和名村・加納村と、議定しなかった安生老村・桶川宿・畔吉村に大きく分かれたのである。前記史料によれば、取り決めの議定反対を主導したのは安生老村で、これに桶川宿と畔吉村が同調したのである。これらの三村では、長吏組下たちが「小頭を蔑ろに相掠め、我儘致し来り候得共、組合出来候ては、右躰の我儘相成らず」という村落状況があったようである。すなわち、安生老村・桶川宿・畔吉村では、共通して、長吏組下たちは小頭を蔑《ないがし》ろにして無視し、「我儘」をしているのである、ここでいう「我儘」とは、従来の小頭支配が弱体化し、長吏組下の村内発言権が強まっていることを意味しているのだろう。しかし、新組合ができると、長吏組下の村内発言力(我儘)が規制されるとの認識も示されていることから、新組合の性格について、松本は「小頭同士の互助的機能を背景とした、小頭の村内統制力を強化させる機能をもつものであったといえよう」としている。安生老村・桶川宿・畔吉村が取り決めに議定しなかったのは、長吏組下が発言権を強め、新組合の議定に反対したからであろう。それに対して、石戸村・和名村・加納村では、安生老村・桶川宿・畔吉村の反対を押し切って、取り決めを議定しているところを見ると、この三ヵ村では、従来の小頭支配権が保たれていたものと思われる。

寛政期に至って、新組合の取り決めに連印した石戸村・和名村・加納村では小頭のリーダーシップが維持されていたが、安生老村・桶川宿・畔吉村では組下たちの実力が強化され、小頭の統制がきかなくなっていたのだろう。近世後末期に至って、長吏集落では、「小頭—組下」の矛盾と葛藤が深まっていたのである。

(4) 紛争の調停者として活躍した長蔵

「小頭―長吏」の矛盾と葛藤が深まった時期、埼玉エリアで広く活躍した人物に和田村(現・熊谷市)長蔵がいる[松本 二〇一三]。一七七八年(安永七)、ちょうど「穢多等取締令」が全国令として発布され、身分制が動揺を始めたころに長蔵は生まれた。

先述したように、一八一二年(文化九)、長吏らが集積した農地六町余の不当な返還要求などをめぐって、和田村長吏は領主への門訴に及ぶ。この紛争で惣代を勤めたのが和田村長蔵であった。このとき、長蔵は三四歳。そして、注目すべきことに、惣代を勤めた長蔵は小頭ではなく、無役の長吏組下であった。

その後も、長蔵は各地の紛争の調停者として活躍することとなる。一八一七年(文化一四)、長蔵は「相陽大山唐銅燈籠協志連名帳」(『鈴木家文書』第五巻)に登場する。武州足立郡、入間郡、高麗郡、比企郡、横見郡、大里郡、埼玉郡の三五ヵ村、三〇〇人を超える長吏たちが合計四六両余を集め、神奈川の大山へ唐銅燈籠の寄進をしている。この寄進には五人の世話人がおり、和名村甚右衛門、箕田村長蔵らの小頭とともに、無役の長蔵が名前を連ねている。このとき、長蔵は三九歳である。

その後、長蔵は各地の紛争の調停者として登場してくる。一八二三年(文政六)、和名場をめぐって、田甲村・八ツ林村と和名村の争論が起き、和田村長蔵が仲介役となって落着している。一八二七年(文政一〇)、和田村嘉七は和名村小頭甚右衛門から一両三分二朱余の借財があったが、長蔵らが仲介して、円満に解決している(「持合場仕末控書」『鈴木家文書』第一巻、「馬皮代清算覚」同書第四巻)。一八三六年(天保七)、荒木村の農地紛争においても、荒木村の長吏たちは長蔵に調停役を依頼し、長蔵は百姓側との交渉を仲介している(「武州荒木村一件証文之写」『大宮市域文書』)。長吏側だけではなく、百姓側からも、紛争の調停者として信望を得ていたものと思われる。この年、長蔵は五八歳である。

一八四三年(天保一四)、武州鼻緒騒動(後述)に参画。やがて捕らえられて、江戸で牢死する。鼻緒騒動の物語本である『越長騒動記』は、長蔵について、「我一番と手下引連れ、その身は馬上致し、飛道具、竹槍、木太刀を持たせ、長瀬村に馳付き」とも、「和談に致すべきつもり、長瀬村に罷り越し」「与兵衛（長瀬村小頭）ともども（百姓側と）掛け合いに及び」とも伝えている。硬軟両様を具えた調停者の面目躍如と言うべきだろうか。長蔵、六五歳の死であった。

弾左衛門支配が揺らぎ、小頭支配が揺らぎ、身分制が揺らぐ社会にあって、埼玉エリアを舞台に、活発な活動を展開した長蔵の登場は新しい時代と社会の到来を予感させる。長蔵は無役ではあったが、「近郷仲間共より中抜草履等買い集め、江戸表へ落出など仕」（「大里郡和田村長蔵倅清蔵埼玉郡於南河原村変死候ニ付御検死御見分之砌諸書類写」『野中家文書』四三九）る仲買商人として、広域的な商業活動を展開しており、埼玉エリアに広汎なネットワークを形成していたのだろう。無役の長蔵が、生涯を通じて、自村のみならず、埼玉エリアの世話役や、紛争の調停者として活躍することができたのは、小頭以上に、村の実力者として、また村々の実力者として信望を集めたためと思われる。

(5) 変容する長吏・非人・百姓の関係

先述の新組合の取り決めには、長吏と非人の関係の矛盾と葛藤を示すものも散見されるようになる。従来、旦那場をめぐって、長吏の職分である旦那場廻りには、正月、福吉（正月に馬を引いて廻って旦家から年玉を貰う）、婚礼・移徙（引越）・悔み・見舞いなどがあり、非人の職分には鳥追などの勧進活動があった。ところが、寛政期ころになると、長吏が非人の勧進権を侵食する事態が横行し始める。

これに対して、非人たちは「板橋の小屋に寄合致シ、仲間鳥追之事を出訴致すべく相談」したとの風聞があり、当組合としては「非人の職分」である鳥追については、長吏が行わないことを議定している。長吏たちは、非人たちの広域的な結束と、お上への訴訟沙汰を恐れ、新組合の取り決めに際し、非人の勧進権の一つである鳥追の自粛を自ら決めたのである。

また、同取り決めでは、①長吏が非人手下から故なき酒代や音物《いんもつ》（贈り物）を受け取ってはならない、②平日は言うまでもなく、豊年を祝う作祭りや遊び日の節も、用事もないのに非人小屋に立ち入ってはならない、③勝負遊等を見つけた場合は、小頭へ届け出ることとし、隠し置いて後日に組合に露見し、これを見逃したものは当人と同断に制裁する、④非人手下に金銭を貸したり、夏秋穀代金を前貸ししたり、あるいは百姓方にて前貸しの口入などをしてはならない、もし非人から頼まれた場合は小頭へ届け出て、指図を受けるものとする、⑤長吏が非人手下を人足として使うのは古例のとおりだが、婚礼などで物持人足に召し連れるのは雇い人としてであって人足ではないし、家普請の手伝いも相互の協力であり人足としてはならない、などを決めている。

これらの取り決めは、長吏が非人と私的に結びつき、また長吏を介して、非人と百姓が結びつくことを禁じるものである。小頭層のコントロールがきかないほど、長吏組下と非人、長吏組下を介して百姓と非人の結びつきが強まっていたのだろう。非人たちも長吏支配への抵抗を始めており、百姓たちもまた、非人を長吏支配から切り離し、村抱えとする動向が見られる。幕末維新期に向けて、長吏の小頭と組下、長吏と非人、百姓と非人の関係にも、矛盾と葛藤が深まっていったのである。

(6) 護摩札騒動と武州鼻緒騒動

近世後期から末期になると、在地社会には、身分差別に抗し、平等を希求する動向も生まれてくる。

一八一七年（文化一四）、野田村（現・川越市）大乗院の護摩札騒動が起きている（「長吏祈願差留一件」『鈴木家文書』第五巻）。本山派大乗院の修験善昭が大峯山に修行に行き、護摩札を受けて帰り、領主の松平大和守をはじめ、村々の百姓や長吏たちに配った。すると、同じ宗派の川越藩内九ヵ寺は、これまで領主に献上した例はなく、また身分の賤しい穢多に配布するのは宗派の体面を傷つけるものとして、善昭の破門を通告してくる。

困った善昭は入間川（現・狭山市）の延命寺の隠居入間坊に相談し、最終的には、入間坊は寺社奉行に訴え出ることとなる。入間坊は、訴訟文書において、①穢多身分のものも宗門人別帳に記載され、年貢や諸役を勤め、法律を守って暮らしており、他の身分のものと少しも異なるところがない、②仏法も我々民衆を平等としており、貴賤にかかわらず、祈願を行うべきもの、と述べている。身分制が動揺する江戸時代も後期になると、在地の宗教者のなかにも、平等思想が芽生えつつあったものと思われる。

一八四三年（天保一四）、武州鼻緒騒動が起きている（「『武州鼻緒騒動』関係史料集成」ほか）。同年七月二二日、長瀬村（現・毛呂山町）長吏の辰五郎は、今市村（越生町）の市場へ下駄の鼻緒を売りに行き、売れ残った鼻緒を買ってもらおうと日野屋に立ち寄った。折しも店に来ていた瀧野入村・仲右衛門と値段交渉をめぐって口論となり、日野屋の喜兵衛らによって辰五郎は袋叩きにされる。辰五郎は村の仲間と相談し、その夜と、翌日にも抗議に行って、日野屋の店先を荒らす。

以下、簡単に経緯を追っておこう。まず、日野屋喜兵衛が今市村に訴え出て、長瀬村長吏代表が呼び出されるが、非は喜兵衛らにあると主張する。今市村は周辺の組合村々に相談し長吏の説得を試みるが失敗、さらに長吏たちに対して市場出入の禁止などを盾に詫びを求める。長吏たちはこれを拒絶したため、組合村々は関東取締出役に訴え出る。このときも、百姓らは長吏の説得を試みるが、長吏らは拒否し、浅草弾左衛門に訴え出る。こうして、鼻緒をめぐる口論から始まり、幕藩権力をも巻き込んで、長吏身分と百姓身分の闘いに発展していく。

八月四日、関八州取締出役の手下らは今市村百姓など総勢二九人を率いて、辰五郎らを逮捕しようと長瀬村に乗り込む。しかし、長吏たちは、彼らを擒《とりこ》として閉じ込めてしまう。長瀬村長吏の応援要請を受けて、各地から五〇〇人を超える長吏たちが集まり、竹槍などで武装し、関八州取締出役や百姓たちと真っ向から向かい合う。この折、百姓たちが長吏たちの溜めていた講金一二両を盗んだとしているが、真偽は不明のままである。

八月六日、関東取締出役の富田錠之助は今市村に到着し、翌七日には、公平な取り調べを条件に、長吏は擒にした百姓たちの釈放に応じ、応援部隊もそれぞれ帰村する。翌八日、長瀬村長吏の吟味が始まる。また、関東取締出役の園部弾次郎が内藤新宿を出発し、途中村々から百姓を人足として動員し、一〇〇〇人あまりを引き連れて長瀬村周辺に到着する。幕府側の弾圧態勢が整ったことから、長瀬村の全成人への出頭命令が出され、長瀬村および周辺村々の長吏の逮捕者は二五〇人余にのぼり、吟味ののち、九七人が江戸送りとなる。

江戸では勘定奉行所の吟味を経て、長吏たちには磔獄門一人、死罪一人、重追放四人、中追放五人、江戸追放二人、所払三人、手鎖八四人など、厳しい判決が下された。しかも、重罪とされた長吏たちのほとんどが裁許前に牢死しており、その数は裁許状で確認できるだけでも一六人に及ぶ。一方、百姓側は手鎖・過料などの軽い判決であった。

裁許状の前文には「武州長瀬村穢多共徒党いたし、同国如意村弁之助其外之もの共江狼藉に及び候一件」などとある。事件の発端は百姓による長吏への差別にあったが、幕府が問題にしたのは、長吏たちが徒党を組んで、関東取締出役の配下であった百姓たちへの狼藉に及んだことであった。差別は問題にされず、差別に抗して闘った長吏たちの行動のみを裁き、弾圧に終始したのである。

一方、矛盾に満ちた身分制社会にあって、差別的に振る舞う百姓たちに対して、また身分制社会を維持しようと弾圧に終始する幕府に対して、長吏たちは生命をかけて、差別に抗する闘いを貫いたのである。こうした闘いの蓄積は、近代以降の解放運動の大きな基盤となっていく。

五　幕末維新期から近代へ

(1) 身分解放への胎動と質地返還の策動

やがて、幕藩体制は終焉し、近代を迎える。時代の転換は、埼玉の在地社会にも大きなうねりとなって押し寄せてくる。

一八五三年（嘉永六）、ペリーが来航して日本の開国を迫り、開国と攘夷をめぐって、倒幕運動も盛んになっていく。長州藩は、百姓身分よりなる騎兵隊や、穢多身分よりなる維新団などを編成した。一八六六年（慶応二）、幕府も第二次長州戦争に際して、関東の長吏身分のものおよそ五〇〇〇人を軍夫として動員した。

弾左衛門配下の関東では、家数一〇軒に一人の割合で軍夫を差し出すこととなり、和名村（現・吉見町）の「進発御用議定」（『鈴木家文書』第三巻）によれば、およそ二七軒で構成された同村からは二人が軍夫として第二次長州戦争に参戦している。長州藩も幕府も、武士身分だけでは軍隊編成ができず、他身分も動員するに至った。

内憂外患のなかで、近世社会と身分制は揺らぎ始めたのである。

こうした状況に乗じて、一八六八年（慶応四）になると、弾左衛門は幕府に身分引上げの願いを出し、弾左衛門および直属の配下六五人の身分引上げが許され、平人扱いとなる（「手代六十五人の身分引上願い」『資料・浅草弾左衛門』）。なお、幕末から維新期にかけて、高知の小高坂村、大阪の渡辺村、京都の蓮台野村など、各地の小頭たちは被差別身分からの解放を求める嘆願書を幕府や明治政府に提出している。

一八七〇年（明治三）、石坂村（現・鳩山町）の長吏小頭半左衛門の父友右衛門は、明治政府の一機関である集議院に山林開発の嘆願書を提出している（「弾内記の身分引上げにともなう武州小頭の振舞いについて集議院へ問合せ」『史料集　明治初期被差別部落』）。政府役人は、集議院に玄関から乗り込んだ友右衛門について、「穢多身分にあるまじき振る舞い」と咎めたが、友右衛門は弾左衛門らの身分引上げを盾に、「自分たちも平人同様」と主張する。政府は扱いに困って、友右衛門の精神的混乱ということで一件落着を図る。友右衛門の行動は、在地社会の長吏たちが自らの身分引上げの動向に強い関心をもち、時として、積極的な行動に出ようとしていたことを雄弁に物語っている。

幕末期の石坂村では、農地をめぐる百姓と長吏の紛争があった［大熊 二〇一二］。同村の長吏たちは、江戸時代を通して質流地などを集積してきたが、慶応期になると、百姓たちによる質流地の返還策動があり、長吏たちは農業分野からの撤退を余儀なくされた。そこで、一八七〇年（明治三）、友右衛門たちは居住地の周辺の秣《まぐさ》場《ば》の新田開発を企画し、韮山《にらやま》県宛てに嘆願書を提出、翌年の集議院への嘆願書提出となったのである。

幕末維新期の質流地の返還策動は、嘉永期の和名村、慶応期の石坂村だけではなかった。一八七〇年（明治三）の荒木村では、先述のとおり、天保期に続いて、農地・質流地の返還の策動が再燃している［大熊 二〇一二］。百姓たちは、長吏の所持する農地をすべて「永小作」とするなど、きわめて強硬な姿勢を見せている。これらの動向を見ると、幕末維新期の在地社会には、百姓たちによって、長吏たちが所持する農地・質地の返還を求める策動が広汎に見られたのかもしれない。

(2)「解放令」をめぐる在地社会の動向

一八七二年（明治五）、明治政府は「解放令」を発布する。政府から発布された「解放令」は、浦和県や岩鼻県を通じて、また弾役所を通して、埼玉の在地社会に伝えられる。

和名村には一八七二年（明治五）の「解放令発布議定」（『鈴木家文書』第三巻）が残されているが、その包み紙には「永久大切ニ所持」と記されている。長吏たちは「解放令」の発布を歓迎したのである。

では、在地社会の百姓たちは「解放令」をどのように受け止めたのだろうか（「賤民制廃止令をめぐり一般村に異議あり伺書を提出」『諸井家文書』）。本庄宿（現・本庄市）では、名主の五衛が長吏小頭の惣平次を呼び出し、「解放令」が発布されたことを伝えた。その折、五衛は惣平次に、周辺の村々の扱いを調べて報告するように命じた。惣平次らの調査結果は、①岡村（現・岡部町）の名主は「長吏も百姓の肩書になり、名主の家に行ったときに座敷に上がってもお咎めはない」と伝えた、②八幡山町（現・本庄市）の名主は「これからはすべてのことで平民同様で差支えない」としたため、長吏たちは町内の主だったものへ祝いの酒を届け、町の人々もお礼の酒を長吏の代表に届けた、③熊谷宿では県の役人が来て「穢多・非人などの名称が廃止になり、百姓と同じになった。小頭太郎左衛門には町の組頭役を申付ける」と伝えた、というものであった。

しかし、本庄宿の役人は「岡村などの名主は心得違いをしている」「お前たちわずか四〇人ほどのために、町内の千人からの百姓を困らせることはできない」など、「解放令」をまったく無視する態度を崩さなかった。西日本では、百姓による「解放令」反対一揆が起きるなど露骨な反発が見られたが、埼玉の在地社会の旧百姓たちのなかにも、「解放令」を受け入れるものもあった一方で、これに強く反発する動向も見られたのである。

(3)「解放令」以後の在地社会と差別

一八七二年（明治五）、成沢村（現・江南町）の旧長吏たちは、村の鎮守社である津島神社の祭礼に参加したいと申し出た。これに対して、成沢村の旧百姓たちは「私有の神社だ」と強弁して拒否した。旧長吏の訴えに基づき、埼玉県は旧長吏たちを参加させるよう指示したが、旧百姓たちはこれも拒否したため、旧長吏たちは訴訟に及ぶ［石田 二〇〇七、藤沢 二〇〇七］。

同年、新しい地方制度である「大区小区制」が施行され、江戸時代の行政村は「小区」としての行政村に再編成される。江戸時代の行政村では、本村である百姓村と枝村である長吏村はそれぞれの鎮守社をもっていたが、「大区小区制」によって、本村と枝村は一つの村に再編成されたため、小区の村に属する村人は旧百姓であっても旧長吏であっても同じ鎮守社の氏子になる権利を有するに至る。

一八八〇年（明治一三）の熊谷裁判所の判決も、旧長吏たちの主張を全面的に認めている。上級審の東京上等裁判所の判決では、旧百姓たちの主張が認められたものの、翌一八八一年の大審院判決は旧長吏たちの主張を認めるものであった。こうして旧長吏たちは裁判闘争には勝利したものの、その後、半世紀にわたって、旧百姓たちはこれに従わなかった。旧長吏たちが津島神社の氏子として祭礼にようやく参加できるのは、半世紀後のことであった。近代埼玉の在地社会における差別の厳しさを物語っている。

また、一八七二年（明治五）には「学制」が定められ、近代の学校制度がスタートした。とりわけ小学校は全国民が就学すべきものと位置づけられ、埼玉各地にも、小学校が設置されていった。

和名村（現・吉見町）の周辺にも、一八七三年（明治六）に山東校、翌年には久米田校が開校した（「学資金割当不当願」ほか『鈴木家文書』第五巻）。ところが、和名村の旧長吏の子どもたちのところには、就学案内が来ない。待ちきれずに、旧長吏の子どもたちを久米田校に通わせ始めたところ、戸長役場から、①和名村の旧百姓の子どもたちは久米田校に、旧長吏の子どもたちは山東校に就学させるものとする、②学資金の負担についても、差別的な徴収方法を適用する（旧百姓たちの財産割・人数割の折衷方式を適用するのに、旧長吏たちには一律二〇銭とする）、という差別的な申渡しをしてきた。

これに対して、和名村の旧長吏たちは意見書を小区の「校務懸り」に提出するなど、抵抗を試みている。同時期、中丸村（現・さいたま市）の旧長吏小頭の子どもたちは、地元の中野学校に通学している。込皆戸村（現・群馬県前橋市）では、地元の女淵学校から排除されたため、旧長吏集落内に「分学校」（部落学校）を設立している。「解放令」以後の在地社会では、明治初期の小学校をめぐっても、厳しい差別が存在していた［森　一九七六、吉田　一九九〇］。

六　近代部落問題の成立と埼玉県水平社の結成

(1) 明治期から大正期の部落民の生活

明治政府は、明治初年代から一〇年代にかけて、富国強兵政策を強行し、近代国家と資本主義の形成に躍起となる。明治一四年（一八八一）の松方デフレによって、地域社会は疲弊を極め、旧長吏たちの貧困化が進んでいく。明治末から大正期には、埼玉県内の部落の八〇％は小作農民で、わずか二、三反程度の零細農であった。男は日雇い、女は草履づくりや縄ないに精を出し、行商して歩いた。大正期になると、棕櫚表の草履づくりが県内に広まり、部落の主要な産業になっていくが、生地屋と呼ばれる有力部落民のもとで、編み子と呼ばれる多くの部落民は貧困のままであった。

明治末期、原市（現・上尾市）尋常高等小学校では、部落児童七九名うち、長欠児童は三七名に及んだ。部落児童の教育状況はきわめて劣悪だったのである。同学校長に赴任した家里二郎は、町長の矢部基一を説得して、児童の教育、青年の指導、一般の教化に尽力し、明治末年には部落児童の出席率は一〇〇％となる。こうした部落児童のなかから、二人が同校の教員になっている。しかし、彼らは「ちょりんぼう先生」と呼ばれ、いじめられたと伝えられている［田島　一九八六］。

そして、明治三〇年代から四〇年代にかけて、行政やメディアが中心になって、旧長吏身分の人々を特殊部落民と呼んで差別し始める。近代部落問題の成立である（Ⅲ巻所収の吉田勉「明治期小学校と被差別部落」参照）。

(2) 埼玉県水平社の結成とその活動

大正期に入ると、第一次世界大戦が始まり、資本主義の矛盾があらわになる。一九一七年（大正六）にロシア革命、一九一八年には米騒動があるなど、社会主義運動が盛んになり、労働者や農民が立ち上がる。埼玉県知事の岡田忠彦は、階級融和政策の一環として埼玉共済会を発足させ、各地域に次々と融和団体を誕生させた。

埼玉県水平社が結成される前年の一九二一年（大正一〇）、御正村（現・江南町）では、シベリア出兵の記念碑差別事件が起きている。同村からは、五人の村民が出兵し、そのうち二人は部落出身者であった。五人の兵士が帰還すると、村では出兵記念碑を村内の雷電社の境内に建てることになったが、その記念碑に部落出身者の名前が刻まれていないことが判明した。同村や隣村（成沢村）の部落の人たちは立ち上がり、翌年になると、埼玉県水平社や全国水平社が応援に駆けつけ、記念碑を作り直すことになった。

一九二二年（大正一一）三月、全国水平社が結成され、埼玉からも箕田村出身の近藤光が参加した。翌月には、埼玉県水平社が箕田村で結成され、三〇〇余名が参加した結成集会では、①差別に対する糾弾、②小作争議の徹底的解決、③職業の尊重、④地方水平社の設立が決議された。これらの決議のうち、②の小作争議に関する項目は、小作民が多い埼玉の部落の状況を反映するものだった。実際、埼玉の水平社は小作争議の先頭に立つことになる。翌一九二三年（大正一二）には埼玉県青年水平社、翌一九二四年には埼玉県婦人水平社が結成される。

これまで旧百姓身分の有力者が共有林を独占してきた児玉郡金屋村宮内では、一九二三年に同村の水平社同人が抗議し、全国水平社や関東水平社の応援を得て、共有林を平等に分配させることに成功する。同じ年、奈良村では小作人組合を結成し、地主と交渉をもっている。翌一九二四年には、埼玉県水平社の成塚政之助や小林駒蔵らが県内各地の水平社同人に呼びかけて、日本農民組合埼玉県連合会を結成した。同年、深谷町の小口館製糸工場で差別事件が起きる。同工場には五〇〇余名の工員がいたが、部落出身の女子工員は九〇余名を占めており、この事件をきっかけに工場内に婦人水平社が結成された。さらに同年、群馬県で起きた世良田事件では、埼玉の水平社同人も応援に駆けつけている。埼玉の水平社同人はまた、東京で行われたメーデーに参加し、川口町の鋳物工場の争議にも参加している。

このように、埼玉県水平社は小作運動や労働運動と連携しながら、活発に活動を展開していくが、やがて全国水平社の中央レベルの分裂に遭遇し、昭和期の戦争体制の進行のなかで苦闘を強いられていくことになる。

注

（1）近世期の鉦打集団は、在地社会にあっては百姓身分として位置づけられつつ、時宗系の下級宗教者として寺社奉行の管轄下にもあった。

（2）「訪瓺録」は、三河国田原藩の渡辺崋山が藩祖の旧領である近世の三ヶ尻村を調査した地誌である。

（3）大舘右喜「天正検地と諸身分」（『幕藩制社会形成過程の研究』校倉書房、一九八七年）は、長吏名請地が「八幡（八幡神社）前」に集中することに注目し、長吏集団が三ヶ尻郷八幡社との結合要素をもち、神人的役割を有したものと推定している。

参考史料

『新編武州古文書』上下、角川書店、一九七七年。

渡辺崋山「訪瓺録」『新編埼玉県史』資料編十、近世一、地誌、埼玉県。

『新編武蔵風土記稿』雄山閣、一九九六年。

『宮根家文書　埼玉県西部地域部落問題関係資料集（二）』埼玉西部地域同和教育研究協議会、一九八九年。

『法曹後鑑』中

『鈴木家文書』第一巻〜第五巻、埼玉県同和教育研究協議会、一九七七〜一九七九年。

『武蔵国横見郡和名村・鈴木家文書目録』『近世史料所在長報告11』埼玉県浦和文書館、一九七五年。

増訂版『碑をたずねて——児玉の文化を支えた師匠たち』児玉郡市学校同和教育推進教員協議会・歴史部会、一九九六年。

「小針村穢多文書」、荒井貢次郎「穢多非人等関係文書」石井良助編『近世関東の被差別部落』明石書店、一九七八年。

「穢多駈騒動記」『日本庶民生活史料集成』第一四巻、三一書房、一九七一年。のち『解放研究』二三号（東日本部落解放研究所、二〇〇九年）に再録。

『野田家文書』

「『武州鼻緒騒動』関係史料集成（前編・中編・後編）」『解放研究』二三号・二四号・二五号、東日本部落解放研究所、二〇〇九〜二〇一二年。

塩見鮮一郎『資料・浅草弾左衛門』批評社、一九八八年。

「諸井家文書」『同和教育郷土資料集——本庄市を中心として』同和教育郷土資料作成委員会、一九九七年。

参考文献

石田貞（一九九六）「荒川のほとりの部落　立ヶ瀬――魚とり・剣術・文化豊かな里（部落史の断章）」『明日を拓く』一六号、東日本部落解放研究所。

石田貞（二〇〇七）「埼玉県成沢村八坂神社の祭礼参加問題――大審院で勝利したが祭礼参加の実現は半世紀後」『明日を拓く』六七号、東日本部落解放研究所。

大熊哲雄（二〇一二）「武州石坂村長吏の動向と『御一新』期――秣場開発計画・集議院への建白書をめぐって」『解放研究』二六号、東日本部落解放研究所。

大舘右喜（一九八七）「幕藩制社会の成立と小農民の自立」同『幕藩制社会形成過程の研究』校倉書房。

岡田あさ子（二〇〇三）「近世関東における長吏の生業と市商い」『部落解放研究』一五三号、部落解放・人権研究所。

川東修一・大熊哲雄（一九八五）「北関東における皮革を中心とする一仲買人の活動について――幕末・明治初期の『万覚帳』の分析から」『群馬文化』二〇七号、群馬県地域文化研究協議会。

幸田成友（一九二八）「弾左衛門の生計」『日本経済史研究』大岡山書店。

田島寿子（一九八六）「原市の歴史と現在――これまで調べたこと考えたことのメモノート」『脈動』五号、埼玉部落解放研究会。

西木浩一（一九七五）「近世「長吏」村の信仰と地域秩序――武蔵国下和名村を事例として」『地方史研究』二五一号、地方史研究協議会。

沼謙吉（一九六二）「文化期穢多の御門訴一件――武蔵国大里郡和田村の差別事件」『部落問題研究』一一輯、部落問題研究所。

藤沢靖介（一九九五）「埼玉県北部の部落に残る戦国大名の文書と伝承の意味」『解放研究』八号、東日本部落解放研究所。

藤沢靖介（二〇〇六）「中世戦国期、東日本の長吏・かわた――戦国大名の文書を中心に」『明日を拓く』六六号、東日本部落解放研究所。

藤沢靖介（二〇〇七）「史料紹介『明治期大審院民事判決録』から　その三　神社氏子・祭礼参加に関する四件」『明日を拓く』六七号、東日本部落解放研究所。

松浦利貞（二〇一七）「近世関東の被差別部落と宗教、信仰」『東日本の部落史Ⅲ　身分・生活・文化編』現代書館。

松本勝（二〇一三）「『和田村の長蔵』とは（部落史の断章）」『明日を拓く』九七・九八号、東日本部落解放研究所。

松本麻里子（一九九二）「長吏「新組合」の結成と解体――近世後期の武蔵国の事例として」『史苑』五二巻二号、立教大学史学会。

峯岸賢太郎（一九八三）「関東」『部落の歴史　東日本編』部

落問題研究所。

森連（一九七六）「『学制』における初等教育と就学の実態――未開放部落の一事例」『埼玉県教育委員会長期研修報告』埼玉県教育委員会。

吉田勉（一九九〇）「近世後末期における被差別部落の支配・経済・社会・文化状況について」『東京部落解放研究』六七号、東日本部落解放研究所。東日本部落解放研究所編『東日本の近世部落の具体像』（明石書店、一九九二年）に所収。

吉田勉（二〇〇〇）「嘉永四年のヒューマンライツ――近世被差別部落の歴史像をめぐって」『解放研究』一三号、東日本部落解放研究所。

吉田勉（二〇〇八）「江戸時代の長吏村落の手習塾――リテラシー・ネットワーク・闘う「自由」」『明日を拓く』七二号、東日本部落解放研究所。

東京

概説　藤沢靖介
練馬・板橋　菊地照夫
多摩地域　小嶋正次
近現代　松浦利貞

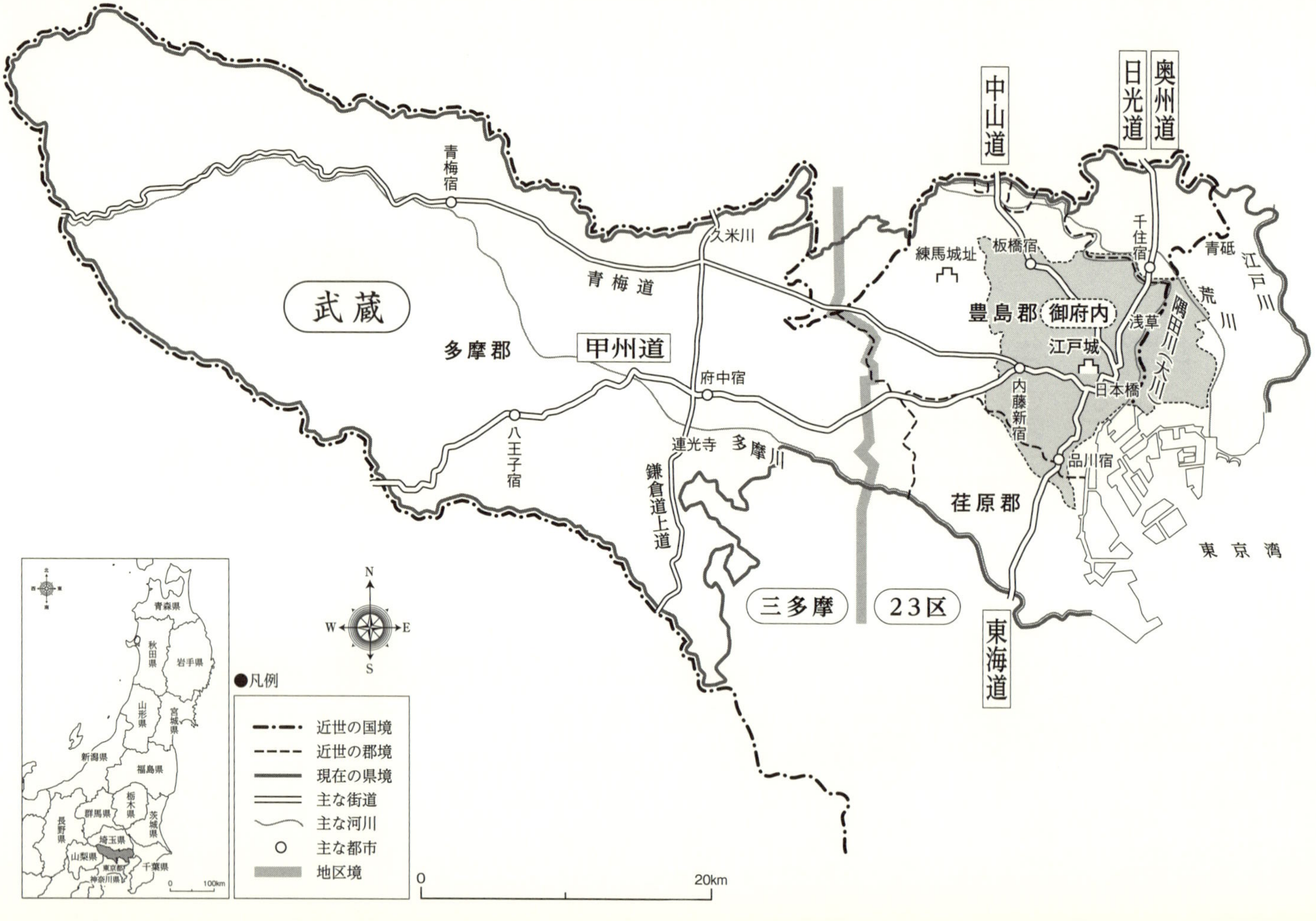
武蔵
多摩郡
甲州道
青梅道
青梅宿
久米川
八王子宿
府中宿
連光寺
多摩川
鎌倉道上道
三多摩
23区
荏原郡
東海道
中山道
日光道
奥州道
練馬城址
板橋宿
千住宿
青砥
江戸川
荒川
豊島郡
御府内
浅草
隅田川（大川）
江戸城
内藤新宿
日本橋
品川宿
東京湾
N
S
W
E
青森県
秋田県
岩手県
山形県
宮城県
新潟県
福島県
群馬県
栃木県
茨城県
長野県
埼玉県
山梨県
東京都
千葉県
神奈川県
0
100km
●凡例
近世の国境
近世の郡境
現在の県境
主な街道
主な河川
主な都市
地区境
0
20km

概説

はじめに

現在の東京領域は、古くから武蔵国の一部であった。北は利根川、荒川が、南は多摩川が江戸湾に流れ込み、湾岸・河口付近には浅草や品川などが開け、その間でも多くの小河川が武蔵野台地を刻んでいた。西方には、中世には主要街道であった鎌倉街道が幾条にも分かれて北上し、さらに西方の秩父方面を経て北上する交通・商業ルートも盛んであった。

一五九〇年（天正一八）の徳川家康の入府以後、日比谷入り江の埋め立て、小河川の付け替え、城下の拡大・造営などが行われ、江戸の町は拡大し、「府内」が設定された。そして、日本橋などに代表される町人町と、品川、内藤新宿、板橋、千住など周辺の宿場町が形成された。古くは上総《かずさ》国であった江東地域は、埋め立て地を含めて江戸の外郭に組み込まれた。周辺の農村も活性化し、武蔵野の雑木林の新田開発も盛んに行われた。現在の東京領域は、近世にはこうした府内と武蔵国の一部からなっている（なお、武蔵国は現在の埼玉県全域とともに神奈川県川崎市や横浜市の東南部をも含んだ）。

一　近世の江戸とその周辺の被差別民

近世期の長吏・かわた集団の居住地（以下、地区と略称）は、府内では弾左衛門とその役所のあった浅草の「新町」（俗称）が唯一であったが、武蔵国の東京領域では一〇〇を超して存在したろう——ちなみに、一九〇七年（明治四〇）の調査では一五五地区があげられている。そのうち、「新町」に最も近い所に位置したのが現在の葛飾区の青戸であり、江戸湾を囲む地域では大井（品川）に長吏集落が存在した。また、二三区内の練馬と多摩地域の

(元)八王子の地区は規模も大きく、弾左衛門体制下でも重く位置づけられていた——弾左衛門役所の「年始礼」で、八王子の小頭は最前列に、練馬の小頭は単独で二列目に座した(本書特論4の図2参照)。

新町には、二人の頭に率いられた十数軒の猿飼《さるかい》がおり、厩《うまや》祈禱などを執り行っていた。関東では猿飼は長吏の支配下とされていたのである。しかし、日光の祭礼に供奉する北関東の猿飼たちは、長吏支配に抵抗していた。

江戸の市中外縁の浅草と周縁の品川、深川、代々木には非人集団が存在し、一八世紀後半以後、墨田の木下川も加わった(非人頭はそれぞれ、善七、松右衛門、善三郎、久兵衛、久兵衛)。非人小屋は市中にも河岸などに点在した。江戸で定式の勧進などを行い、同時に市中の見回り・警備・行き倒れ人の「処理」などに当たったのは、主として非人であった。彼らが町々を巡回・勧進しつつ集めた古紙は、町人らの手で晒されて再生紙(浅草紙)となったが、近代の足立や葛飾では、古紙再生は農家の代表的な副業となっていた。

元禄年間(一六八八〜一七〇四年)、江戸の非人たちは、浅草の非人頭・善七を先頭に、弾左衛門の支配下に置かれることに強く抵抗したが、幕府は弾左衛門支配下と裁定し、善七と七人の手代が処罰されてしまったことは、つとに知られた事実である。この動きには、深川・善三郎や代々木・久兵衛も加わっており、さらに近年、在地の非人たちの集団的な動きを示す史料も現れている——江戸近在の非人の性格・あり方のさらなる解明が期待される。

江戸やその周辺の寺社境内、門前や辻などでは種々の芸能も演じられたが、非人の女性たちは、正月には鳥追《とりおい》などの芸を演じ、あるいは艶やかな装いの女太夫として登場した(非人集団では、定式の勧進を行う者が重きをなしていたようだが)。

下谷山崎町に集住した「乞胸《ごうむね》」は、芸能・勧進に際しては非人頭・善七から鑑札を買ってその営みをした。一七世紀中期の非人との抗争の結果と伝えられる。身分は町人ながらその芸能・勧進は「賤民」の権限のもと(「非人の職分」)とされたのである。

これに対し、長吏・非人と一線を隔しつつ芸能・宗教行為・勧進に関わったものに、神田橋本町などに集住した「願人」がいた。(ともに「ぐれ宿」(木賃宿)を営むなど乞胸と似た態様をもったが、鞍馬寺の塔頭に帰属する形で、寺社奉行の支配下とされていたのである。乞胸・願人の集落には多くの人が流入し、明治期には東京の代表的な「スラム」となっていく。

以上のほかに、東京では、浅草に頭がいた「神事舞太夫」（舞太夫・舞々）や（民間）陰陽師、主として在地に散在した時宗鉦打《かねうち》などもいた。かれらは、百姓・町人からも、武士からも、しばしば「穢多非人同然の者」などと差別扱いを受けた。その意味で、これらの芸能民や民間宗教者は「被差別民」といえる。しかし、かれらが弾左衛門の支配下であった事実はない（弾左衛門の「二八座支配」を史実とみるのは間違い）。また、無宿や野非人とも違い、法制的には百姓か町人であった。歌舞伎役者も同じ処遇で、「町人」ではあったが社会的な差別を受けた。天保の改革で水野忠邦は、（歌舞伎や乞胸のみならず）これらの人々を江戸中心部から周辺や府外に移転させる政策をとったのである。

江戸では、多くの野非人が生じ、その取り締まりなどは「穢多・非人」の「役割」とされた。また、郷里への「人返し」と非人組織への繰り込みとが交互になされた（浅草などの非人溜への預けも）。さらに、無宿も多く生じたが、その対策として設置されたのが人足寄場である。なお、在方の村々でも、外部から勧進などに来訪するものの規制を「穢多・非人」に担わせる動向が、一八世紀半ばから顕著になっている。

本稿は、長吏集団と地域社会との関係を重視する立場から、東京領域の近世を、①練馬を中心としてみた歴史的動向、②多摩地域の動向に分け、③近代の歴史を加えて構成するが、①②に含まれない所と弾左衛門支配について、ここでいくつかの点を補足的に述べておきたい。なお、弾左衛門体制については本書特論4を参照していただきたい。

二　近世以前の動向

近世以前の長吏集団の動向を示すものは、石造物では、一三～一四世紀の時宗系板碑が、練馬、東村山、府中、多摩、東久留米などの地区内で多数発見されている。文書史料は相当に遅れ、現・多摩市の連光寺村に残された一五九八年（慶長三）の検地帳が最も古く、そこには四軒の「かわた」の土地所有が記されている。近世初期までの文書史料は極めて少なく、諸般の状況から推定せざるをえないところである。しかし、神奈川、埼玉などの近県では、戦国大名発給の文書などが多数見いだされ、また、一六世紀には関東のすべての県でみられる。現・東京領域の状況も推定しうるだろう。

他県にも通ずることだが、地区の立地が中世後期の街道、市、河川、城館に近接する場合が東京でも多い。そこにおける長吏集団の展開の様相、その待遇、社会的位置、差別・被差別の関係などが注目されるところだが、実証的解明はなお課題として残されている。

三　弾左衛門の出自と支配の形成

弾左衛門は、関八州（日光領、水戸藩領、喜連川藩領を除く）と伊豆、並びに近国の一部の長吏・非人を支配した。では、弾左衛門はどこから出たのか。

弾左衛門は、「前島」（江戸湾に突き出た半島）東北端の「尼店」（日本橋室町北部）に居り（後世の書物にそのように記され、旧地には弾左衛門の権益が一部残されていた）、徳川氏が江戸に入った頃、東方の鳥越に移住したと伝えられる。その後、鳥越に武家屋敷が造られるなかで、一六四五年（正保二）に江戸東北端に移転させられた。これは、町人も含めての措置で、町人の移転先は「新鳥越町」とされたが、隣接した長吏の移住地は「穢多村」とされ、町名は付けられず、「俗に新町という」とされた。

「弾左衛門由緒書」では、源頼朝に呼ばれて摂津の火打村から鎌倉に来て、頼朝から「官途」を受け「二八座の支配」を命じられたと主張しているが、その主張は事実とは符合せず、信ずるに足るものではない。

日本橋の旧地は、家康入府以前の江戸の周縁地域で、旧江戸城に通ずる水路に接し、流通の結節点であり、付近には刑場があり、吉原遊廓もあった。鳥越も両国橋の北西に位置した周縁の地であり、浅草北部も、いうまでもなく周縁の地であった。江戸町域の拡大に伴って、長吏集落は周縁からさらに周縁の「境界領域」に移転させられたのである（なお、鳥越にも刑場があったと伝えられ、長吏の刑務との関係がすでにあったことも推定できる）。

長吏集落を町の外部に置こうとする動向は、戦国末期から近世初期の、城と城下町の形成の際に、ほぼ共通してみられる。東日本では、群馬の館林、埼玉の川越、長野の小諸・上田、新潟の高田などで城と城下町が新たに建設されたり、修造されたりしたが、城下町に関わる仕事や役割を負う長吏の集落が、例外なく城下町と一線を隔して隣村に位置するのである（新たに町割りされ、職人や長吏が移動した場合も多い）。それに対し、鉦打の集落などは城下町の最外郭、木戸付近に位置する形が見られる。

こうした動向は、城下町だけではなく、宿場町においてもほぼ普遍的であった。東京の品川宿と大井の小頭の関係をはじめとして、多くの街道で、「〇〇宿の長吏」とも呼ばれる長吏集落が、宿町の隣村に置かれているのである（一九世紀初頭に幕府の手で作成された「五街道分間延絵図」を見ると顕著である）。

さて、弾左衛門の名が最初に出てくるのは、古沢村（現・厚木市）の太郎右衛門家の文書である（一七世紀初頭）。しかし、幕府の関東総奉行の青山常陸守、内藤修理介らが、弾左衛門を介さず、直接に太郎右衛門宛に文書を出し（皮革収集などについて）、さらには、太郎右衛門を「相模中の皮作りの親方」「肝煎《きもいり》」などと記している。したがって、太郎右衛門は、弾左衛門の配下とは扱われていないのである（矢野弾左衛門の文書は、宛名の「太郎右衛門」を上段に書いている）。これらから、弾左衛門は、徳川氏に付いて革の収集などに従事し、次第に各地の有力な長吏勢力と関係を築き、その支配的地位を得ていったと判断される。

では、それ以前はどのようなあり方だったか。どのように集団形成していたか、領主層との関係、地域社会（村・町）との関係などはどうだったか、それらを示す史料・資料は存在しない。家康入府以前の東京東部・東北部は、入間川や荒川、利根川の下流乱流域で、中世後期にはそこに千葉氏が展開していた（徳川氏は近世初期に埋立てや河川の付替えなどを盛んに行った）。この辺りで長吏集団の一定の展開があったことが注目される。弾左衛門はそこに一定の勢力をもつ存在ではなかったか——検討課題として記しておきたい。

四　江戸周辺の長吏集団

大井（品川と呼ばれる場合が多い）の長吏集落は、近世初期に二六軒などと伝えられ（大井村移転後、一六九五年（元禄八）の検地水帳でも二六軒とされる）、大きな規模をもっていた。それは、練馬や八王子など弾左衛門体制のなかで重きを置いた地区に匹敵する。一七九九年（寛政一一）の絵図で五九軒、安政の大地震のあった一八五五年（安政二）には六五軒であった。長吏は弾左衛門支配のなかでは、「平小頭」の処遇だったが、その役所から配下への廻状の一つは、ここを起点とし、多摩地域、川崎、都留（山梨）、埼玉西部などを巡った後、東村山↓新座↓練馬で締めくくられるものとされていた。

書誌や町方の書上《かきあげ》などでは、「南品川観音屋敷」（のちの品川寺付近）に居住した長吏集団（屋敷一町一畝二九歩、二六軒と後世の書上にある）が、品川寺造立のため、一六五二年（承応元）に、大井村御林山に替地を与えられて移動したと書かれている。元禄八年（一六九五）の検地では、一町一畝二五歩が年貢免除とされ、諸役は村方が負担したとある（つまり役も免除だった）。

江戸の二つの「公儀仕置場」の一つ、いわゆる「鈴ヶ森」の刑場もこの林村の村内であった。刑場の隣には非人小屋が設けられていた（設置時期は不明）。

長吏は、品川宿内にも、除地の扱いで一反八畝二歩の畑地をもっていた。

付近には、江戸の代表的な非人頭の一人とされる松右衛門（のち藤右衛門）がおり、こちらは、品川宿内に一反三畝二九歩を屋敷地（「囲内」）として居住した（「見捨地」）。松右衛門は、自らの持場を「東は芝口橋通り汐留川まで、西は土橋より幸橋の内桜田御堀端際通り、麹町一丁目大通り、南の方片側四ツ谷御門まで、南は碑文谷村より六郷川通り南の方片側羽田村を限り、北は四ツ谷御門より大通り南の片側内藤新宿を限り、隠田村より碑文谷村まで……」と、具体的に書上げており、江戸市中を非人頭の間で分割して（旦那場とし）、活動していたことがわかる。

品川は、東海道の江戸に最も近い宿駅であったばかりでなく、中世後期には、すでに江戸湾を代表的する港で、熊野や伊勢の船もここに出入りした。また、北は利根川を経由して北関東、東北ともつながり、多摩川を通じ武蔵国府や多摩地域と深いつながりをもつ交通・商業の中心地で、寺院や霊場も広がっていた。大井（品川）の長吏に関する数少ない史料・伝承も品川宿との関係を示しており、長吏集落も、こうした社会的背景のなかで形成され、展開してきたものであろう。

では、大きな規模をもつ大井の小頭は、どの範囲を支配領域にし、その配下部落は地域社会とどのように関係を結んでいたのか。現・大田区をみても、東海道筋や羽田付近、その他にも長吏集落があったが、そのうち、いくつかの集落には独立した小頭がいたようである。大井小頭支配の範囲、地区や長吏集団については、あまり明らかになっていない。ただ、その菩提寺や宗派をみると、練馬との間に一定のつながりがあったことがうかがえる点が注目される。生業・役割に関しては、旦那場と、斃牛馬処理権をもち、刑務に従事した。雪踏や草履の製造も、農業とともに従事したであろう。地域の警備は、非人が担っていた。

「新町」に最も近い青戸（現・葛飾区。史料では「葛西」とも）に関しては、さらに不分明で、一、二の史料に人名が現れ、近世期の存在が証されるのみである。ここも中世には青戸城があり、河川に沿い、地区は渡河点付近の交通の要地ともいえる。刑場跡ともいわれた所の発掘がされたが、その痕跡は見いだされていない。

ここの長吏は、「新町」の一部の人々と菩提寺をともにし、弾左衛門とも同じ東本願寺系であった。中世後期の武将・千葉氏の展開した部分に重なり、その範囲は板橋区の赤塚城付近に及ぶ。浅草北部にも石浜城が存在し、「新町」の白山神社は、元は千葉氏のものと伝えられている。旧荒川、利根川、江戸川の下流と河口付近に——品川方面とも練馬方面とも相対的に別個に、早くから長吏集団が展開していたと、とらえられるだろうか。

五　長吏の「職分」と江戸府内の関係

関東の長吏は、独自の「職分」（専業）をもっていた。その一方では農業などを営んでおり、江戸後期には、次第に農業の比重を高めていったとみられ、土地の売買などをめぐって、百姓身分との間にしばしば争論が起こった。その際、長吏たちは、弾左衛門役所を通して江戸町奉行所に裁判を起こしてそれに対処する動きをみせた。

「職分」・専業は、代表的には、斃牛馬処理・皮鞣、刑務・牢番役、地域における警備・見回り、竹皮草履・裏付草履の製造販売などがあげられる。専業の権利は、旦那場・勧進場の権利という形をとり、長吏たちに分有されていたのである――なお、その権限を「特権」と表現することには異論をもつ。「職分」・専業に関する権限は、弾左衛門体制と幕府・町奉行所の裁定などで、(他地方に比し)法制的に維持された側面もあった。

(1) 斃牛馬処理をめぐって

「新町」には数軒の皮革問屋が存在し、江戸の町に鞣し革を供給した。弾左衛門は配下の在地長吏に対し、馬皮・牛皮は必ず江戸に回すよう要求していた。

牛馬は、斃死すると飼い主の権利は失われ、その場(旦那場・勧進場)を仕切る長吏に委譲された。この関係は、百姓・町人ばかりではなく、江戸府内に住む武士の持馬の場合でも、基本的には同じであった。将軍の馬、御三家の馬、藩主の馬などは、解体せず、(刑場のあった小塚原などに)特別に埋葬する措置がとられていたが、それ以外の武士の持馬は、斃死すれば馬捨場に出して、長吏・非人の手に委ねなければならなかったと思われる。

関東総奉行・青山常陸守の末裔の旗本・青山大膳亮と大井の小頭との間で争われた次の一件(「嘉永撰要類集」による)が、この点を示している。

一八五一年(嘉永四)、斃死した愛馬を、青山大膳亮が青山にある菩提寺・梅窓院に埋葬したところ、大井(品川)の小頭・源左衛門が異議を唱え、弾左衛門を通して江戸町奉行所に訴えている。弾左衛門は、愛馬を菩提寺に埋める行動は公儀にはないとし、こうした行動が広がっては、「職分」や役が成り立たないと強く主張している。

江戸町奉行所では、弾左衛門の主張を「皮代程の手当を申し受けたいとの意味か…事実において尤もの筋だが…、相対次第の儀で…奉行所より沙汰すべき筋ではない」と対応した。府内に住む武士の持馬についても、斃死した馬がその場所に権利をもつ長吏に無償で引き渡されるという斃牛馬処理権が、有力旗本に対しても強く主張され、江戸町奉行所も、これを否定してはいない。幕末であり、斃牛馬処理制は動揺してきてはいるが、府内に住む武士の持馬も、百姓・町人と同じ規定のもとにあったのである。

この件からは、大井の小頭・源左衛門が府内の青山の屋敷付近に旦那場をもっていたことも判明する。非人頭・松右衛門が大井の小頭に訴え、さらに弾左衛門に訴えているから、松右衛門の持場（旦那場）内であり、大井の源左衛門の旦那場内でもあると判断できる。府内も長吏の旦那場として分割されていたことになろう。

では、旦那場はどのように分割されていたのか、長吏の旦那場と非人の旦那場は重層していたのか、これらの点は、今のところ明確な史料はないのでやや不確かである。しかし、弾左衛門は「善七に勧進場を預けている」としていたし、練馬の融和運動家・夏山茂は、代々木の久兵衛は練馬の惣兵衛の支配下だったと、先人からの伝承を書き残しており、代々木の久兵衛が練馬の長吏のもとで役を務めたとする史料もある。前記の青山の一件からみれば、品川・松右衛門は大井・源左衛門の支配下と考えられるから、夏山茂の〝伝承〟は、ほぼ裏付けられるだろう。

(2) 刑務・牢番と見回り・警備

江戸市中、小伝馬町などの牢番役には長吏・非人がそれぞれあたった。処刑に際する市中引回や獄門・晒の番は長吏が担い、遺体の片付けは非人が担った。長吏・非人は、刑場の執行と補助とに役務として従事したが、江戸と関東の一部では、執刀役には基本的に奉行所役人があたった。

江戸城下の見回り・警備では、町奉行所の指揮下で弾左衛門があたった形跡はみられない。大坂奉行所のもとで「四ケ所非人」が動いたような近畿のあり方との違いが意識される。町の日常的な見回り・警備は非人によって担われたが、町奉行所ではなく町役人の指揮下であった。在方では、盗人などの追跡、探索捜査・情報収拾に（村役人のもとで）長吏があたっているケースもみられる。弾左衛門役所からも探索などの指示が出されたが、これは江戸町奉行所の指揮下であろう。江戸でも岡引《おかっぴき》はいたので（公認された「目明かし」はいなかったが）、種々関係が生じていたと思われるが、実態は明らかではない。

一八〇五年（文化二）に、幕府は勘定奉行所のもとに関東取締出役（「八州廻」）を設置するが、その「手先」「道案内」に長吏を使わなかったのである。

なお、無宿の増加に対しては、一六六五〜八三年（寛文五〜天和三）に火付盗賊改が置かれ、一七九〇年（寛政二）に人足寄場が設置されたが、「野非人」の統制は、町奉行所が弾左衛門に命じて行った。

この分野では、近畿などとは異なった様相もみえるが、それは幕府足下のゆえだろうか。また、弾左衛門（役所）と町・町役人との関係が、ほとんどみえていないのであるが、それは幕府支配のあり方によるものなのか、あるいは史料の不足に帰せられるのか、検討課題として残されている。

(3) 竹皮草履・裏付草履などの製造販売

竹皮草履と裏付草履は長吏職分であると、裁判を通して幕府も認定した。近世前期には、京都の淡竹《はちく》の草履など上方の製品が珍重されたといわれるが、次第に東の産物も広がっていき、高級品の雪踏（裏に革を付けた草履）の製造も活発になった。弾左衛門役所が一時、牛馬の皮を底に付けた雪踏生産を統制し、利益を独占しようとしたが、各地の配下有力小頭からも反対され撤回せざるをえなかった、という経緯もある。

江戸の町や周辺部への草履・雪踏の供給などは、弾左衛門配下の長吏集団によって賄われた。浅草「新町」には数軒の草履・雪踏問屋があった。ここでは農業はほとんど無かったと思われ、人々は、江戸と周辺の人々の需要に応えるこうした品々の製造販売に従事しただろう。また、下総《しもうさ》で栽培された灯芯用の藺《い》草《ぐさ》の専売権を、一七〇五年（宝永二）以来、弾左衛門役所が認められていた。灯心の製造も、主として「新町」の人々の生業であった。

(4) 葬送の担い手

江戸やその周辺だけでなく、関東全体に関しても明確でない歴史的事象に、人の葬送（火葬、墓守など）に関わる者の存在がある。関東では、大規模な共同墓地とそこに併設された火葬施設という、近畿にみられるような形は存在せず、江戸とその周辺にみられるのは、寺院の付属施設として「火屋」が設けられている形である。品川の桐ヶ谷の霊場や小塚原への「火葬寺」の移転の前後に共通する状況といえよう。それらの寺院などに非人小屋があったと、後世に伝えられている場合が散見される。

寛文年間（一六六一～七三年）に、下谷辺などの寺々の火葬施設が、小塚原に移転させられた。上野寛永寺の〝将軍家墓地に火葬の煙がかかる〟などと問題にされたと伝えられる。小塚原に一九の火葬寺と火葬施設とができたが、火葬寺の住職となったのは、宗門の僧侶ではなかった。宗門の僧侶から、そこは忌避されたと考えられる。

では、江戸、関東で、火葬の実務は誰が担ったか、充分明確とはいえない。

北関東では、非人が火屋を営んでいたとの史料がいくつかある。江戸周辺でも、南砂にあった火葬場付近の堀が「おんぼう堀」と呼ばれ、「おんぼう」という語は流布し、差別的に使われていた。また、多摩地域では、葬送に使った物を長吏・非人が貰い受ける慣習があったことも、いくつかの事例からわかる。なお、時宗の鉦打は、念仏などで葬送法事に関与したことは明らかだが、「葬送実務」には直接は関与しなかったと思われる。

明治初年の文書に、「久兵衛」の名が代々木・狼谷の火屋の経営に関わる者として出てくる。後年に、その経営や実務に関わった非人の実名が、伝承として記録されている。この火葬場については、代々木の久兵衛とその配下が、実務や運営に関わったと判断してよいだろう。火葬の実務は、小塚原でも（江戸や関東でも）、おそらくは非人の営みとされていたと推定するが、なお今後の研究課題とせざるをえない。

（藤沢靖介）

練馬・板橋

はじめに

ここでは、東京都西部に位置する現在の練馬区と板橋区に存在した長吏の部落について概観してみたい。

『新編武蔵風土記稿』からは、練馬区・板橋区に相当する地域に三ヵ所の長吏居村の存在が確認できる。いずれも豊島郡の下練馬村の項に「白山社〈穢多住居の内にあり〉」、上赤塚村の項に「民戸九十三外に穢多十一軒あり」「白山社〈穢多村にあり〉」、前野村の項に「民戸百十、外に長吏二四」とある。以下それぞれを練馬部落、赤塚部落、前野部落と称して、各部落の様相や部落史上の問題点等を述べていきたい。

一　練馬部落について

(1) 中世の練馬部落とその立地

練馬部落は、平安時代後半から室町時代にかけて武蔵国豊島郡に勢力を誇った豊島氏の居城である練馬城に隣接して存在した。豊島氏は当初、現・北区の平塚城を拠点としたが、鎌倉時代を通じて、石神井《しゃくじい》川をさかのぼる形で武蔵野台地を開発して練馬、石神井に進出したといわれており、南北朝・室町時代には、鎌倉公方や関東管領と関わりをもちながら所領を維持していたが、一四七七年（文明九）に太田道灌によって滅ぼされ、練馬城はじめ豊島氏の城は廃絶している（『板橋区史　通史編』）。

部落の中央に鎮座する白山神社には、樹齢約九〇〇年の大ケヤキがあり、また同社の境内から弘安四年（一二八一）銘を最古とする板碑が多数出土していることから、鎌倉時代にはこの地に集落が形成され、土豪が居住していたことは間違いない。この集落を営んだ土豪が豊島氏や練馬城とどのような関係にあったかは定かではないが、近世の長吏につながる立場の存在であった可能性は考えられる。ただし、豊島氏や練馬城と一定の関係をもちつつも、練馬城廃絶以降も同地に存続していたとすると、豊島氏や練馬城とは独立した立場にあったとみられる。

地域の西を鎌倉街道が南北に走り、これを挟んで練馬城がある。鎌倉街道は、南へは府中を経て鎌倉につながり、北へは荒川を早瀬の渡しで越えて大宮を経て上州や東北につながる。。練馬城は、その鎌倉街道が石神井川を渡る地点に位置する。石神井川が豊島氏にとって開発の動脈であることをふまえると、この地は交通の要衝であったといえる。

地域内に時宗の阿弥陀寺がある。同寺が独立した寺院となり、住職が常住するのは昭和初期からで、それ以前は品川宿の長徳寺の境外仏堂（阿弥陀堂）であった。時宗では宗祖一遍の跡を継ぐ遊行上人が全国を巡って布教を行ったが、寺伝によれば、南北朝時代の一三五五年（文和四）頃、遊行八代渡船上人がこの地を巡化した折に時衆集団が形成されたという。時宗は、一遍が都市的な場において非人やハンセン病患者など社会から排除された人々に対して積極的な布教を行っているように、被差別民や社会的弱者を救済の対象としていたが［小野澤二〇一二］、寺伝の内容が史実であったとすると、この地に時宗が布教・救済の対象とした人々が存在したということになり、それは、練馬城下の都市的な場の周縁の被差別民・弱者や、それを管理する人々であったと推察される。なお、武蔵国南西部の部落の多くが時宗寺院を菩提寺としている［藤沢一九九九］。

(2) 近世下練馬村のなかの練馬部落

近世、練馬部落は豊島郡下練馬村に属していた。練馬部落の戸数については、『新編武蔵風土記稿』の豊島郡下練馬村の項には長吏の戸数記載はないが、後述する「練馬部落異聞」に、寛政年間（一七八九～一八〇一年）には八〇戸の戸数があったという記述があり、明治初期の白山神社の氏子数が約八〇戸であったことからすると、この数字は信頼できる。この戸数は、風土記稿にみえる周辺の部落と比較しても圧倒的に多く、現・東京都西部では最も大きな部落であったといってよい。

この八〇戸の部落が、下練馬村のなかでどのような形で存在していたか、同村の「文政九年割付帳」(加藤家文書、『近世練馬諸家文書抄』)の記載を手がかりにみていきたい。

同割付帳では、下練馬村は長五郎組、孫右衛門組、武左衛門組の三組に分かれており、組ごとに地種別の面積とその石高が明記され、各組の石高の合計が下練馬村全体の村高となっている。ところが、三組の記載のあとに「穢多惣兵衛組」の記載があり、五九石七斗七升一勺の石高があったことを記す。しかし、惣兵衛組の石高は、下練馬村の村高には含まれていない。表紙には、記載内容の数値を確定する検地が三組の立合いのもとで行われたことが付記されているが、そこにも惣兵衛組は加わっていなかったのである。

このように、下練馬村は事実上四つの組に分かれており、練馬部落はそのうちの一つに位置づけられていた。しかし、部落に相当する惣兵衛組は他の三組とは異質であり、近世領主による村を介した石高支配の対象外であり、他の三組との関係は対等ではなかったのである。当然、名主を中心とする村政にも参加していなかったであろう。

同割付帳には村内の寺社の持高の記載もあり、神社については社地の石高とともに別当寺院の記載がある。しかし、部落内の白山大権現のみ「穢多惣兵衛持」とあり、別当寺院がない。

ここにみえる惣兵衛とは、練馬部落の長吏小頭杉本惣兵衛のことである。練馬の小頭は代々惣兵衛を襲名していた。地域内の金石資料(文字の刻まれた石造物や金属器類)によれば、一七二九年(享保一四)から惣兵衛の名前が確認でき、杉本姓がみえるのは一七九七年(寛政九)からである(表1参照)。

また、墓石等から一六八二年(天和二)没の惣兵衛の存在が確認でき、惣兵衛家は一七世紀の江戸時代初期以来、おそらくは江戸時代を通して小頭家であったとみられる。

近世、関東およびその周辺の長吏は、浅草の弾左衛門の統率下にあったが、練馬の惣兵衛は、弾左衛門の長吏支配体制のなかでも特別な格式をもっていた。一八四八年（弘化五）の弾左衛門役所年始礼の席次図（太郎兵衛文書、『下野国太郎兵衛文書』）をみると、練馬の小頭の席次は、「御頭」＝弾左衛門に面して最前列に並ぶ八名の有力小頭と同じ間で、一段後ろの間に座す四名の相模・伊豆の有力小頭よりも前に、唯一単独で座が指定されており（本書特論4の図2参照）、練馬の小頭惣兵衛は、弾左衛門の長吏支配体制のなかで特別な地位にあったことがわかる。なぜ練馬の惣兵衛はこのような特別の処遇を受けているのか、弾左衛門体制のなかで練馬の部落はどのような役割を果たしていたのか、そこにはいかなる歴史的な経緯があったのか。こうした惣兵衛の格式をめぐる諸問題は、弾左衛門体制や関東部落史の特質の理解につながる重要なテーマであるが、その解明は今後の課題である。

表1　惣兵衛の銘のある金石資料一覧

所在	名称	年紀		惣兵衛の銘
阿弥陀寺	日切り地蔵	享保一四年	一七二九	惣兵衛
成田不動	馬頭観音	安永四年	一七七五	惣兵衛
成田不動	聖観音	天明八年	一七八八	惣兵衛
白山神社	鳥居	寛政九年	一七九七	杉本惣兵衛
阿弥陀寺	半鐘	文化元年	一八〇四	杉本惣兵衛
白山神社	狛犬	文政元年	一八一八	杉本惣兵衛
白山神社	灯篭	天保三年	一八三二	杉本惣兵衛
白山神社	鉦	安政二年	一八五五	惣兵衛
白山神社	香炉	安政三年	一八五六	惣兵衛

(3) 夏山茂「練馬部落異聞」の叙述をめぐって

惣兵衛家は幕末の動乱を契機に没落し、近代以降、地域のリーダーシップは惣兵衛家の分家筆頭の重右衛門家に引き継がれ、惣兵衛家に伝わった文書類も重右衛門が保管した。ところが、重右衛門家は明治期に二度の火災に見舞われ、それらはすべて焼失し、近世の練馬部落の実態を小頭家文書によって解明することは不可能となった。

　しかし、近世の練馬部落史について多くの情報を提供する文献が存在する。一九四〇年（昭和一五）に発表された夏山茂「練馬部落異聞」［夏山 一九四〇］（以下、「異聞」と記す）である。夏山茂（筆名）は重右衛門の孫で、一八九六年生まれ、幼い頃から祖母、すなわち重右衛門の妻より練馬部落の歴史を繰り返し聞かされて育ち、それに基づいて自らも積極的に地域の調査を行い、「異聞」ではそうした成果もふまえて、近世における練馬部落の実像やエピソードが豊富に紹介されている。「異聞」は、このような聞き書き中心の文献であるが、史料に乏しい練馬部落史の解明には欠かすことのできない文献であり、この記述内容を丁寧に史料批判していくことが求められている。

近在の村々との関係

「異聞」によれば、惣兵衛は苗字帯刀が認められており、「練馬谷戸」の名主と称して、近在七ヵ村の総庄屋中新井村の岩堀伝内の正月大盤振舞に名主として参加し、席次は総庄屋岩堀伝内の左側で、七ヵ村名主の筆頭であったという。先にみたように、練馬部落は下練馬村のなかでは四つの組の一つで、惣兵衛は一組頭の位置にあった。それが近在の村々との関係では、惣兵衛は谷戸（部落の所在地の字名）村の名主を名のり、周辺の名主と同格以上であったと主張しているのである。この記述は、あくまで正月大盤振舞という宴会の席次の問題であり、惣兵衛が近在の名主と同等の関係にあったことを意味するものではない。下練馬村の近在で、総庄屋制がどのように機能していたか、また七ヵ村の具体的な村名は不明だが、おそらくは練馬部落の職場内の村々であろう。この惣兵衛への厚遇は、職場の場主に対しての処遇ではなかろうか。

ただし、惣兵衛が苗字帯刀を認められていたという点は、寛政年間以来、金石資料に杉本の苗字が見られることからも間違いないと思われる。惣兵衛家が高い格式を有していたのは事実であり、近在の名主たちもそれを認めていたというのも、「異聞」の述べるとおりであろう。

練馬部落の職場をめぐって

「異聞」に練馬部落の「縄張」についての記述がある。「当時（寛政期――筆者注）の縄張は、南は世田ケ谷、代々木から、西は多摩郡久米川、東は王子村に及び、北は荒川を境としていた」という。そして「この広大な地域から上がる斃牛馬の数は相当なもので、その利益は巨額に達したことだろう」とあるので、ここで「異聞」が「縄張」と称しているのは、斃牛馬の皮取場、すなわち職場のこととみられる。はたして、練馬の惣兵衛はかくも広大なエリアを本当に支配していたのであろうか。

職場の問題は、配下の非人頭の問題とも関わる。練馬配下の非人頭に代々木の久兵衛がいた。江戸御府内は、浅草の車善七、品川の松右衛門、深川の善三郎、代々木の久兵衛の四人の非人頭の勧進場に分かれていたが、善七・松右衛門・善三郎が下町（低地）地区を勧進場としているのに対して、久兵衛は山の手（台地）地区を勧進場としていた。「異聞」のいう練馬の縄張の南部は、久兵衛の勧進場に相当するものだろう。「異聞」では、四谷の非人頭・藤四郎も練馬配下とするが、これによれば、甲州街道の内藤新宿も練馬の縄張内ということになる。

西は久米川とするが、現・東村山市の久米川には野口村小頭配下の部落があり、久米川と練馬の間の下里にも小頭の四郎兵衛がいる。北の境を荒川とするのは、練馬の隣の赤塚部落を練馬の縄張内とみているのであろう。赤塚にも小頭・源左衛門がいた。東の王子村は稲付にあたり、風土記稿に「長吏三家あり」との記載はあるが、小頭は確認できない。稲付と練馬の間の前野には小頭の助左衛門がいた。

このように、「異聞」が寛政期の練馬の縄張と主張する広大なエリアには複数の小頭がおり、それらの小頭はそれぞれに職場をもっていた。したがって、「異聞」のいう縄張は、必ずしも一般的な小頭の職場とは同じものではない。

練馬の惣兵衛が西の下里や久米川を配下においたという事実は確認できない。しかし、北の赤塚と東の前野については、「異聞」に次の記述がある。練馬配下の非人について「この外（『練馬配下小屋者頭の三羽烏』と称された代々木の久兵衛、四谷の藤四郎、練馬の源治以外＝筆者注）、練馬の縄張内には、鷺の宮、中村、江古田、片山、中野、石神井、赤塚、前野（志村）、稲付（王子村）等に小屋があった」とあり、「異聞」はここでも小頭のいる赤塚と前野を練馬の縄張内と主張しているのである。

練馬部落と赤塚・前野との関係は、実際に密接であった。練馬には両部落に出自をもつ家が多く、特に地域の東部の多くを占めるK姓は前野の姓であり、近世に前野から練馬に移ってきたという。赤塚の小頭家と同姓の家も多く、出自は赤塚にある。近世に八〇戸あったという練馬の戸数に、相当数の赤塚・前野からの移住者がいたのである。この移住にはどのような背景があったのであろうか。

惣兵衛邸の建物の構成と機能

練馬部落の中心に鎮座する白山神社は、近世には小頭・惣兵衛家の邸内社であり、白山神社の境内周辺の三〇〇〇坪が惣兵衛の屋敷地であった。「異聞」によれば、長屋門を構え四囲に樹齢一〇〇年の老松をめぐらした邸内には「間口十五間ばかりの母屋、隠居所、土蔵、納屋、皮倉、皮倉番屋、勤番役員詰所、牢屋、牢屋番詰所」などがあったという。この建物の構成から、惣兵衛邸が惣兵衛の私的生活の場であるとともに、職場支配のための役所的機能を有していたことがわかる。すなわち、職場内から収集された皮を保管する皮倉や、犯罪者を拘束する牢屋があり、そこに勤める皮倉番、牢屋番や、勤番役員などの役人の存在がうかがわれるのである。

練馬部落の八〇戸の長吏の多くは、こうした惣兵衛役所ともいえる職場支配のセンターの役人を勤めていたのであろう。そのなかに隣接する赤塚・前野からの移住者が少なからずいることの意味を考えてみると、両部落の長吏も惣兵衛役所の運営に参与し、あるいは番役を勤めており、それに基づき一部が移住したのではなかろうか。練馬の惣兵衛が小頭のいる赤塚や前野を配下においたという「異聞」の主張は、このような歴史的な実態を背景とするものではないかと推察される。

なお、「異聞」の惣兵衛邸の建物の構成は幕末の状況を述べており、ここにみえる「隠居所」に住んでいたのは、幕末に活躍した惣兵衛の母で先代の惣兵衛の妻であるが、この人物は第一二代弾左衛門（周司）の姉であった。すなわち惣兵衛家は、少なくとも幕末においては弾左衛門家とは姻戚関係にあり、弾役所年始礼において単独の席次を有する練馬惣兵衛の高い格式は、この点にも理由があったといえる。

二　赤塚部落について

赤塚の部落は、近世の武蔵国豊島郡上赤塚村に所在し、武蔵千葉氏の居城であった赤塚城に隣接する。練馬部落と練馬城の間を通る鎌倉街道を北に向かうと赤塚城に至り、その先には荒川の渡河点である早瀬の渡しがある。現在でも国道一七号新大宮バイパスや首都高速五号線がこの地点（笹目橋）で荒川を渡っており、赤塚城本丸跡からはその光景を見渡すことができ、同城が渡河点防衛の機能をもった城郭であったことは間違いない。

『新編武蔵風土記稿』には、上赤塚村に「穢多十一軒」があり、穢多村に白山社のあることが記述されている。小頭は源左衛門である。

源左衛門の職場は、上・下赤塚村、徳丸村、四葉村、白子宿、橋戸村、上・下新倉村などであったという。白子宿や上・下新倉村は新座郡であり、源左衛門の職場は豊島郡の郡域を越えている。赤塚城の武蔵千葉氏が一六世紀、後北条氏の支配下で新倉郷を所領としていること から推察すると、職場の形成はこの時代にさかのぼるとみられる。なお、赤塚の長吏は下新倉村の吹上観音の掃除役を勤め、祭礼には竹皮草履を納めていた。

赤塚の長吏は、駒込の長源寺を檀那寺としていた［西木 一九八九］。長源寺は浄土真宗東本願寺派であり、職場を接する前野の長吏も同寺の檀家であった。さらに長源寺は、浅草、青砥の部落にも長吏の檀家を有している。前野部落は志村城に近接するが、同城は戦国期には赤塚城の支城であり、武蔵千葉氏の管下にあった。また、浅草に北接する石浜には、赤塚城とならぶ武蔵千葉氏の拠点石浜城があった。戦国期に同城と関わる長吏部落が、近世弾左衛門の支配拠点となる新町に先行して存在した可能性が考えられる。さらに、青砥部落は葛西城に隣接し、葛西城には一時期武蔵千葉氏が入ったことがある。すなわち、長源寺を檀家とする赤塚等の部落に隣接する城郭は、いずれも武蔵千葉氏に関わる城であった。この現象の歴史的背景の解明は今後の課題となるが、武蔵千葉氏の勢力範囲で戦国期のある時期に、浄土真宗の（のちに東本願寺系につく）一派が長吏を対象とした布教を行ったことによるとの見方もできるかもしれない。弾左衛門の檀那寺である浅草の本龍寺が東本願寺系の真宗大谷派であることともあわせて興味深い。

赤塚等の部落の檀那寺である長源寺は、江戸時代初期の一六一二年（慶長一七）、下練馬村の練馬部落から数百メートルほどの場所に開基している。ちょうど幕領のキリスト教禁教政策の開始の年にあたるが、練馬部落に近接して赤塚・前野等複数の部落の長吏を檀家とする寺院が創建されたのは偶然とみることはできず、その歴史的背景については今後の検討課題である。

なお、長源寺は長吏だけでなく一般庶民も檀家としており、下練馬村の輪番名主を勤めたこともあるS家は長源寺の有力檀家であった［安藤ほか 二〇一四］。長源寺は一七世紀後半に下練馬村から御茶ノ水に移転し、さらに一六八二年（天和二）に駒込の現在の場所に移転したという。長源寺が下練馬村から移転する経緯については「異聞」に詳しい記述があるが、そこには移転の時期などに若干の誤解がある。

小頭の源左衛門家では製薬業が営まれていた。長吏が製薬を行う事例としては、鈴木家文書を有する武蔵国比《ひ》企《き》郡和《わ》名《な》村の例がよく知られているが［石田 一九九四］、源左衛門家にも近世以来家伝により製法が伝えられている薬があり、製薬して販売されていた。その活動は近代以降も活発に展開され、駒込に店舗を構えて営業を行っていた。

また、源左衛門家は近代に筬《おさ》の販売を行っていた。赤塚で筬づくりが行われていたか、またそれが近世にさかのぼるかどうかは確認できていないが、職場内の吹上観音に竹皮草履を納入しているように、部落のなかで竹材が扱われている実態があり、竹で筬を作成していたことは十分考えられる。

三　前野部落について

前野部落は赤塚城の支城である志村城に近接する。志村城は中山道の荒川渡河点である戸田の渡しを見下ろす台地にあり、渡河点防衛の城であったとみられる。この城が武蔵千葉氏の城で、前野の長吏が真宗東本願寺派長源寺の檀家であることは先に述べたとおりである。

前野部落の小頭は助左衛門と称している。『新編武蔵風土記稿』に「長吏二十四」とあり、長吏村としては比較的規模が大きい。

練馬部落との関係は先に述べたが、この部落の職場の範囲や役割等についてはほとんど明らかにされていない。位置的にみて中山道の板橋宿や板橋刑場に関与したことが考えられるが、そうであるならば、東海道の品川宿や鈴ヶ森刑場と関わる大井部落と共通した役割を担っていたと予想される。

前野部落の役割として一点注目されるのが、弾左衛門役所から発せられる廻状の事務である。

弾左衛門は、配下の小頭への指示や情報伝達の手段として廻状の継走を行っていた。和名村の鈴木家文書に八通の廻状のルートを示す文書がある。年代は一七六七年(明和四)から一八四〇年(天保一一)のもので、いずれも和名村に関わるルートであるが、これをみると、当初は練馬を起点として多摩郡、新座郡、入間郡、比企郡、秩父郡を一つのルートで廻状を回そうとしていたようである。それが一八〇四年(文化元)に、練馬を起点に多摩郡方面をカバーするルートと、赤塚を起点に新座郡から秩父郡をカバーするルートの二系統に分かれて廻状が継走されることになった。この赤塚を起点とする廻状にはいずれも「前野口」と書かれているが、前野は継走の順番に含まれておらず、小頭の署名も赤塚から始まっている。

実は、「前野口」とはこのルートに限られたものではなく、浦和を起点として上州に至る廻状ルートも「前野口」とされており、おそらくは練馬を起点に多摩郡方面をカバーしたルートも「前野口」とされていたであろう。要するに、弾左衛門役所から発せられる廻状のこれら三ルートのものは、前野部落が窓口になって各方面に送ったのであり、これを「前野口」と称したとみられるのである。

職務としては、弾左衛門役所から継走すべき事項が伝えられると、それに基づき各方面への廻状を作成し、起点となる浦和、赤塚、練馬に届けるという内容が想定される。また、廻状が漏れなく回ったかの確認も行っていたかもしれない。この職務をとおして前野部落と弾役所との関係は密接であったと考えられる。

おわりに

以上、現・練馬区と板橋区の地域にある三つの部落について概要を述べた。「異聞」によれば、赤塚・前野の両部落は練馬部落の縄張内に存在するといい、また、練馬部落には両部落に出自をもつ人々が少なからずおり、この三つの部落は密接な関係にあった。

練馬・赤塚・前野の三つの部落については、現時点では直接的な史料に基づいて具体的な事項を論述することは難しい。そのため、推測に推測を重ねての立論にならざるを得ず、ここでの指摘の多くは仮説の域を出るものではない。今後、新出史料によってこの地域の部落史の具体像が解明されることを期待したい。

（菊地照夫）

参考史料

『新編武蔵風土記稿』一巻、雄山閣、一九九六年。

板橋区史編さん調査会編『板橋区史　通史編』上巻、東京都板橋区、一九九八年。

『近世練馬諸家文書抄』東京都練馬区、一九六一年。

『下野国太郎兵衛文書』群馬部落研東毛地区近世史学習会、一九八七年。

参考文献

安藤久瑠美・福島菜摘・菊地照夫（二〇一四）「旧下練馬村の半檀家制について」『寺社と民衆』一〇輯、民衆宗教史研究会。

石田貞（一九九四）「鈴木家の製薬・売薬業とその社会的性格」東日本部落解放研究所編『東日本の近世部落の生業と役割』明石書店。

小野澤眞（二〇一二）『中世時衆史の研究』八木書店。

夏山茂（一九四〇）「練馬部落異聞」『融和事業研究』五八号、中央融和事業協会。

西木浩一（一九八九）「近世関東における『長吏』の寺檀関係」『地方史研究』三九号、地方史研究協議会。

藤沢靖介（一九九九）「時宗と関東の被差別部落」『解放研究』一一号、東日本部落解放研究所。

多摩地域

はじめに

明治維新後、旧弾左衛門家より日本聖公会の関係者に渡された「信憑すべき旧時の記録」によると、明治初年に、多摩郡には二二ヵ所の部落があったとしている。杉並区、中野区、世田谷区の一部の、旧東多摩郡を含めると、長吏系の部落としては信頼できる数字と思われる。これらの部落について判っていることはわずかである。部落内文書はまったく公開されておらず、自治体史での村方史料や、幕府史料のなかから断片的に見いだすしかない。そうした制約された作業のなかで、推論が多くなってしまったが、いくつかの特徴的な部落を中心として、前近代までをまとめてみた。

一　八王子市

八王子市にある複数の部落のうち、戸数二五〇戸ほどの多摩地域最大の部落がある。この地域は中世荘園郷の中核的な地であった。要衝の地に開かれた市場に接して形成された部落は、近世以前は本村の枝村《えだむら》として鍛冶谷海道村と呼ばれていた。一六二三年（元和九）の隣村の検地帳には、「かわや」の肩書きで畑地と田地を二〇人ほどが名請けしている。また、一六六七年（寛文七）には、複数の村の検地帳で「かわた」の肩書きが見られ、周辺の村々に出作している。ちなみに、八王子市内の旧小比企村にあたる部落では、一六六六年（寛文六）の検地帳に「町離」の肩書が見られる。

この鍛冶谷海道村の「海道」とは、街道を意味するものではなく、垣外《かいと》という、集落の外にある特定の地区を意味するものと思われる。本来、鍛冶谷海道村とは、村の境界域に住んでいた鍛冶屋の地区を表したものと思われる。多摩地域には、ほかにもカジカイトとかカジゲイトなど、鍛冶屋の居住地を示した小名が見られる。

鍛冶屋、あるいはたたら師などは、皮を鞣《なめ》す職人と密接な関係があった。鍛冶、たたら製鉄では、炭火の火力を高めるために革製の大きな鞴《ふいご》を使用した。また、鍛冶谷海道村の西方一〇キロほどの山に、「弾左衛門の峰」と称される砥石を切出した場所があり、鍛冶屋に必要な砥石は、鍛冶谷海道村が関わっていたと思われる。こうした結びつきにある両者は、共存して居住していたのであろう。その場所が、境界性を示す「カイト」で括られるようになったのは、鍛冶においては、砂（鉄）から鉄へと変化させる技術への畏れとともに、火を操る特異な呪術性によって人々に畏怖されていたことがあり、皮鞣しにおいても、それと同様に死穢《しえ》に関わる意識がもたれていたからであると思われる。

鍛冶屋の職能神であった金屋子神《かなやごがみ》は、死穢を好み、「鑪《たたら》の押立柱《おしたてばしら》に死屍《しかばね》を括りつけておくと鉄がよく沸いた」というような伝承が伝わっている。しかし、鍛冶屋の多くはその後、金屋子神信仰から、同じく狐を眷属《けんぞく》とした女神であり、初期には髑髏《どくろ》や屍肉《しにく》を手に持つ荼吉尼《だきに》天《てん》を本地とする稲荷信仰に転じていった。こうした変化とともに人々の意識も変容し、鍛冶屋は部落から離れていったのであろう。

鍛冶屋と部落の共存性を、東村山の部落についても見ることができる。部落の白山神社は、かつては三〇〇坪もあり、古鎌倉街道が、神社の参道であるかのように鳥居にあたり、脇にそれて部落のなかを通っていた。

この白山神社のすぐそばに、鍛冶屋敷という小名が残っていたのであるが、ここにいた鍛冶屋の人たちは近村の草分けとなって移住していった。その移転先では、鍛冶神を祀る神社とは別に白山神社を祀っていたが、部落の白山神社と、この元鍛冶屋の人たちの白山神社の神木は、ともに樹齢一〇〇〇年といわれたほどのモミの木の大木であった。

多摩地域では、このほかにも多くの部落で、鍛冶屋と共存していた名残りがさまざまに認められるのである。

鍛冶谷海道村の部落は、一八九二年（明治二五）の大火で一三〇戸ほどの全村のほとんどが焼失しており、近世以前の部落内文書は残存していないと思われる。わずかな手がかりによれば、鍛冶谷海道村は、一六八九年（元禄二）には二九軒であったが、幕末の一八四九年（嘉永二）には六九軒となっている。さらに明治初年には九三軒となっており、江戸時代の平均に比して人口は著しく増加している［橋本 一九五五］。それを支えた生活基盤があったわけである。その生産活動について、その生産活動について、農業に従事し、名請けしている検地帳が見られることはすでに述べたが、まずは、竹皮草履、雪駄づくりがあげられる。これは多摩地域のほとんどの部落における主要な生業であった。

次に、皮鞣しが近代まで継続していたことは鍛冶谷海道村の特色といえよう。津久井郡（県）からも供給された、柏の木皮から抽出したタンニンによる渋鞣しは、明治維新期の軍靴の需要とともに盛んになったが、近世期においても、渋による染革などが生産されていたと思える。近代においては大きな皮革工場が経営され、最盛期には朝鮮半島からの原皮によって、年産一万二〇〇〇枚のクローム鞣しの牛革が生産された。

また、竹筬《たけおさ》作りも盛んであった。八王子の絹織物を支えた精工な絹筬《きぬおさ》は、近代には京都の西陣など全国的な販路をもっており、台湾などにも輸出していた。

多摩地域の竹筬に関して興味深い事実がある。一八一五年（文化一二）に、下総国《しもうさ》八日市場村（千葉県匝瑳《そうさ》市）で、竹筬を作っていた百姓と長吏のもめ事につき、江戸町奉行所から問われた弾左衛門は、「百四十、百五十年前から、上州、武州では、穢多共に限り職業にしてきたが、職分という元極めはない」と答えている。武州では、一七世紀半ばからは部落の専業になったということであるが、鍛冶谷海道村の旦那場となる上代継《かみよつぎ》村（あきる野市）の一七二五年（享保一〇）の村明細帳には、四八軒の本百姓に対し一三軒の「おさ百姓」が見られる。依然として竹筬を作っていた百姓がいたのである。その後、一七四三年（寛保三）には、一一軒の「をさ作百姓」となり、一八〇〇年（寛政一二）には、「おさ作り類家六人御座候、尤も当時売買に致し候者は壱人御座候」となっている。そしてさらに、一八四〇年（天保一一）には、「おさ作り類家二人御座候　尤も当時売買に致し候者無く御座候」と推移している。

同じあきる野市の伊奈《いな》村では、一八五〇年（嘉永三）に、元「おさかき」の家が「門開き」という儀式を行っている。これは、瞽女《ごぜ》が「忌み筋」の家として訪れないことに対して、座頭頭や瞽女頭を招き、寺などの世話人のもと、門開きを認めてもらうものである。「おさ百姓」や「おさかき」が一定程度、賤視されていたことが判る。

鍛冶谷海道村で、いつ頃から竹筬が作られるようになったのかは定かでないが、「かわや」が主体であった鍛冶谷海道村に、後から竹筬の技術が伝えられ。やがて長吏の専業となっていったのであろう。竹筬の製造および問屋を営んでいた家は、渋染め革に関わっていたと思われる屋号をもっていた。

一九世紀初頭の『武蔵名勝図会』には、鍛冶谷海道村の「続きに茶筅《ちゃせん》村と号し、三、四十年程前まで茶筅売りという者住するが、近来断絶せり」とあり、六〇〇坪ほどの元茶筅屋敷があった。

京都の極楽院空也堂を本山とする、空也僧の末流である茶筅は、関東でも少数が散在し、賤視されていたが、しだいに退転していった。また、半僧半俗で時宗に属した関東の「鉦打《かねうち》」は、「百姓と穢多との間位」と賤視されたが、「茶筅」は、この「鉦打」と同じような態様であったと思われる。関東の「茶筅」や「鉦打」の実像は明瞭ではないが、このような卑賤視された人たちもしだいに姿を消していった。府中宿の一八二一年（文政四）の明細帳には、「鉦打二人」の名があるが、「但し、当時百姓に罷り居り候」と記されている（『府中新宿菊池家文書』）。

二　府中市

『新編武蔵風土記稿』（以下、『風土記稿』）には「領中の南寄に穢多十戸あり」とある。部落の中には、律令時代の東海道大井の駅に通じる「古品川道」が通っており、元小頭家の敷地からは、一三七六年（天授二／永和二）からの板碑が出ている。近代に「大國魂《おおくにたま》神社」と改称された「六所宮《ろくしょぐう》」の神領であった。六所宮は、小田原北条氏の家臣が、一五五〇年（天文一九）頃に府中に知行替され神主となっている。部落の系統は二系統あり、一方の系統はこの神主家と一緒に来たという伝承が伝えられている。

部落は、本村からは別の名で呼ばれるようになっていったが、もともとは「金尻《かなしり》村」と称した。府中市内には、現在も白山社の小祠が残る「金屋尻《かなやしり》」といわれた土地がある。ここからは鉄を精錬するときに出る金屎《かなくそ》が多量に発掘されており、鍛冶屋がいたことが知られている。金屋尻で鍛冶屋と共存していた系統の人々が神領としてあった部落に移り住んだと思われることが、金尻村の呼び名の由縁であろう。しかし、この部落にはそれ以前から住んでいた人たちがいたわけである。

府中の郷土史家の菊池山哉によれば、府中に来た神主家は、六所宮のすぐ近くにあった延喜式内社である「大《おお》麻止乃豆之《まとのとの》天神」を、六所宮に取り込んでしまったとしている［菊池 一九八六］。徳川家康は、六所宮に五〇〇石の神領を寄進したが、これは、小田原北条氏によってなされたことの踏襲であり、六所宮に隣接し、国府に置かれた「武蔵国総社」や、この天神社の領地等もまとめて六所宮の神主家に渡したと思われる。神主家は、近世において「武蔵国総社六所宮」として統合させているが、本来は武蔵国総社と六所宮は別々の神格なのである。

部落はもともと、この大麻止乃豆之天神社の神領であったと思われる。天神社の禰宜《ねぎ》職は、六所宮の神主家に追われて退転し、神主家一族がその領分を継いでいる。六所宮の一六七八年（延宝六）の検地帳では、「禰宜分」として継いでいるが、この禰宜分のなかで名請けしている長吏が、金尻村となる以前からの部落に住んでいたと思われる。屋敷地は「穢多屋敷」として免租地となっているが、同じく神領である「禰宜村」の「禰宜百姓」も屋敷地を名請けしていない。ともに天神社との特別な関係によるものであろう。

神主の神領配分には、下畑五畝が、宮役の「金剛草履免」として、「金尻長吏持」とされている。天神社への金剛草履役の関係を六所宮が継承したのであろうか。また、現在の大國魂神社の秋季祭では、「牛の舌」と称されるお餅が神饌《しんせん》となっている。元は牛による供犠《くぎ》として、天神社に遡る部落の役としてあったのかもしれない。

六所宮の太鼓は近代に入って大型化し、浅草の太鼓店で作られるようになるまでは部落で作っていた。

この太鼓が先導する「くらやみ祭り」で有名な春季祭の「御先払い役」を、近世を通じて代々勤めていた家の本家は、元は鍛冶屋であった。また、掃除役も長吏がすることはなく、百姓の「常番人」が担っており、長吏は、常には六所宮から排除されていたと思える。

一八一三年（文化一〇）、金尻村の隣村が「厄神祭り」を行い、厄神を金尻村に持ち込もうとしたことに、部落では「迷惑」だとして断っている。厄神祭りというのは、村に疱瘡《ほうそう》（天然痘）などが流行った際、藁人形に仕立てた疫病神を輿《こし》に乗せ、村中で鉦や太鼓を打ち鳴らし、村境の外に送り出す儀式である。多摩地域では、こうした「厄神祭り」や「疫神送り」をめぐって、隣村と激しい争いになる例が見られる。金尻村では、「先年」も、持ち込まれた厄神を取り払って抵抗しているが、それまでは部落が引き請けさせられていたわけである。

東村山の部落でも、部落のそばに「神道塚」が置かれていたことがあった。これも疫神送りの場であるが、村の外部に疫神を送り出すというものではなく、部落に疫神を引き請けさせようとするものであろう。

多摩地域の部落には、白山神社とともに、素戔嗚尊《スサノオノミコト》を祭神とする「天王社」が多く並祀されている。素戔嗚尊は本来、「祟り神」「疫病神」であるが、篤く祀ることによって守り神となることから祀られたと思われる。

三　多摩市

『風土記稿』には、「穢多の者住する地にて家数十八軒あり」とある。一五九八年（慶長三）の検地帳には四軒の「かわた」が見られる。今川氏の旗本であった富澤家の祖が、今川氏が織田信長に敗れた後、一五六〇年（永禄三）にこの地を開墾して土着した際に置いた山番が、部落の始まりといわれている。

部落の地域は丘陵地ではあるが、鎌倉時代の小山田氏の枡形城や小沢城に通じている尾根筋の重要な交通路にあり、部落の墓地からは、一四世紀初頭以来の板碑が多く出ている。付近一帯は、一五三八年（天文七）には小田原北条氏領となっており、近くには、北条氏の軍馬を飼養する駒飼場と陣屋が置かれ、六斎市《ろくさいいち》も立っていた。村の山番を勤めたのは事実であるが、それが部落の始まりということについては検討の必要があろう。

本村の枝村としてあった部落は、一六七四年（延宝二）の人別帳では、六軒三九人となっているが、五人の「下人」を抱えた「かわた」も見られる。部落の周辺には、原野が広がる秣場《まぐさば》があり、村々の入会によって、緑肥としての草、馬草、落ち葉、薪などが採取されてきた。その権利関係は錯綜し、頻繁に野境の争論が起こっている。そうしたなかで部落は、林野を毎日見廻り、盗みに入った他村の者の鎌を取り上げることを役目とした。相手の山道具などの「鎌を取る」ことが、秣場を実効支配することになるという慣習法があったなかで、部落の役割は、武力的行使を伴うものであったと思われる。下人はそうした働きをしたのであろう。さらに、一七二九年（享保一四）には、川が満水の節は、人数を増して川原を見廻り、他村の者を入れないようにせよと命じられている。川が決壊するようなとき、他村の堤を壊して自分の村を守ろうとする企てを防ぐためであった。

こうした本村への役を負担するなかで、部落の生業としてまず、農業への従事があげられる。部落内には、二筋の沢の流れによる独自の用水があり、田地も所有していた。一八七九年（明治一二）には、その灌漑面積は三町七反歩余りに及んでいる。こうした水の流れで皮を鞣したのであろうか、一六六〇年（万治三）には、年貢の一部について、絆綱の現物で納めている。また、猪鹿狩のとき、皮を剥ぐ勤めをすることも役目とされている。しかし、一八三六年（天保七）には、二〇軒ほどであった部落は、「家数が殖えて農業のみでは暮しが行き届かず、家業の草履草鞋作りに出精」となっていた。

そうしたなかで、農業への強い開発意欲も見られた。一八六〇年（万延元）には、年番小頭五名が、村持ちの秣場六町四反一畝の開発を村役人に願い出て、年九両の小作料で請けている。また、一八六七年（慶応三）には、三名の長吏が、隣村の百姓から五〇両の大金で畑を買い戻している様子が見られる。

多摩地域の部落では、このように階層差も大きいが、概して農業への比重が高かった。東村山では、一六六八年（寛文八）の検地帳で八名の「かわや」が名請けしているが、明治初頭、元小頭の家では五町歩の山林、畑を所有していたという。昭島《あきしま》では、元小頭の家は明治期に、二町歩以上の田畑を小作地として経営していた。

また、国分寺の部落では一八七六年（明治九）、元名主によって一〇町歩以上の畑を詐取されたと裁判に訴え、争っている。大審院でも敗訴したため、部落総出で元名主の家へ押しかけ、大騒動となった。国分寺村では少なくとも一九世紀以降、「穢多」は土地を所有できないという慣行を強制されていた。長吏が土地を買う場合、名主を「名親」として「名前料」を払い、名主の小作という形式をとらされていた。このため、明治の地租改正において、元名主が小作関係を主張して地券の発行を受けたのである。この大騒動により、名主の不正が明らかになり、部落へは、伊藤博文の上奏で、太政大臣三条実美《さねとみ》の政府から七〇〇円の救助金が貸し渡されている［小嶋二〇一二］。

部落の生活は、さまざまな信仰、文化に支えられていた。多摩市の部落のなかには、庚申講による庚申塔や、念仏講による地蔵像、馬頭観音像のほか、百番供養塔などが遺されている。百番供養塔は、西国、坂東、秩父の札所一〇〇ヵ所を巡礼した記念に建てられたものである。一八四五年（弘化二）には、四人で伊勢神宮に詣でた様子も見られる。

なお、国分寺の部落でも、天保年間（一八三〇〜四四年）に三人で伊勢詣りをした道中手形が遺されており、長吏による寺社巡礼が、村方から咎められるようなことはなかったのである。また、比企郡和名村の『鈴木家文書』では、人別帳に多摩の部落との姻戚関係が見られるが、青梅の部落では、上方で浄瑠璃の修業をしてきた長吏が、名弘めの披露に和名村の小頭一族を招待している。このように、部落においても文化的な営みが行われていたのである。

四　青梅市

川越（河越）と青梅を結ぶ街道に、さらに二筋の主要な道が交わる要衝の地に部落はあり、『風土記稿』には、「凡三十軒」とある。部落のすぐそばには、一三世紀末頃に開基した古刹の門前に、一六世紀末まで「三斎市《さんさいいち》」があった。この地域は、川越を中心とする入間川《いるまがわ》水系の文化圏としてあり、青梅地域で最も早く開かれた市場であった。

部落の旦那場は、鍛冶谷海道村の小宮領分を南の境とし、現在の奥多摩町から、東は武蔵村山市や入間《いるま》市の一部、北は飯能《はんのう》市の一部を範囲とする、およそ七〇〜八〇ヵ村に及んでいる（以降、青梅場と呼ぶ）。戦国期の三田氏の最大領域にほぼ重なり、三田氏との関係性が考えられる。

旧長淵村の『中村家文書』のなかの『村鑑』は、天保初年の、村政全般から生業、信仰、年中行事、通過儀礼や習俗等、多岐にわたって詳細に記録されており、村人の長吏に対する意識内容を知ることができる。

『村鑑』によると、「穢多」への忌避感情については、「穢多・非人番の儀、百姓家へ参り候節は、雨落ちの外に居り申すべし、もし、指し許しの上、土間まで入れ候節は、はだしになり、入れ申すべく候」という差別的扱いを見ることができる。

なお、蔵敷村（東大和市）の旧名主が、一九一〇年代に書いた回顧録のなかの『穢多非人の事』は、その生活について詳細に記されているが、そこには「穢多は名主の宅にては雨内へ入る事を得ざる也」とある。一般の百姓も同様であったのか検討の必要もあろうが、これに関して、「武州世直し一揆」において、長吏の主体的参加があったのかということについて触れておきたい。つまり、日常は雨内に入ることができない「穢多」が、豪農の打ち毀しに自主的に参加することができたのかということである。

(1) 武州世直し一揆と長吏の参加

一八六六年（慶応二）に起きた武州世直し一揆は、武州、上州の二〇〇ヵ村以上に及んだ大規模な一揆である。それは、幕藩権力に直接向けられたものではなく、神の意志以上に富を集積した豪農層に対して、世均《よなら》しを迫るものであった。「ぶっこわし」と人々に語り伝えられた一揆は、借金証文の反故が受け入れられなければ、掠奪や分配をすることなく、すべてを打ち毀すという規律が徹底されたものであった。この一揆において、多摩郡では、東村山市の部落の馬五郎が捕縛され、栄蔵が重傷もしくは死亡している。また、昭島市の部落の五兵衛も死亡している。それぞれ、付近の豪農が組織していた農兵隊の鉄砲によるものである。これらの長吏たちは、主体的に打ち毀し行為に参加したのではなく、一揆の案内人として先頭に立たされたために斃れたのではなかろうか。

豪農がいない村々の上層は、一揆勢に対して、一揆に参加して村への焼き払いを免れるか、鎮圧側に組みするかの決断を迫られた。そして、参加する場合には、打ち毀し対象となる豪農がいる村の案内を要求された。案内をする者は、打ち毀される豪農の恨みを買って負傷することもあり、名主の子弟が案内人に立たされることもあった。このため、長吏が居住する村では、「穢多」を案内人に仕立てたのではなかろうか。

武州榛沢《はんざわ》郡の例では、一揆の頭取の「何方へても物持宅へ案内いたし候」という要求に、村は「早々に穢多共二人、猿喰土村方へ案内仕り候」と応じている。

天保八・九年（一八三七・三八）の大凶作の折、下染谷村（府中市）の豪商糟谷家では、打ち毀しの世上を恐れ、大木製の大砲で備える一方、貧民へは二〇〇〇両以上の大規模な施行《せぎょう》を行っている。その対象地域は、百姓へは近村までであるのに対して、長吏・非人については、旦那場領域を越え、多摩地域の広範な部落に多量に施行している。打ち毀しにおいて、長吏に課せられる案内人の役割に対処するものであったのではなかろうか。

(2) 葬制民俗に見られる旦那場関係

『村鑑』には、馬捨場について次のようにある。

死牛馬幷びに死四足の皮等は穢多が来てむきとり候
但し、牛馬の死候節は組内へ触れ継ぎ、親類も近きの分は罷り出て立合、捨場へ送り出し、大豆を少々添え捨て置き候

弾左衛門配下では、非人が行うとされている皮剝は、牛馬以外の獣も含めて長吏が行っている。蔵敷村の旧名主の回顧録においても、非人は捨て場を見廻り、「穢多」に知らせる義務があり、「穢多が皮を剝ぎ渡世とする」と記されている。弾左衛門は、「非人定法の掟」としてある、非人による皮剝が守られていないとして、一八四四年（天保一五）に掟を守るよう在方に通達しており、青梅場でも長吏が皮剝をしていたと思える。なお、比較的よくまとまっている、青梅市史の村明細帳史料集によると、小屋頭については不明だが、非人小屋が置かれるのは一八世紀以降である。概して多摩地域の非人の現出は、江戸市中に比して遅いといえる。

添え捨てる大豆は、「つとにして」とも記されているのであるが、「つと（苞）」とは、藁で包んだものである。この大豆は、死牛馬に供えたものではなく、「穢多」に

持たせるためであったと思える。秩父地方には、近代まで、大豆や米を入れた藁の「ツトッコ」で、病人の身体を撫でて疫病神を乗り移らせ、三方の辻に送り出したという習俗があった。大豆の入った「つと」は、死牛馬に触れた百姓の穢れを乗り移させるためのものであり、それを「穢多」に引き請けさせることによって、「穢れ」の徘徊、伝播を断ち切ろうとしたのであろうと思われる。

村人の葬礼に関しては次のようにある。

家々に死人の有る節は、土へ付き候不浄の品、棺巻き木綿は、村方非人番へ遣し候。尤も棺巻きの儀は、家格の有る家ごとにはこれ無く、役人、寺、重立ち候方の葬礼には穢多も来たり候。その節は志にて、白米、銭遣し、尤も非人番へも遣し候。不浄の品々は、穢多、非人番両人方へ遣すべし。尤も役人にても、穢多が参らぬ家も有

墓の穴掘り、埋棺は村の組内で相互に行うことになっているのであるが、「棺巻きの儀」という、棺に巻いた白木綿を「穢多・非人番」に与えることが、大事な儀式となっている。

一九六〇年代の青梅地域での葬制民俗の調査では、次のような報告がある（『青梅市の民俗』）。

「棺には白い晒を巻く。この晒は墓の穴掘りが下帯に使うためにもらっていく。親戚の者は墓地から戻ると酒、ウドンを食べるが、穴掘りをした人は部屋に上がらず、土間にムシロを敷いてそこに座った」

禁忌を犯さないように、とりわけ仕来りが遵守された葬礼で、「棺巻きの儀」が伝えられている。近代では穴掘り役が上座に遇された民俗が一般的ななかで、ここでは、組内の人が「非人」としての役割を擬制しているといえよう。

多摩市の部落でも、近世末期、名主家の葬式の香典帳に、白木綿一反が長吏に与えられていることが見られる。この「棺巻きの儀」は、死者の衣装を「穢多・非人」に剝ぎ取らせることを象徴していると考えられる。

三浦圭一は、非人が、死者の「着衣を取得することは、死者の死穢、生前に染まった着衣を脱がせ死者清浄にし、善根のみを残して、死穢、悪行の一切を非人自らのものとする、まさに生身菩薩の行業であった」と指摘してい

る［三浦　一九九〇］。死者の衣装を剝ぎ取ることが、死者の転生を導く再生儀礼であると見るとき、さまざまな民俗事象が「衣装を剝ぐ民俗」として解釈できる。全国各地に見られる「水かけ着物」の慣習は、多摩地域にも次のように伝わっている。「死者が出るとすぐに、死者が着ていた着物を日陰の軒下につりさげ、四十九日までの毎朝毎晩水をかける。その着物は乞食、物乞いにくれた」（東久留米市）。

こうした民俗と同様に、「棺巻きの儀」は「衣装を剝ぐ民俗」であると思える。「棺巻きの儀」は非人番が行うが、村役人、寺、重きのある百姓の場合は、「穢多」も来ることになっている。しかし、村役人であっても「穢多」が来ない家もあるとしている。これは、夏・秋・盆・正月に草履を持参し、軒別に定められた以上の勧進を受ける家との関係性において「穢多」による「棺巻きの儀」が履行されるということである。村人にとって、「穢多」が「棺巻きの儀」をする家は、家格を顕示する重要な意味をもっているのである。

三浦圭一はまた、「牛馬にとって衣装にあたるのが皮革に他ならない」と指摘しているが、死牛馬の皮を剝ぐことは、「衣装を剝ぐ」ことであり、やはり、牛馬の転生を導くものとしてあったのではなかろうか。火事によって馬が焼け死んだ場合、七代祟られるという伝承は多摩の各地に伝えられている。皮を剝ぐことのできない馬は、六道輪廻《ろくどうりんね》をさまよいつづけるということであろう。熊川村（福生市）では、火事で焼け死んだ馬を捨て場に出さずに埋めてしまっている。祟りを怖れるためであるが、長吏に渡す意味もなくなったわけである。百姓が死牛馬を捨て場に出すのは強い穢れ意識からであるが、親類までも呼んでこれを行うというのは、牛馬が転生するための供養を長吏に託すという意識が、はっきりと内在していたのではなかろうか。

おわりに

多摩地域では、小田原北条氏が武蔵に進出してくる以前に、部落の旦那場は形成されていたと思える。清瀬市の部落のそばにある「滝の城」は、大石氏の滝山城の出城としてあり、志木市あたりまで影響力をもっていた。この地域を分岐点として、河越城の太田氏、石神井城の豊島氏の領域に旦那場は符合するようである。

「棺巻きの儀」が広く見られる多摩地域特有の歴史性であろうか、この旦那場とは、青梅場での重きのある百姓と長吏の関係に見られるように、本来は、人や牛馬の死において、転生を導く長吏への布施と、日常での喜捨を基本とする勧進場としてあったように思われる。一七六〇年（宝暦一〇）、青梅場内の岸村（武蔵村山市）の百姓が、長吏に対して「当村方廻り場の旦那」と表現しているのは、菩提寺を旦那寺と主客を逆転して呼ぶのと同様、牛馬に引導を渡す者という意識によるものではなかろうか。

そして、牛馬の転生を導く人々は、とりもなおさず皮を鞣す職能と一体のものとして、この人々は「かわや」と呼ばれたのである。しかし、皮革の軍事的需要がなくなり、軍馬の供給も乏しくなってくるなかで、山番などに転じていき、多摩市の部落で一六世紀末にも見られるように、「かわた」と呼ばれるようになったのではなかろうか。一方、長吏は、その過程は詳らかではないが、キヨメとしての聖性を主張し、竹皮草履や竹箴も職分としていったのであろう。

すでに、鍛冶屋は部落から離れていっており、他の職人も脱賤化をしていくようななかで、民衆は、「かわた」が、茶筅や鉦打などよりも、常人とは違う最も異質な存在としてあることを確かめ、村社会からの排除を強めていった。「かわや」は、水の流れが必要であり、川のそば、崖地や窪地の水の湧き出るところに住んだ。それは、劣悪な場所ではなく、生産の場所であったが、「町離」として差別されるようになっていったのである。

多摩地域の村明細帳に「穢多」が見られるようになってくるのは、一七世紀末、元禄期頃からである。

常人とは違う異質な者として少数者を特定し、確認していくことを通して、多数者である「平人」が形成されれば差別は完成しよう。そうした民衆意識のもと、幕府権力は、関東では弾左衛門によって「穢多・非人」の身分秩序を統制し、他方では差別政策を強化していった。こうしたなかで、長吏への賤視はますます強まり、さまざまな役割を必要とされたにもかかわらず、穢れた存在そのものとして忌避され、社会的に排除されていった。けれども長吏たちは、百姓とせめぎ合うなかで農地を取得し、多様な生産活動を活発に展開し、祭祀、信仰、手習い等に見られる豊かな文化も獲得していったのである。

（小嶋正次）

参考史料

今井寿道編『日曜叢誌』四八号、日本聖公会、一八九三年。

八王子市市史編集専門部会近世部会編『検地帳集成　八王子市史叢書3』八王子市市史編さん室、二〇一四年。

『村明細帳　江戸時代の寄場村「五日市」と周辺の村々』あきる野市五日市郷土館、二〇一〇年。

植田孟縉『武蔵名勝図会』一八二〇年（文政三）脱稿。

府中市立郷土館編『府中市郷土資料集6　府中新宿菊池家文書』府中市教育委員会、一九八二年。

府中市立郷土館編『府中市郷土資料集10　六所宮神主日記』府中市教育委員会、一九八八年。

『鈴木家文書』埼玉県教育委員会。

青梅市郷土博物館編『青梅市史史料集』一号、二号、二六号、二七号、青梅市教育委員会、一九八〇〜八一年。

『大和町史研究』六号、大和町教育委員会（現東大和市）、一九六二年。

国文学研究資料館史料館編『農民の日記　史料叢書5　富沢家日記』名著出版、二〇〇一年。

町田市立自由民権資料館編『武相自由民権史料集6』町田市教育委員会、二〇〇七年。

近世村落史研究会編『武州世直し一揆史料』慶友社、一九七四年。

東村山市史編さん委員会編『東村山市史8　資料編　近世2』東村山市、一九九九年。

『郷土研究』三号、昭島市郷土研究会、一九六三年。

『青梅市の民俗』青梅市教育委員会、一九七三年。

村山町史編纂委員会編『村山町史』村山町教育委員会（現武蔵村山市）、一九六八年。

参考文献

石塚尊俊（一九九六）『鑪と刳船』慶友社。

片山迪夫（一九七二）「多摩郡伊奈村石工門開き一件」『武蔵野』第五〇巻二号、武蔵野文化協会。

北原進（一九六三）「府中市下染谷の蔵元　資料　名主粕谷家の活躍」。

菊池山哉（一九八六）「総社・六所明神・国衙に就て」『府中市史史料集11』府中市史編纂委員会。

鯨井千佐登（二〇〇六）「差別と穢れ」『季刊　東北学』七号、東北芸術工科大学東北文化研究センター。

小嶋正次（二〇一二）「地租改正期、部落における土地を守る闘い」『解放研究』二六号、東日本部落解放研究所。

杉本林志（一九三九）『狭山之栞』狭山之栞刊行会。
橋本義夫（一九五五）『村の古文書1』地方文化研究会。
三浦圭一（一九九〇）『日本中世賤民史の研究』部落問題研究所出版部。
渡邊實（一九六五）『未解放部落史の研究』吉川弘文館。

近現代

一　「解放令」と弾左衛門体制の崩壊

「御一新」を標榜する明治新政府が成立すると、各地の部落からは身分引き上げを求める嘆願書が提出された。明治政府は欧米諸国の圧力に対抗し、その仲間入りを果たすべく、欧米の文明を政治、経済、社会、文化のあらゆる面で導入する大改革＝近代化を行おうとした。近代化、資本主義化にとって身分制は桎梏であり、身分、職業の自由化が不可欠と考えられ、身分制の解体が図られた。当時、わかりやすい言葉で「四民平等」と言われたが、これは天皇のもとでの平等、すなわち「一君万民」を目指すものであり、特権身分として華族制度が作られるなど、改革は不十分なものであった。

一八七一年（明治四）に、いわゆる「解放令」が太政官布告として出された。

穢多非人等の称、廃され候条、自今、身分職業とも平民同様たるべき事

辛未八月　　　太政官

これは「穢多非人等」の称を廃止し、「身分職業とも平民同様」とするものであり、部落の人々はこの布告を歓迎した。しかし、この「穢多非人等」の廃止も人権、平等思想から出されたわけでなく、その背景には、当時進められていた地租改正作業のもとで、部落のなかにあった免税地をそのままにしたり、徴税、徴兵の基礎となる統一戸籍作成で、部落を除外、特別扱いするのは妥当ではないという判断があったと考えられる。

「解放令」によって、関東一円の「穢多・非人」を支配していた弾左衛門体制は崩壊した。

「解放令」以後もきびしい差別が続き、決して「平民

同様」とはならなかったが、政府が「穢多・非人」の制度を廃止し、「平民同様」と公認したことは、その後の部落の人々の闘いの大きな力になった。

一八七一年、政府は斃牛馬勝手処理令を出して、斃牛馬処理・取得の権利を部落から剝奪し、また弾左衛門がもっていた灯心とその原料藺草《いぐさ》の専売権も剝奪した。

明治に入り、これまで被差別身分に属する権利（職分）でもあった斃牛馬処理・取得その他の権利が否定され、他産業への就職、進出が差別によって拒まれると、部落の人々の生活は急速に貧困化していった。

同じく一八七一年、治安維持のため邏卒《らそつ》、捕亡吏《ほぼうり》が置かれ、これはその後、内務省巡査を基本とする警察制度として整理されていくが、これは同時に、江戸時代にあった部落の番人役など治安維持の役割を否定するものであった。

幕府崩壊の混乱のもと、東京には「乞食非人」その他の「窮民《きゅうみん》」があふれていた。当初、これら「窮民」の取締と救済の任にあたった弾左衛門配下の旧非人たちも、「解放令」以後、これまでの仕事を奪われ、大きな収入源であった町方の家々から一日一文ずつの金銭を受け取る日勧進の権利も否定された。

「非人共、これまで日勧進ならびに吉凶に付き、町家より金銭施し請け候ところ、平民にあいなり候上は、右様施し乞いは、一切相止めさせ候積もり」と、東京府の出した伺いに、大蔵省は「伺いの通り」と返事している（『史料集　明治初期被差別部落』）。

あわせて乞胸《ごうむね》・願人《がんにん》たちも、乞食非人同様の所業として活動を禁止された。乞胸・願人は「ぐれ宿」と言われた木賃宿を営み、そこに多くの貧しい「窮民」が止宿していた。明治期の下谷万年町、芝新網、四谷鮫河橋、神田橋本町などのスラムは、そこから広がっていったものであり、ここに多くの部落の人々も流入していったと考えられる。

二　「解放令」後の部落の人々の生業

新たな事態を乗り切り、新しい時代を我がものとするため、部落の人々は起業し、必死の努力を傾けるものの、大資本や差別の圧力を乗り越えることは簡単ではなかった。

最後の弾左衛門改め弾直樹は、政府の「皮革製造用達」を認められ、東京王子滝野川に皮革工場を設け、多額の給料を払って「お雇い外国人」チアルレス・ヘニンクルをアメリカから雇い入れた。各地から集めた伝習生への教育と、西洋式皮革と軍靴の製造を開始するが、製靴の仕事は軍を中心に大量の需要と利益が予想され、政商その他大資本が入り込んできた。

結局、弾の会社は三井の北岡組に吸収され、部落の人々は中小、零細な皮革業、製靴工場の労働者、零細の靴職人として生きる道を選択せざるをえなかった。

幕末に始まった屠場《とじょう》、食肉の仕事は、当初は外国人向けの食用のためのものであったが、牛鍋屋の評判が高まり、日本でも食肉の習慣が広がると、新たな産業として成立した。

東京では一八六九年（明治二）、それまであった二ヵ所の屠牛場を廃止し、築地に官営の屠牛場が設置されたがうまくいかず、各所に屠場が作られた。政府の方針は一貫せず、混乱があったが、明治末には一九〇六年（明治三九）の屠場法の公布を背景に、東京では大崎、寺島、三ノ輪、八王子、尾久、深川などに私設の屠場が作られていた。屠場はその後も新設されていったが、一〇年の準備を経て一九三六年（昭和一一）に芝浦屠場（東京市常設家畜市場、東京市設芝浦屠場）が作られると、一部を除いてこれに吸収されていった（『芝浦屠場二十年史』）。屠場では多くの部落出身者が働き、その労働環境、労働条件は劣悪で、屠場への偏見、差別も強かった。

明治に入り、東京の部落の人々の部落産業とも言うべき生業は、主に皮革、食肉、履き物、幕末の織物業の発展とともに需要の高まった筬《おさ》（織機の部品）等に集中するようになった。

一八七七年（明治一〇）、明治政府の殖産興業策の一環として、上野公園を会場に第一回内国勧業博覧会が開催された。これには書画、彫刻、写真、陶磁器、糸と織物、紙、医療器具や武器、さまざまな製造機械、工具、部品、農林水産の生産物や道具、園芸用品等々、ありとあらゆる国産の産品が展示された。第一回と第二回（一八八一年）の出品目録を見ると、東京の部落では、浅草から靴や下駄表、八王子、青梅からは筬、練馬からは靴、下駄、下駄表、雪駄、草鞋などの履き物類が出品されていた。これらの品々の説明を見ると、美しくしっかりした仕上がりであることが想像され、人々の自らの仕事、製品に対する自信と誇り、生活向上への願いをうかがい知ることができる。

三　平等実現のための教育、信仰、政治

部落の人々は「御一新」を自分のものとするよう動き始めた。製靴、食肉などの新しい仕事に進出するとともに、平等実現のための教育、信仰、政治へ積極的に参加していく。

政府は、一八七二年（明治五）の「学制」公布によって、「国民皆学」の方針を打ち出した。当時、国民の教育への理解は不十分であったし、学校建設費用が国民の負担とされたことへの不満から、公立小学校の建設はなかなか進まず、東京では当初は寺子屋の流れを汲む私立小学校が多数を占めていた。実際、公立小学校の授業料より私立小学校の授業料の方が安く、貧乏な子どもたちを通わせるには私立小学校の方がよかった（なお、東京では戦争の終わる一九四五年（昭和二〇）まで公立小学校は授業料を取り続けていた）。

浅草では一八七三年（明治六）、弾直樹が今戸の禅宗潮江院《ちょうこういん》で幼童学所（私立小学校）を開いた。その設立願いを見ると、七人の英学、数学、漢学教師をそろえ、読書、習字、算術を基本とし、「余科」として四書五経、英学、国史、万国歴史、地理、窮理（物理）その他を選択できるようになっていた。授業料は、家庭の経済力によって一二銭五厘から五〇銭までの三段階、「極貧の者はこの限りにあらず」とされていた。

その後、亀岡町（旧新町）には私立の里見尋常小学校、江北尋常小学校、尚徳尋常小学校などが作られた。このうち、江北尋常小学校は日本聖公会の海保熊次郎が、尚徳尋常小学校は白山神社祠掌の小西新次郎が作ったものである。亀岡町に公立小学校の山谷堀小学校が作られるのは、一九〇九年（明治四二）のことであった。

練馬の部落では、公立小学校建設のため部落の人々は協力するが、子どもたちは学校に入ることができず、自分たちが作った私塾のような私立小学校に入っていた。

このことについて、練馬部落の杉本重利（夏山茂）が次のように書いている［杉本 一九三二］。

明治九年、練馬に小学校が創立されてから、人一倍の人夫を課せられ、重い負担金を割り当てられながら、足かけ二十七年間、私の部落では寺小屋《ママ》で教育を受けるの余儀なき状態であった。大抵は武士上がりの浪人者で四書五経、史記左伝が読める程度の先生から、読書珠算の教えを受けた。唱歌一つ、体操一手教わるでなし、鼻垂れ子《ママ》僧が、天神机を前に正座して、ゴッツイ顔の先生から、変哲もない読本の棒読みを機械的に聴かされていた。

（杉本重利「半生の葬送曲」）

明治二〇年代、人々の努力で子どもたちは本村の開進小学校に入学したが、部落の子どもたちへのいやがらせが絶えず、大人までもが加わり、そのため部落の子どもたちのほとんどが退学に追い込まれてしまった。これに義憤を感じた当時の校長が、部落に入って通学するよう働きかけたが、今度は「人の嫌うところへわざわざ出かけて、御機嫌を取る様な破廉恥漢」に子どもを預けるわけにはいかないと、校長を追い出してしまった。

一方、八王子の部落では、人々が村にカトリックを受け容れ、教会を建てた。教会では「天主堂学校」が設けられ、昼は子どもたち、夜は大人たちが勉強した。当時、八王子の部落の人々は、周りは文字を知らない者も多いが、八王子の部落では字を知らないものはいないと自慢していたと言われている［東京部落解放研究会歴史部会 一九七五］。

きびしい差別のもとでも、人々の教育に対する期待と熱意は以後も変わらず、一九三六年（昭和一一）の木《き》下《ね》川《がわ》小学校の設立にあたっては、木下川の人々が全面的に協力し、地域の人々が「東洋一の設備」と誇るものになった［木下川沿革史研究会 一九九四］。

開国とともに来日したキリスト教の伝道者たちは、当初、布教のターゲットを貧しい人々に向け、部落やスラムに入り込んだ。また、平等を願う被差別の人々もキリスト教に接近していった。浅草の部落や万年町のスラムにはイギリス国教会系の聖公会が、八王子の部落にはカトリックが入った。

浅草では、キリスト教に接近するとともに民権結社「公演社」が作られた。

八王子は、幕末から開港地横浜と生糸、絹織物の生産地帯を結ぶ「絹の道」の要所で、部落には皮革、製糸、竹筬の工場・工房が作られた。一定の経済力を背景に、平等実現のためキリスト教を導入し、自由民権運動に参加していった。部落の有力者の山口重兵衛、山上卓樹、柏木豊次郎らは自由党に加入し、山口宅に鴻武館という文武の道場を設け、多くの部落の青年たちを集めていた。松方デフレにより打撃を受けた民衆が蜂起する秩父事件が起きると、これに参加する人々もいた。

山上卓樹の妹カクは、横浜で修道女となり、布教のかたわら、病人や貧しい子どもたちの世話をし、戸籍のない子一〇〇〇名以上を自分の養女として世話したと言われる［沼 二〇〇六］。

四　資本主義の発達と部落

明治政府の「富国強兵」「殖産興業」をスローガンにした近代化策は、地租改正と松方デフレを軸に進められ、日本最初の侵略戦争となる日清戦争と、それに続く日露戦争をテコに、日本は産業革命を成功させ、世界の帝国主義国家の仲間入りを果たしていった。財閥、独占資本が生まれるとともに、地主が力をもち、労働者、小作人は長時間、低賃金（収入）の過酷な労働を強いられた。東京、大阪など大都市にはスラムが形成され、部落への差別は強まった。

『日本之下層社会』（一八九九年）で東京の三大スラムなどをルポした横山源之助は、「新平民社会の状態」で東京浅草の部落をルポしている［横山 一八九九］。

まず、ルポの最初で、そこは一歩足を踏み入れると「一種形容すべからざる臭気鼻をつく、人に会い、家を訪うごとに常に臭気これに伴い、ついにしんしんとして頭痛す」と偏見を煽る。職業については「その職業を一口に言えば悉く皮商売なり。これを別けては靴製造に従事する者あり、太鼓を造る者あり、下駄の鼻緒等に従えるもありといえども、男子の職業としてその最も多きは、敷皮その他太鼓、鼻緒等の原料たる皮を精製する一般皮職業なり。（中略）この部落にては、婦女子が多額の金を得つつあるは注目すべき現象なるべし、その仕事は概ね下駄の鼻緒なり」と紹介する。そして、彼らの「性情」は世人との交際がないので、「臆病」で、「疑い深く」、「頑迷」であるとした。亀岡町の火事で二、三〇戸が焼けたのは消防が来なかったからであり、急病人が出ても金持ちなら来るが貧乏な家には来ないという事実を紹介したうえで、「ああ社会の罪か、制度の罪か、同じく一人の天皇を戴きながら、同じ帝都の下に在りて、法律の上には四民平等の権能を受けたるにもかかわらず、全く天地を異にし、言語を異にし、今日の如き蒙昧なるを致す、あに憫れむべきにあらずや」と嘆息してみせる。当時の知識人の部落への偏見が如実に現れているルポであった。

それでも、東京府は都市整備が進むに従い、東京には差別がないかのように吹聴した。特に一九二三年（大正一二）の関東大震災とその後の復興事業のなかで、部落が解体されたかのような言辞を流していたが、これに抗議し差別の厳存を明らかにし、差別との闘いを進めたのは東京水平社の人々であった。

五　部落と労働運動、農民運動

江戸時代、弾左衛門と部落は江戸の発展とともに周辺部に移転させられていった。近代においても、市街地の整備とともに、部落への偏見と衛生上の見地から、皮革業者や屠場は周辺部での立地を強制されていった。

一八七三年（明治六）、東京府は獣皮晒製《さいせい》（なめして天日で乾かす）業者に「人家懸隔」の場所に移るよう命じた。一八九二年（明治二五）には警視庁が一九〇二年（明治三五）までに浅草の皮革業者たちに市外の三河島、木下川へ移転するよう命じた。三河島も木下川も低湿地で、盛り土しなければならなかった。抵抗しながらも結局移転に応じざるをえず、この地域は東京最大の皮革製造地帯となった。移転後の地域の様子がわかる史料がある［山雀生一九一二］。

製皮場が三河島、木下川にあらぬ前、すなわち亀岡町、新谷町にあった時代には皮工は他の職業に比し多くの工賃を得ていたのは事実である。したがって生活も現今のようでなくいささか余裕もあった。三十五年中に、新谷町亀岡町を引き払って三河島木下川と別れ別れに移転した。その年は非常な不景気であって何工場でも製品を荷厄介にした。三十七年となって彼の日露戦争時節到来というので俄に活気を呈した、製革の需要は未曾有の高である。仕込みに追われて夜業をせぬ工場は唯の一軒もない。木下川三河島何れも工場は増す職工は増す、工場主連の口元には不断の微笑があつた。（中略）それから四十四年まで誰も嫌な不景気という風がずつと吹き通しだ、大洪水には二度遇うし、イヤさんざんである処からして職工の工賃も行詰りとなつた、物価はますます騰貴するばかり、やりきれねえの嘆声を口にするようになつた。

（山雀生「雑記帳五」）

明治四〇年代に入り、日本の資本主義発展の陰で犠牲となった労働者の不満が爆発し、労働組合が作られ争議が活発化していった。また、社会主義運動も始まり、政府は社会問題への対応を迫られた。

一九〇〇年（明治三三）、芝白金の日本家畜市場会社の獣畜屠夫たちが、屠畜賃金の引き上げを要求してストライキを行った。翌一九〇一年（明治三四）には、大塚組の靴工たちが賃上げを要求してストライキを行った。

その後も皮革関係の労働者たちが労働組合を作り、闘いに立ち上がっていた。

一九二二（大正一一）　浅草の鼻緒技工組合、賃上げ要求争議
浅草の花緒工組合、同盟ストを決議
一九二五（大正一四）　北千住に東京革工組合結成（日本皮革、明治皮革、秋元皮革、東靴他加盟）
一九二六（大正一五）　日本皮革争議
一九三六（昭和一一）　東京革工組合、関東革技工組合が合同して皮革産業労働組合結成

多摩地域では、部落の人々は多く小作農として、日雇い、履き物などの仕事とあわせて生計を立てていた。農民組合、小作人組合が作られ、農民運動が活発化すると、積極的にこれに参加していった。

六　木下川地区の再移転命令と反対運動

「製皮業になるなら泳ぎを先に習え」と言われた木下

川地区は、たびたび水害に悩まされた。一五年に及ぶ計画・準備を経て、一九二四年（大正一三）に荒川放水路が開設され、水害の心配はなくなったが、木下川地区は現在の墨田区側と葛飾区側に分断され、放水路にかかった人々は移転を強制された。当初、軍靴需要を中心に発達した皮革業は、大正期以降の生活の変化から、靴やかばんなどの民需が増え、木下川の皮革業が発展していった。しかし、木下川地区の人々への偏見、差別はきびしかった。さらに一九二五年（大正一四）、政府指導のもと、東京で「市街地建築物法」による地域指定が行われ、皮革製造などは衛生上有害で危険な業種として、乙種特別地区に指定された。それに基づき木下川、三河島の人々は、海に近い小松川、砂町、葛西などの指定地域への移転が指示された。これに対し、木下川の「東京製革業組合」、三河島の「東京製革組合」を中心に政府への陳情書を提出し、結束して反対運動に取り組んだ。

陳情の要旨は、本来、皮革業は「衛生上有害のものにあらざる」ので、特別地区にはあたらないことを強調しつつ、現実的要求としては、新たな指定地は、①井戸水に塩分が含まれ良質の製品が作れない、②潮風による乾燥は塩分除去にむだな労力を要する、③運輸、交通に不便で、工場建設には盛り土が必要で採算が合わない、④新指定地の住民が反対している、⑤新指定地の地主が足下につけこみ地上げその他無理な要求をしている、⑥移転すれば現在の皮革業は衰退する、として、新たな場所を指定するのでなく、現在の木下川、三河島地域を乙種特別地区に指定すればすむ、というものであった。陳情書の一部を引用する［木下川沿革史研究会 一九九四］。

かかる法令の基づかざるが如き取締は、斯業の伸展を甚だしく阻害するのみならず、旧来の因習に囚われ、みだりに斯業を嫌忌し、別個取扱をなすやの疑念を生じ、我が憲法に保障せられたる臣民の営業の自由に対し、法令の規定によらず抑圧する手段と誤認するの虞あり

と、これは偏見、差別によるものであると主張し、

祖先が明治初年、墳墓の地と定められたる浅草区新谷町、亀岡町は東京市の発展に伴い明治二十年頃立ち

退きを命ぜられ、当時官憲の諒解を得、無期限にて許可を得、漸く安定したるものと信じ、業者が集団し協力一致心血を注ぎ、不毛の地を開拓し、営業の基礎定まり伸展に向かわんとしたる今日、またもや立ち退きの運命に遭遇するは流浪の民の如き取扱であり、業者は安心して生業に従事する場所なき結果を招来し、かかる状況では斯業の伸展の機会を失い、ついには自滅に至り

我々はどれだけ流浪すればいいのかときびしく追及した。運動の結果、移転計画は棚上げされ、木下川、三河島の皮革の町は守られた。

七　水平社運動と東京水平社

一九二二年（大正一一）、全国水平社が創立された。創立に大きな役割を果たした人物の一人が東京から参加した平野小剣であった。彼は福島の部落に生まれ、当時は印刷工であった。東京で融和団体同愛会が作られると、発会式で「同情の押し売りは御免だ。それより特殊部落内にはすでに階級闘争の思潮が侵入しているんだ」と演説したという。平野小剣は、印刷工組合信友会の機関紙「信友」に「△△（伏せ字）民族の反抗心――暴力から暴刃へ」を書き、発禁処分にあっていた。全国水平社創立大会が終わるとすぐ、五月に平野小剣の家で印刷工仲間の深川武らとともに、東京水平社創立相談会を開いた。平野小剣は、当時の共産党を支持する「ボル派」の人々から「アナキスト」「スパイ」などと批判され、関東の水平運動に影響をもちつつ独自の道を歩んでいったため、東京の水平社運動の中心になったのは熊本出身の深川武であった。

東京では浅草、三河島、青梅、練馬などで水平社の活動が見られ、一九二六年（大正一五）に全国水平社東京府連が結成された。水平社が「ボル派」と「アナ派」に分かれて対立したとき、深川武ら東京の人々の多くは「アナ派」に属した。「ボル派」の人々が部落差別をなくす反差別の闘いを階級闘争、革命運動に従属させたのに対し、「アナ派」の人々は賤視差別に反対する水平運動独自の役割を大切に考え活動した。

深川は、水平運動にとって大切なことは、イデオロギ

ー的対立などでなく「消費組合を組織して経済的基礎を、水平学校を興して教育運動をさかんならしめ、運動の土台石を築き直す」ことだと考えていた［深川 一九二九］。浅草では靴の生産組合、消費組合、借家人組合などが作られ、プロレタリア学校なども開催された。

一九三三年（昭和八）の高松差別裁判闘争には、請願行進隊に東京から川島松造（浅草）、谷本光（青梅）が参加した。東京に結集した請願隊を世話したのは深川武の家で、武の妻としゑは、八〇人の大世帯をかかえ、夜明けとともに何度も何度も飯炊きをしてその世話は大変だったという［松浦 二〇〇二］。高松差別裁判闘争は、部落民であることを相手に告げずに結婚しようとしたとして、部落の青年二人（兄弟）を結婚誘拐罪で懲役にした差別判決に、全国の部落の人々が怒りをもって立ち上がった闘争である。闘いは全面勝利とは言えないものの、二人の青年は刑期前に釈放され、関係の裁判官、検事、警察署長などは左遷、退職になった。

この前年の一九三二年（昭和七）に、浅草で白山・八幡神社合祀問題が起きた。関東大震災後の区画整理により、亀岡町と今戸町が合併し、町会も一つ、神社も一つということで、旧今戸町の八幡神社と旧亀岡町の白山神社が合祀されることになった。それに対し、八幡神社の氏子の一部から「エタの神様と八幡様を一緒にできるか」と妨害が始まった。話し合いは続くが、差別者たちの妨害はやまず、白山神社側氏子は合祀賛成の八幡神社側氏子の協力も得、ねばり強く運動を進めた。

事態発生から五年目に入った一九三七年（昭和一二）、全国水平社第一四回大会のため東京に集まった水平社の人々の参加も得、今戸、山谷堀会館で大集会が開かれた。深川武はそこで二時間の大演説を行い、「合祀は今戸百年の大計のためにいかなる犠牲を払っても敢行しなければならぬ」と訴え、合祀にこぎつけた。深川は「全水ニュース」（一九三七年二月号）で、この事件を、たとえ部落形態が変わったように見えてもなお「解消しない差別の厳存」をまざまざと示した重要な事件であり、「政府のお役人たちが唱える『部落分散論』がいかに妄論であるかを明白に立証するもの」と総括した。その翌年、深川武は浅草区議に初めて当選した。それは、地域に密着して共同戦線を張る「太い線の運動」を進めてきた成果でもあった。

八　融和運動、融和事業

スラムや部落差別の存在、労働運動や農民運動に対して、人々の不満を抑えるため、政府は慈善事業や社会事業を考え、社会政策を考えるようになっていた。部落対策として考えられていったのは融和事業であった。

当初、有力者や部落内有力者が中心になり、融和団体が各地で作られ出したが、一九二一年（大正一〇）、東京では元久留米藩主・有馬頼寧を中心に同愛会が作られ、浅草、八王子、練馬等の部落有力者が参加していった。一九二五年（大正一四）、中央社会事業協会地方改善部を中央融和事業協会に改組し、以後、政府の融和事業はこの協会を通して行われた。事業の内容は、協会の機関紙『融和時報』、研究誌『融和事業研究』を見るとよくわかる。

一九三二年（昭和七）、東京府社会事業融和部が発足し、練馬町融和会、吾孀奉明会、霞村融和促進同志会とともに都内の融和事業を担っていった。

東京の融和運動で積極的役割を果たした陸軍大佐・宮地久衛は、一九三〇年（昭和五）頃のある多摩地区の部落について、「今日この地附近一体差別の有無は如何、是は従来ほとんど絶滅を説く者があった、しかるに私が昨今数旬間の体験によるも、幾多の有力にして深刻なる差別事相を列挙し得るは、実に遺憾至極にして、あるいは全国中に於ても寧ろ融和の成績不良の部に在るやを疑わしむ」と述べていた［宮地 一九三二］。

世界恐慌が始まると、『融和時報』第六八号に「餓死線上を彷徨ふ部落」が掲載され、東京、練馬の部落の惨状が明らかにされている。

家族は祖母、主人夫婦、娘二人、男の子三人の八人暮らしで、主婦と娘二人が棕櫚表編工、主人は以上三人の下仕事、この四人が朝の八時から夜の十一時近くまで年が年中働き通して得た一ケ年の収入は約三六〇円である。そして一ケ年の経費を計算してみると収支差引三三〇円八〇銭の不足になる。これが年々借金となって残り、附近の農家は土地の発展につれて懐手して金が転り込むのに、わが部落内は牛馬の様に働き通して年々社会のどん底へと転落しつつあるのである。

（「餓死線上を彷徨ふ部落」）

融和事業は融和運動とともに部落の環境改善を進めていた。八王子では竹細工、多摩では養豚の講習会が開かれ、多摩の各地で共同作業所が作られた。融和教育の指導者講習会などもたびたび行われ、青梅、練馬、八王子では隣保館が作られた。隣保館では保育、子ども会、健康相談、診療、職業指導などが行われていた。

東京の水平社運動を代表する人物が深川武であるとするなら、東京の融和運動を代表する人物は練馬の杉本重利である。彼は「半生の葬送曲」（前出）、「被差別者の回想録」という二つの自伝的回想録を残している［夏山一九三二］。

これらを読むと、東京の部落出身者の置かれた社会の状況、子どもの頃からの生活や思い、怒りや悔しさが見えてくる。杉本は水平社運動には参加しなかったが、政府の官僚的な融和事業は「空論」に等しく、部落の人々の力を信じ、「部落民の自覚」こそが問題解決の基本であると考えていた。

杉本重利と深川武には、差別に対する怒りはもちろん、部落民自身が立ち上がり、生活、経済を高めていかなければならないという思いなど、多くの共通点があったにもかかわらず、二人の歩む道は異なっていた。

（松浦利貞）

参考史料

部落解放研究所編『史料集　明治初期被差別部落』解放出版社、一九八六年。

『芝浦屠場二十年史』食肉情報社、一九五六年。

『明治前期産業発達史資料』勧業博覧会資料、明治文献資料刊行会、一九七五年。

杉本重利「半生の葬送曲」『融和事業研究』二〇輯、中央融和事業協会、一九三二年。

横山源之助「新平民社会の状態」『太陽』第五巻二二号、博文館、一八九九年。

山雀生「雑記帳五」『皮革世界』第五巻一九号、中央文社、一九一一年、『解放研究』九号（東日本部落解放研究所、一九九六年）所収。

東京水平社運動研究会「東京水平社関係史料集」『東京部落解放研究』八・九号、東京部落解放研究会、一九七七年。

深川武「最近の水平運動」『改造』一九二九年六月号、改造社、一九二九年。

深川武「白山・八幡神社合祀紛糾に全国水平社遂に起つ」『全水ニュース』一九三七年二月号、一九三七年。

宮地久衛「明治大帝融和の御垂教」『融和時報』五一号、中央融和事業協会、一九三一年。

「餓死線上を彷徨ふ部落」『融和時報』六八号、中央融和事業協会、一九三二年。

夏山茂「被差別者の回想録」『社会福利』第一六巻四号、東京社会事業協会、一九三二年。

参考文献

木下川沿革史研究会（一九九四）「木下川地区の歩み」『明日を拓く』二・三号、東京部落解放研究会。

東京部落解放研究会歴史部会（一九七五）「八王子福岡部落の歴史」東京部落解放研究会編『東京の被差別部落』新日本文学会。

沼謙吉（二〇〇六）「山上卓樹・カクと多摩のキリスト教」町田市立自由民権資料館編『山上卓樹・カクと武相のキリスト教』町田市教育委員会。

松浦利貞（一九八二）「被差別部落と教員——近代東京の場合」荒井貢次郎編『関東・東海被差別部落史研究』明石書店。

松浦利貞（二〇〇二）「深川武」水平社博物館編『全国水平社を支えた人々』解放出版社。

特論4　近世の部落史における弾左衛門体制

大熊哲雄

はじめに

東日本、特に関東の近世部落史を語るとき、この地域の長吏・非人等の上に「君臨」した弾左衛門、あるいは弾左衛門役所という存在は無視できない。とりわけ、弾左衛門を頭として形成された長吏・非人（猿引《さるひき》にも論及すべきだが、行論上除外する）の支配体制（弾左衛門体制）は、全国的にみてもきわめて特異なものであった。最大の特徴はその支配領域の広大さにあり、数多くの幕府直轄領・旗本領・大名領・寺社領を含んでいた。しかも規模の大きさに限らず、長吏・非人身分内に限定されるが、支配機構や法体系（身分内法）・貢税賦課・人別把握などの諸側面を備えていたという点からも、他地域の頭支配を凌駕するものだった。

ところが、弾左衛門は、一八七一年（明治四）のいわゆる「解放令」発布により、その支配権を全面的に失い役所機構も消滅した。そして、新たな時代への対応を模索して取り組んだ軍靴製造などの事業は成功せず、その財産を失った。それに伴い、膨大に集積されていたはずの弾左衛門家・弾左衛門役所の史料類もことごとく散逸してしまった。そのため、弾左衛門体制については、その他の諸史料（旧幕史料や地方史料など）に依存せざるを得ない状況にある。以下、右諸史料類に依拠して叙述に努めるが、推測の域を出ない箇所も少なくない。

一　弾左衛門家と弾左衛門体制の特徴

(1) 長吏頭弾左衛門の出自と系譜

一七二五年（享保一〇）、幕府に提出されたいわゆる「弾左衛門由緒書」において、弾左衛門はその出自を摂津《せっつ》国としているが、何の根拠も見いだせず信じがたい。また、摂津から鎌倉に下り源頼朝に仕え、長吏以下の者（いわゆる「廿八座《にじゅうはちざ》」）の支配を命じられて、その証文（「頼朝判物」）は鎌倉八幡宮に納められ、その縁で八幡宮の祭礼において先立の供奉を勤めていたとする由緒を述べている。これも信じがたい話であり、むしろ、この由緒の主張は、鎌倉極楽寺村長吏・太郎左衛門のものではないか。この点について小丸俊雄は、弾左衛門が「太郎左衛門方に伝承されていた偽物の文書類を奪い、自分が頼朝以来の古い家系であるかの如く記載したもの」と断じている［小丸 一九七八］。大筋で納得できる見方であるが、近年見いだされた「相州鎌倉極楽寺村長吏類門帳」についての鳥山洋の検討からは、元禄期頃、太郎左衛門へのキリシタン嫌疑に関わって「貸し」を作った弾左衛門が、その由緒を円満に「譲り受け」た可能性も考えられる［鳥山 二〇〇三］。

いずれにしても、弾左衛門の出自・系譜について確たるものは見いだせず、戦国期江戸城の近辺、のちの日本橋室町辺に居住した小規模な長吏集団の頭だったのではないかという推測が現在のところ妥当に思われる。

弾左衛門の系譜につき、長らく初代は不明とされてきたが、松岡満雄の研究により一三代にわたる弾左衛門の系譜がすべて明らかになった［松岡 一九九六］。今後は、松岡の明らかにした歴代弾左衛門の実像をさらに解明していくことが課題となろう。そこで、ここでは松岡論文に掲載された「弾左衛門歴代一覧」（表1）を紹介しておく。

なお、弾左衛門の地位（権威）は、幕府の「目見《めみ》え」（町奉行への拝謁）によって継承・保証されていたが、その始期が史料的に明らかなのは一七〇九年（宝永六）からであり、それ以前については不明である。また、弾左衛門家の暮らしぶりについては、上級旗本クラスに匹敵すると諸書に述べられているが、実態は必ずしも明らかではない。江戸時代後期の弾左衛門「中立書」[1]などをみると、多くの借財に苦しむ様子が窺われるので、封建領主一般と同様であったものと推察される。

(2) 弾左衛門体制の特徴

弾左衛門体制の説明にあたっては、次の四つの特徴に分け、節を改めて順次述べていくことにする。

表1　弾左衛門歴代一覧

代	諱	幼名改名等	法名・享年	生没年	相続
1	集房		浄證院集開	〜元和三（一六一七）丁巳　七月一七日	
2	集季	小次郎	集道	〜寛永一七（一六四〇）庚辰　一〇月三日	
3	集信 集春	助右衛門	乗蓮	〜寛文九（一六六九）己酉　四月二六日	
4	集久	介次郎	乗誓	〜宝永六（一七〇九）己丑　七月一四日	
5		吉次郎		〜宝永六頃	
6	集村	浅之助	浄圓禅門 親松齊　六一才	元禄一一（一六九八）戊寅 〜宝暦八（一七五八）戊寅　正月	宝永六（一七〇九）　九月　相続
7	集囿	勝之助 織右衛門	晴雲院釋集誓信士　六七才	享保七（一七二二）壬寅 〜天明八（一七八八）戊申　一一月二六日	延享三（一七四六）　一二月一八日目見 延享五（一七四八）　六月二七日相続
8	集益	要 要人	即生院釋真誓信士　四五才	延享三（一七四六）丙寅 〜寛政二（一七九〇）庚戌　四月二日	安永四（一七七五）　七月二七日目見 同　閏一二月一八日相続
9	集林	浅之助	涼應院釋諦成居士　二五才	安永九（一七八〇）庚子 〜文化元（一八〇四）甲子　三月一六日	寛政五（一七九三）　四月六日相続
10	集和	金太郎	光照院釋速往居士　三〇才	寛政四（一七九二）壬子　三月二二日 〜文政四（一八二一）辛巳　五月二三日	文化元（一八〇四）　六月六日相続
11	集民	河野冨三郎	瑞華院釋能量居士　二一才	文化五（一八〇八）戊辰 〜文政一一（一八二八）戊子　六月	文政五（一八二二）　閏一月六日相続
12	集司	大友周司 彈　讓	至誠院釋深明居士　五八才	文化一二（一八一五）乙亥 〜明治五（一八七二）壬申　八月	文政一二（一八二九）　一二月一八相続
13	集保	寺田小太郎 彈　直樹	心樹院釋深樂居士　六七才	文政六（一八二三）癸未 〜明治二二（一八八九）己丑　七月九日	天保一一（一八四〇）　一一月六日相続

出典：松岡［一九九六］より。

a　支配領域がきわめて広範であったという特徴
b　幕府（特に江戸町奉行）の直轄下にあったという特徴
c　支配システムがきわめて整備されていたという特徴
d　非人身分を支配下に置いていたという特徴

二　広範にわたる支配領域

弾左衛門が関東八ヵ国を自己の基本的な支配領域と考えていたのは、徳川氏および江戸幕府の関東支配に依拠したためと思われる。この点については、前述の「弾左衛門由緒書」に添付された江戸時代初期の文書類[2]によって、幕府が江戸の弾左衛門を軸にして皮革調達を関東に広げた様子から知られる。ただし、この段階では、その範囲は相模国周辺の範囲に留まる知見しか得られていない。しかし、関ヶ原の合戦後、幕府の関東支配が強化されるにつれて、弾左衛門の関東地域の長吏集団への影響力も意識的に強められたものと推測される。また、古くは室町時代の関東府支配領域が関東八ヵ国と甲斐・伊豆を加えた一〇ヵ国であったことや、家康の大御所時代には、関東八ヵ国と伊豆・駿河を加えた一〇ヵ国は徳川氏が本拠とした領域であることも影響していたのではないか。後者については次項で触れる。

なお、上州太田地域における一六四五年（正保二）の長吏集団間の紛争にみられるように[3]、紛争を調停する存在（頭）を求める動きが下からあったという側面もみていく必要があろう。いずれにしても、現段階では確たる史料的裏付けに乏しく、弾左衛門の基本的な関東支配の形成過程は推測の域を出ない。

江戸時代中後期における弾左衛門の定着した支配領域は、おおよそ図1に示した範囲と考えられる。この領域をふまえて、さらに二点触れておく。

第一点は、関東八ヵ国以外の地域が、どのような事情と経過によって弾左衛門体制下になったかという点である。

まず伊豆国については、前述のとおり、歴史的に関東八ヵ国との一体性が強かったという事情によるのではないか。幕府への「申立書」のなかで、弾左衛門自身が「手下になった年歴は相知れず」と述べており、経過は全く

図１　江戸時代中後期の弾左衛門の支配領域

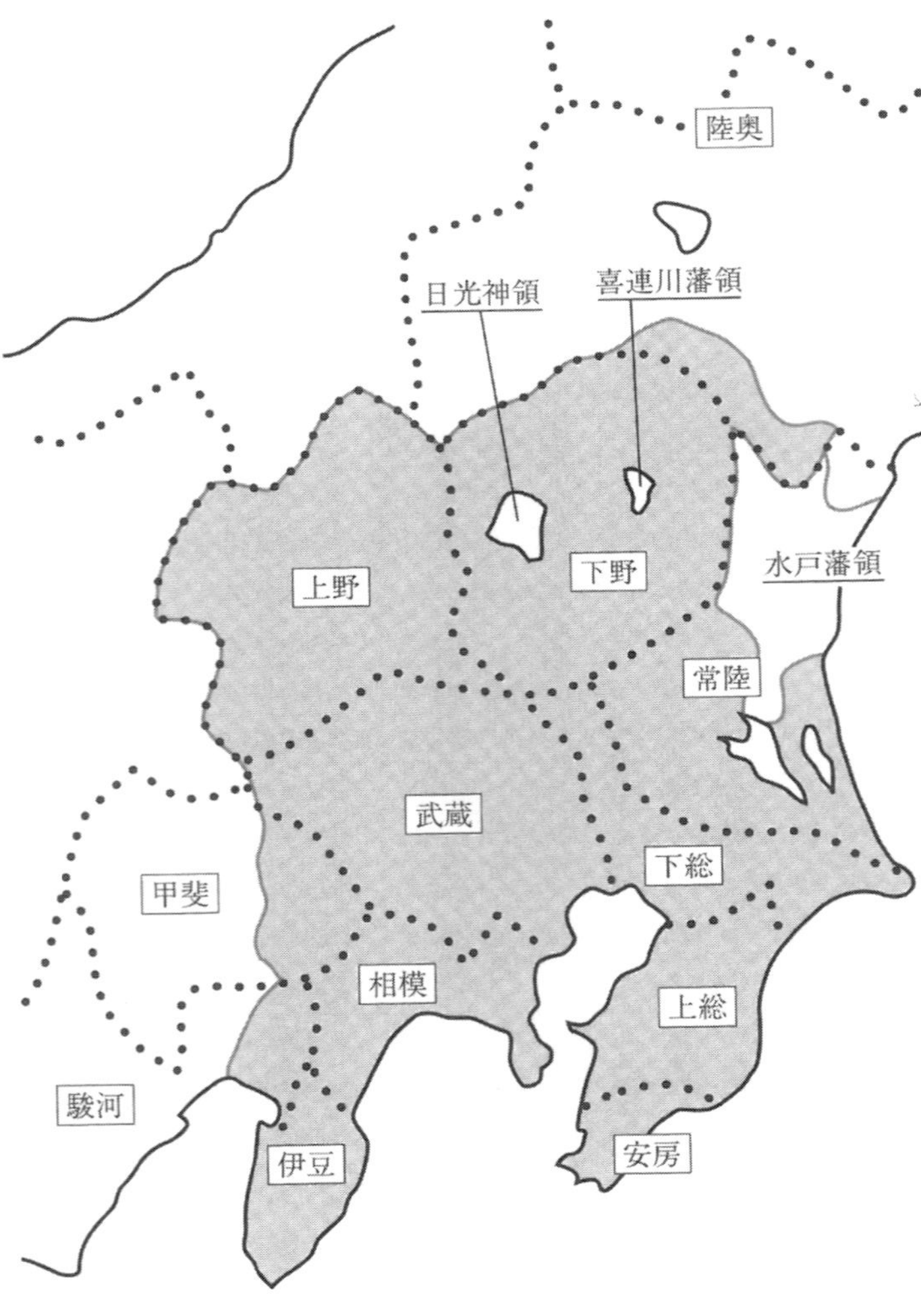

出典：筆者作成。

未解明ながら、江戸時代初期にはその傘下に入っていたものと推測しておきたい。なお、伊豆一国の長吏・非人を支配していたのは、三島宿小頭の三郎右衛門（居住地は川原谷村）であった。彼は、のちに触れる有力大組小頭一二人の一人であって、弾左衛門体制の形成に深く関わった可能性も推測される。

次に、駿河国駿東郡佐野村・御厨村について、両村が弾左衛門体制下に編入されたのは、相州に近接していることや小田原藩領であったことが関係しているように思われる。さらに弾左衛門の別の「申立書」によると、駿河国一七ヵ村の長吏集団を配下とする駿府毛皮町長吏頭の彦助たちは、一六四七年（正保四）六月二八日および一六四八年（慶安元）四月八日付の絆綱《はづな》（端綱とも書く。馬の口につけて引く革製の綱）受取書（弾左衛門発給の文書で、絆綱上納は弾左衛門への服属儀礼）を今（享和二年）も所持している[4]という。つまり、駿河国の長吏は、一七世紀中頃までは弾左衛門体制下にあったということになる。

その後、駿河は毛皮町長吏頭の彦助支配のもと、弾左衛門支配から抜け出たようである。この点に関しては、駿州島田宿の役人が一八三〇年（文政一三）に同宿の「穢多組頭」に尋ねたところ、「（年不詳ながら）弾左衛門の支配下にあったが、現在では毛皮町彦助の支配下にある」と答えたことも右の裏付けとなろう[5]。結局、駿河国最東部に位置する佐野村・御厨村は、一七世紀半ば頃、右の長吏集団への支配をめぐる変動のなか、何らかの事情で弾左衛門体制下に残留したものではないか。

甲斐国都留郡の場合、先の「申立書」[6]には、一七五六年（宝暦六）から三七、三八年前に郡内領（都留郡）谷村の長吏集団（小頭伝助）が支配下入りしたとある。この記述と、伝助が一七二六年（享保一一）に弾左衛門へ提出したとしてこの「申立書」に所収されている「小頭掟《おきて》証文」（年々小頭から弾左衛門へ提出された服属誓約書）を勘案すると、甲斐国都留郡の長吏集団は、一七一九〜二〇年（享保四〜五）に支配下入りしたものとみられる。同様に、奥州棚倉藩領（千駄櫃村を中心とする東白河地域）の長吏集団は一七五六年（宝暦六）に、奥州白河藩領（白河城下を中心とする西白河地域）の長吏集団は一八〇五年（文化二）に、それぞれ支配下入りしたとみられる。これらの地域の長吏集団は、弾左衛門体制への編入を自ら希望し実現したのだが、その目的は、非人に対する支配権の確立と安定を得ることにあった。

第二点は、関東八ヵ国の内にありながら弾左衛門支配外とされた水戸藩領・日光神領・喜連川氏領（古河公方の名跡を嗣ぐ者）についてである。支配外となった理由について、水戸藩領の長吏頭は、初代水戸藩主の頃、皮革上納の褒美に弾左衛門支配から除かれたという『水府地理温古録』(7)の記事がある。また、日光神領の長吏頭は、三河から家康についてきたことで独自の扱いを受けたという伝承をもっていた。しかし、いずれも後世の記述や伝承であって確たる史実とは言えない。現在のところ、筆者は、この特殊な権威を有する三地域については、領主側の要望があったかもしれないが、基本的には弾左衛門側が支配下に組み込むことを躊躇したものではないかと考える。

三　幕府の直轄下にあった弾左衛門

(1) 公儀御用をてことする権威の形成と維持

弾左衛門体制が幕府とどのような関係のもとに確立していったのか、現在のところ必ずしも明らかではない。前述したように、江戸時代初期、幕府が弾左衛門を軸にして皮革の調達を図り、それを通じて彼が影響力を広げていったことは確かである。しかしその範囲は、せいぜい相模国周辺までしか確認できず、関八州に及んでいった経過は明らかでない。また、弾左衛門の支配が関八州に及ぶよう、幕府が積極的な施策を講じたということも全く確認されていない。したがって、現在のところは、前述のような関東各地における長吏集団の動きを背景に、弾左衛門が江戸に居住し、公儀御用を担ったことをてこにして、自力でその地位と支配体制を作り上げていったと考えておきたい。幕府は、幕藩体制・近世身分制を固めていくなかで、そうした弾左衛門の地位と支配体制を追認し、利用したのではないか。

弾左衛門が担った御用の中核は、当初皮革の調達にあったことはすでにみてきたとおりだが、戦乱の終焉とともにその比重は急速に下がり、代わって仕置役・牢番役・掃除役・警備役（治安維持役）などが重きをなすに至った。この変化は諸藩でも同様であったと思われる。そうしたなかで、上州館林藩では一六六〇年代（寛文期）に皮役はわずかな金額の銭納となり、形式化しながらも存続した。しかし、多くの関東諸藩では、皮役そのものが消滅したのではないかとみられる。

ところが、弾左衛門は、江戸城への太鼓献上（張り替えを含めて）や西の丸・府中・小金の厩への絆綱納入など、実質的な皮革御用の継続にこだわった。これは、弾左衛門が自らの権威の源泉を長吏の家職・職分たる皮革業の統括に求めたためと思われる。この点は、のちに述べるように、配下長吏からの絆綱（金納化されて絆綱銭、そして職場年貢銀へと名称変化）の徴収に特別なこだわりをみせていたことからも裏付けられる。

仕置役以下の役儀（公儀御用）は、江戸府内を中心に行われたが、時に府外・関東全域に及ぶこともあった。いずれも長吏指揮のもと、非人を組み込んでの役儀執行となった。両者の役割分担や負担の比重は、役儀や時代によってその様相が異なった。仕置役のうち伝馬町牢屋での処刑は、長吏・非人とも補助的な役割に留まったが、牢番下役としての負担は、年間を通じてそれなりの比重を占めたものと思われる。また、一七世紀中頃に定着した小塚原刑場・鈴ヶ森刑場での処刑においては、両者が中心的な役割を果たしたとみられる。

江戸時代後期の事例ではあるが、弾左衛門の「申立書」(8)によれば、刑場への出動は一八四五年（弘化二）に一九件、翌年に二〇件、翌々年に二二件が書き上げられている。他役儀も含むが、そのほとんどは行刑役による出動であり、その費用の総額は三二九九貫文余（年平均約一一〇〇貫文）に達するという。もっとも、この「申立書」は、弾左衛門が灯心の特権を確保するため、役所経営の苦しさを強調し、行刑役の経費を過大に計上している可能性もある。しかし、「弾左衛門由緒書」にみられる在方への出張による行刑執行（年間にどのくらいの頻度であったか不明）をも含めて考えると、やはり、相当の負担をしていたものと思われる。

これらの役儀に加えて、より大きな比重を占めるようになったのが、江戸の治安を維持する役割であった。飢饉のたびに大量に発生し江戸へ流入した乞食（野非人）への施行、小屋収容、身柄片づけ（国元への帰還、あるいは非人身分への編入）など、幕政の推移に応じてこの役儀を担った。江戸の巨大都市としての発展、幕藩体制の動揺により常態化した野非人の増大は、弾左衛門の公儀御用における治安維持機能の比重をより大きくし、彼の存在を不可欠なものとしていった。

そうしたなかで、その負担の多くを非人組織に転嫁しようとする弾左衛門と非人頭の善七等との紛争は必然であったが、この問題は非人問題の節で触れることとする。

(2) 幕政の補完的役割と積極的主張・提言

弾左衛門がいつ頃から幕府（町奉行所）の意向を受けて支配下に幕政の浸透・徹底を図るようになったかは明らかではないが、武州深谷辺および同和名《わな》村の長吏や非人から一六九四年（元禄七）にいわゆる「生類憐れみ令」の請書《うけしょ》を取っている史料[9]が見いだされるので、遅くとも一七世紀末にはそうした役割を担っていたと考えられる。著名な一七七八年（安永七）のいわゆる「穢多非人等風俗取締令」（以下、「安永七年令」）も、領主・村役人のルートとは別に、弾左衛門から直接通達されたことがいくつかの地域で確認される。

さらに注目されるのは、弾左衛門が単に幕令を配下へ伝えるに留まらず、その具体化・実質化を図る役割を果たしていたという点である。その典型的な事例として、一七八四年（天明四）の「国々長吏掟《おきて》手形[10]」が挙げられる。塚田孝は「弾左衛門支配下限りに通用する法＝身分内法の問題にしぼって検討」するなか、これを「年始礼に際して包括的な申し渡しが行なわれた最も早い時期のものであり、弾左衛門支配の中で特別な重要性を持つ法であった」と性格づけている［塚田 一九九二］。確かにそのように性格づけられるものなので次節で改めて取り上げるが、他方、前述のような側面、すなわち六年前の「安永七年令」の配下への浸透・徹底を図るため、この「国々長吏掟手形」を発したという側面も見逃してはならないと考える。

「安永七年令」は、「穢多非人」が百姓に紛れて小酒屋などへ出入りすることを禁ずるなど、風俗規制・「賤民」差別を強化するものだったが、弾左衛門は、一八条に及ぶ「国々長吏掟手形」のなかで、百姓家への立ち入り、袴・衣類・笠・傘・下駄の着用、刀・脇差・十手の所持などにつき、過半の箇条をそうした風俗規制・活動規制に当てている。そして、旧来領主から許されてきた風俗慣行であってもその主張はせず、新たな身分規制に服することを求めた。それどころか、領主側が許したとしても弾左衛門が許さぬとまで述べ、「賤民」としての身分をわきまえるよう要求したのである。このような弾左衛門のあり方は、幕政の補完的な役割を果たすものと評するのが至当であろう。

次に、これも塚田孝が一〇例を挙げて検討しているが、私領主が弾左衛門配下の長吏・非人の扱い方に迷い、幕府へ「伺い」を立てた際、その「返答」を出すに当たって弾左衛門への下問がなされていたという問題がある。具体的な内容はすべて略すが、幕府側は町奉行が主導して処理に当たり、「弾左衛門が回答したうち、弾左衛門の判断とは異なる措置がとられたものが一例だけあるが、大概は弾左衛門の判断が尊重されている」と塚田は分析している［塚田 一九八七］。そして、「私領所でのえた・非人身分の取扱いは、伺い・返答という形で幕府の判断を仰ぎ、それを通して弾左衛門支配の論理・賤民組織の秩序が貫徹するという構造がみてとれる」と評している。この側面においても、弾左衛門は幕政の補完的な役割を担っていたと言えよう。

なお、弾左衛門は、下問に対する回答を提出するに当たって、配下の実態を調査したり意見を聴取したりすることもあった。その結果、長吏・非人側に有利な主張を展開したり、その職分や生業などを守護する立場をとるなどして、長吏・非人身分組織のセンターとしての側面をみせることもあった。しかし他方で、そうしたなかでも弾左衛門は、常に彼の権力と権威を誇大に描くことを忘れなかった。

幕府内でも、長吏・非人の問題に関わる弾左衛門の役割や権限をめぐって、意見の対立や調整がしばしば生じた。特に、弾左衛門を管轄し問題処理を主導した町奉行所と、全国（特に幕領）の管轄をした勘定奉行所の間で鋭く対立することがあった。この点も塚田孝がさまざまに検討を加えているので詳細は省くが、主要な対立点は、在方における弾左衛門の長吏・非人に対する支配権をどのレベルまで認めるかにあった。

勘定奉行所の考え方は、領主・村役人が基本的支配権を有し、弾左衛門はその指示のもとに許容された範囲で、あるいは代行を命じられた範囲で支配権を振るえるに過ぎないというものであり、弾左衛門組織に対する配慮はあまり窺えない。これに対し、町奉行所の考え方は、できるだけ弾左衛門の身分組織を通して問題を処理していくというものだったので、時に領主や村役人の支配権と弾左衛門の支配権が衝突するような場合があった。その際、町奉行所が弾左衛門の肩をもつかのような印象を与え、領主・村役人の立場に立つ勘定奉行所と意見の対立が生じ調整を要することになった。特に、在方長吏の処罰に伴う欠所（所有地・所有財産の没収）をめぐって、両者の数次にわたるやりとりが知られる。さらにここで注目されるのは、弾左衛門が単に下問に答えるだけでなく、この欠所問題を含めて、自らの権限や長吏・非人の職分・生業・諸活動につき、幕府に対して積極的に主張・提案（申立）を行っていたことである。そうした自発的主張・提案の延長線上に、幕末期の長州戦争に際して五〇〇人の軍夫提供や銃隊編成の提言などがあったのではないか。

このような弾左衛門の動き方は、「幕政の補完」にとどまらず、「幕政への参与」というべきものではないか。そうした側面からも、幕政と弾左衛門の関係を整理してみる必要があると思われる。

なお、在方配下（特に長吏）からの町奉行所への出訴にあたって取次を行うことも、弾左衛門の幕府に対する積極的働きかけの一環とみることができるが、この問題は次節で改めて検討することとする。

また、町奉行所の考え方は、一見すると弾左衛門組織・体制の自主性を尊重するかのようであるが、実はその考え方の根底には、享保改革のなかで打ち出された、長吏・非人を「制外」の者として一般社会から隔離・疎外しようとする身分制観念と、それを徹底しようとする「賤民」政策が存在したのだと思われる。この観念・政策の対象としては、他に歌舞伎をはじめとする遊芸世界や座頭組織などが意識されていたようだが、こうした幕政の動向の解明は今後の研究課題とせざるを得ない。

(3) 幕府による監督・掣肘

前述のとおり、町奉行所は弾左衛門体制の自立的運営をかなりの範囲で容認していたが、常にその監督に意を用い、時に介入し掣肘《せいちゅう》を加えることもあった。簡単に拾い上げても、①一七八一年（天明元）第八代弾左衛門の「押込《おしこめ》（自宅軟禁）」、②一七九〇年（寛政二）同人の「押込」「退身（強制隠居）」、③一八三〇年（文政一三）第一二代弾左衛門の「押込」、④一八四〇年（天保一一）同人の「退身」、⑤一八四三年（天保一四）第一三代弾左衛門の「押込」が目につく。

それぞれに複雑な事情と背景を有するものだが、②の場合は、弾左衛門役所で実権を振るっていた弾左衛門の弟の大次郎が牢屋運営費（薬種代・米代など）を幕府から詐取したとの嫌疑で「獄門」（大次郎の伜要蔵は獄死）となり、弾左衛門も隠居に追い込まれた出来事である。町奉行所の全面的な介入のもと、弾左衛門役所の手代など十数名も処罰された。しかも、大次郎の屋敷打ち潰しに立ち会った弾左衛門はその夜に急死し、跡目相続も困難な状況となった。このときは、幼年の浅之助による役儀継承が許されたが、弾左衛門体制存続の危機であったことは間違いない。

これらの出来事を詳細に検討し、監督・掣肘という角度から弾左衛門体制と幕府との関わりをどのように評価していくかという問題も今後の課題としたい。

四　高度に整備された支配システム

(1) 役所機構の変遷

徳川氏の関東入部後、弾左衛門の居住地は日本橋室町辺から鳥越（のちの元鳥越）に移されたと伝えられるが、あまり明確ではない。史料上明確なのは、一六四五年（正保二）の浅草新鳥越町近辺への移転である。弾左衛門はここに一万四〇〇〇坪余の土地を与えられ、配下とともに屋敷を（やがて役所も）構えた。この地は浅草新町（囲《かこい》内《うち》）と呼ばれた。その発展経過は不明だが、約一五〇年後の一八〇〇年（寛政一二）に提出された弾左衛門の「申立書」[11]によれば、表2の如く囲内の長吏は二三二軒であった。同史料にみられる各地の長吏集団の規模から考えて、はじめからこのような軒数であったとは考えにくい。ここで推測されるのは、囲内の長吏のなかには上州屋とか足利屋などの屋号を名乗る者が散見されるので、さまざまな必要性や事情によって、次第に在方各地から囲内

表2　弾左衛門手下の家数

	エタ身分	非人身分	猿飼身分
囲内	二三二（ 四・一%）	—	一五（二四・六%）
江戸	—	七三四（三六・八%）	—
武蔵国	二三〇五（四〇・八%）	二二〇（一一・〇%）	七（一一・五%）
上野国	一七一一（三〇・三%）	一五一（ 七・六%）	八（一三・一%）
下野国	四五七（ 八・一%）	一五〇（ 七・五%）	七（一一・五%）
常陸国	一〇〇（ 一・八%）	四一（ 二・一%）	一（ 一・六%）
下総国	三一五（ 五・六%）	一七〇（ 八・五%）	二（ 三・三%）
上総国	九〇（ 一・六%）	一五四（ 七・七%）	一七（二七・八%）
安房国	二九（ 〇・五%）	一七（ 〇・七%）	一（ 一・六%）
相模国	三〇七（ 五・四%）	二二四（一一・二%）	三（ 四・九%）
甲斐国	二八（ 〇・五%）	一四（ 〇・七%）	
伊豆国	六四（ 一・一%）	九一（ 四・六%）	
陸奥国	六（ 〇・一%）	八（ 〇・四%）	
駿河国	一〇（ 〇・二%）	二一（ 一・一%）	
	五六五四（一〇〇・〇）	一九九五（一〇〇・〇）	六一（一〇〇・〇）

出典：一八〇〇年（寛政一二）の「弾左衛門申立書」より。中尾［一九九二］一二六頁参照。

へ移住する者があって、前述の軒数に達したのではないかということである。

囲内長吏の中核となったのは、一三組・六五軒の「矢の者」とか「役人」「譜代」と呼ばれた長吏であり、弾左衛門直属の配下（幕府における旗本に擬せられていた感あり）として、仕置役・野非人狩込み役などの役儀を中心的に担った。幕府崩壊まぎわに、弾左衛門および手代とともに身分引き上げの対象となったのが彼らであった。その活動経費を賄ううえで重要だったのが、一七〇五年（宝永二）に弾左衛門が幕府から特権として与えられた灯心の専売権だった。詳細は略すが、この特権を維持するため、弾左衛門は原材料の藺草《いぐさ》を生産する百姓や蠟燭問屋などとの紛争を幕末に至るまで抱え込むこととなった。

その他、弾左衛門役所や囲内の生活を支える者として、諸役職者（組頭・手代・書役・門番）・公事宿・皮問屋・進物掛（野田貞七家）などが存在したが、囲内の詳細は不明な点が多く、今後の研究課題とせざるを得ない。

役所機構がいつ頃どのように形成されたかも不明だが、後世の記述ながら事例も散見される。まず江戸時代前期には、配下長吏のなかから手代として登用される者があり、弾左衛門の弟などが「組頭」としてその指揮をとるという仕組みが形成されたようである。現在、明白に確認される最初期の者は、一六九〇年（元禄三）の新佐（新亮）と六年後の初三郎である。ともに絆綱受取書の発給者となっており、弾左衛門の弟かつ組頭だったとみられる。絆綱はその後銭納化されるが、その受取書の発給者は「月番役所」（まもなく「役所」となる）であり、その担い手は、引き続き組頭（弾左衛門の弟）と手代（配下役人）である。その頃から諸業務を処理する役所機構（のちの弾左衛門役所）を整えたものとみられる。

ところが、一七世紀末から一八世紀初頭（元禄・享保期）にかけて非人集団との大規模な抗争を乗り切るなか、組頭の家柄を世襲する浅右衛門家・貞右衛門家が別途登場してくる。彼らは、一七二四年（享保九）新設の家別役銭賦課以来「月番代」としてその徴集業務を担っていくが、やがて一八世紀中頃から受取書に「浅右衛門」「貞右衛門」、そして一七七四年（安永三）からは「浅右衛門役所」「貞右衛門役所」と署名・捺印するようになり重みを増した。六兵衛・宇兵衛父子が加わって三月番となる時期もあったが、基本的には前二者が在方への廻状発信など弾左衛門支配の主要な職務を担う存在となっていった。両者は幕府における町奉行所や勘定奉行所に擬せられていた感がある。

しかしその後、詳細は不明ながら、「非人出入」あるいは「貸金一件」と呼ばれる事件に関わって、一七八〇年（安永九）に組頭の貞右衛門が牢死、翌年に組頭の浅右衛門が欠落《かけおち》（逃亡）、翌々年には組頭の貞右衛門（牢死した貞右衛門の倅）が欠落（この間に弾左衛門も「押込」）という重大事が続発し、弾左衛門の役所機構は激変に見舞われた。すなわち、役務担当機関として相対的に自立していた両組頭家が消滅したため、その機能は弾左衛門家政機関が担わざるを得なくなり、手代による集団運営（通常五〜七人くらいで）が行われるようになった。同時に組頭の格式をもった弾左衛門役所の役職者も姿を消した。

こうした体制のもとで、一七八三年（天明三）頃から廻状や諸受取書などの発給者は「弾左衛門役所」となったのである。しかし、その後も役所内で弾左衛門一族の者が役所内で優越した地位を占めたり、縁類の手代が「重役手代」と呼ばれて主導的立場に立つこともあった。

(2) 在方支配の諸側面

編成原理

関東八ヵ国・伊豆国に弾左衛門体制が確立していくうえで、その編成の基本原理は何かという問題がある。塚田孝は「賤民組織（長吏が非人を支配する関係を含む——筆者注）の編成において、職場が地域的な編成単位だったのである。そして、職場を取仕切る小頭が弾左衛門の支配下にはいることで、弾左衛門は賤民組織に君臨したのである」と述べている［塚田 一九八七］。確かに最終的にはそのようにみえる編成となるが、むしろ、弾左衛門が意図した編成原理は、各地の長吏集団を組としてとらえ、そのトップを組頭（のちに小頭と呼ぶ）として掌握するという主従制原理によっていたと思われる。この点は、弾左衛門の代替わりのたびに各地の小頭（組頭）へ発給された「支配証文」文面が次のように明らかにしている。

事例がきわめて乏しいのだが、一六八七年（貞享四）に上州村田村小頭三郎左衛門へ発給された支配証文[12]は現在知られる最古の史料で、その文面には村田村をはじめとする一〇ヵ村を「支配致すべし、手下共へ諸事申し付け、毎年この方へ相勤むべく候」とあり、年月日・弾左衛門・印が記され、最後に宛名が「上州新田領村田村・三郎左衛門」となっている。これに対し、一八四一年（天保一二）に上州山田郡今泉村小頭の次郎兵衛へ発給された支配証文の文面には、今泉村をはじめとする七ヵ村の「手下共支配いたし、諸事きっと申し付け、毎年この方へ相勤むべきもの也」とあり、弾左衛門・印・年月日が記され、最後に宛名が「上州山田郡今泉村小頭次郎兵衛」となっている。この間一五〇年余であるが、細部を除けば両文面はほぼ同一であり、支配証文は定型化されていたとみてよかろう。

ここで重要な点は、挙げられている村々は長吏居村であって旦那村ではなく、一定範囲の長吏集団（複数の村に居住するケースもあれば、単数の村に居住するケースもある）を取り仕切る小頭を傘下におさめ編成することで弾左衛門体制は成立したのであり、支配証文はそれを確認する形式であった点である。おそらく、一六六四年（寛文四）に幕府が将軍の代替わりごとに大名へ領地判物・朱印状を発給したことにヒントを得て始められたものと思われるが、その始期は不明である。これは、弾左衛門を将軍に、組頭（小頭）を大名に見立て、前述の浅右衛門・貞右衛門も親藩大名か譜代大名にでも見立てて組頭としたのであろう。

右編成と職場の関係については、次のように理解すべきかと思われる。

ここで職場についてはは詳述する余裕はないが、簡単に述べれば、職場は各地の長吏集団がもつ二重の権域――斃牛馬処理権の場と勧進権の場――であり、長吏居住村を核として周辺村々を旦那村として形成されていた（非人との関係は次節で触れる）。

弾左衛門がこの職場を強く意識するようになったのは、服属儀礼の象徴として各地の長吏集団（組）に納めさせていた現物の絆綱を銭納化した、一八世紀初期（宝永期から享保期）以後ではないかと思われる。つまり、当初は組の大小（職場の大小もかなり連動する）に関わりなく、各組に絆綱を長さ一間、銭納化後は絆綱銭を一貫文納めさせていたが、絆綱銭が貢税としての性格を帯びるにつれ、その増額が図られるようになった。同時に、職場の規模の大小により賦課額を変える（大きな組には小さな組の数倍を課す）など賦課方式の改変も図られるようになった。この過程自体が弾左衛門の職場に対する認識の深化を示すとともに、弾左衛門が各地の組頭（小頭）の組支配権に加えて、職場支配権を安堵する方式へ道を開くものとなった。

その画期が一七八一年（天明元）の弾左衛門による配下全体への職場絵図面（職場の実態を描いた絵図）と職場日割帳（職場の実態を記した帳面）の提出指示であった。以後、弾左衛門の代替わりごとに支配証文（書き換えのため旧の証文）および職場絵図面・職場日割帳の持参が指示された。

これ以降、弾左衛門体制は「職場が編成単位」とみられる様相を呈するが、支配証文の文面に職場支配権を加えるようなことは全くなかったことが、一八六九年（明治二）の武州横見郡和名村小頭への支配証文によって知られる。

右のような弾左衛門と小頭との関係からは、その集団の大小・職場の大小に関わりなく、小頭は横並びの存在だったように思われる。

しかし、小頭内部に身分差・階層差があったことを思わせる図2のような史料[13]がある。これは、野州犬伏宿小頭の由緒書に添付されていたものであるが、この史料と野州足利山下村小頭家の史料「江戸日記」[14]などを用いて、池田秀一は次のことを明らかにした［池田 一九八八］。

主な点は、①図2は年始礼における小頭の席順（弾左衛門体制下における地位）を表しており、御頭（弾左衛門）の最前列に並ぶ八家（犬伏〜草津）とその後方に二列に並ぶ四家が、そのまた後ろに並ぶ平小頭（他の一般小頭）に優越する「在方大組小頭一二家」とか「縁側詰め衆」と呼ばれる特別な小頭であったこと（練馬村小頭は弾左衛門の娘を娶っていたため、当時この座席を占めたらしい）、②彼ら一二家は一八三九年（天保一〇）、幕府から退身を強いられていた第一二代弾左衛門の復役運動を江戸で展開したが成功せず、摂津から迎えた小太郎を面談のうえ頭（第一三代弾左衛門）として受け容れることに同意したことなどである。

図2　年始礼における長吏小頭の席順

（附紙）

御頭

犬伏　館林　山下　村田　古沢　沼田　八王子　草津

練馬

極楽寺　大磯

小田原　三嶋

平小頭

右者先年之通今般相改候席順写

弘化五申年正月

出典：野州犬伏宿小頭の由緒書の附紙。池田［1988］参照。

しかし、この一二家がいつ頃その地位を築いたのか、どのような役割を果たしてきたのか、他に彼らに準ずる地位を占めた小頭はいたのかなどは皆目不明である。ただ、特に犬伏・館林・山下（足利）の三小頭は「古縁の者」と呼ばれ、犬伏・山下両小頭家の由緒書・系図にも弾左衛門家との縁組（時期は不明確だが、一七世紀中頃か）が記されているので、弾左衛門の関東支配形成に彼らが深く関わっていた可能性が考えられる。

すなわち、右一二家は、その所在地をみると、相州（古沢・極楽寺・小田原・大磯。八王子は武州だがこれに連なる）および豆州（三嶋）の南関東グループと、野州（犬伏・山下）および上州（館林・村田・沼田・草津）の北関東グループに区分できる。この視点から、弾左衛門の関東全域支配は、早くから傘下に組み込んだ南関東グループを基盤としつつ、ある時期に北関東グループを傘下におさめることで、一気に達成されたのではないかと推測される。そして、その間の弾左衛門家との関係性や力関係のバランスのうえに、図2のような席順が成立したのではないかと思われるが定かではない。

服属儀礼

弾左衛門体制における服属儀礼については、弾左衛門の傘下にはいった証として、小頭たちは毎年一、二月頃にその屋敷へ参上し（これを年始礼と呼ぶ）、小頭掟証文を提出し、絆綱一間を上納した。この儀礼がいつ頃から始まったか不明だが、駿河国の長吏が一七世紀半ばの絆綱受取書を所持しているという前述の弾左衛門の「申立書」に信をおけば、弾左衛門体制の形成とともに始まったと思われる。やがて、各地の長吏集団（非人集団の一部も含む）の人別帳の提出も年始礼に欠かせぬものとなったが、その開始時期は、一六八八年（貞享五）に野州都賀郡羽生田村の長吏三軒の人別帳が「御奉行所弾左衛門殿」宛てに提出された記録が残されていることから考えて、一七世紀後半とみられる。

行政手段・法制定・貢納賦課・活動規制

弾左衛門による配下一般への連絡や指示は、年始礼における「在方申渡書」（年始礼の機会を利用して弾左衛門が各地小頭に申し渡した指令書で、文化年間頃より次第に毎年のように発せられた）がまず考えられるが、それ以外の場合は「廻状」を用いたことが各地に残された史料から知られる。その他、特定の配下への連絡は、飛脚を送ったり囲内の公事宿を通じて行うこともあった。案件によっては、手代など弾左衛門役所の役職者を派遣して事の処理に当たらせることもあった。これらの手段を通じて、弾左衛門は配下への支配の浸透を図ったが、それらの集積が身分内法と呼ぶべき法の制定であったと思われる。

その典型例として先に「国々長吏掟手形」を取り上げたが、弾左衛門の法は、幕令の遵守を基礎に弾左衛門への忠誠と弾左衛門体制維持への奉仕を基調としたものであった。この身分内法を支えるものとして、弾左衛門役所には白州や牢屋も設けられていたが、塚田孝による新町宿（浅草新町所在の公事宿）検討の関連でそのあり方の一端（牢扶持など）は解明されているものの［塚田一九九二］、全体として弾左衛門役所がどのように機能していたかはあまり明らかではない。

また、すでに触れてきた弾左衛門への貢税は、一八世紀以降、絆綱銭・家別銭・牢屋修復銭として定着したが、一七九六年（寛政八）に銀納化されて、それぞれ職場年貢銀・家別役銀・小屋役銀となった。これらは三役銀と称され、小頭たちが年始礼に持参すべき重要品となった。ただ、弾左衛門はその収納にあたって、職場年貢銀だけは別扱いし、その受取書には一貫して「絆賦」と刻んだ印判を用いた。おそらく、職場年貢銀という賦課に変化しても、これは絆綱上納に由来するものであり、絆綱は弾左衛門の権威の源泉である皮役を象徴するものとしてこだわったからだと思われる。

江戸時代後期になると、連年の如く「在方申渡書」が発せられたが、一八四三年（天保一四）のものは一九ヵ条に及んでおり、幕令に基づく倹約励行、灯心抜け荷物改め、職場売買届け、牛馬皮爪毛類取引規制、非人の役職相続・生活規制、等々の指示が細々と諸方面にわたって出されている。

こうした「申渡」の内容を詳細に述べる余裕はないが、在方で取得した牛馬皮などを囲内の皮問屋へ売り渡すこと、一尺以上の太鼓製造は囲内の太鼓屋に任せること、高級な雪踏を江戸に売り込まぬこと等々、概して浅草新町（囲内）の長吏の利益を擁護する（弾左衛門の利益にも直結する）条文が目につく。

在方の支配組織に大小の差があることはすでに触れたが、これは各地域の身分的結集の結果であり、弾左衛門はこれをほぼそのまま受容し、これに依拠して体制を固めたのである。したがって、各地の組織の間に単に大小があるだけでなく、一つの組織に小頭が複数（現在知られるところでは五人も）存在するケースもあれば、小規模で小頭の江戸出府が困難な組織もあったらしい。

そうした事情も考慮してか、一七九六年（寛政八）の三役銀への移行の年、弾左衛門役所は配下全域に五ヵ村組合の結成を指示し、浅之助の後見「組頭格」藤本佐七を説明のため在方に派遣した。弾左衛門側は、負担を軽減するという触れ込みで新組の組織化を図ったわけだが、かえって地域の混乱と負担を増してしまうという在方の抵抗で、この施策は二年足らずで撤回となった。

また、最幕末期、弾左衛門は家別役銀につき各戸一律徴収の方式を改め、新たに各戸を上中下に格付けてそれに応じた額を徴収するという方式を採用し、結果的に大増税となる指令を発した。さらに、この新たな格付けにそって人別帳を仕立て、村内会合の座席を改めることも求めた。武州和名村長吏は、新たな格付けとそれにそった大増税には応じたが、人別帳を新たな格付けに仕立て直すことや村内会合の座席変更は行わなかった。

これらの事例をみると、結局、弾左衛門は、在方長吏の組織や共同体に介入することは基本的にはできなかったのだと思われる。

町奉行所への取次と訴訟

前節で「在方配下（特に長吏）からの町奉行所への出訴にあたって取次を行うことも、弾左衛門の幕府に対する積極的働きかけの一環」と位置づけたが、弾左衛門がこの役割を常に前向きに行っていたとは言えない。

一八六〇年（万延元）、武州和名村の長吏が、村方による質地取り戻しを不当として弾左衛門に訴えた際、まず聞かされたのは「地方村役人を相手取り、彼是願いがましき儀致し候は、行く末その方ども身のために相成るまじく候」という後ろ向きの姿勢が明らかな言葉だった。しかし、たっての願いということで、町奉行所への取次と役所手代や新町宿の援助を得て、和名村の長吏は、町奉行所を舞台として土地と農業を守る闘いを進めたのである。もちろん、前述したように、弾左衛門や長吏の家職・権限などに関わる問題については、弾左衛門が積極的に取り組んだ事例もしばしば見受けられる。

一八四九年（嘉永二）から五一年（同四）に野州足利で起こった「斃牛切り荒らし事件」では、町奉行所の指揮のもと、樺崎村が自村の斃牛馬捨場の存在を否定しつつ、斃牛馬は隣村の捨場へ必ず出すと約束し、現地足利の長吏もこれを受け容れて示談をまとめようとした。ところが、弾左衛門側は、この示談内容では長吏・非人の村内立ち入りを事実上拒絶する樺崎村の意向を認めることになり、「弾左衛門定法」に反する（特に、非人が果たすべき場役が疎かになる、ひいては非人支配に支障を来す）として反対し、ついに樺崎村地内に新たな捨場を設置させることを含んだ示談を実現したのである。

右のように、訴訟案件として持ち込まれた問題も、その性質によって弾左衛門の対応に相違がみられるが、概して在方の長吏から持ち込まれた案件は、弾左衛門もほとんど町奉行所へ取り次いだのではないかと思われる。

ここで注目すべき点は、尊大に構えていた弾左衛門が在方長吏の闘う意思を無視することはできなかったという点である。これは、一八三一年（天保二）、上州佐位郡上武士村の長吏が小作地取り上げの不当を弾左衛門役所、そして町奉行所へ出訴すべく、村方との紛争に後ろ向きとみられる小頭にまず立ち上がるよう迫った動きに通じるものであり、頭層を支え、闘いを推進したのは長吏大衆であったことに留意しなければならない。

なお、塚田孝は「百姓と出入りに及んだえたにとっては、自らの利益を守るためには、たとえ、百姓に対して弱い立場にある弾左衛門ではあっても弾左衛門に訴える以外に道はなかったと思われる」（傍点原文）と述べているが［塚田 一九八七］、一八三九年（天保一〇）から四〇年（同一一）に上州で起こった「七分の一の命事件」では、弾左衛門役所に持ち込むことなく、村役人・領主（旗本）の取り捌きで一定の成果を上げ得たと思われる。これは、あくまでも例外的な事例なのか、村役人や領主、地域情勢のありようによっては他にも十分あり得たものなのか、さらに多くの紛争事例を発掘して検討しなければならない問題だと思われる。

次に、これは長吏身分内の紛争で、本来、弾左衛門役所へ持ち込まれるはずと思われる事例だが、一七九三年（寛政五）、結城城下町における結城町の小頭および同町の長吏がもつ竹皮草履などの専売権を否定し、同小頭配下の他村の長吏や小山地域の長吏の同町市場入り込みを認める結城藩の裁定があった[15]。右専売権は、結城中納言時代以来のもので、城下火廻り役・仕置役などを勤めてきたことに対する扶持だと主張する小頭に対し、藩は、その名目は不都合として別途「心付け」を与えるから、各村の長吏の市出入りは受け容れるようにと命じたのである。全くの推測になるが、この事例では、結城町小頭配下の他村長吏や周辺他職場の長吏たちが、有力小頭の肩をもちやすい弾左衛門役所への出訴を避け、あえて領主に裁定を求めるという道を選んだのではないか。

以上のとおり、わずかな事例からでは断定的なことは言えないが、弾左衛門と町奉行所との結びつきやその役割についても、相対化して見てみるという視点が必要ではないかと思われる。

五　非人身分の支配

(1) 近世非人身分の形成と「長吏・非人関係」の形成

関東における江戸時代初期の非人に関する史料は乏しく不鮮明である。そうしたなかで、峯岸賢太郎が「一六四二・三（寛永一九・二〇）年は全国的な大飢饉であった。米価は三倍以上にも高騰した。関東地方では多くの餓死者が出、村を離れ「乞食」「こもかぶり」となって流浪する人も夥しかった」「こうした人々に、さらに追放刑で国を追われた人や、さまざまな不幸な原因で自分の村や町、また家を離れねばならなかった人々が加わって、都市に「乞食・非人」が滞留していった」と描く近世非人の形成状況は妥当なものと思われる［峯岸 一九九六］。その後も飢饉のたびに、在方からも都市の裏店層からも「新こじき」が輩出され、近世非人身分が形成され続けたものとみられる。そうした非人がやがてまず都市部において集団化し頭層を形成し、さらに勧進場を形成していったものと思われる。

その動きが最も顕著にみられたのが大都市江戸であり、江戸の中心部（北部に偏るが）の勧進場を支配する浅草の非人頭善七と、南部の勧進場を支配する品川の松右衛門の登場であろう。やや遅れてかとみられるが、府内東縁辺の勧進場を支配する深川の非人頭善三郎や、府内西縁辺の勧進場を支配する代々木の非人頭久兵衛も享保期には存在が知られる。

江戸における非人勢力の代表格だった善七と長吏頭の弾左衛門との争論の末、非人身分に対する長吏身分の支配関係が確立した（これを「長吏・非人関係」と呼んでおく）のは周知のことであろう。その始期については、峯岸が論証の末に示した「弾左衛門の「非人」支配権は、慶安年間（一六四八～五二年――筆者注）に成立した」とする結論が妥当であると思われる［峯岸 一九九六］。その後、元禄の争論、享保の争論を経て、長吏による非人支配という弾左衛門体制に不可欠の要素が確立したと考えられる。特に元禄の争論によって定まった非人支配の骨格は、重要な内容をもっていると思われるので、次項で改めて述べることにする。

右「長吏・非人関係」の形成を確認するにあたって、検討しておかねばならない問題が一つある。それは、こうした「長吏・非人関係」は、江戸においてまず成立しそれが在方に及ぼされていったものなのか、それとも、もともと在方でも形成されてきた関係で、江戸においてはより鮮明な形で展開したに過ぎないものなのか、という点である。この問題は、近世非人がいつ頃どう組織的に地域社会に定着するようになったかという点で、地域差が大きかったのではないかと推測される。

多くの地域では、非人小屋が設けられ非人が番人の役割を担うようになるのは、新田開発が一段落して、地域社会（一村または数ヵ村）が山番・畑番などを求める元禄・享保期（一七世紀末〜一八世紀初）のことではないか。そうだとすると、これらの地域では、弾左衛門主導のもとに、次項でみるような整然とした非人支配が展開したとみられる。しかし、より早い時期、長吏が非人を支配下に置いていたとみられる事例がある。

館林の長吏頭半左衛門が領主の交替のたびに提出した由緒書[16]（領主側は「長吏書付」と記録）のなかに、永禄年中（一五五八〜七〇年）、領主の長尾氏から褒美としてお召しの大小・槍二筋、赤生田村に給田、堀工村に非人居所として除地八反歩を与えられたという記述がある。大小・槍については不明だが、半左衛門が江戸時代を通じて赤生田村に除地畑一一町歩余を所持し続けていたこと、堀工村に半左衛門配下の非人小屋頭が居住し続けていたことも確認されているので、非人居所に関する記述の信憑性はかなり高いと思われる。

このような戦国時代末に遡らずとも、江戸時代初期の非人の存在と長吏との関わりについては、関東の他地域でも必ず見いだすことができるものと思われる。また、弾左衛門支配外の水戸藩領や日光神領でも、長吏が非人を支配する関係が形成されており、やはり、東日本では「長吏・非人関係」が近世初期から一般的に存在していたとみておきたい。

(2) 弾左衛門体制下における非人の役割と生活

非人掟証文（年証文）の規定

峯岸賢太郎はかつて、最も早い時期に属す非人掟証文として、一七〇一年（元禄一四）に提出された豆州のもの（当時は「手形」と呼ばれた）を紹介した［峯岸 一九九六］。そして、その形式・内容が基本的には後世のものと変わらぬことを確認した。現在知られる最古の非人掟証文[17]は、右豆州の二年前、一六九九年（元禄一二）に野州羽生田村の非人が同村の長吏に提出したもので、右と同様の形式・内容である。したがって、非人掟証文は、おそらく元禄の長吏・非人争論を経て定形化され、弾左衛門体制下に徹底されたものと考えられる。

そして、このように関東南西の伊豆国と北関東の下野国で定形化された非人掟証文がほぼ同時期の一七〇〇年前後に見いだされるということは、弾左衛門の長吏集団支配は、それよりもかなり以前に成立していたことを思わせる。従来、弾左衛門の関東・伊豆全域支配は、「弾左衛門由緒書」の記述から一六九二年（元禄五）頃と推定されてきたが、それよりもかなり遡る一六六一～八一年（寛文・延宝期）頃とみてよいのではないか。

非人掟証文の主な内容は、前半に幕令の遵守を掲げながら、①場役を間違いなく勤めること、②正確な人別帳を提出すること、③非人に諸細工をさせないこと、④長吏の命令に背いた場合は勧進場を取り上げられることを年々誓うこと、というものであった。

このなかで最も重視されたのは、①の場役であった。これは、職場（長吏旦那場）の皮取り権を実現するため、非人が職場内の村々にある斃牛馬捨場を日々見回り、斃牛馬があればその取得権を有する長吏（場主）に報告し、彼の立ち会いのもと、その皮剝・解体に従事するという役割だった。非人はわずかな「小刀代」とか「研ぎ代」という手当を得るのみで、皮・毛・爪・角（おそらく肉も）などは長吏のものとなった。この場役を勤める代償として、非人には職場の勧進権が長吏から貸与されるという仕組みであった。③の諸細工の禁止は、右勧進に頼らねば生活していけない状況（これを弾左衛門役所は「乞食一通り」と表現している）下に非人を置くもので、場役を非人に強制するうえで欠かせぬ決まりだった。

こうした内容の証文を年々、江戸では四人の非人頭が弾左衛門に、在方では職場ごとに非人小屋頭が小頭や場主宛に提出し誓約することで「長吏・非人関係」は定着し、弾左衛門体制の重要な一部をなしたのである。

「長吏・非人関係」の仕組みは右のとおりだが、その実態がどうであったかは、各地の史料を丹念に見ていかなければ明らかにならない。たとえば、非人の場役について、野州佐野の史料[18]には「捨場の見逃し」「犬による食い荒らし」などが発生し、非人が詫状を差し出しているケースがいくつも見いだされる。これと関連してか、非人の「欠落」も少なからず報告されている。

ここで問題となるのは、女性や子どもだけが残された非人小屋が場役(特に皮剝・解体など)を遂行できたかという問題である。非人仲間による援助があり得たかもしれないが、長吏がカバーせざるを得ないケースもあったのではないか。弾左衛門が「申渡書」のなかで長吏の皮剝ぎを禁じているのも、そうした実態があったことを示しているように思われる。

また、享保の長吏・非人争論の際、浅草の非人頭善七に荷担して処罰された代々木の非人頭久兵衛につき、「家督は田畑共に残らず取り上げ(中略)久兵衛は平非人に申し付け」とあって、久兵衛ないしその配下非人が農業に関わっていた可能性が高いことが知られる。在方史料にも竹箆製造[19]・役者稼ぎ[20]・神道者稼ぎ[21]などに従事した非人の存在が散見される。これらがどの程度一般化できるか現在のところ判然としないが、弾左衛門の「乞食一通り」とする非人への掟(規定)がどこまで貫徹していたか検討の余地があろう。

地域番人役

江戸における非人の役割については、塚田・峯岸・中尾・浦本などの諸氏による研究[塚田 一九八七、峯岸 一九九六、中尾 一九九二、浦本 二〇〇三ほか]で詳細が知られるので、ここでは在方のありようについて簡単に触れておくに留めたい。

在方の非人が遅くとも元禄期には長吏の支配下に置かれ、場役を強いられていたことはすでに述べたが、その前提として、地域社会(村方・町方あるいは村連合)から番人として迎え入れられることが必要であった。北関東では元禄・享保期に長吏が山番・畑番・水番などに迎えられ、小規模な長吏集落を形成した事例がみられる。江戸時代中期頃からは、治安維持を担う番人としての需要が増してくるが、そこで派遣されるのは非人が圧倒的だった（番非人とか番太と呼ばれる）ように思われる。その際、村方は土地と小屋および番非人への扶持・給分を用意するのである。

このとき、村方との契約の主体となるのは、その村を旦那村とする長吏小頭・場主であった。彼らは派遣する番非人に責任をもち、時には代わりの非人を派遣することもあった。番非人の扶持・給分については通常、勧進の形態をとり、典型的な事例では、百姓一軒ごとに夏麦一升・秋籾一升・冬大豆一升などを与えることに加えて、吉凶勧進や盆暮れ・式日勧進などに応じるといったものだが、地域によりさまざまなバリエーションがあった。

この勧進の場を長吏が非人に貸している(預けている)と認識されていたわけだが、地域によっては長吏の勧進も並行して続けられており、いわば勧進物を長吏と非人が分け合うという状況にあった地域もみられる。非人の立場からみると、右のような勧進によって生活を支えながら、その代償として村方の番役（次第に治安維持役の比重が増した）を勤めるとともに、長吏から課せられた場役を勤めるという生活を送っていたのである。

ここに、非人を長吏支配から切り離して独占的に村方の支配に置こうとする村方・村連合の動きや、逆に長吏支配を強めて極力村方の干渉を排除しようとする長吏側の動きが表面化することがあった。

右対立の代表的な事例が一八二三〜二六年（文政六〜九）の伊豆一国を揺るがした出来事であり、そこで幕府の支持を得た長吏・弾左衛門側が全面的勝利を獲得したのも弾左衛門体制のあり方からは必然であった。しかし、非人による長吏支配への抵抗という視点からは、元禄・享保の弾左衛門・善七の争論以来、執拗に続けられてきた非人の抵抗・独立運動の延長線上に、この出来事も位置づけて再検討する必要があるように思われる。

おわりに

最後に、弾左衛門体制と時代の変化との関わりには、もっと目を向ける必要があるのではないかと感じている。たとえば、一八五四年（嘉永七）に弾左衛門が新設した牛馬皮口銀は、明らかに黒船来航による防備の現実化、皮革需要の高まりをにらんだ動きとみられる。しかも、一七九二〜九四年（寛政四〜六）に弾左衛門が配下全体に課した斃牛馬皮取得数の調査は、この新税設定の布石と思われるし、幕府の海防政策の行方をにらんでの動きともみられる。このような側面からの史実の整理と検討も残された課題だと思われる。

注

（1）「弘化二〜四年手下矢之もの相勤候御役賃銭」（中尾健次編『弾左衛門関係史料集』第二巻、解放出版社、一九九五年）。
（2）「弾左衛門代々所持之書物之覚」（中尾健次編『弾左衛門関係史料集』第三巻、解放出版社、一九九五年）。
（3）群馬部落研東毛地区近世史学習会編『下野国半右衛門文書』（一九九六年）に所収。
（4）明治大学博物館蔵『類例（下）』所収。
（5）島田市史編纂委員会編『島田市史資料』第四巻（島田市、一九六八年）に所収。
（6）注1と同じ。
（7）茨城県史編さん委員会『茨城県史　近世地誌編』（茨城県、一九六八年）に所収。
（8）注1と同じ。
（9）深谷市「平井家文書」三番（埼玉県同和教育研究会編『鈴木家文書』第一巻、一九七七年）。
（10）東日本部落解放研究所編『群馬県被差別部落史料』（岩田書院、二〇〇七年）五番。
（11）中尾健次編『弾左衛門関係史料集』第一巻（解放出版社、一九九五年）に所収。
（12）前掲『下野国半右衛門文書』六六九番。
（13）群馬部落研東毛地区近世史学習会編『下野国太郎兵衛文書』（一九八七年）四八七番。
（14）前掲『下野国半右衛門文書』三八番。
（15）川根裕「下野国小山宿の被差別民の生活」（荒井貢次郎編『関東・東海被差別部落史研究』明石書店、一九八二年）。
（16）館林市立図書館蔵『館林藩史料』所収。
（17）「木野内家文書」二番（栃木県立博物館蔵コピー資料）。
（18）前掲『下野国太郎兵衛文書』一八五〜二〇五番。
（19）「覚本家文書」一七九番（栃木県立博物館蔵コピー資料）。
（20）太田市「神谷家文書」二四〇番。
（21）前掲『鈴木家文書』一一二番。

参考文献

池田秀一（一九八八）「天保年間の弾左衛門代替わりについて」

『歴史評論』四六四号、歴史科学協議会。

浦本誉至史（二〇〇三）『江戸・東京の被差別部落の歴史』明石書店。

大熊哲雄（一九九〇）「「弾左衛門支配」に関する研究ノート(1)」『部落問題研究』一〇三・一〇四・一〇六号、部落問題研究所。

大熊哲雄（二〇〇〇）「弾左衛門支配の構造と性格——在方の実態を踏まえて」全国部落史研究交流会編『部落史研究4　弾左衛門体制と頭支配』解放出版社。

小丸俊雄（一九七八）「相模国に於ける近世賤民社会の構造」石井良助編『近世関東の被差別部落』明石書店。

塚田孝（一九八七）『近世日本身分制の研究』兵庫部落問題研究所。

塚田孝（一九九二）『身分制社会と市民社会——近世日本の社会と法』柏書房。

鳥山洋（二〇〇三）「「相州鎌倉極楽寺村長吏類門帳」と関連する史料について」『解放研究』一六号、東日本部落解放研究所。

中尾健次（一九九二）『江戸社会と弾左衛門』解放出版社。

松岡満雄（一九九六）「浅草弾左衛門の系譜」『解放研究』一〇号、東日本部落解放研究所。

峯岸賢太郎（一九九六）『近世被差別民史の研究』校倉書房。

東日本の部落史のまとめプロジェクト（二〇一二年六月発足）

◇役員

代表　藤沢靖介・斎藤洋一
副代表　大熊哲雄・坂井康人
事務長　吉田勉
事務次長　鳥山洋・横山陽子

◇各エリアの責任者

【関東】

東京／菊地照夫・小嶋正次・藤沢靖介・松浦利貞（以上、東日本部落解放研究所）
神奈川／鳥山洋・久保田宏・中村彰信（以上、神奈川部落史研究会）
埼玉／飯田潔・石井昭一郎・小川満・橋本鶴人・松本勝・吉田勉（以上、東日本部落解放研究所）
千葉／坂井康人（東日本部落解放研究所）
群馬／相川之英・大熊哲雄（以上、群馬部落史研究会）
茨城／友常勉（東京外国語大学教員）・高橋裕文（那珂市史編さん専門委員）
栃木／坂井康人・竹末広美（東日本部落解放研究所）

【甲信越】

山梨・伊豆／関口博巨（神奈川大学教員）
長野／斎藤洋一（信州農村開発研究所）
新潟／西澤睦郎（八海高校教員）

【東北】

福島／大内寛隆（部落史研究者）・横山陽子（千葉大学大学院）
宮城／鯨井千佐登（元宮城工業高等専門学校教員）
山形／佐治ゆかり（郡山市立美術館）
青森／浪川健治（筑波大学教員）
岩手／兼平賢治（東海大学教員）

◇編集委員

藤沢靖介・斎藤洋一・大熊哲雄・坂井康人・吉田勉・鳥山洋・横山陽子（以上、役員）・松浦利貞・小嶋正次・石井昭一郎（以上、エリア責任者）・井内秀明・今井照容・瀬尾健・和賀正樹（以上、メディア関係者）・竹中龍太（編集者）

執筆者紹介（掲載順）

鳥山 洋（とりやま　ひろし）
一九五八年生まれ。高校教員のかたわら部落史研究に従事。東日本部落解放研究所および神奈川部落史研究会会員。共著に『神奈川の部落史』（不二出版）、主な論文に「近世相模の被差別部落史の再検討――身分間の争論の事例を通じて」（『解放研究』一八号、東日本部落解放研究所）など。

関口博巨（せきぐち　ひろお）
一九六〇年生まれ。神奈川大学日本常民文化研究所客員研究員。共著に神奈川大学日本常民文化研究所編『海と非農業民――網野善彦の学問的軌跡をたどる』（岩波書店）、白川部達夫・山本英二編『村の身分と由緒〈江戸〉の人と身分２』（吉川弘文館）、山本直孝・時枝務編『偽文書・由緒書の世界』（岩田書院）など。

坂井康人（さかい　やすと）
一九四九年生まれ。東日本部落解放研究所会員。共著に『旦那場　近世被差別民の活動領域』（現代書館）、論文に「正月・八朔における草履・箒の進上について」（『解放研究』一三号、東日本部落解放研究所）など。

友常 勉（ともつね　つとむ）
一九六四年生まれ。現在、東京外国語大学大学院国際日本学研究院教授。著書に『始原と反復――本居宣長における言葉という問題』（三元社）、『脱構成的叛乱――吉本隆明、中上健次、ジャ・ジャンクー』（以文社）、『戦後部落解放運動史――永続革命の行方』（河出書房新社）など。

高橋裕文（たかはし　ひろぶみ）
一九四八年生まれ。國學院大學大学院博士課程後期修了（博士）。論文に「水戸藩の部落政策と民衆運動」（『茨城近代史研究』七号、茨城の近代を考える会）、著書に『幕末水戸藩と民衆運動――尊王攘夷運動と世直し』（青史出版）など。

吉田 勉（よしだ　つとむ）
一九五〇年生まれ。現在、東日本部落解放研究所事務局長。共著に『東日本の近世部落の具体像』（明石書店）、主な論文に「歴史／身分論から差別論・穢れ論・境界論・地域社会論へ――歴史学・民俗学・人類学・宗教学などの成果」（『部落解放研究』二〇〇号、部落解放・人権研究所）など。

大熊哲雄（おおくま　てつお）
一九四二年生まれ。群馬県部落史研究会会員。高校教員のかたわら近世部落史研究に従事。共著に『部落の生活史』（部落問題研究所）、『東日本の近世部落の具体像』（明石書店）、『旦那場　近世被差別民の活動領域』（現代書館）など。

竹末広美（たけすえ　ひろみ）
一九五三年生まれ。東日本部落解放研究所会員。著書に『日光の司法――御仕置と公事宿』（随想舎）、主な論文に「近世日光領とえた頭惣右衛門」（『解放研究』二八号、東日本部落解放研究所）など。

藤沢靖介（ふじさわ　せいすけ）
一九四二年生まれ。現在、東日本部落解放研究所副理事長。七一年部落解放運動に参加。東京部落解放研究所を経て東日本部落解放研究所設立に参加し、同歴史部会に所属。著書に『部落の歴史像――東日本から起源と社会的性格を探る』、『部落・差別の歴史――職能・分業、社会的位置、歴史的性格』（ともに解放出版社）など。

菊地照夫（きくち　てるお）
一九五九年生まれ。練馬地域史研究会、東日本部落解放研究所歴史部会に所属。日本古代史研究とともに練馬を中心とする地域の部落史研究に取り組む。著書に『古代王権の宗教的世界観と出雲』（同成社）、論文に「近世練馬部落史と杉本惣兵衛」（『明日を拓く』一七・一八合併号、東日本部落解放研究所）など。

小嶋正次（こじま　まさじ）
一九五五年生まれ。東日本部落解放研究所会員。本稿の基礎となった論考として「多摩地域の被差別部落関係史料と若干の考察」（『解放研究』二三号、東日本部落解放研究所）がある。

松浦利貞（まつうら　としさだ）
一九四一年生まれ。東日本部落解放研究所会員。七五年東京都同和教育研究協議会結成に参加し、同和教育に取り組む。『東京部落解放研究』『明日を拓く』編集委員。東日本部落解放研究所編『群馬県被差別部落史料』（岩田書院）を共同編集。

❖東日本部落解放研究所

設立は1986年、2018年で33年目を迎える。目的は東日本の部落・差別問題研究で、個人会員、企業・団体などの賛助会員で構成されている。機関誌『明日を拓く』を年4回、紀要『解放研究』を年1回、研究所ニュースを年3回発行している。歴史部会・教育部会・古文書を読む会などの部会活動がある。進行中のプロジェクトとして、「東日本の部落史のまとめプロジェクト」「差別論研究会」などがある。

〒111-0024　東京都台東区今戸2-8-5
Tel：03-5603-1863
Fax：03-5603-1862
e-mail：higashiken@chime.ocn.ne.jp
URL：http://www.hblri.org/

東《ひがし》日本《にほん》の部落史《ぶらくし》 I 関東編《かんとうへん》

2017年12月15日　第1版第1刷発行
2018年4月15日　第1版第2刷発行

編　者　東日本部落解放研究所
発行者　菊地泰博
組　版　プロ・アート
印刷所　平河工業社（本文）
　　　　東光印刷所（カバー）
製本所　積信堂
装　幀　箕浦卓

発行所　株式会社 現代書館
〒102-0072　東京都千代田区飯田橋3-2-5
電話 03(3221)1321　FAX03(3262)5906
振替 00120-3-83725　http://www.gendaishokan.co.jp/

校正協力・横井広海／地図製作・曽根田栄夫
 ISBN978-4-7684-5818-1

東日本の部落史 全3巻

I 関東編

384頁 3800円＋税 ISBN978-4-7684-5818-1

神奈川の部落史 **鳥山洋**（神奈川部落史研究会）
特論1 近世後期伊豆の犯罪防止策と番非人 **関口博巨**（神奈川大学）
千葉の部落史 **坂井康人**（東日本部落解放研究所）
茨城の部落史 **友常勉**（東京外国語大学）
特論2 水戸藩の部落の成立とその職業・役割 **高橋裕文**（那珂市史編さん専門委員）
栃木の部落史 **坂井康人**（東日本部落解放研究所）
特論3 日光領の被差別民 **竹末広美**（東日本部落解放研究所）
群馬の部落史 **大熊哲雄**（群馬部落史研究会）
埼玉の部落史 **吉田勉**（東日本部落解放研究所）
東京の部落史
　東京／概説 **藤沢靖介**（東日本部落解放研究所）
　東京／練馬・板橋の部落史 **菊地照夫**（東日本部落解放研究所）
　東京／多摩地域の部落史 **小嶋正次**（東日本部落解放研究所）
　東京／近現代の部落史 **松浦利貞**（東日本部落解放研究所）
特論4 近世の部落史における弾左衛門体制 **大熊哲雄**（群馬部落史研究会）

II 東北・甲信越編

368頁 3800円＋税 ISBN978-4-7684-5819-8

《東北編》
青森の部落史 **浪川健治**（筑波大学）
宮城の部落史 **鯨井千佐登**（元宮城工業高等専門学校）
福島の部落史 **大内寛隆**（部落史研究者）
特論1 盛岡藩における死馬利用 **兼平賢治**（東海大学）
特論2 庄内藩における長吏の芸能興行 **佐治ゆかり**（郡山市立美術館）
特論3 本州アイヌとその足跡 **浪川健治**（筑波大学）
総論 東北エリアの部落史 **浪川健治**（筑波大学）
《甲信越編》
新潟の部落史 **西澤睦郎**（八海高校）
長野の部落史 **斎藤洋一**（信州農村開発研究所）
山梨の部落史 **関口博巨**（神奈川大学）

III 身分・生業・文化編

304頁 3300円＋税 ISBN978-4-7684-5820-4

《身分編》
戦国期・近世前期における東日本の長吏・かわた **藤沢靖介**（東日本部落解放研究所）
近世社会の変容と長吏・非人 **鳥山洋**（神奈川部落史研究会）
近世地域社会と宗教者の社会的位置 **橋本鶴人**（東日本部落解放研究所）
いわゆる「解放令」の受け止め方 ―長野県の場合― **斎藤洋一**（信州農村開発研究所）
《生業編》
長吏・かわたの生業と役割 **藤沢靖介**（東日本部落解放研究所）
被差別民と祭事・芸能 **坂井康人**（東日本部落解放研究所）
被差別民と草履進上 **坂井康人**（東日本部落解放研究所）
長吏の土地所有をめぐる諸問題 **大熊哲雄**（群馬部落史研究会）
《文化編》
長吏・非人の家・村・地方組織 **吉田勉**（東日本部落解放研究所）
長吏・非人の村落文化と手習い・学問・教養 **吉田勉**（東日本部落解放研究所）
近世関東の被差別部落と宗教、信仰 **松浦利貞**（東日本部落解放研究所）
近世被差別部落を生きた女性群像 **松浦利貞**（東日本部落解放研究所）
明治期小学校と被差別部落 **吉田勉**（東日本部落解放研究所）

編集 **東日本部落解放研究所**

1986年発足、今年で32年目を迎える。2012年6月、30年余におよぶ東日本の部落史研究の成果をまとめるために、「東日本の部落史のまとめプロジェクト」を立ち上げた。

東日本各地の部落史研究者・歴史研究者30名で構成。プロジェクトを立ち上げてから5年余、企画会議と原稿検討会は40回を超える。

編集委員は藤沢靖介・石井昭一郎・今井照容・大熊哲雄・井内秀明・小嶋正次・斎藤洋一・坂井康人・瀬尾健・鳥山洋・松浦利貞・吉田勉・和賀正樹・横山陽子・竹中龍太（順不同）。

藤沢靖介…東日本部落解放研究所副理事長、主著に『部落の歴史像――東日本から起源と社会的性格を探る』（解放出版社、2001年）、『部落・差別の歴史――職能・分業、社会的位置、歴史的性格』（解放出版社、2013年）ほか。斎藤洋一…信州農村開発史研究所主任研究員、主著に『身分差別社会の真実』（共著、講談社、1995年）、『被差別部落の生活』（同成社、2005年）ほか。藤沢・斎藤・大熊・坂井の共著に『旦那場　近世被差別民の活動領域』（現代書館、2011年）。

＊ご注文・お問合せは、お近くの書店様、または下記の小社まで。
株式会社**現代書館** TEL.03-3221-1321 FAX.03-3262-5906
〒102-0072 東京都千代田区飯田橋3-2-5 http://www.gendaishokan.co.jp/